Aproximaciones
al estudio de
la literatura
hispánica

Aproximaciones al estudio de la literatura hispánica

Carmelo Virgillo

L. Teresa Valdivieso

Edward H. Friedman

RANDOM HOUSE NEW YORK

This book was developed for Random House by Eirik Børve, Inc.

First Edition

9 8 7 6 5 4 3 2

Library of Congress Cataloging in Publication Data

Virgillo, Carmelo, 1934–
   Aproximaciones al estudio de la literatura hispánica.

   1. Spanish literature—History and criticism.
2. Spanish American literature—History and criticism.
3. Spanish literature.   4. Spanish American literature.
I. Friedman, Edward H.   II. Valdivieso, L. Teresa.
III. Title.
PQ6037.V57   1983   860'.9   83–9581
ISBN 0–394–33125–7

Manufactured in the United States of America

Text design by Michelle Taverniti
Cover design by Susan Colton

Photo credits   OAS: pages 29, 42, 143, 169, 172   Jerry Bauer/OAS: 40   MAS: 58, 62, 123,
                132, 137, 150, 213, 271   Joaquin S. y Bastida/Hispanic Society: 281

Permissions

Ricardo Palma, "La camisa de Margarita". Reprinted by permission of Aguilar, S.A. de Ediciones.

Emilia Pardo Bazán, "Las medias rojas". Reprinted by permission of Aguilar, S.A. de Ediciones.

Jorge Luis Borges, "El etnógrafo". Reprinted by permission of Emecé Editores, S.A.

Juan Rulfo, "No oyes ladrar los perros". Reprinted by permission of Fondo de Cultura Económica.

Ana María Matute, "Pecado de omisión". Reprinted by permission of Ediciones Destino, S.L.

San Juan de la Cruz, "Noche oscura", "Que muero porque no muero". Reprinted by permission of Editorial Magisterio Español, S.A.

Luis de Góngora, "Soneto CIII", "Soneto CLXVI". Reprinted by permission of Editorial Planeta.

Lope de Vega, *Rimas sacras:* "XVIII", *Rimas humanas:* "CXCI". Reprinted by permission of Editorial Planeta.

Francisco de Quevedo, "Amante agradecido", "Represéntase la brevedad de lo que se vive". Reprinted by permission of Editorial Planeta.

Sor Juana Inés de la Cruz, "A su retrato", "A una rosa". Reprinted by permission of Editorial Porrúa, S.A.

Manuel Gutiérrez Nájera, "Para entonces", "Non omnis moriar". Reprinted by permission of Editorial Porrúa, S.A.

Rubén Darío, "Yo persigo una forma... ", "El cisne", "Canción de otoño en primavera". Reprinted by permission of Aguilar, S.A. de Ediciones.

Amado Nervo, "La pregunta", "Si tú me dices '¡Ven!'". Reprinted by permission of Aguilar, S.A. de Ediciones.

Antonio Machado, *Proverbios y cantares:* "Poema XXIX", "Noche de verano", "La saeta". Reprinted by permission of Biblioteca Nueva, S.A., Editorial.

Juan Ramón Jiménez, "Intelijencia, dame", "Vino, primero, pura". Reprinted by permission of Aguilar, S.A. de Ediciones.

Gabriela Mistral, "Meciendo", "Yo no tengo soledad". Reprinted by permission of Aguilar, S.A. de Ediciones.

Juana de Ibarbourou, "La higuera", "El fuerte lazo", "Rebelde". Reprinted by permission of Aguilar, S.A. de Ediciones.

Luis Palés Matos, "Danza negra", "El gallo". Reprinted by permission of Biblioteca de Autores Puertorriqueños.

Dámaso Alonso, "Insomnio", "Vida del hombre". Reprinted by permission of Editorial Labor, S.A.

Pablo Neruda, "Me gustas cuando callas", "Oda al niño de la liebre", "Verbo". Reprinted by permission of © Pablo Neruda, 1924.

Octavio Paz, "Cifra". Reprinted by permission of Editorial Fundamentos.

Miguel de Cervantes Saavedra, *El viejo celoso*. Reprinted by permission of Editorial Iberia, S.A.

Jacinto Benavente, *El nietecito*. Reprinted by permission of Aguilar, S.A. de Ediciones.

José Ruibal, *Los ojos*. Reprinted by permission of the author.

Emilio Carballido, *El censo*. Reprinted by permission of Aldo Falabella.

Osvaldo Dragún, *Historia del hombre que se convirtió en perro*. Reprinted by permission of the author.

Mariano José de Larra, "El castellano viejo". Reprinted by permission of Aguilar, S.A. de Ediciones.

Julio Camba, "Una peluquería americana". Reprinted by permission of Espasa-Calpe, S.A.

Rosario Castellanos, "La liberación del amor". Reprinted by permission of Excelsior.

Howard T. Young, "The Exact Names." Reprinted by permission of Johns Hopkins University Press.

Vicente Cabrera, "El arte satírico de Larra". Reprinted by permission of *Hispanófila*.

A nuestros seres queridos
cuya comprensión hizo posible
esta obra

Preface

At the third-year level of the foreign language curriculum, it is important that students receive a comprehensive initiation into literary criticism. When considering offering a course to introduce both majors and non-majors to Hispanic literature, we immediately ran into a serious stumbling block: no textbook met our specific needs. While we found several manuals that stressed the *explicación de texto* approach to literary analysis (usually published in Spanish-speaking countries for the pre-university student), we sought a text that offered a more diversified treatment of literary theory. What was needed, we thought, was a book that would accommodate those students who wished to develop an appreciation of Hispanic literature *and* those who planned to take more advanced courses and thus needed a critical background.

In essence, we were looking for a self-contained, multipurpose book—one that could give students with a relatively limited knowledge of Spanish the opportunity to acquire the technical vocabulary of the Spanish-speaking critic and intellectual. In addition, we felt that all theoretical discussion should be accompanied by representative readings from both Spanish and Spanish American literature, in due proportion. Such readings should consist of complete works; our contention was that only with unabridged presentations could one analyze works properly and gain a complete understanding of their structure. We also wanted the readings in each genre to be arranged in chronological order, so that students might relate the individual works to the phases of historical development of the genre. Finally, we wanted a text with a sufficient number of anthological selections to enable instructors to choose those materials they considered most appropriate, or else to use the book in a survey course with additional readings.

The present textbook has been structured in accordance with those ideal criteria. It begins with an elementary, concise consideration of art and aesthetics. Following that general discussion of the artistic implications of literature, the text is divided into the four basic genres: *La narrativa, La poesía, El drama,* and *El ensayo.* Each genre division follows the same internal organization, beginning with an introduction to the genre, an essay in which theoretical concepts are introduced in Spanish, with numerous examples. Then, to ensure the desired step-by-step understanding of that discussion, a *Práctica* section provides specially designed analysis exercises for the genre under study. A historical introduction to the genre then follows, tracing its origins and development. Each historical essay offers students a broad, general overview of periods, movements, significant figures, and literary currents, in both Spain and Spanish America, within which to place the specific selections of the anthology. The last of the preparatory materials, before the actual readings, is a *Guía para el lector* that poses general questions on various aspects of the genre, to further prepare students for what follows. Each reading also includes helpful features, such as a biography of the author, and glosses and footnotes explaining difficult, archaic, or dialectal vocabulary and giving further cultural background on names, allusions, and so on.

In light of the special challenge presented by poetry, we have included a special section beyond the preparatory material shared by the other major divisions of the text. *El lenguaje literario* is devoted to an overview of figurative or poetic language, with each figure defined and then illustrated through examples from various texts (identified by author and work). Instructors should note that this feature has been placed in the poetry part of the text only because it deals most directly with that genre. Since it constitutes a self-contained unit, with its own set of exercises, it may be used by instructors at the beginning of the course to introduce rhetorical figures before studying prose fiction.

In keeping with our desire to make this text relevant to the present and future needs of the student of literature, and to enhance the usefulness of the book, we have included three appendices. The first deals with critical essays: what they are and how to read them. Two critical articles on works included in the anthology are presented in their entirety, as well as résumés of three more studies. These articles, which cover all the genres studied, can serve as models for written exercises and oral presentations done by students. The second appendix contains examples of verse classified by syllables. The third is a glossary of literary and paraliterary terms, ranging from short definitions of rhetorical figures to longer discussions of literary movements or philosophical doctrines.

Carmelo Virgillo, the general coordinator of the project, wrote the four historical introductions, the glossary entries relating to literary periods and movements, the entire unit on the essay, and the biographies of the Spanish American poets. Edward Friedman composed the unit on the narrative, and is responsible for the appendix on the critical article, the anthological section on poetry, the guides to the genres, and the biographies of the Spanish poets. He also coordinated the footnotes and exercises for the text. Teresa Valdivieso wrote the complete unit on theater, the theoretical introductions to poetry and literary language, and the appendix on poetry, and was linguistic coordinator for the project.

We would like to express our gratitude for support of this project to Dean Guido Weigend and the College of Liberal Arts of Arizona State University, to Dr. Michael J. Flys and the Department of Foreign Languages, and to our students. We also gratefully acknowledge the comments and many helpful suggestions of the following reviewers of the text in its early stages: Ricardo Arias, Fordham University; Karen O. Austin, University of Southern Mississippi; Robert Jackson, University of Oregon; Edward Mullen, University of Missouri; and John Purcell, Cleveland State University. Our special thanks go to Dr. Thalia Dorwick and to Eirik Børve for their guidance and encouragement, and to Laura Chastain for her careful editing of the text.

The Authors

Indice

El drama

Lecturas

El ensayo

Lecturas

Arte y estética

¿Cuál es el mejor método de aproximarse al conocimiento de una obra de arte literario? A fin de poder contestar esa pregunta, no cabe duda que desde un principio, se impone la necesidad de reflexionar sobre los conceptos de *arte* y *literatura*.

El arte

La palabra *arte* se origina del latín *ars*, que significa conjunto de reglas o habilidad para hacer alguna cosa; de ahí se deriva el sentido de la palabra *arte* como trabajo perfectamente realizado.

Sin embargo, en la vida cultural ha adquirido otro sentido; aquí, arte es «la actividad espiritual por medio de la cual crea el hombre obras con fin de belleza» (Rafael Lapesa, *Introducción a los estudios literarios,* 1975). Esta definición implica el concepto del artista como individuo que además de poseer imaginación creadora es capaz de expresar sus sentimientos, ideas o fantasías de tal manera que produzca en quienes contemplen su obra una profunda sensación. Entonces, se dice que esa obra tiene *valor estético*.

La palabra *estética*, o ciencia de lo bello y de la creación artística, viene del griego αἴσθησις, que quiere decir **sensación.** Por eso se dice que una obra tiene verdadero valor estético o artístico cuando apela a nuestras facultades intuitivas o sensitivas, procurando satisfacer la inclinación del hombre por la búsqueda de la belleza (a diferencia de la obra científica que busca la verdad apelando a la razón).

Lo bello

La mayor parte de los sistemas filosóficos, desde Platón (427–347 a.C.) hasta nuestros días, concuerdan en que se considera *bello* a lo que causa en nosotros una reacción espiritual inmediata, desinteresada y de efecto perdurable. Se dice que esta reacción es *inmediata* porque es espontánea, no premeditada, ya que la sensación representa una reacción natural ante un determinado estímulo—en este caso, la creación artística. Es también una reacción *desinteresada* porque el placer espiritual que produce su contemplación es el resultado del conocimiento sensitivo. Este conocimiento sensitivo queda resumido en la fórmula de la creación artística presentada por Horacio (65–8 a.C.) en su *Ars Poetica*: *dulce et utile* (dulce y útil). Es *dulce* porque produce un placer estético, entretiene; y es *útil* porque tiene una función práctica, es instructiva. Por último se puede decir que la creación artística es *perdurable* porque su efecto es permanente. Tomemos por ejemplo el caso de Quasimodo, el jorobado de *Notre Dame de Paris*, figura diestramente creada por el francés Victor Hugo (1802–1885). Quasimodo, a pesar de su fealdad, es el personaje que por su valor artístico predomina en toda la obra, de lo que se deduce que lo *feo natural*, cuando es representado artísticamente, puede originar una obra de suma belleza. El hecho de que aún hoy día esta novela del siglo pasado conmueva al lector, comprueba la perdurabilidad y universalidad de la creación artística.

Categorías artísticas

Existen categorías de valores estéticos que corresponden a las diversas interpretaciones que hace el artista de la realidad. Entre estas categorías se destacan: 1) el arte por el arte, 2) el arte con un fin docente y 3) el arte comprometido.

1. *Arte por el arte.* Esta frase resume la teoría de los que creen que el único fin del arte es lo bello y que, por lo tanto, no es necesario que la creación artística tenga ningún propósito didáctico-moral.

2. *Arte con un fin docente.* Es éste el arte que tiene como fin instruir, enseñar, es decir, que la obra de arte está destinada a mejorar la condición humana. Se incluyen en esta categoría las creaciones de carácter moral, religioso, etcétera.

3. *Arte comprometido.* Es el arte que implica una actitud crítica, inconformista; ésta es la posición de quienes postulan que el artista debe poner la obra de arte al servicio de una causa social o política.

La literatura

La palabra *literatura* viene del latín *littera* que significa **letra**; de ahí que se pueda definir la literatura como el arte de la palabra y que su estudio comprenda todo lo que pertenece a cualquier composición artística expresada por medio de palabras.

Al analizar obras literarias escritas en una lengua determinada se puede estudiar 1) el arte con que dichas obras están escritas—en este caso se trata de la *crítica literaria*—y 2) el desarrollo sucesivo de esas obras en el espacio (el país o países en donde se escribieron) y en el tiempo (la época en la que se escribieron)—es decir, el panorama histórico, la *historia de la literatura*.

Estas dos aproximaciones han sido seguidas en este libro con la particularidad de que, a fin de establecer un cierto orden, se ha adoptado una división por géneros: *narrativa, poesía, drama* y *ensayo*.

La Narrativa

Introducción a la narrativa

I. Las formas narrativas

Según Robert Scholes y Robert Kellogg en *The Nature of Narrative* (1966), la palabra *narrativa* se refiere a todas las obras literarias que satisfagan dos requisitos: la presencia de una historia y la presencia de un narrador. Las formas narrativas existen desde la antigüedad. El grado cero de la narrativa, es decir, el punto de origen, lo constituyen los *mitos;* por ejemplo, el mito de Prometeo, el mito de Sísifo, etcétera. Los mitos han existido en todas las civilizaciones y son historias inventadas por los hombres para satisfacer el deseo que sienten de explicar y dominar el mundo que los rodea.

La *novela* es la forma narrativa más estudiada, aunque su desarrollo es un fenómeno relativamente reciente. La diferencia principal entre la *novela* y el *cuento* es de extensión y profundidad. El *novelista* tiene gran libertad en cuanto a la selección de material literario y es fácil notar la gran complejidad de la novela, no sólo respecto al lenguaje, sino también respecto al concepto. En cambio el *cuentista*, como escribe narraciones breves, no tiene la oportunidad ni de ampliar las ideas ni de usar tantos recursos literarios como el novelista. Por lo tanto, el impacto producido por el cuento tiene que ser inmediato y muchas veces el final es inesperado. No obstante, el cuento bien escrito y estructurado puede resultar una obra de arte en miniatura.

II. Análisis de la narrativa

El texto literario como comunicación

El elemento más importante para la lectura de la obra narrativa es el *texto literario*. El texto literario es un compendio de palabras, una fuente de significación o de significaciones. Según algunos críticos y teóricos, el *lector* es responsable de buscar la significación formulada por el autor; según otros, es el lector mismo quien da la significación al texto. En el primer caso, el texto es visto como algo misterioso cuyos indicios pueden llevar al lector a una interpretación válida—tiene una vida propia y una estructura preestablecida que el lector ha de iluminar y analizar. En el segundo caso, el texto existe sólo cuando el lector empieza a leerlo y a sintetizar su comprensión del mundo con la del autor—hay una interacción entre el texto y el lector. La creación se explica así como una reacción del lector ante el estímulo verbal, o sea ante el texto.

Las distintas maneras de estudiar un texto producen gran actividad crítica. En un sentido, cualquier metodología analítica puede justificarse, con tal que se explique o se clarifique algún aspecto del texto. A pesar de las múltiples posibilidades metodológicas, la lectura crítica debe evitar dos cosas: el análisis mecánico y la subjetividad absoluta.

Entre estos polos opuestos residen los elementos de la investigación literaria.

En la comunicación oral, el que habla—el emisor—emite un mensaje dirigido al oyente—al receptor. En una obra literaria, el que escribe comunica un mensaje al lector. Esta división tripartita del lenguaje hablado—emisor/mensaje/receptor—se adapta a la escritura—autor/texto/lector—pero lo más revelador de la analogía no son las semejanzas sino las diferencias entre los dos medios de comunicación.

El emisor = el autor (el narrador)

En el código comunicativo, el emisor se relaciona con el autor y con el narrador. El autor inventa el texto siguiendo las convenciones del arte literario, pero el verdadero emisor del mensaje, el que posee la voz intratextual de un cuento o de una novela, es el *narrador*. La voz narrativa o narrador determina el punto de vista de la obra. A veces se emplea el *yo* de la primera persona, el *yo* de una voz subjetiva que puede pertenecer al protagonista, a un personaje secundario o a un testigo de la acción. La voz narrativa puede ser un narrador omnisciente que nos puede contar todo, incluso los pensamientos de los personajes. También puede hacer el oficio de narrador un observador externo o testigo, el cual, por ver los acontecimientos desde afuera, presenta una visión limitada. En algunos casos el narrador tiene una personalidad definida; en otros, no se manifiestan rasgos individuales. De todos modos, hay que distinguir muy claramente entre el *autor* que es la persona que controla la narración desde afuera y el *narrador* que es quien la controla desde adentro. Por ejemplo, la novela picaresca *Lazarillo de Tormes* (1554) es el relato autobiográfico del protagonista, en este caso Lazarillo, contado por él mismo: «Pues sepa Vuestra Merced ante todas cosas, que a mí llaman Lázaro de Tormes... ». De este modo el narrador se convierte en emisor del mensaje, controlando a la vez, la narración desde adentro. El autor, por su parte, por ser el inventor del texto, la controla desde afuera.

El narrador no tiene la obligación de decir la verdad, ni siquiera de intentar decirla. Por eso, al analizar un texto, debe analizarse a la vez el papel del narrador y la relación que existe entre lo que se dice y lo que se muestra. Wayne C. Booth, en *The Rhetoric of Fiction* (1961), habla de dos clases de narradores ficticios: el narrador fidedigno (*the reliable narrator*) y el narrador no digno de confianza (*the unreliable narrator*). La acción, el diálogo y otros elementos textuales suelen enfatizar lo contado por un narrador fidedigno, mientras que el narrador indigno de confianza—con intención o sin ella—desconcierta al lector con una representación falsa de la materia. Si un narrador le dice al lector, «Juan López es bueno, en toda la extensión de la palabra», es posible que sea la verdad o que no lo sea. Si dentro de la narración Juan ayuda a los pobres y se sacrifica por su familia, se puede decir que el narrador ha sido fidedigno. Sin embargo, si Juan, en el acto de cometer un crimen, sin justificación mata a seres inocentes, el narrador sería indigno de confianza, pues no estaría de acuerdo lo dicho por éste con lo mostrado por

Juan. Si la actitud del narrador está en contra de la norma, puede ser indigno de confianza sin intención de serlo. Por ejemplo, los prejuicios de un narrador racista, aunque intentara decir la verdad, podrían crear la desconfianza en el lector.

El mensaje = el texto

El segundo elemento literario del código comunicativo es el texto, el cual equivale al mensaje de la comunicación oral. Por lo general, el mensaje oral se presenta de una manera directa: «Cómete la naranja», «Está lloviendo», «Acabo de comprar un condominio». El mensaje de una obra de ficción puede ser directo o indirecto, presentado en términos literales o en sentido figurado. El escritor busca con frecuencia modos de presentar lo común como algo nuevo y original, y por eso, el lector tiene que buscar el mensaje a través de una interpretación de las múltiples facetas de la narrativa.

El receptor = el lector

El que oye el mensaje comunicado por un hablante es el receptor. En muchas obras narrativas hay un narratario (*narratee*) además de un lector real. Tomando de nuevo como ejemplo la obra *Lazarillo de Tormes*, esta narración va dirigida a «Vuestra Merced», persona conocida por el protagonista, Lázaro, y quien ha exigido a éste que dé una explicación de su condición social. Dice Lázaro en el prólogo:

> Y pues Vuestra Merced escribe [que] se le escriba y relate el caso muy por extenso, parecióme[1] no tomalle[2] por el medio, sino del principio, porque[3] se tenga entera noticia de mi persona...

Lo que motiva la novela es la petición de «Vuestra Merced», quien por ser el receptor del mensaje se convierte en narratario. Como resultado, podemos distinguir en el *Lazarillo de Tormes* dos receptores: un narratario, situado dentro de la novela, y un lector real, fuera de ella. Todos nosotros seremos lectores reales de las obras que leamos.

Elementos principales del texto literario

En toda obra narrativa, el autor se sirve de ciertas convenciones literarias para comunicar su mensaje; éstos son los recursos literarios que forman parte del mundo ficticio. Tanto el cuento como la novela, los dos derivados de formas antiguas, están constituidos por tres componentes: la *historia*, el *discurso* y el *tema*. La historia trata de lo que pasa en una obra; el discurso se refiere a la manera de narrarlo; y el tema es la significación de lo que pasa.

La historia

La historia, llamada también *fábula* o *argumento*, tiene varios elementos constitutivos, típicos de la narrativa en general, que forman la *trama* (*plot*) u organización de la materia. Estos elementos son: la *exposición*, el *desarrollo*, el *suspenso*, el *punto decisivo*, el *clímax* y el *desenlace*.

[1] me pareció
[2] tomarle
[3] para que

EL CODIGO COMUNICATIVO:
LA COMUNICACION ORAL VERSUS EL TEXTO LITERARIO

LA COMUNICACION ORAL		
El emisor **(El hablante)**	**El mensaje** (lo que se transmite, por lo general, de forma directa)	**El receptor** **(El oyente)**

EL TEXTO LITERARIO		
EL AUTOR	EL TEXTO	EL LECTOR
El autor **El narrador** **Los personajes** (diálogo) **Los pensamientos** (monólogo interior)	**El discurso** (lenguaje) **La historia** (lo que se cuenta) **El tema** (significación y men- saje de lo que se cuenta)	**El lector real** **El narratario**

La exposición o planteamiento del asunto. Son los datos necesarios para entender la acción de la obra; por ejemplo, la descripción del ambiente, una explicación de la circunstancia inicial, la relación entre los personajes, el tiempo y el lugar.

El desarrollo. Representa la introducción del asunto mismo de la obra, es decir, las acciones de los personajes y sus motivos.

El suspenso. Se manifiesta en la tensión dramática y es una especie de anticipación de lo que va a pasar.

El punto decisivo (turning point). Puede ser una acción, una decisión o la revelación de algo que cambia la dirección de la obra.

El clímax. Es el momento culminante, el resultado del punto decisivo.

El desenlace (denouement). Es la parte que presenta las consecuencias finales del clímax.

Una obra narrativa puede tener un *final cerrado* o un *final abierto*. En el caso de un final cerrado, se ve la solución o resolución del hilo argumental; por ejemplo, la muerte del protagonista en *Don Quijote* o el descubrimiento del asesino en una novela policíaca. Si la acción queda incompleta o sin resolución fija, el final se considera abierto; por ejemplo, el grito de esperanza de Scarlett O'Hara en *Lo que el viento se llevó* (*Gone with the Wind*): «Mañana será otro día» (*"Tomorrow is another day"*) lleva implícita la idea de un desarrollo a continuación. Asimismo, el desenlace sorpresivo de una obra, como por ejemplo, la revelación de que todo ha sido un sueño, puede clasificarse como un *final irónico*.

El discurso

La historia representa el contenido de la obra narrativa. El *discurso* representa la expresión misma de esa historia, o sea, el conjunto de elementos lingüísticos y formales que la constituyen. En términos generales, el lenguaje narrativo comprende las partes siguientes: la *descripción*, el *diálogo*, la *narración*, el *comentario del narrador*, la *organización* y *presentación de la materia*, la *creación del ambiente* y el *tono*.

La descripción. Sirve para crear el marco escénico: tiempo y lugar.

El diálogo. Refleja la interacción verbal entre los personajes, mientras que el narrador omnisciente puede presentar los pensamientos de éstos, a veces en forma de monólogo interior (*stream of consciousness*).

La narración. Presenta la acción.

Los comentarios del narrador. Ofrecen datos—y muy a menudo, juicios—sobre la situación narrativa o sobre los personajes.

La organización y presentación de la materia. Es la forma de estructurar la obra.

La creación del ambiente. Constituye el efecto emocional producido por el texto, el aura que predomina en él.

El tono. Nos presenta la actitud que adopta el narrador ante los asuntos textuales.

Todas estas partes del discurso, denominadas funciones discursivas, contribuyen a la presentación de los personajes literarios. Generalmente, un personaje puede ser descrito por el narrador o por otro personaje. Sin embargo, hay que tener presente que las descripciones pueden ser acertadas o equivocadas; por eso hay que fijarse en el tono de las mismas. El diálogo también es importante para conocer a los personajes porque por medio de sus propias palabras a veces podemos descubrir sus pensamientos. A pesar de todo, no se puede juzgar a un personaje sólo por lo que él dice o por lo que los otros opinan de él, sino que es necesario juzgar sus acciones. La interacción de éste con los demás y con su medio ambiente puede ser reveladora y debe analizarse detenidamente. Es importante notar que el análisis de los personajes, como de todos los elementos del texto, podría tener como punto de partida un estudio del discurso.

Discurso literal y discurso figurado. El discurso literario puede ser directo o indirecto, literal o figurado. Por ejemplo, el escritor puede utilizar la palabra *rosa* para referirse a la flor misma, es decir, a la cosa; en este caso, hay correspondencia directa entre el *significante* (el signo lingüístico) y el *significado* (el objeto representado por el signo lingüístico). Pero el escritor también puede utilizar la palabra *rosa* no para referirse a la flor, sino para señalar la *belleza* (porque la rosa es bella), o para presentar una imagen de la *brevedad de la vida* (porque la rosa se marchita pronto). En ambos casos la correspondencia entre el *significante* y el *significado* es indirecta—simbólica—y la palabra se convierte así en *símbolo.* Otros ejemplos de correspondencia indirecta serían: el *camino* como símbolo de la progresión de la vida; el color rojo que simboliza la pasión o el sacrificio.

Cualquier palabra puede tener una significación simbólica, pero si el símbolo tiene aceptación universal, como los ya mencionados, se llama *arquetipo.* Un ejemplo de arquetipo sería la figura mítica de Venus porque representa la imagen de la belleza y de la perfección física de la mujer.

A veces el sentido figurado no está representado por una sola palabra sino por un conjunto de palabras o yuxtaposición verbal. Las yuxtaposiciones verbales forman *imágenes* y *figuras retóricas;* estos elementos están presentes en la narrativa y son fundamentales para la creación poética. Por ejemplo, en «El incendio», un cuento de Ana María Matute, el protagonista prende fuego a un carro para que la mujer que él ama no se vaya. Antes de describir el acto mismo, la narradora dice: «Algo como un incendio se le subió dentro. Un infierno de rencor». La imagen del incendio tiene valor literal porque representa el acto del fuego, pero también tiene valor figurado al referirse al estado emocional del joven. Así se establece un equilibrio entre los puntos de referencia internos y externos. La palabra *infierno* sirve para complementar la significación. Es decir que la angustia mental del protagonista se compara con un incendio; a esta comparación entre dos cosas usando la partícula *como* o *cual* se llama en literatura *símil.* De la misma manera se podría asociar el rencor que el joven siente con la discordia y con el fuego del infierno; esta asociación de significados se denomina *metáfora.*

Cada autor se vale del uso de las convenciones literarias para crear un estilo propio. La originalidad de una obra no se manifiesta en usar formas exóticas, sino más bien en crear nuevas combinaciones de las formas tradicionales o en la manera distinta de ver las cosas cotidianas. Véase, por ejemplo, la introducción de Don Francisco Torquemada, en *Torquemada en la hoguera* (1889) de Benito Pérez Galdós:

7

Voy a contar cómo fue al quemadero el inhumano que tantas vidas infelices consumió en llamas; que a unos les traspasó los hígados[1] con un hierro candente[2], a otros les puso en cazuela bien mechados,[3] y a los demás los achicharró[4] por partes, a fuego lento, con rebuscada y metódica saña.[5] Voy a contar cómo vino el fiero sayón[6] a ser víctima; cómo los odios que provocó se le volvieron lástima, y las nubes de maldiciones arrojaron sobre él lluvia de piedad; caso patético, caso muy ejemplar, señores, digno de contarse para enseñanza de todos, aviso de condenados y escarmiento[7] de inquisidores. Mis amigos conocen ya, por lo que de él se me antojó[8] referirles, a don Francisco Torquemada, a quien algunos historiadores inéditos de estos tiempos llaman *Torquemada el Peor*.

[1](fig.) entrañas
[2]ardiente
[3]preparados... *ready for roasting*
[4]tostó
[5]furor
[6]ejecutor de la pena de muerte
[7]experiencia
[8]se me ocurrió

Galdós traza en esta novela el sufrimiento del usurero del siglo XIX, Don Francisco Torquemada, por la enfermedad de su hijo y su fracasado esfuerzo por salvarle de la muerte. En el fragmento citado, hay una analogía implícita, tanto al nivel lingüístico como al nivel conceptual. El apellido del protagonista ficticio, Torquemada, le relaciona con el Inquisidor Tomás de Torquemada, figura de la Inquisición Española. Las imágenes de este fragmento se refieren a Don Francisco, pero en forma figurada, pues son alusiones al fuego inquisitorial del otro Torquemada. El mensaje es: Don Francisco, el usurero, había hecho sufrir a todos los que le debían dinero, de la misma manera que el Inquisidor hizo sufrir a los acusados por la Inquisición, pero ahora es el mismo Don Francisco quien sufre. Para enfatizar los aspectos negativos del carácter del usurero, le llaman *el Peor* para demostrar que fue *peor* que el históricamente cruel Inquisidor. Aquí el discurso galdosiano funciona como transmisor de un mensaje y como artífice creador: se relata algo y este relato se hace de manera original y artística.

El tema

El tema marca la base ideológica del texto; es, pues, una síntesis o punto de contacto entre la historia y la forma lingüística de una obra literaria. Por *tema* se entiende la idea central o la unidad de los conceptos del texto, tanto como el *valor significativo*—el mensaje fundamental—de estos conceptos. El ejemplo siguiente ilustra este doble sentido. En *Doña Perfecta* (1876), otra novela de Galdós, se presenta el conflicto entre la protagonista, Doña Perfecta, encarnación de un conservadurismo antiprogresista e intolerante, y su sobrino Pepe Rey, representante de un antitradicionalismo científico. Dispuesta a sacrificarlo todo por su causa, Doña Perfecta es moralmente culpable de la muerte de Pepe Rey. Puede decirse que el tema de esta novela, en su primer sentido, como unidad de conceptos, como idea central del texto, es la intolerancia, o, quizá, el triunfo de la intolerancia.

Ahora bien, cuando se aplica el tema a la experiencia humana y se dice, en el caso de *Doña Perfecta*, que no se debe soportar una actitud intolerante, o que hay que aceptar la posibilidad de modificar la tradición mediante nuevas ideas progresistas, se tiene el valor del tema en su segundo sentido, *valor normativo o axiomático*. Es importante reconocer que en *Doña Perfecta* se refleja una visión de la España de la época, un país que vacilaba entre el sueño dorado de un imperio católico y la revolución industrial y científica europea. Al plantear el problema, Galdós reacciona en contra del *status quo*, pero sin defender en términos absolutos las tendencias progresistas.

El tema de una obra literaria puede ser *explícito* (expresado de una manera directa) o *implícito* (expresado de una manera indirecta o sutil). En *El conde Lucanor,* una colección de cuentos del siglo XIV, Don Juan Manuel escribe al final de cada cuento una moraleja, la cual de forma explícita revela el tema del cuento. Por ejemplo: «No aventures nunca tu riqueza / por consejo del que vive en pobreza» (Cuento XX) y «Mal acabará el que suele mentir / por eso debemos la mentira huir.» (Cuento XXIV).

En «La conciencia», otro cuento de Ana María Matute, se presenta el caso de un vagabundo que llega a controlar los actos de la protagonista y su marido, asegurándoles que sabe algo que la protagonista quiere ocultar porque, como él afirma, «lo vi todo». En realidad, no ha visto nada, pero con tal amenaza puede dominarlos hasta el extremo de aprovecharse de ellos, porque según se dice en el cuento, «Nadie hay en el mundo con la conciencia pura, ni siquiera los niños.». Este cuento es, por consiguiente, un buen ejemplo de tema explícito.

Sin embargo, en la mayor parte de las obras narrativas, el tema está implícito. Se puede formular el tema según el efecto creado por el texto: el énfasis conceptual del autor, la significación de las acciones, lo que pasa con los personajes, los comentarios de los personajes y del narrador. Por ejemplo, volviendo a la obra *Doña Perfecta,* se ve que al hacer triunfar la intolerancia de la protagonista mediante la presentación de los resultados trágicos de la falta de comprensión, Galdós no necesita ofrecer moralejas; el lector puede intuir el tema que se está presentando. Por eso en el capítulo final de la novela, sólo se necesitan dos frases: «Esto se acabó. Es cuanto por ahora podemos decir de las personas que parecen buenas y no lo son».

Ironía dramática e ironía circunstancial. En los temas del cuento «La conciencia» y de la novela *Doña Perfecta* se ve cierta *ironía*, pues el cuento se basa en *lo no visto* y la novela en el *triunfo del personaje hipócrita.* A continuación, se analizarán otros ejemplos de *ironía.* En el cuento «El ausente», también de Ana María Matute, la protagonista se da cuenta del amor de su marido, no cuando éste está presente, sino cuando está ausente. Esta inversión de los conceptos de la ausencia y de la presencia—la creación de una situación inesperada—además de ser irónica, es paradójica porque en la *paradoja,* la verdad parece contradecir las leyes de la lógica. Un ejemplo por excelencia de ironía es el mito de Edipo, base de la tragedia de Sófocles, *Edipo Rey.* Edipo se casa con la reina viuda Yocasta y se propone descubrir al asesino del ex-esposo de ésta—el rey muerto. Irónicamente, el resultado de su búsqueda revela que es Edipo mismo quien ha matado al rey, el cual a su vez era su padre y, por lo tanto, la reina con quien está casado es su madre. De esta forma, el detective y el asesino son la misma persona. Intensifica la ironía de la obra la presencia de un público teatral familiarizado con el mito de

Edipo como lo estaba el público de Sófocles, pues el espectador, o lector, que sabe más que el personaje, puede seguir la progresión dramática con plena conciencia del desenlace. Por eso la ironía se llama *dramática*. Pero hay también otra clase de ironía, la ironía *circunstancial* que tiene lugar cuando el lector no se entera de la situación irónica hasta el momento de la culminación de los eventos o acontecimientos. El lector del cuento «El ausente», por ejemplo, no llega a entender la ironía de la ausencia hasta el cambio de actitud de la protagonista.

Leitmotivo. Es común notar ciertas variaciones sobre un mismo tema literario dentro de un texto. Los temas (o situaciones o ideas) que recurren o que se repiten de forma variada se llaman *leitmotivos*. Por ejemplo, en *The Canterbury Tales* de Geoffrey Chaucer (1340?–1400) todos los caminantes narran una historia y el proceso de narrar se convierte en el leitmotivo central de la obra. Un mismo leitmotivo puede presentarse en obras diferentes. Como ejemplo se puede citar el del protagonista que deja que el curso de su vida sea dominado por la lectura de novelas, como es el caso de Don Quijote y el de Madame Bovary en la novela del mismo nombre de Gustave Flaubert (1821–1880). De igual modo, se puede señalar como leitmotivo la convención de un personaje literario que pone en duda—dentro del marco de la obra—la superioridad de su creador; entre los ejemplos de este tipo figuran *Niebla* de Miguel de Unamuno (1864–1936) y *Sei personaggi in cerca d'autore* (*Seis personajes en busca de un autor*) del dramaturgo italiano Luigi Pirandello (1867–1936). Un tema musical también puede servir de leitmotivo. La conocida «Obertura de Guillermo Tell» se ha utilizado en el cine y en la televisión para señalar la llegada del Lone Ranger.

Cosmovisión (Weltanschauung). Después de haber leído varias obras de un mismo autor, es posible que el lector perciba una relación definida entre sus temas y note que a través de la escritura se revela cierta uniformidad en el pensamiento del autor. Este modo sostenido de concebir la interacción entre los hombres o entre el hombre y el universo se llama *cosmovisión* (*worldview*, o *Weltanschauung* en alemán). Por ejemplo, en casi todas las obras de Miguel de Unamuno se ve la preocupación del escritor con el concepto de la muerte y, sobre todo, un intento de resolver su angustia ante el problema de la inmortalidad. En el conjunto de sus obras, Unamuno confronta esta problemática desde múltiples perspectivas tanto literarias como conceptuales y sentimentales.

Aproximaciones críticas al análisis del texto

Se llama *estructura* de un texto a la combinación de todos los elementos literarios, al resultado final. Los críticos emplean varias *metodologías* y *aproximaciones críticas* para analizarla. Las aproximaciones que dependen exclusivamente de la materia textual se llaman *formalistas*, pues se basan en un examen de los aspectos formales de la obra. Otras tienen un punto de enfoque *extratextual*, y provienen de una consideración de la obra en función de otro sistema: biográfico, socio-histórico, filosófico, psicológico, lingüístico, etcétera. Un estudio del desarrollo de la trama de una obra, o de la perspectiva narrativa, o de la creación de imágenes, tendría una base *formalista*. Al contrario, una comparación entre la temática filosófica de una obra y sus antecedentes teóricos, o el análisis de un personaje literario según las teorías psicoanalíticas de Sigmund Freud (1856–1939) o arquetípicas de Carl Jung (1875–1961), o también el análisis de un texto como documento biográfico sobre el autor, tendrían una base *extratextual*. Las aproximaciones más modernas, tales como el estructuralismo, la semiótica, la fenomenología, se basan en investigaciones lingüísticas y filosóficas. Al analizar los textos literarios ponen énfasis ya sea en la producción de estructuras y significaciones (estructuralismo), en los complejos signos que forman un texto (la semiótica), o en la revelación de la conciencia autorial (la fenomenología) y, en términos generales, en el acto complejo y agradable de leer un texto.

Práctica

1. Analícese el *punto de vista* de cada uno de los trozos siguientes. ¿Qué tipo de narrador se presenta? ¿primera o tercera persona? ¿Quién habla? ¿el protagonista? ¿un personaje secundario? ¿un testigo u observador externo?

a. Call me Ishmael. Some years ago—never mind how long precisely—having little or no money in my purse, and nothing particular to interest me on shore, I thought I would sail about a little and see the watery part of the world. It is a way I have of driving off the spleen, and regulating the circulation. Whenever I find myself growing grim about the mouth; whenever it is a damp, drizzly November in my soul; whenever I find myself involuntarily pausing before coffin warehouses, and bringing up the rear of every funeral I meet; and especially whenever my hypos get such an upper hand of me, that it requires a strong moral principle to prevent me from deliberately stepping into the street, and methodically knocking people's hats off—then I account it high time to get to sea as soon as I can. (Herman Melville, *Moby Dick*, 1851)

b. Aquella noche Laura no podía dormir. Pensaba una vez y otra en la modista, en su traje, en el bolso, que había que limpiar para que disimulara un poco las señales del mucho uso, pero sobre todo en el sombrero.

   ...Don Manuel, mientras tanto, pensaba: «Estos subalternos, estos subalternos... Fue una debilidad mía invitarle».

   (Felicidad Blanc, «El cock-tail», 1947)

c. (Habla el Dr. Watson, compañero del famoso detective Sherlock Holmes.)

   I had seen little of Holmes lately. My marriage had drifted us away from each other. My own complete happiness, and the home-centered interests which rise up around the man who first finds himself master of his own establishment, were sufficient to absorb all my attention; while Holmes, who loathed every form of society with his whole Bohemian soul, remained in our lodgings in Baker Street, buried among his old books, and alternating from week to week between cocaine and ambition, the drowsiness of the drug, and the fierce energy of his own keen nature. He was still, as ever, deeply attracted by the study of crime, and occupied his immense faculties and extraordinary powers of observation in following out those clues, and clearing up those mysteries, which had been abandoned as hopeless by the official police.

(Sir Arthur Conan Doyle, "A Scandal in Bohemia," *The Adventures of Sherlock Holmes*, c. 1900)

d.   Martina, la criada, era una muchacha alta y robusta, con una gruesa trenza, negra y luciente, arrollada en la nuca. Martina tenía los modales bruscos y la voz áspera. También tenía fama de mal genio, y en la cocina del abuelo [el abuelo de la mujer que habla] todos sabían que no se le podía gastar bromas ni burlas.... Yo la recuerdo cargando grandes baldes de ropa sobre sus ancas de yegua, y dirigiéndose al río descalza, con las desnudas piernas, gruesas y morenas, brillando al sol. Martina tenía la fuerza de dos hombres, según decía Marta la cocinera, y el genio de cuatro sargentos.

(Ana María Matute, «Envidia», *Historias de la Artámila*, 1961)

e.   Billy Tully was a fry cook in a Main Street lunchroom. His face, a youthful pink, was lined around the mouth. There was a dent in the middle of his nose. Thin scars lay one above another at the outer edges of his brows. Crew-cut on top and combed back long on the sides, his rust-colored hair was abundant. He was short, deep-chested, compact, neither heavy or thin nor very muscular, his bones thick, his flesh spare. It was the size of his neck that gave his clothed figure its look of strength. The result of years of exercise, of lifting ten- and twenty-pound weights with a headstrap, it had been developed for a single purpose—to absorb the shock of blows.

Tully had not had a bout since his wife had left him, but last night he had hit a man in the Ofis Inn. What the argument involved he could no longer clearly recall, and he gave it little thought. What concerned him was what had been revealed about himself. He had thrown one punch and the man had dropped. Tully now believed he had given up his career too soon. He was still only twenty-nine.   (Leonard Gardner, *Fat City*, 1969)

f.   La mujer de Demetrio Macías, loca de alegría, salió a encontrarlo por la vereda de la sierra, llevando de la mano al niño.

¡Casi dos años de ausencia!

Se abrazaron y permanecieron mudos; ella embargada por los sollozos y las lágrimas.

Demetrio, pasmado, veía a su mujer envejecida, como si diez o veinte años hubieran transcurrido ya. Luego miró al niño, que clavaba en él sus ojos con azoro. Y su corazón dio un vuelco cuando reparó en la reproducción de las mismas líneas de acero de su rostro y el brillo flamante de sus ojos. Y quiso atraerlo y abrazarlo; pero el chiquillo, muy asustado, se refugió en el regazo de la madre.

—¡Es tu padre, hijo! ...¡Es tu padre!

(Mariano Azuela, *Los de abajo*, 1916)

2.   ¿Cómo se puede clasificar el narrador de cada uno de los trozos siguientes? ¿Es fidedigno o indigno de confianza?

a.   (Aquí se presenta a la protagonista Benina, una mujer dispuesta a ayudar a los demás a toda costa. Como consecuencia de sus actos benéficos, llega a ser considerada como una verdadera santa.)

La mujer de negro vestida, más que vieja, envejecida prematuramente, era, además de *nueva* [entre los mendigos], temporera, porque acudía a la mendicidad por lapsos de tiempo más o menos largos, y a lo mejor desaparecía, sin duda por encontrar un buen acomodo o almas caritativas que la socorrieran. Respondía al nombre de la señá Benina (de lo cual se infiere que Benigna se llamaba), y era la más callada y humilde de la comunidad, si así puede decirse; bien criada, modosa y con todas las trazas de perfecta sumisión a la divina voluntad. ...Con todas y con todos hablaba el mismo lenguaje afable y comedido. [Sigue una descripción física.] Con este pergenio y la expresión sentimental y dulce de su rostro, todavía bien compuesto de líneas, parecía una Santa Rita de Casia que andaba por el mundo en penitencia.

(Benito Pérez Galdós, *Misericordia*, 1897)

b. (Se presenta a «Timoteo el incomprendido» en relación con su devoción al arte puro.)

Timoteo Moragona y Juarrucho era un artista incomprendido. Las vecinas se cachondeaban de él y le decían:
—¿Qué, Timoteo, le han encargado a usted algún San Roque?[1]
—¡No señor! ¡No me han encargado ningún San Roque! ¡Yo no soy un artista de encargos! [La vecina más atrevida continúa burlándose de él.]
Y entonces, Timoteo le pegó una patada en el vientre y la tiró por encima del puestecillo de una vieja que vendía chufas y cacahuetes.
—¡Tome usted! ¡Para que escarmiente y no se vuelva a meter con los artistas! (Camilo José Cela, «Timoteo el incomprendido», 1952)

c. (El narrador es un personaje sin nombre, un inglés—según el nombre que le da la gente—que narra la historia del traidor John Vincent Moon, quien denunció a un amigo suyo en la época de la lucha por la independencia irlandesa. La narración termina así:)

—Yo soy Vincent Moon. Ahora desprécieme.
(Jorge Luis Borges, «La forma de la espada», *Ficciones*, 1944)

3. ¿Cuál es el término que señala el papel de los «señores» que aparecen en los trozos siguientes y a quienes va dirigida la narrativa?

a. Yo, señor, soy de Segovia. Mi padre se llamó Clemente, natural del mismo pueblo; Dios le tenga en el cielo. (Francisco de Quevedo, *El Buscón*, 1626)

b. Yo, señor, no soy malo, aunque no me faltarían motivos para serlo.
(Camilo José Cela, *La familia de Pascual Duarte*, 1942)

4. Identifique cada uno de los finales siguientes. ¿Es un final cerrado, abierto o irónico? ¿En cuál de ellos se ve un caso de la justicia poética?

a. (En la novela se presenta una modernización del mito de Caín y Abel. Abel Sánchez ya ha muerto. El sujeto del párrafo final es Joaquín Monegro, figura de Caín.)

Calló. No quiso o no pudo proseguir. Besó a los suyos. Horas después rendía su último cansado suspiro. (Miguel de Unamuno, *Abel Sánchez*, 1917)

b. (Al protagonista Gold le han encargado un libro sobre sus experiencias familiares; éste es el asunto principal de la novela misma.)

[1] *Are you doing some work on commission?*

Gold continued to Esther's for Belle and drove home. He owed Pomoroy a book. Where could he begin?   (Joseph Heller, *Good as Gold*, 1979)

c. (La joven Tristana, víctima de Don Lope Garrido y de una enfermedad cruel, acaba casándose con el viejo Don Lope. Inexplicablemente, los dos parecen haberse adaptado a la nueva vida.)

¿Eran felices una y otro?... Tal vez.   (Benito Pérez Galdós, *Tristana*, 1892)

d. (El médico Don Amador, invitado a cenar en casa del abuelo de la narradora, muy a disgusto sale a visitar a un enfermo pobre. Antes del tratamiento, el médico exige que la familia le pague la cuenta, y se jacta de eso al volver a la casa.)

Era muy tarde cuando el médico se fue. Se había emborrachado a conciencia y al cruzar el puente, sobre el río crecido, se tambaleó y cayó al agua. Nadie se enteró ni oyó sus gritos. Amaneció ahogado, más allá de Valle Tinto, como un tronco derribado, preso entre unas rocas, bajo las aguas negruzcas y viscosas del [río] Agaro.

(Ana María Matute, «La chusma», *Historias de la Artámila*, 1961)

5. En «La conciencia» de Ana María Matute, un vagabundo llega a la posada de Mariana, y al decir que ha visto algo que Mariana oculta, logra aprovecharse de ella (y luego de su marido). Por fin, Mariana no puede soportar más la situación y pide al vagabundo que se vaya. Al marcharse, éste confiesa a la posadera que no ha visto nada y le da un aviso: «Vigila a tu Antonio».

En el esquema que sigue, ¿cómo se clasifican los diversos elementos de la trama, según las categorías de *exposición, desarrollo, suspenso, punto decisivo, clímax* y *desenlace?*

a. Hacía muy mal tiempo. El vagabundo le pidió a la posadera hospedaje por una noche.

b. El vagabundo se niega a marcharse. Amenaza a la posadera, diciéndole que lo ha visto todo. La mujer teme que la haya visto con su amante. Vuelve el marido. El vagabundo se queda.

c. Mariana está cada vez más desesperada. No sabe el lector cómo va a resultar todo eso.

d. Mariana decide echar al vagabundo de la casa, pase lo que pase.

e. Ella echa al vagabundo, quien le dice que no ha visto nada, pero que sabe que nadie tiene la conciencia pura.

f. Al marcharse, el vagabundo le advierte a Mariana: «Vigila a tu Antonio».

6. Analícese el discurso (la narración, el lenguaje y la relación entre lenguaje y concepto, el tono) de cada uno de los trozos siguientes:

a. FOETEO ERGO SUM.
    I stink, therefore I am.
    Descartes had to be French, right? That's the problem with the French. Always putting Descartes before the horse.
    I thought I'd open with a joke. Loosen things up a bit, if you know what

I mean. You see, I'm not a writer. I'm an accountant. It's my brother who's the writer. He's Jack. I'm Jerry. He's the one who should be writing this book. But he's not here right now.

(Gerald Rosen, *The Carmen Miranda Memorial Flagpole*, 1977)

b. Was every day of my life to be as busy a day as this,————and to take up,————truce————

I will not finish that sentence till I have made an observation upon the strange state of affairs between the reader and myself, just as things stand at present————an observation never applicable before to any one biographical writer since the creation of the world but to myself. . .

I am this month one whole year older than I was this time twelve-month; and having got, as you perceive, almost into the middle of my fourth volume————and no farther than to my first day's life————'tis demonstrative that I have three hundred and sixty-four days more life to write just now, than when I first set out; so that instead of advancing, as a common writer, in my work with what I have been doing at it————on the contrary, I am just thrown so many volumes back————was every day of my life to be as busy a day as this————And why not?————and the transactions and opinions of it to take up as much description————And for what reason should they be cut short? as at this rate I should just live 364 times faster than I should write————It must follow, an' please your Worships, that the more I write, the more I shall have to write————and consequently, the more your Worships will have to read.   (Laurence Sterne, *Tristram Shandy*, 1760)

c. (Sigue una descripción del erudito Antolín S. Paparrigópulos.)

Preparaba una edición popular de los apólogos de *Calila y Dimna* [una colección medieval de cuentos] con una introducción acerca de la influencia de la literatura índica en la Edad Media española, y ojalá hubiese llegado a publicarla, porque su lectura habría apartado, de seguro, al pueblo de la taberna y de perniciosas doctrinas de imposibles redenciones económicas. Pero las dos obras magnas que preparaba Paparrigópulos eran una historia de los escritores oscuros españoles, es decir, de aquellos que no figuran en las historias literarias corrientes o figuran sólo en rápida mención por la supuesta insignificación de sus obras, corrigiendo así la injusticia de los tiempos, injusticia que tanto deploraba y aun temía, y era otra su obra acerca de aquellos cuyas obras se han perdido sin que nos quede más que la mención de sus nombres y a lo sumo de los títulos de las que escribieron. Y estaba a punto de acometer la historia de aquellos otros que habiendo pensado escribir no llegaron a hacerlo.   (Miguel de Unamuno, *Niebla*, 1914)

d. Lees ese anuncio: una oferta de esa naturaleza no se hace todos los días. Lees y relees el aviso. Parece dirigido a ti, a nadie más. Distraído, dejas que la ceniza del cigarro caiga dentro de la taza de té que has estado bebiendo en este cafetín sucio y barato. Tú releerás. Se solicita historiador joven. Ordenado. Escrupuloso. Conocedor de la lengua francesa. Conocimiento perfecto, coloquial. Capaz de desempeñar labores de secretario. Juventud, conocimiento del francés, preferible si ha vivido en Francia algún tiempo. Tres mil pesos mensuales, comida y recámara cómoda, asoleada, apropiada estudio. Sólo falta tu nombre. Sólo falta que las letras más negras y llamativas del aviso informen: Felipe Montero. Se solicita Felipe Montero, antiguo becario [estudiante que tiene beca] en la Sorbona, historiador cargado de datos inútiles, acostumbrado a exhumar papeles amarillentos, profesor auxiliar en escuelas particulares, novecientos pesos mensuales. Pero si leyeras eso, sospecharías, lo tomarías a broma. Donceles 815 [la dirección]. Acuda en persona. No hay teléfono.   (Carlos Fuentes, *Aura*, 1962)

7. Discútase la presentación de Augusto Pérez, protagonista de *Niebla*, en los primeros párrafos de la novela. ¿De qué recursos hace uso, o sea, qué técnica emplea el narrador para presentar a Augusto Pérez? ¿Cómo está caracterizado Augusto?

[1]se quedó
[2]lluvia menuda
[3]*frowned*
[4]cubierta
[5]se amplíe
[6]se inclinó
[7]*to roll up*
[8]voy

> Al aparecer Augusto a la puerta de su casa extendió el brazo derecho, con la mano palma abajo y abierta, y dirigiendo los ojos al cielo quedóse[1] un momento parado en esta actitud estatuaria y augusta. No era que tomaba **posesión del mundo exterior, sino era que observaba si llovía.** Y al recibir en el dorso de la mano el frescor del lento orvallo[2] frunció el entrecejo.[3] Y no era tampoco que le molestase la llovizna, sino el tener que abrir el paraguas. ¡Estaba tan elegante, tan esbelto, plegado y dentro de su funda![4] Un paraguas cerrado es tan elegante como es feo un paraguas abierto.
>
> «Es una desgracia esto de tener que servirse uno de las cosas—pensó Augusto—; tener que usarlas. El uso estropea y hasta destruye toda belleza. La función más noble de los objetos es la de ser contemplados. ¡Qué bella es una naranja antes de comida! Esto cambiará en el cielo cuando todo nuestro oficio se reduzca, o más bien se ensanche,[5] a contemplar a Dios y todas las cosas en El. Aquí, en esta pobre vida, no nos cuidamos sino de servirnos de Dios; pretendemos abrirlo, como a un paraguas, para que nos proteja de toda suerte de males.»
>
> Díjose así y se agachó[6] a recojerse[7] los pantalones. Abrió el paraguas por fin y se quedó un momento suspenso y pensando: «Y ahora, ¿hacia dónde voy?, ¿tiro[8] a la derecha o a la izquierda?» Porque Augusto no era un caminante, sino un paseante de la vida. «Esperaré a que pase un perro—se dijo—y tomaré la dirección inicial que él tome.»

Panorama histórico y categorías fundamentales

En un sentido amplio, a la narrativa se le ha dado también el nombre de ficción. La razón es que toda historia inventada o imaginada representa efectivamente una ficción. La palabra «fingir»—de la cual se deriva «ficción»—viene del latín *fingere*. Por eso, al referirse a ficción, se piensa en algo fabricado, artificial, simulado. Esto puede ayudar a comprender el carácter fundamental de la narrativa y la relación que existe entre el concepto de «vida» y el de «arte» (literario en este caso). Pero ¿por qué la realidad ficticia del cuento o de la novela causa la impresión de ser tan «verdadera» que capta la atención del lector? La respuesta a esta pregunta la proporcionaría el término «historia», que reúne en sí dos conceptos: el de «vida», representado por los hechos reales y el de «imitación de la vida» (*mimesis*) que corresponde a la ficción en particular y al arte en general. Se podría decir entonces que la obra de ficción quiere ser una imagen de la vida y del mundo en donde el autor representa su cosmovisión, o sea su actitud ante la vida.

El género narrativo existe, de una forma u otra, desde hace mucho tiempo. Los antiguos egipcios han dejado relatos que se remontan a los años 4000 antes de Cristo. Asimismo, la Biblia contiene historias que preceden a la literatura clásica. Por su parte, los griegos y los romanos han dejado como legado sus epopeyas—*La Ilíada* y *La Odisea* de Homero y *La Eneida* de Virgilio.

La Ilíada, (siglo IX a. C.), es el primer ejemplo que se conserva de la literatura narrativa occidental. Según la leyenda, el poeta griego Homero reunió en este poema épico los mitos y leyendas populares acerca de la guerra de Troya, inmortalizando así los actos heroicos de los guerreros que con su victoria contribuyeron a la fundación de la civilización occidental. Aunque la existencia de tales hechos ha sido probada arqueológicamente, nada sabríamos de los participantes y de sus móviles si no fuera por *La Ilíada,* ya que los hechos y los seres humanos se olvidan pronto y su verdadera existencia comienza sólo cuando sus hazañas se convierten en ficción y el lector, con su imaginación, participa en ellas a través del texto.

La influencia de estas obras produce más tarde, en la Edad Media, el romance *(ballad)* *(ver* p. 121) y la épica, que también en forma episódica, relatan las proezas de héroes que simbolizan el carácter nacional. En España, los temas del romance y de la épica giran en torno a la historia y tradición de la Península Ibérica. El canto épico nacional es el *Poema del Cid* o *Cantar de Mío Cid* (c. 1140). Aquí se cuentan las hazañas, extraordinarias y humanas, de Rodrigo Díaz de Vivar, «El Cid», el héroe nacional de España.

Es el siglo XIV el que marca el florecimiento de la narrativa. Con el intento de entretener, aparece en la literatura castellana el libro de caballerías *Historia del caballero Cifar* (1300), donde figuran varios relatos en los que se combinan muchos elementos que caracterizarán a las futuras novelas de caballerías: leyendas fantásticas, batallas y milagros. Pero la obra maestra de la prosa de ficción española de ese siglo es *El conde Lucanor* o *Libro de Patronio* (1335), obra de fin didáctico escrita por Don Juan Manuel y que representa un verdadero adelanto en el desarrollo de la narrativa (p. 25).

Con la misma intención de entretener, y siguiendo la vertiente idealista, aparece alrededor de 1508 la obra caballeresca más notable, el *Amadís de Gaula,* novela en que se idealiza la vida del caballero andante y que servirá de modelo para los numerosos *libros de caballerías* que se compondrán en el siglo XVI.

Dentro de esta misma corriente idealista aparece en 1559 la *Diana* de Jorge de Montemayor, modelo de la *novela pastoril* que se caracteriza por la idealización de la vida campestre, de sus personajes—los pastores—y de sus amores.

En la *novela morisca* se refleja la influencia de la cultura morisca—en ella se idealiza al galán árabe y a su dama. Típica de este género es la anónima *Historia del Abencerraje y de la hermosa Jarifa* (1565).

Otra categoría de narrativa extensa es la *novela dramática.* Aquí se debe mencionar la *Comedia de Calisto y Melibea* de Fernando de Rojas, conocida mejor como *La Celestina* (1499), cuya estructura original combina el drama—escrito para ser leído, no representado—y la novela. Por su valor estético es una obra clásica de la literatura hispana.

El *Lazarillo de Tormes* (1554) ocupa un lugar de suma importancia en el desarrollo de la narrativa. Es el primer ejemplo de «novela» en el sentido moderno del término y a la vez prototipo del género picaresco. En esta clase de obra, el personaje central es un individuo de la clase baja, el pícaro (*rogue*). El humor y la sátira se mezclan en la narración, que en forma autobiográfica presenta el protagonista.

Uno de los más celebrados prosistas de todos los tiempos, y el mayor del Renacimiento español, es Miguel de Cervantes y Saavedra. Siguiendo la corriente idealista del Renacimiento, escribe dos novelas: la *Galatea* (1585) de tipo pastoril y *Los trabajos de Persiles y Sigismunda* (póstuma, 1617) que por tratarse de las aventuras y peripecias de dos amantes se cataloga como poético–fantástica. Las *Novelas ejemplares* (1613) siguen la corriente realista. La obra maestra de Cervantes es, sin duda, *Don Quijote de la Mancha,* cuyas dos partes aparecen entre 1605 y 1615. Concebida como parodia de los libros de caballerías, el *Quijote* ha llegado a ser una especie de comedia humana universal. En Don Quijote y en Sancho Panza, su escudero, Cervantes simboliza la antítesis humana del idealismo y del realismo. Por su elaborada estructura que integra magistralmente un gran número de géneros y modos narrativos—lo caballeresco, lo pastoril, lo sentimental, lo picaresco y lo psicológico—así como por su impecable caracterización y por el cuidado estilístico, *Don Quijote* ha de considerarse el primer modelo para una teoría del arte novelístico.

El período barroco, que coincide con una España en plena decadencia político-económica, produce una novela picaresca que refleja la visión caótica, amarga, pesimista, típica de la época. Como ejemplo tenemos la novela *Vida del Buscón* de Francisco de Quevedo. En cambio, en la novela picaresca del siglo XVIII, *Fray Gerundio de Campazas* (1758) de Francisco de Isla, es evidente el espíritu analítico y reformista del período de la Ilustración (*Enlightenment*).

Se ofrecen dos posibles razones para explicar la falta de una verdadera narrativa hispanoamericana hasta principios del siglo XIX. La una atribuye el fenómeno a que las autoridades españolas prohibieron la difusión de toda obra de ficción en América por considerarse este género como ocioso y peligroso. La otra tiene que ver con la actitud misma de los escritores de la Conquista y la Colonia. Estos, en su mayor parte soldados, aventureros y clérigos, encontraron que el Nuevo Mundo en sí mismo era una maravilla y, en cuanto a aventuras, no necesitaban imaginárselas. De modo que los autores hispanoamericanos de los siglos XVI y XVII consideraron su actividad literaria como una misión personal con un fin más bien didáctico que consistía en informar a Europa de los distintos aspectos de América, en convertir a los indios y en educar a la sociedad colonial. Para ello se valieron de la *crónica* y de la *épica*.

Además de prosa histórica y poesía épica también se compusieron desde muy temprano escritos que contienen rasgos narrativos. Entre los principales se encuentran la *Verdadera historia de la conquista de la Nueva España* (1568) de Bernal Díaz del Castillo; los *Naufragios* (1542–1555) de Alvar Núñez Cabeza de Vaca; los *Comentarios Reales*

(1581) y *La Florida del Inca* (1605) del Inca Garcilaso de la Vega, el más famoso prosista de la época colonial; *Los infortunios de Alonso Ramírez* (1690) del mexicano Carlos de Sigüenza y Góngora y, sobretodo, *El Lazarillo de ciegos caminantes* (1773) del peruano Calixto Bustamante Carlos Inga, alias «Concolorcorvo».

El hispanoamericano se ha sentido obligado a hacer de su obra un espejo de la realidad geográfica, histórica, política y social de su tierra: para su gente, él desempeña el papel de conciencia, maestro y portavoz. La primera obra narrativa, en sí misma considerada, es la novela *El periquillo sarniento* (1816) del mexicano José Fernández de Lizardi. Sirviéndose del personaje picaresco de Periquillo, Lizardi critica las instituciones políticas, sociales y religiosas del país. Ya en esta novela se nota una tendencia que se manifiesta en las letras hispanoamericanas: el conflicto interior del escritor dividido entre sus dos herencias—la europea y la americana. Ese mismo conflicto se percibe en el ensayo narrativo *Vida de Juan Facundo Quiroga* (1845) del argentino Domingo Faustino Sarmiento, quien en este libro dramatiza la lucha entre la civilización, representada por la ciudad, y la barbarie, representada por la pampa y los gauchos.

La novela romántica nada dejó en España de verdadero mérito literario en el siglo XIX. Pero sí dejó el caudal de sus cuadros de costumbres—retratos de la vida del pueblo con todos sus detalles, así como pinturas de tipos y personajes populares. Esta materia prima la usó la novela realista para elaborar una novela realmente nacional basada en las costumbres regionales: la *novela regional* o *costumbrista*. Como ejemplo de ellas tenemos *Escenas montañesas* (1864) y *Peñas arriba* (1893) de José María Pereda. Pero es Fernán Caballero (pseudónimo de Cecilia Böhl de Faber) quien inaugura el género con *La gaviota* (1849). De notable valor literario es también *Pepita Jiménez* (1874) de Juan Valera.

La novelista Emilia Pardo Bazán (p. 32) fue quien intentó introducir el naturalismo en España. El naturalismo, influido por el determinismo que explica la degradación del individuo como resultado de la herencia y del ambiente, no echó raíces en un país católico como España. En la novela *Los pazos de Ulloa* (1886) de la mencionada novelista, se encuentran detalles naturalistas, aunque las obras que más se adhieren a esta tendencia son *La Regenta* (1884–1885) de Leopoldo Alas («Clarín») y *La barraca* (1898) de Vicente Blasco Ibáñez.

Al seguir la orientación realista, la novela española experimenta su propio siglo de oro. Maestro del realismo, Benito Pérez Galdós cultivó y perfeccionó en el siglo XIX los múltiples géneros novelísticos así como Cervantes lo había hecho en su época. Con Cervantes comparte también el papel de padre de la novela española. Galdós estudia la sociedad de su país mediante el contacto personal con el pueblo—el resultado es una obra que refleja un profundo conocimiento de la naturaleza humana en general y del carácter español en particular. Galdós cultiva todo género novelístico. En la *novela histórica* mezcla la realidad y la ficción para analizar los orígenes de la revolución española del siglo XIX; el mejor ejemplo son los *Episodios nacionales* (1873). La *novela de tesis* encierra la denuncia de ciertos males sociales, especialmente el fanatismo religioso. Aquí cabe mencionar *Doña Perfecta* (1876) (p. 8) y *Gloria* (1877). *Marianela*, (1878), narración del idilio entre dos jóvenes, es modelo de la *novela sentimental*. Lo más destacado de su obra es, sin embargo, la serie de *Novelas contemporáneas* dedicadas a pintar la vida madrileña y sus personajes; entre éstas sobresale la *novela de costumbres, Fortunata y Jacinta* (1886–1887). En la novela de *contenido idealista, Misericordia* (1897), Galdós se concentra en las implicaciones psicológicas de sus personajes ante ciertas circunstancias.

En Hispanoamérica, la novela es el género que predomina en casi toda la literatura romántica. Esta refleja una narrativa en formación que si en sus temas se esfuerza por reflejar la realidad americana, en su técnica se ve ligada a la tradición idealizadora de la literatura europea. Dentro del género novelesco hay varias categorías, como veremos a continuación.

Dentro de la *novela política*, la obra principal es *Amalia* (1851–55) del argentino José Mármol, que trata de la persecución de los intelectuales por el dictador Juan Manuel Rosas en la Argentina. *María* (1867), del colombiano Jorge Isaacs, es sin duda la obra cumbre de la *novela sentimental*. El mejor ejemplo de la *novela indigenista* o *de la idealización del indio* es *Cumandá o un drama entre salvajes* (1879) del ecuatoriano Juan León Mera. *Cecilia Valdés* (1892), de Cirilo Villaverde, cubano, representa la *novela abolicionista* o *de defensa del esclavo negro*. La *novela histórica Enriquillo* (1878–1882), del dominicano Manuel Jesús Galván, es un documento vívido de la exterminación de los indígenas en Santo Domingo.

La narrativa romántica de sello nítidamente americano cuenta con *Martín Fierro* (1872–1879) del argentino José Hernández, obra maestra del género gauchesco—escritos relacionados con el legendario vaquero de la pampa, el gaucho—y uno de los clásicos de la literatura hispánica.

En las *Tradiciones peruanas* (1872–1910) de Ricardo Palma se ve el proceso evolutivo de esta prosa netamente americana. Son estos relatos una feliz combinación de documento histórico, de tradiciones y ficción anecdótica (p. 29).

El Realismo y el Naturalismo en la literatura hispanoamericana tratan, como en Europa, de retratar al ser humano en lucha contra un medio ambiente que necesita reforma. Contra un trasfondo de injusticia social y de explotación del indio o del minero, se desarrolla la narrativa del realismo urbano y del realismo regional. *Martín Rivas* (1862) de Alberto Blest Gana inaugura el movimiento realista con sus cuadros de costumbres y el relato de las luchas políticas del Chile de ese tiempo. En las novelas *Santa* (1903) del mexicano Federico Gamboa y en *La maestra normal* (1914) del argentino Manuel Gálvez se ve la influencia del naturalismo en el «determinismo» que destruye la vida de los protagonistas. Ambas obras son representativas del realismo urbano con sus temas del alcoholismo, la prostitución y el crimen.

Entre las obras del realismo regional se destaca *Aves sin nido* (1889) de la peruana Clorinda Matto de Turner, la primera obra narrativa de reivindicación del indio. Los cuentos naturalistas de Baldomero Lillo, *Sub terra* (1904) y *Sub sole* (1907), son una protesta contra las condiciones sociales de los mineros de Chile. En los relatos del uruguayo Javier de Viana (*Escenas de la vida del campo*, 1896) y del argentino Roberto Jorge Payró (*Pago chico*, 1908), se hace patente el *criollismo*—tendencia propia del regionalismo hispanoamericano y que consiste en describir detalladamente el campo y sus distintos tipos de habitantes.

Como reacción contra este tipo de escrito, surge el primer movimiento literario de origen hispanoamericano, el Modernismo, corriente renovadora que proclama la independencia del artista, exhortándole a rechazar el provincialismo y el activismo social. Según los modernistas, los jóvenes escritores americanos tendrían como misión modernizar el lenguaje literario importando nuevas palabras de otros idiomas, preferiblemente del francés y de las lenguas clásicas. Los temas serían universales ya que la literatura volvía a ser independiente, «cosmopolita». El nicaragüense Rubén Darío, el portavoz más autorizado del modernismo, inaugura oficialmente este movimiento con su colección de relatos y poemas *Azul* (1888) (p. 143). Rasgos del modernismo se notan en la prosa poética del cubano José Martí (p. 35) (*La edad de oro*, 1889), posiblemente el primer modernista, y también en los *Cuentos color de humo* (1890–1894) del mexicano Manuel Gutiérrez Nájera (p. 141). Representan la narrativa modernista los cuentos *Almas que pasan* (1906) del mexicano Amado Nervo (p. 146), *Las fuerzas extrañas* (1906) del argentino Leopoldo Lugones y la novela *La gloria de don Ramiro* del también argentino Enrique Larreta.

Ante la falta de voluntad individual y colectiva ocasionada en España por la desastrosa guerra de 1898 contra los Estados Unidos, un grupo de escritores—la llamada Generación del 98—proclama el fracaso de la España tradicional y aboga por la creación de una política nueva y un nuevo espíritu nacional que sustituya los antiguos valores. En la prosa narrativa, las figuras más representativas de esta regeneración ideológica y estética que coincide cronológicamente con el Modernismo son Ramón del Valle-Inclán, Miguel de Unamuno, Pío Baroja y José Martínez Ruiz («Azorín»). Valle Inclán es quien más se adhiere al esteticismo modernista—una exquisita sensualidad y el culto supremo de la forma se manifiestan en sus novelas líricas (las *Sonatas*, 1902–05). En los *esperpentos* Valle Inclán introduce un nuevo género de tipo satírico; son novelas dramáticas llenas de personajes e incidentes grotescos que deforman la realidad española. En contraste, la narrativa de Unamuno, figura cumbre de la Generación del 98, pone en evidencia la crisis espiritual del país, crisis con la cual el propio autor se identifica. Esto se nota en su novela *San Manuel Bueno, mártir* (p. 62). Otras novelas suyas son *Niebla* (1914), *Abel Sánchez* (1917) y *La tía Tula* (1921). José Martínez Ruiz escribe relatos descriptivos (*La voluntad*, 1902; *Doña Inés*, 1925), mientras el gran maestro de la Generación del 98, Pío Baroja, hábil narrador de aventuras, refleja en ellas su visión pesimista del hombre y de la sociedad (*Zalacaín el aventurero*, 1909; *El árbol de la ciencia*, 1911; *Memorias de un hombre de acción*, 1913–1928).

La narrativa más destacada del Postmodernismo español está representada por la prosa poética de *Platero y yo* (1914) de Juan Ramón Jiménez, Premio Nóbel de Literatura en 1956.

Ante la desorientación moral y espiritual ocasionada por la Primera Guerra Mundial en Europa, el hispanoamericano vuelve la mirada hacia dentro. Busca en sus elementos nativos una identidad propia. En la narrativa esa búsqueda sigue dos corrientes—la criollista o regional, y la europea. Por un lado, el escritor americano teje su obra alrededor de lo local—paisajes, habitantes, sucesos. Por otro, se une a los vanguardistas europeos—cubistas, dadaístas y superrealistas—en reinterpretar y, de ahí, revolucionar la expresión artística. Pertenecen al primer tipo las *narrativas telúricas* o de la tierra como *Doña Bárbara* (1924) del venezolano Rómulo Gallegos, *La vorágine* (1924) del colombiano José Eustasio Rivera y *Los pasos perdidos* (1954) del cubano Alejo Carpentier. En ellas, la selva ya ha perdido su carácter puramente descriptivo para convertirse en personaje mítico. Caben en este grupo obras de tema indianista como *El indio* (1931) del mexicano Gregorio López y Fuentes y *El mundo es ancho y ajeno* del peruano Ciro Alegría, además de las de tipo afro-antillano, como la novela *Juyungo* (1943) del ecuatoriano Adalberto Ortiz. Entran también en esta categoría la narrativa histórico-política, como la novela de la Revolución Mexicana, caracterizada por *Los de abajo* (1916) de Mariano Azuela, y la novela comprometida, ejemplificada por *El señor Presidente* (1946) del guatemalteco Miguel Angel Asturias.

La narrativa relacionada con la vanguardia europea muestra características de tipo psicológico y filosófico. El artista, al romper con la visión racional de la realidad, produce obras que giran en torno a lo absurdo. *Barrabás y otros relatos* (1928) del venezolano Arturo Uslar Pietri introduce la corriente literaria denominada *realismo mágico*, que concibe la realidad a base de una representación onírica (de los sueños).

La misma visión fragmentada de la realidad constituye la esencia de muchas obras maestras. Entre ellas se destacan, ya sea por la originalidad de sus temas o por sus técnicas narrativas, *La amortajada* (1938) de la chilena María Luisa Bombal, *Ficciones* (1944) del argentino Jorge Luis Borges (p. 40), tal vez el más distinguido escritor de Hispanoamérica, *Bestiario* (1951) y *Rayuela* (1963) del argentino Julio Cortázar (p. 42), y la novela *Pedro Páramo* (1955) del mexicano Juan Rulfo (p. 52).

La influencia del existencialismo europeo—la vertiente atea—está presente en *El túnel* (1948) del argentino Ernesto Sábato, mientras que en los cuentos *Los funerales de la Mamá Grande* (1962) y en la novela *Cien años de soledad* (1967) del colombiano Gabriel García Márquez (Premio Nóbel de Literatura, 1982), se nota la influencia del norteamericano William Faulkner en sus crónicas de enteras generaciones de familias.

En esta misma vertiente psicológica y existencialista se inscriben los narradores españoles contemporáneos. Influidos por la Guerra Civil española, los escritores que salen al exilio (Ramón Sender, *Crónica del alba*, 1942; *Réquiem por un campesino español*, 1960) tanto como los que permanecen en España (Juan Antonio Zunzunegui, *La quiebra*, 1947), recogen impresiones de la guerra y de la sociedad desmoralizada en plena crisis espiritual. Pero es la siguiente generación de prosistas la que asume una conciencia ética y moral durante la postguerra. Se destacan en este grupo Camilo José Cela (*La familia de Pascual Duarte*, 1942; *La colmena*, 1951), Carmen Laforet (*Nada*, 1944), Ana María Matute (p. 58) (*Los hijos muertos*, 1957) y Juan Goytisolo (*Reivindicación del Conde don Julián*, 1970).

La novela española de los últimos años se caracteriza por la aparición él, y todos, sin tener que ir al confesionario, se le confesaban. A tal punto sin que se pueda distinguir aún la dirección definitiva que tomará la prosa narrativa actual.

El cuento: Guía general para el lector

1. ¿Quién es el autor del cuento, y a qué época (y movimiento o tradición literaria) pertenece?
2. ¿Quién narra el cuento? ¿Es el narrador fidedigno o, por el contrario, un narrador indigno de confianza? ¿Hay un narratario?
3. ¿Cuál es el marco escénico?
4. ¿Se pueden aplicar los seis elementos generales de la trama a este texto?
5. ¿Cómo se presentan los personajes del cuento?
6. ¿Cuáles son las características principales del lenguaje del cuento? ¿Hay descripciones? ¿Narración de acciones? ¿Diálogo? ¿Se emplea el lenguaje figurado? ¿Cuáles son los leitmotivos más importantes?
7. ¿Cuál es el tema del cuento? ¿Está explícito o implícito?
8. ¿Qué relación existe entre fondo (mensaje) y forma en el cuento?
9. ¿Qué elementos se destacan más en el estilo del cuentista?
10. ¿Qué impresión le causa a usted como lector este cuento?

La novela: Guía para el lector de *San Manuel Bueno, mártir*

1. ¿Quién narra la novela?
2. ¿Cuál es el pretexto de la composición? ¿A quién está dirigida?
3. ¿Cuál es el marco escénico de la novela? ¿Tiene algún valor simbólico el marco escénico?
4. ¿Qué tipo(s) de progresión se ve(n) en la novela?
5. ¿Qué técnicas narrativas y descriptivas se utilizan para presentar al protagonista de la novela?
6. ¿Qué elementos lingüísticos sobresalen?

7. ¿Cuál es el tema de la obra, y de qué manera se presenta?
8. ¿Qué relación existe entre las conclusiones de la narradora y las de usted como lector del texto?
9. ¿Qué papel desempeña Unamuno en su novela (*nivola*)?
10. ¿Cuáles son los elementos más característicos del estilo de Unamuno?
11. ¿Qué efecto(s) produce la lectura de *San Manuel Bueno, mártir*?

Lecturas

Don Juan Manuel

Don Juan Manuel (1282–¿1349?), sobrino del rey Alfonso X el Sabio, terminó en 1335 la gran colección de cuentos que lleva por título **El conde Lucanor** *(o* **Libro de Patronio**). *De base ecléctica, la obra de Don Juan Manuel anticipa las obras maestras de Giovanni Boccaccio (*Il Decamerone, *Italia) y de Geoffrey Chaucer (*The Canterbury Tales, *Inglaterra), también del siglo XIV. Don Juan Manuel emplea un formato uniforme en los cincuenta y un cuentos de* **El conde Lucanor**: *1) al conde se le presenta un problema; 2) en vez de aconsejarle de manera directa, su ayo Patronio le narra un ejemplo; 3) de este ejemplo se saca una moraleja.*

Lo que sucedió a un mozo que casó con una muchacha de muy mal carácter

Otra vez, hablando el conde Lucanor con Patronio, su consejero, díjole[1] así:

—Patronio, uno de mis deudos[2] me ha dicho que le están tratando de casar con una mujer muy rica y más noble que él, y que este casamiento le convendría mucho si no fuera porque le aseguran que es la mujer de peor carácter que hay en el mundo. Os[3] ruego que me digáis si he de aconsejarle que se case con ella, conociendo su genio,[4] o si habré de aconsejarle que no lo haga.

—Señor conde—respondió Patronio—, si él es capaz de hacer lo que hizo un mancebo[5] moro, aconsejadle[6] que se case con ella; si no lo es, no se lo aconsejéis.

El conde le rogó que le refiriera qué había hecho aquel moro.

Patronio le dijo que en un pueblo había un hombre honrado que tenía un hijo que era muy bueno, pero que no tenía dinero para vivir como él deseaba. Por ello andaba el mancebo muy preocupado, pues tenía el querer, pero no el poder.

En aquel mismo pueblo había otro vecino más importante y rico que su padre, que tenía una sola hija, que era muy contraria del mozo, pues todo lo que éste tenía de buen carácter, lo tenía ella de malo, por lo que nadie quería casarse con aquel demonio. Aquel mozo tan bueno vino un día a su padre y le dijo que bien sabía que él no era tan rico que pudiera

[1] le dijo
[2] familiares
[3] objeto indirecto de ***vosotros***, utilizado aquí como forma singular cortés
[4] carácter
[5] joven
[6] forma imperativa de ***vosotros*** (***vos***)

dejarle con qué vivir decentemente, y que, pues tenía que pasar miserias o irse de allí, había pensado, con su beneplácito,[7] buscarse algún partido[8] con que poder salir de pobreza. El padre le respondió que le agradaría mucho que pudiera hallar algún partido que le conviniera. Entonces le dijo el mancebo que, si él quería, podría pedirle a aquel honrado vecino su hija. Cuando el padre lo oyó se asombró mucho y le preguntó que cómo se le había ocurrido una cosa así, que no había nadie que la conociera que, por pobre que fuese, se quisiera casar con ella. Pidióle el hijo, como un favor, que le tratara aquel casamiento. Tanto le rogó que, aunque el padre lo encontraba muy raro, le dijo lo haría.

Fuese en seguida a ver a su vecino, que era muy amigo suyo, y le dijo lo que el mancebo le había pedido, y le rogó que, pues se atrevía a casar con su hija, accediera a ello. Cuando el otro oyó la petición le contestó diciéndole:

—Por Dios, amigo, que si yo hiciera esto os haría a vos muy flaco servicio, pues vos tenéis un hijo muy bueno y yo cometería una maldad muy grande si permitiera su desgracia o su muerte, pues estoy seguro que si se casa con mi hija, ésta le matará o le hará pasar una vida mucho peor que la muerte. Y no creáis que os digo esto por desairaros,[9] pues, si os empeñáis,[10] yo tendré mucho gusto en darla a vuestro hijo o a cualquier otro que la saque de casa.

El padre del mancebo le dijo que le agradecía mucho lo que le decía y que, pues su hijo quería casarse con ella, le tomaba la palabra.

Se celebró la boda y llevaron a la novia a casa del marido. Los moros tienen la costumbre de prepararles la cena a los novios, ponerles la mesa y dejarlos solos en su casa hasta el día siguiente. Así lo hicieron, pero estaban los padres y parientes de los novios con mucho miedo, temiendo que al otro día le encontrarían a él muerto o malherido.

En cuanto se quedaron solos en su casa se sentaron a la mesa, mas antes que ella abriera la boca miró el novio alrededor de sí, vio un perro y le dijo muy airadamente:[11]

—¡Perro, danos agua a las manos!

El perro no lo hizo. El mancebo comenzó a enfadarse y a decirle aún con más enojo que les diese agua a las manos. El perro no lo hizo. Al ver el mancebo que no lo hacía, se levantó de la mesa muy enfadado, sacó la espada y se dirigió al perro. Cuando el perro le vio venir empezó a huir y el mozo a perseguirle, saltando ambos sobre los muebles y el fuego, hasta que lo alcanzó y le cortó la cabeza y las patas y lo hizo pedazos, ensangrentando toda la casa.

Muy enojado y lleno de sangre se volvió a sentar y miró alrededor. Vio entonces un gato, al cual le dijo que les diese agua a las manos. Como no lo hizo, volvió a decirle:

—¿Cómo, traidor, no has visto lo que hice con el perro porque no quiso obedecerme? Te aseguro que, si un poco o más conmigo porfías,[12] lo mismo haré contigo que hice con el perro.

El gato no lo hizo, pues tiene tan poca costumbre de dar agua a las manos como el perro. Viendo que no lo hacía, se levantó el mancebo, lo cogió por las patas, dio con él en la pared y lo hizo pedazos con mucha

[7] aprobación
[8] oportunidad
[9] insultaros
[10] insistís
[11] furiosamente
[12] discutes

más rabia que al perro. Muy indignado y con la faz[13] torva[14] se volvió a la mesa y miró a todas partes. La mujer, que le veía hacer esto, creía que estaba loco y no le decía nada.

Cuando hubo mirado por todas partes vio un caballo que tenía en su casa, que era el único que poseía, y le dijo lleno de furor que les diese agua a las manos. El caballo no lo hizo. Al ver el mancebo que no lo hacía, le dijo al caballo:

—¿Cómo, don caballo? ¿Pensáis que porque no tengo otro caballo os dejaré hacer lo que queráis? Desengañaos,[15] que si por vuestra mala ventura no hacéis lo que os mando, juro a Dios que os he de dar tan mala muerte como a los otros; y no hay en el mundo nadie que a mí me desobedezca con el que yo no haga otro tanto.

El caballo se quedó quieto. Cuando vio el mancebo que no le obedecía, se fue a él y le cortó la cabeza y lo hizo pedazos. Al ver la mujer que mataba el caballo, aunque no tenía otro, y que decía que lo mismo haría con todo el que le desobedeciera, comprendió que no era una broma, y le entró tanto miedo que ya no sabía si estaba muerta o viva.

Bravo, furioso y ensangrentado se volvió el marido a la mesa, jurando[16] que si hubiera en casa más caballos, hombres o mujeres que le desobedecieran, los mataría a todos. Se sentó y miró a todas partes, teniendo la espada llena de sangre entre las rodillas.

Cuando hubo mirado a un lado y a otro sin ver a ninguna otra criatura viviente, volvió los ojos muy airadamente hacia su mujer y le dijo con furia, la espada en la mano:

—Levántate y dame agua a las manos.

La mujer, que esperaba de un momento a otro ser despedazada, se levantó muy de prisa y le dio agua a las manos.

Díjole el marido:

—¡Ah, cómo agradezco a Dios el que hayas hecho lo que te mandé! Si no, por el enojo que me han causado esos majaderos,[17] hubiera hecho contigo lo mismo.

Después le mandó que le diese de comer. Hízolo[18] la mujer. Cada vez que le mandaba una cosa, lo hacía con tanto enfado y tal tono de voz que ella creía que su cabeza andaba por el suelo. Así pasaron la noche los dos, sin hablar la mujer, pero haciendo siempre lo que él mandaba. Se pusieron a dormir y, cuando ya habían dormido un rato, le dijo el mancebo:

—Con la ira que tengo no he podido dormir bien esta noche; ten cuidado de que no me despierte nadie mañana y de prepararme un buen desayuno.

A media mañana los padres y parientes de los dos fueron a la casa, y, al no oír a nadie, temieron que el novio estuviera muerto o herido. Viendo por entre las puertas a ella y no a él, se alarmaron más. Pero cuando la novia les vio a la puerta se les acercó silenciosamente y les dijo con mucho miedo:

—Pillos,[19] granujas,[20] ¿qué hacéis ahí? ¿Cómo os atrevéis a llegar a esta puerta ni a rechistar?[21] Callad, que si no, todos seremos muertos.

Cuando oyeron esto se llenaron de asombro. Al enterarse de cómo habían pasado la noche, estimaron en mucho al mancebo, que sí había

[13] cara
[14] terrible
[15] forma imperativa de *vosotros* (*vos*); desengañar, desilusionar
[16] afirmando
[17] necios
[18] lo hizo
[19] pícaros
[20] pillos
[21] intentar hablar

sabido, desde el principio, gobernar su casa. Desde aquel día en adelante fue la muchacha muy obediente y vivieron juntos con mucha paz. A los pocos días el suegro[22] quiso hacer lo mismo que el yerno[23] y mató un gallo que no obedecía. Su mujer le dijo:

—La verdad, don Fulano, que te has acordado tarde, pues ya de nada te valdrá matar cien caballos; antes tendrías que haber empezado, que ahora te conozco.

Vos, señor conde, si ese deudo vuestro quiere casarse con esa mujer y es capaz de hacer lo que hizo este mancebo, aconsejadle que se case, que él sabrá cómo gobernar su casa, pero si no fuere capaz de hacerlo, dejadle que sufra su pobreza sin querer salir de ella. Y aun os aconsejo que a todos los que hubieren de tratar con vos les deis a entender desde el principio cómo han de portarse.

El conde tuvo este consejo por bueno, obró según él y le salió muy bien. Como don Juan vio que este cuento era bueno, lo hizo escribir en este libro y compuso unos versos que dicen así:

Si al principio no te muestras como eres,
no podrás hacerlo cuando tú quisieres.[24]

22 padre de la mujer
23 marido de la hija
24 futuro de subjuntivo (forma arcaica) de *querer*

Cuestionario
1. ¿Cuál es el formato de los cuentos de *El conde Lucanor?*
2. ¿Cuál es el problema que tiene el conde Lucanor en este cuento?
3. ¿Por qué quiere el mozo casarse con la mujer brava?
4. ¿Cómo se crea el suspenso en el ejemplo?
5. ¿Cómo se emplea el paralelismo en la estructura del ejemplo?
6. ¿Cuál es el desenlace del ejemplo?
7. ¿En qué sentido es didáctico el cuento, o sea, qué nos enseña?

Identificaciones
1. Patronio
2. ejemplo
3. Don Juan
4. la moraleja

Temas
1. El caso de la mujer brava es una convención literaria común. ¿Qué otros ejemplos de esta clase hay en la literatura mundial?
2. La ironía en el ejemplo (entendiendo por ironía la inversión de lo esperado o previsto)
3. La importancia del diálogo en el cuento
4. La presentación de los personajes

Ricardo Palma

Ricardo Palma (1833–1919) nació en Lima, Perú, y fue director de la Biblioteca Nacional que él hizo reconstruir tras la guerra entre su país y Chile—la llamada Guerra del Pacífico (1879–1883). Durante el período en que desempeñó ese cargo, Palma logró recobrar muchos de los manuscritos que se habían librado del fuego y del saqueo de las tropas chilenas y los coleccionó, conservando así el pasado histórico y cultural de su tierra. El renombre de Palma en las letras hispánicas se debe especialmente a sus Tradiciones peruanas (1875–1883) en las que se notan elementos de la sátira social. Con la tradición, relato en que se funden anécdota, documento histórico, cuadro de costumbres y pura ficción, inaugura Palma un nuevo género narrativo. Sus características incluyen una estructura que varía mucho en la extensión de las obras, así como en el asunto tratado, pero que depende del humorismo, de un suspenso sostenido y de un desenlace sorpresivo. Los personajes comprenden la gama entera de tipos sociales y, en cuanto a temas, las fuentes pueden ser tanto un acontecimiento histórico, como un simple refrán popular, según lo demuestra «La camisa de Margarita».

La camisa de Margarita

Probable es que algunos de mis lectores hayan oído decir a las viejas de Lima, cuando quieren ponderar lo subido de precio de un artículo:

—¡Qué! Si esto es más caro que la camisa de Margarita Pareja.

Habríame quedado con la curiosidad de saber quién fue esa Margarita, cuya camisa anda en lenguas, si en *La América*, de Madrid, no hubiera tropezado con[1] un artículo firmado por don Ildefonso Antonio Bermejo (autor de un notable libro sobre el Paraguay), quien, aunque muy a la ligera,[2] habla de la niña y de su camisa, me puso en vía de desenredar el ovillo,[3] alcanzando a sacar en limpio la historia que van ustedes a leer.

I

Margarita Pareja era (por los años de 1765) la hija más mimada[4] de don Raimundo Pareja, caballero de Santiago y colector general del Callao.

La muchacha era una de esas limeñitas[5] que, por su belleza, cautivan al mismo diablo y lo hacen persignarse[6] y tirar piedras. Lucía un par de ojos negros que eran como dos torpedos cargados con dinamita y que hacían explosión sobre las entretelas[7] del alma de los galanes[8] limeños.

Llegó por entonces de España un arrogante mancebo, hijo de la coronada villa del oso y del madroño,[9] llamado don Luis Alcázar. Tenía éste en Lima un tío solterón y acaudalado,[10] aragonés[11] rancio[12] y linajudo,[13] y que gastaba más orgullo que los hijos del rey Fruela.[14]

[1] tropezado... hallado por casualidad
[2] a... sin profundizar
[3] (fig.) cosa compleja
[4] tratada con excesivo regalo
[5] señoritas de la ciudad de Lima
[6] hacerse el signo de la cruz
[7] (fig.) lo íntimo de corazón
[8] señores jóvenes y elegantes
[9] Madrid, ciudad en cuyo escudo se ve un oso al lado de un madroño (tipo de árbol)
[10] rico
[11] de Aragón, región de España
[12] de familia antigua
[13] de gran linaje
[14] antiguo rey de Asturias, región del norte de España caracterizada por el orgullo de sus habitantes

Por supuesto que, mientras le llegaba la ocasión de heredar al tío, vivía nuestro don Luis tan pelado[15] como una rata y pasando la pena negra. Con decir que hasta sus trapicheos[16] eran al fiado y para pagar cuando mejorase de fortuna, creo que digo lo preciso.

En la procesión de Santa Rosa conoció Alcázar a la linda Margarita. La muchacha le llenó el ojo y le flechó el corazón. La echó flores, y aunque ella no le contestó ni sí ni no, dio a entender con sonrisitas y demás armas del arsenal femenino que el galán era plato muy de su gusto. La verdad, como si me estuviera confesando, es que se enamoraron hasta la raíz del pelo.

Como los amantes olvidan que existe la aritmética, creyó don Luis que para el logro de sus amores no sería obstáculo su presente pobreza, y fue al padre de Margarita y, sin muchos perfiles,[17] le pidió la mano de su hija.

A don Raimundo no le cayó en gracia la petición, y cortésmente despidió al postulante, diciéndole que Margarita era aún muy niña para tomar marido, pues, a pesar de sus diez y ocho mayos, todavía jugaba a las muñecas.

Pero no era ésta la verdadera madre del ternero.[18] La negativa nacía de que don Raimundo no quería ser suegro de un pobretón; y así hubo de decirlo en confianza a sus amigos, uno de los que fue con el chisme a don Honorato, que así se llamaba el tío aragonés. Este, que era más altivo que el Cid,[19] trinó[20] de rabia y dijo:

—¡Cómo se entiende! ¡Desairar[21] a mi sobrino! Muchos se darían con un canto en el pecho[22] por emparentar con el muchacho, que no le hay más gallardo en todo Lima. ¡Habráse visto insolencia de la laya![23] Pero ¿adónde ha de ir conmigo ese colectorcito de mala muerte?

Margarita, que se anticipaba a su siglo, pues era nerviosa como una damisela de hoy, gimoteó,[24] y se arrancó el pelo, y tuvo pataleta,[25] y si no amenazó con envenenarse fue porque todavía no se habían inventado los fósforos.

Margarita perdía colores y carnes, se desmejoraba a vista de ojos, hablaba de meterse monja y no hacía nada en concierto.

—¡O de Luis o de Dios!—gritaba cada vez que los nervios se le sublevaban, lo que acontecía una hora sí y otra también.

Alarmóse el caballero santiagués,[26] llamó físicos y curanderas, y todos declararon que la niña tiraba a tísica[27] y que la única melecina[28] salvadora no se vendía en la botica.

O casarla con el varón de su gusto, o encerrarla en el cajón de palma y corona. Tal fue el *ultimátum* médico.

Don Raimundo (¡al fin padre!), olvidándose de coger capa y bastón, se encaminó como loco a casa de don Honorato, y le dijo:

—Vengo a que consienta usted en que mañana mismo se case su sobrino con Margarita, porque si no la muchacha se nos va por la posta.[29]

—No puede ser—contestó con desabrimiento[30] el tío—. Mi sobrino es un *pobretón,* y lo que usted debe buscar para su hija es un hombre que varee[31] la plata.

El diálogo fue borrascoso.[32] Mientras más rogaba don Raimundo, más

[15](fig.) pobre
[16]medios de buscar recursos
[17]sin... *without beating around the bush*
[18]madre... *mother of the calf;* (fig.) la verdadera razón de la decisión
[19]Rodrigo Díaz de Vivar (siglo XI), héroe nacional de España y protagonista del poema épico nacional, el *Poema del Cid*
[20]se enfureció
[21]desestimar
[22]se... harían cualquier cosa
[23]de... de este tipo
[24]gimió, lloró
[25]convulsión (por lo general, fingida)
[26]de la orden militar de Santiago, fundada en el siglo XII
[27]tiraba... tenía propensión a la tuberculosis
[28]forma vulgar de *medicina*
[29]se... se nos muere
[30]falta de interés
[31](inf.: *varear*) to measure out
[32]violento

se subía el aragonés a la parra,[33] y ya aquél iba a retirarse desahuciado,[34] cuando don Luis, terciando[35] en la cuestión, dijo:

—Pero, tío, no es de cristianos que matemos a quien no tiene la culpa.

—¿Tú te das por satisfecho?

—De todo corazón, tío y señor.

—Pues bien, muchacho, consiento en darte gusto; pero con una condición, y es ésta: don Raimundo me ha de jurar ante la Hostia[36] consagrada que no regalará un ochavo[37] a su hija ni la dejará un real[38] en la herencia.

Aquí se entabló[39] nuevo y más agitado litigio.

—Pero, hombre—arguyó don Raimundo—, mi hija tiene veinte mil duros[40] de dote.

—Renunciamos a la dote. La niña vendrá a casa de su marido nada más que con lo encapillado.[41]

—Concédame usted entonces obsequiarla los muebles y el ajuar[42] de novia.

—Ni un alfiler. Si no acomoda,[43] dejarlo y que se muera la chica.

—Sea usted razonable, don Honorato. Mi hija necesita llevar siquiera una camisa para reemplazar la puesta.

—Bien; paso por esa funda para que no me acuse de obstinado. Consiento en que le regale la camisa de novia, y san se acabó.[44]

Al día siguiente don Raimundo y don Honorato se dirigieron muy de mañana a San Francisco, arrodillándose para oír misa, y, según lo pactado, en el momento en que el sacerdote elevaba la Hostia divina, dijo el padre de Margarita:

—Juro no dar a mi hija más que la camisa de novia. Así Dios me condene si perjurare.

II

Y don Raimundo Pareja cumplió *ad pedem litterae*[45] su juramento, porque ni en vida ni en muerte dio después a su hija cosa que valiera un maravedí.

Los encajes[46] de Flandes que adornaban la camisa de la novia costaron dos mil setecientos duros, según lo afirma Bermejo, quien parece copió este dato de las *Relaciones secretas* de Ulloa y don Jorge Juan.[47]

Item, el cordoncillo que ajustaba al cuello era una cadeneta de brillantes, valorizada en treinta mil morlacos.[48]

Los recién casados hicieron creer al tío aragonés que la camisa a lo más valdría una onza;[49] porque don Honorato era tan testarudo,[50] que, a saber lo cierto, habría forzado al sobrino a divorciarse.

Convengamos en que fue muy merecida la fama que alcanzó la camisa nupcial de Margarita Pareja.

Cuestionario

1. ¿Cuál es el pretexto del cuento, o sea, qué se va a explicar?
2. ¿Quién es Margarita Pareja? ¿Cómo es?
3. ¿Quién es don Luis Alcázar?

[33]se... se enojaba
[34]sin esperanza
[35]metiéndose
[36]*host; wafer used in communion*
[37]moneda antigua
[38]moneda española equivalente a 25 centavos
[39]se... empezó
[40]monedas españolas equivalentes a cinco pesetas
[41]lo... la ropa que lleva puesta
[42]conjunto de muebles, joyas, ropa, etcétera, que lleva la novia al matrimonio
[43]Si... Si no está de acuerdo
[44]san... eso es todo
[45]ad... al pie de la letra (latín)
[46]*lace*
[47]Relaciones... dos comentarios sobre la América del siglo XVIII
[48]monedas de plata
[49]moneda antigua
[50]terco, obstinado

4. ¿Con qué propósito va don Luis a la casa de don Raimundo?
5. ¿Cómo reacciona don Raimundo? ¿y el tío de don Luis?
6. ¿Qué pasa con Margarita?
7. ¿Qué hace el padre de Margarita para remediar la situación?
8. ¿Qué condiciones impone el tío de don Luis?
9. ¿Cuál es el clímax del cuento?

Identificaciones
1. limeño
2. «la villa del oso y del madroño»
3. «más orgulloso que los hijos del rey Fruela»
4. don Honorato
5. dote

Temas
1. La presentación de los personajes del cuento
2. El tema del amor versus el orgullo
3. La ironía del cuento
4. Los elementos socio-históricos de este ejemplo de las *Tradiciones peruanas*

Emilia Pardo Bazán

Emilia Pardo Bazán (1851–1921), nacida en La Coruña (Galicia) de familia aristocrática, se asocia con el movimiento naturalista en España. En 1883 publicó La cuestión palpitante, *ensayo con el cual introdujo en España el naturalismo francés de Emile Zola. Pardo Bazán sacó del naturalismo zolesco un énfasis en la representación minuciosa y científica—casi fotográfica—de la realidad y en los aspectos más feos y negativos de la existencia humana, sintetizándolo todo con la fuerte fe católica y el conservadurismo propios de ella. Se puede observar la expresión literaria de los conceptos naturalistas en* Los pazos de Ulloa *(1886), obra maestra de la Pardo Bazán, y en la secuela,* La madre naturaleza *(1887). La prodigiosa obra crítica, ensayística y cuentística de Emilia Pardo Bazán, al igual que la novelística, representa un impresionante logro artístico, tanto por su variedad como por su temática. Entre sus colecciones de cuentos figuran los* Cuentos de la tierra, *de los que forma parte «Las medias rojas».*

Las medias rojas

Cuando la rapaza[1] entró, cargada con el haz de leña[2] que acababa de merodear[3] en el monte del señor amo, el tío Clodio no levantó la cabeza, entregado a la ocupación de picar[4] un cigarro, sirviéndose, en vez de navaja, de una uña córnea[5] color de ámbar oscuro, porque la había tostado el fuego de las apuradas colillas.[6]

[1] muchacha
[2] haz... *bundle of brushwood or kindling*
[3] recoger
[4] cortar
[5] uña... *long hooked nail*
[6] restos de los cigarros

Ildara soltó el peso en tierra y se atusó[7] el cabello, peinado a la moda «de las señoritas» y revuelto por los enganchones[8] de las ramillas que se agarraban[9] a él. Después, con la lentitud de las faenas[10] aldeanas, preparó el fuego, lo prendió, desgarró[11] las berzas,[12] las echó en el pote[13] negro, en compañía de unas patatas mal troceadas[14] y de unas judías[15] asaz[16] secas, de la cosecha anterior, sin remojar. Al cabo de estas operaciones, tenía el tío Clodio liado[17] su cigarrillo, y lo chupaba[18] desgarbadamente,[19] haciendo en los carrillos[20] dos hoyos[21] como sumideros,[22] grises, entre lo azuloso de la descuidada barba.

Sin duda la leña estaba húmeda de tanto llover la semana entera, y ardía mal, soltando una humareda acre;[23] pero el labriego[24] no reparaba: al humo, ¡bah!, estaba él bien hecho desde niño. Como Ildara se inclinase para soplar y activar la llama, observó el viejo cosa más insólita:[25] algo de color vivo, que emergía de las remendadas y en_charcadas[26] sayas[27] de la moza... Una pierna robusta, aprisionada en una media roja, de algodón...

—¡Ey! ¡Ildara!

—¡Señor padre!

—¿Qué novidá[28] es ésa?

—¿Cuál novidá?

—¿Ahora me gastas medias, como la hirmán[29] del abade?

Incorporóse[30] la muchacha, y la llama, que empezaba a alzarse,[31] dorada, lamedora[32] de la negra panza del pote,[33] alumbró su cara redonda, bonita, de facciones pequeñas, de boca apetecible, de pupilas claras, golosas de vivir.

—Gasto medias, gasto medias—repitió, sin amilanarse—.[34] Y si las gasto, no se las debo a ninguén.[35]

—Luego nacen los cuartos[36] en el monte—insistió el tío Clodio con amenazadora sorna.[37]

—¡No nacen!... Vendí al abade unos huevos, que no dirá menos él... Y con eso merqué[38] las medias.

Una luz de ira cruzó por los ojos pequeños, engarzados[39] en duros párpados, bajo cejas hirsutas, del labrador... Saltó del banco donde estaba escarranchado,[40] y agarrando a su hija por los hombros, la zarandeó[41] brutalmente, arrojándola contra la pared, mientras barbotaba:[42]

—¡Engañosa! ¡Engañosa! ¡Cluecas[43] andan las gallinas que no ponen!

Ildara, apretando los dientes por no gritar de dolor, se defendía la cara con las manos. Era siempre su temor de mociña[44] guapa y requebrada,[45] que el padre la mancase,[46] como le había sucedido a la Mariola, su prima, señalada por su propia madre en la frente con el aro de la criba,[47] que le desgarró los tejidos. Y tanto más defendía su belleza, hoy que se acercaba el momento de fundar en ella un sueño de porvenir. Cumplida la mayor edad, libre de la autoridad paterna, la esperaba el barco, en cuyas entrañas[48] tantos de su parroquia y de las parroquias circunvecinas se habían ido hacia la suerte, hacia lo desconocido de los lejanos países donde el oro rueda por las calles y no hay sino bajarse para cogerlo. El padre no quería emigrar, cansado de una vida de labor, indiferente a la esperanza tardía: pues que se quedase él... Ella iría sin falta; ya estaba de acuerdo con el gancho,[49] que le adelantaba los pesos

[7] se... se alisó el pelo con la mano
[8] efecto de prenderse accidentalmente la cabellera en un gancho (*hook*)
[9] *were held together*
[10] trabajos
[11] separó en pedazos
[12] verduras
[13] *pot*
[14] divididas en pedazos
[15] *greenbeans*
[16] bastante
[17] *rolled up*
[18] *sucked*
[19] sin elegancia
[20] mejillas
[21] cavidades
[22] *sewers*
[23] humareda... humo de mal olor
[24] labrador
[25] extraordinaria
[26] mojadas
[27] faldas
[28] forma vulgar de **novedad**
[29] hermana
[30] se levantó
[31] subir
[32] *licking*
[33] panza... parte más ancha del recipiente
[34] asustarse
[35] forma vulgar de **nadie**
[36] dinero
[37] malicia
[38] (inf.: mercar) compré
[39] fijados
[40] *with legs spread apart*
[41] sacudió con violencia
[42] decía entre dientes
[43] *broody*
[44] muchacha
[45] cortejada
[46] la hiriera dejándole una marca permanente
[47] aro... *ring of a sieve*
[48] en... en cuyo interior
[49] *middleman*

para el viaje, y hasta le había dado cinco de señal,[50] de los cuales habían salido las famosas medias... Y el tío Clodio, ladino,[51] sagaz, adivinador o sabedor, sin dejar de tener acorralada[52] y acosada[53] a la moza, repetía:

—Ya te cansaste de andar descalza[54] de pie y pierna, como las mujeres de bien, ¿eh, condenada? ¿Llevó medias alguna vez tu madre? ¿Peinóse como tú, que siempre estás dale que tienes con el cacho de espejo?[55] Toma, para que te acuerdes...

Y con el cerrado puño hirió primero la cabeza, luego el rostro, apartando las medrosas manecitas, de forma no alterada aún por el trabajo, con que se escudaba[56] Ildara, trémula. El cachete más violento cayó sobre un ojo, y la rapaza vió, como un cielo estrellado, miles de puntos brillantes envueltos en una radiación de intensos coloridos sobre un negro terciopeloso.[57] Luego, el labrador aporreó[58] la nariz, los carillos. Fué un instante de furor, en que sin escrúpulo la hubiese matado, antes que verla marchar, dejándole a él solo, viudo, casi imposibilitado de cultivar la tierra que llevaba en arriendo,[59] que fecundó con sudores tantos años, a la cual profesaba un cariño maquinal, absurdo. Cesó al fin de pegar; Ildara, aturdida de espanto, ya no chillaba[60] siquiera.

Salió fuera, silenciosa, y en el regato próximo se lavó la sangre. Un diente bonito, juvenil, le quedó en la mano. Del ojo lastimado, no veía.

Como que el médico, consultado tarde y de mala gana, según es uso de labriegos, habló de un desprendimiento[61] de la retina, cosa que no entendió la muchacha, pero que consistía... en quedarse tuerta.[62]

Y nunca más el barco la recibió en sus concavidades para llevarla hacia nuevos horizontes de holganza[63] y lujo. Los que allá vayan, han de ir sanos, válidos, y las mujeres, con sus ojos alumbrando y su dentadura completa...

[50] de... *as earnest money*
[51] (fig.) astuto
[52] *cornered*
[53] atacada
[54] sin zapatos
[55] estás... estás peinándote una y otra vez delante de un pedazo de espejo
[56] se protegía
[57] *velvety*
[58] golpeó
[59] en... alquilada
[60] gritaba
[61] *detachment*
[62] quedarse sin vista en un ojo
[63] placer

Cuestionario

1. ¿Qué está haciendo Ildara al comienzo del cuento?
2. ¿Cómo se presenta el tío Clodio en la primera parte del cuento?
3. ¿En qué se fija el tío Clodio? ¿Cómo reacciona?
4. ¿De qué tiene miedo Ildara?
5. ¿Qué planes tiene Ildara para el futuro?
6. ¿Qué hace el padre a su hija?
7. ¿Cómo afecta eso los planes de Ildara?

Identificaciones

1. «la hirmán del Abade»
2. la Mariola
3. el médico

Temas

1. Los motivos de los dos personajes
2. La presentación de la situación y su significación temática
3. La ironía trágica del cuento

José Martí   *José Martí (1853–1895), nacido en Cuba de padres españoles, fue político y hombre de letras. Cursó Derecho en España, sirvió de cónsul en Nueva York, colaboró en varios periódicos (incluso* La Nación, *de Buenos Aires) y fundó el partido revolucionario cubano. Martí gozó de gran fama como orador y traductor, y escribió numerosas obras originales en prosa y en verso. La gran meta de Martí como prosista fue la de buscar nuevas formas de expresión dentro del sistema lingüístico tradicional; el resultado es un estilo personal, rico, sorprendente, de signo modernista. Entre las obras más conocidas de Martí figuran* Versos sencillos *(1891),* Versos libres *(1913) y* Flores del destierro *(1932), las últimas publicadas póstumamente, y el ensayo «Nuestra América» (1891).*

La muñeca negra

De puntillas,[1] de puntillas, para no despertar a Piedad, entran en el cuarto de dormir el padre y la madre. Vienen riéndose, como dos muchachones. Vienen de la mano,[2] como dos muchachos. El padre viene detrás, como si fuera a tropezar con[3] todo. La madre no tropieza; porque conoce el camino. ¡Trabaja mucho el padre, para comprar todo lo de la casa, y no puede ver a su hija cuando quiere! A veces, allá en el trabajo, se ríe solo, o se pone de repente como triste, o se le ve en la cara como una luz: y es que está pensando en su hija: se le cae la pluma de la mano cuando piensa así, pero en seguida empieza a escribir, y escribe tan de prisa, tan de prisa, que es como si la pluma fuera volando. Y le hace muchos rasgos[4] a la letra, y las oes le salen grandes como un sol, y las ges largas como un sable,[5] y las eles están debajo de la línea, como si se fueran a clavar en el papel, y las eses caen al fin de la palabra, como una hoja de palma; ¡tiene que ver lo que escribe el padre cuando ha pensado mucho en la niña! El dice que siempre que le llega por la ventana el olor de las flores del jardín, piensa en ella. O a veces, cuando está trabajando cosas de números, o poniendo un libro sueco en español, la ve venir, venir despacio, como en una nube, y se le sienta al lado, le quita la pluma, para que repose un poco, le da un beso en la frente, le tira de la barba rubia, le esconde el tintero:[6] es sueño no más, no más que sueño, como esos que se tienen sin dormir, en que ve unos vestidos muy bonitos, o un caballo vivo de cola muy larga, o un cochecito con cuatro chivos[7] blancos, o una sortija con la piedra azul: sueño es no más, pero dice el padre que es como si lo hubiera visto, y que después tiene más fuerza y escribe mejor. Y la niña se va, se va despacio por el aire, que parece de luz todo: se va como una nube.

Hoy el padre no trabajó mucho, porque tuvo que ir a una tienda: ¿a qué iría el padre a una tienda?: y dicen que por la puerta de atrás entró una caja grande: ¿qué vendrá en la caja?: ¡a saber lo que vendrá!: mañana

[1] De... caminando con la punta de los pies
[2] de... dándose la mano
[3] tropezar... *bump into*
[4] *flourishes*
[5] *sabre*
[6] recipiente para tinta
[7] *kids (young goats)*

hace ocho años que nació Piedad. La criada fue al jardín, y se pinchó el dedo por cierto, por querer coger, para un ramo que hizo, una flor muy hermosa. La madre a todo dice que sí, y se puso el vestido nuevo, y le abrió la jaula[8] al canario. El cocinero está haciendo un pastel, y recortando en figura de flores los nabos[9] y las zanahorias, y le devolvió a la lavandera el gorro,[10] porque tenía una mancha[11] que no se veía apenas, pero, «¡hoy, hoy, señora lavandera, el gorro ha de estar sin mancha!» Piedad no sabía, no sabía. Ella sí vio que la casa estaba como el primer día de sol, cuando se va ya la nieve, y les salen las hojas a los árboles. Todos sus juguetes se los dieron aquella noche, todos. Y el padre llegó muy temprano del trabajo, a tiempo de ver a su hija dormida. La madre lo abrazó cuando lo vio entrar: ¡y lo abrazó de veras! Mañana cumple Piedad ocho años.

El cuarto está a media luz, una luz como la de las estrellas, que viene de la lámpara de velar,[12] con su bombillo[13] de color de ópalo. Pero se ve, hundida en la almohada, la cabecita rubia. Por la ventana entra la brisa, y parece que juegan, las mariposas que no se ven, con el cabello dorado. Le da en el cabello la luz. Y la madre y el padre vienen andando, de puntillas. ¡Al suelo, el tocador[14] de jugar! ¡Este padre ciego, que tropieza con todo! Pero la niña no se ha despertado. La luz le da en la mano ahora; parece una rosa la mano. A la cama no se puede llegar; porque están alrededor todos los juguetes en mesas y sillas. En una silla está el baúl que le mandó en pascuas[15] la abuela, lleno de almendras[16] y de mazapanes:[17] boca abajo está el baúl, como si lo hubieran sacudido,[18] a ver si caía alguna almendra de un rincón, o si andaban escondidas por la cerradura algunas migajas de mazapán; ¡eso es, de seguro, que las muñecas tenían hambre! En otra silla está la loza,[19] mucha loza y muy fina, y en cada plato una fruta pintada: un plato tiene una cereza, y otro un higo, y otro una uva. Da en el plato ahora la luz, en el plato del higo, y se ven como chispas de estrella: ¿cómo habrá venido esta estrella a los platos?: «¡Es azúcar!» dice el pícaro padre: «¡Eso es, de seguro!»: dice la madre, «eso es que estuvieron las muñecas golosas[20] comiéndose el azúcar». El costurero[21] está en otra silla, y muy abierto, como de quien ha trabajado de verdad; el dedal[22] está machucado[23] ¡de tanto coser!: cortó la modista[24] mucho, porque del calicó que le dio la madre no queda más que un redondel con el borde de picos,[25] y el suelo está por allí lleno de recortes,[26] que le salieron mal a la modista, y allí está la chambra[27] empezada a coser, con la aguja clavada, junto a una gota de sangre. Pero la sala, y el gran juego, está en el velador,[28] al lado de la cama. El rincón, allá contra la pared, es el cuarto de dormir de las muñequitas de loza, con su cama de la madre, de colcha de flores, y al lado una muñeca de traje rosado, en una silla roja: el tocador está entre la cama y la cuna, con su muñequita de trapo,[29] tapada hasta la nariz, y el mosquitero encima: la mesa del tocador es una cajita de cartón castaño, y el espejo es de los buenos, de los que vende la señora pobre de la dulcería, a dos por un centavo. La sala está en lo de delante del velador, y tiene en medio una mesa, con el pie hecho de un carretel[30] de hilo, y lo de arriba de una concha de nácar, con una jarra mexicana en medio, de las que traen los

[8]cage
[9]turnips
[10]cap
[11]stain
[12]lámpara... night light
[13]bulb
[14]mueble con espejo para el arreglo personal
[15]Easter
[16]almonds
[17]marzipan
[18]removido
[19]vajilla de porcelana
[20]aficionadas a lo dulce
[21]caja en donde se guardan los artículos de coser
[22]thimble
[23]deteriorado
[24]persona que hace prendas de vestir para señoras
[25]redondel... pedacito redondo de tela que termina en forma de estrella
[26]scraps
[27]camisole
[28]mesita de noche
[29]muñequita... rag doll
[30]spool

muñecos aguadores de México: y alrededor unos papelitos doblados, que son los libros. El piano es de madera, con las teclas[31] pintadas; y no tiene banqueta de tornillo,[32] que eso es poco lujo, sino una de espaldar, hecha de la caja de un sortija, con lo de abajo forrado[33] de azul; y la tapa cosida por un lado, para la espalda, y forrada de rosa; y encima un encaje.[34] Hay visitas, por supuesto, y son de pelo de veras, con ropones de seda lila de cuartos blancos, y zapatos dorados: y se sientan sin doblarse, con los pies en el asiento: y la señora mayor, la que trae gorra color de oro, y está en el sofá, tiene su levantapiés,[35] porque del sofá se resbala;[36] y el levantapiés es una cajita de paja japonesa, puesta boca abajo: en un sillón blanco están sentadas juntas, con los brazos muy tiesos, dos hermanas de loza. Hay un cuadro en la sala, que tiene detrás, para que no se caiga, un pomo de olor: y es una niña de sombrero colorado, que trae en los brazos un cordero.[37] En el pilar de la cama, del lado del velador, está una medalla de bronce, de una fiesta que hubo, con las cintas[38] francesas: en su gran moña[39] de los tres colores está adornando la sala el medallón, con el retrato de un francés muy hermoso, que vino de Francia a pelear porque los hombres fueran libres, y otro retrato del que inventó el pararrayos,[40] con la cara de abuelo que tenía cuando pasó el mar para pedir a los reyes de Europa que lo ayudaran a hacer libre su tierra: ésa es la sala, y el gran juego de Piedad. Y en la almohada, durmiendo en su brazo, y con la boca desteñida[41] de los besos, está su muñeca negra.

Los pájaros del jardín la despertaron por la mañanita. Parece que se saludan los pájaros, y la convidan a volar. Un pájaro llama, y otro pájaro responde. En la casa hay algo porque los pájaros se ponen así cuando el cocinero anda por la cocina saliendo y entrando, con el delantal volándole por las piernas, y la olla de plata en las dos manos, oliendo a leche quemada y a vino dulce. En la casa hay algo; porque si no, ¿para qué está ahí, al pie de la cama, su vestidito nuevo, el vestidito color de perla, y la cinta lila que compraron ayer, y las medias de encaje? «Yo te digo, Leonor, que aquí pasa algo. Dímelo tú, Leonor, tú que estuviste ayer en el cuarto de mamá, cuando yo fui a paseo. ¡Mamá mala, que no te dejó ir conmigo, porque dice que te he puesto muy fea con tantos besos, y que no tienes pelo, porque te he peinado mucho! La verdad, Leonor; tú no tienes mucho pelo; pero yo te quiero así, sin pelo, Leonor: tus ojos son los que quiero yo, porque con los ojos me dices que me quieres; te quiero mucho, porque no te quieren: ¡a ver! ¡sentada aquí en mis rodillas, que te quiero peinar!; las niñas buenas se peinan en cuanto se levantan; ¡a ver, los zapatos, que ese lazo[42] no está bien hecho!; y los dientes: déjame ver los dientes, las uñas; ¡Leonor, esas uñas no están limpias! Vamos, Leonor, dime la verdad: Oye, oye a los pájaros que parece que tienen baile: dime, Leonor, ¿qué pasa en esta casa?» Y a Piedad se la cayó el peine de la mano, cuando le tenía ya una trenza[43] hecha a Leonor; y la otra estaba toda alborotada.[44] Lo que pasaba, allí lo veía ella. Por la puerta venía la procesión. La primera era la criada, con el delantal de rizos[45] de los días de fiesta, y la cofia[46] de servir la mesa en los días de visita: traía el chocolate, el chocolate con crema, lo mismo que el día de año nuevo, y los panes dulces en una cesta de plata; luego venía la madre, con un ramo

[31]*keys*
[32]banqueta... *revolving stool*
[33]*lined*
[34]*lace*
[35]*footrest*
[36]*slides off*
[37]*lamb*
[38]*ribbons*
[39]*fancy bow*
[40]*lightning rod*
[41]descolorida
[42]*tie*
[43]*braid*
[44]excitada
[45]*ruffles*
[46]*cap*

de flores blancas y azules: ¡ni una flor colorada en el ramo, ni una flor amarilla!: y luego venía la lavandera, con el gorro blanco que el cocinero no se quiso poner, y un estandarte que el cocinero le hizo, con un diario y un bastón: y decía en el estandarte,[47] debajo de una corona de pensamientos: «¡Hoy cumple Piedad ocho años!» Y la besaron, y la vistieron con el traje color de perla, y la llevaron, con el estandarte detrás, a la sala de los libros de su padre, que tenía muy peinada su barba rubia, como si se la hubieran peinado muy despacio, y redondeándole las puntas, y poniendo cada hebra[48] en su lugar. A cada momento se asomaba a la puerta, a ver si Piedad venía: escribía, y se ponía a silbar: abría un libro, y se quedaba mirando a un retrato, a un retrato que tenía siempre en su mesa, y era como Piedad, una Piedad de vestido largo. Y cuando oyó ruido de pasos, y un vozarrón que venía tocando música en un cucurucho[49] de papel, ¿quién sabe lo que sacó de una caja grande? y se fue a la puerta con una mano en la espalda; y con el otro brazo cargó a su hija. Luego dijo que sintió como que en el pecho se le abría una flor, y como que se le encendía en la cabeza un palacio, con colgaduras azules de flecos de oro, y mucha gente con alas: luego dijo todo eso, pero entonces, nada se le oyó decir. Hasta que Piedad dio un salto en sus brazos, y se le quiso subir por el hombro, porque en un espejo había visto lo que llevaba en la otra mano el padre. «¡Es como el sol el pelo, mamá, lo mismo que el sol! ¡ya la vi, ya la vi, tiene el vestido rosado! ¡dile que me la dé, mamá! si es de peto[50] verde, de peto de terciopelo, ¡como las mías son las medias, de encaje como las mías!» Y el padre se sentó con ella en el sillón, y le puso en los brazos la muñeca de seda y porcelana. Echó a correr Piedad, como si buscase a alguien. «¿Y yo me quedo hoy en casa por mi niña», le dijo su padre, «y mi niña me deja solo?» Ella escondió la cabecita en el pecho de su padre bueno. Y en mucho, mucho tiempo, no la levantó, no la levantó, aunque ¡de veras! le picaba la barba.

Hubo paseo por el jardín, y almuerzo con un vino de espuma debajo de la parra,[51] y el padre estaba muy conversador, cogiéndole a cada momento la mano a su mamá, y la madre estaba como más alta, y hablaba poco, y era como música todo lo que hablaba. Piedad le llevó al cocinero una dalia roja, y se la prendió en el pecho del delantal; y a la lavandera le hizo una corona de claveles; y a la criada le llenó los bolsillos de flores de naranjo, y le puso en el pelo una flor, con sus dos hojas verdes. Y luego, con mucho cuidado, hizo un ramo de nomeolvides. «¿Para quién es ese ramo, Piedad?» «No sé, no sé para quién es: ¡quién sabe si es para alguien!» Y lo puso a la orilla de la acequia,[52] donde corría como un cristal el agua. Un secreto le dijo a su madre, y luego le dijo: «¡Déjame ir!» Pero le dijo «caprichosa» su madre: «¿y tu muñeca de seda, no te gusta? mírale la cara, que es muy linda; y no le has visto los ojos azules», Piedad sí se los había visto; y la tuvo sentada en la mesa después de comer, mirándola sin reírse; y la estuvo enseñando a andar en el jardín. Los ojos era lo que le miraba ella; y le tocaba en el lado del corazón: «¡Pero, muñeca, háblame, háblame!» Y la muñeca de seda no le hablaba. «¿Conque no te ha gustado la muñeca que te compré, con sus medias de encaje y su cara de porcelana y su pelo fino?» «Sí, mi papá, sí me ha gustado mucho. Vamos, señora muñeca, vamos a pasear. Usted querrá

[47] bandera
[48] pelo
[49] cono de papel
[50] parte de las prendas de vestir que cubre el pecho
[51] *grapevine*
[52] canal

coches, y lacayos, y querrá dulce de castañas, señora muñeca. Vamos, vamos a pasear.» Pero en cuanto estuvo Piedad donde no la veían, dejó a la muñeca en un tronco, de cara contra el árbol. Y se sentó sola, a pensar, sin levantar la cabeza, con la cara entre las dos manecitas. De pronto echó a correr, de miedo de que se hubiese llevado el agua el ramo de nomeolvides.

—«¡Pero, criada, llévame pronto!»—«¿Piedad, qué es eso de criada? ¡Tú nunca le dices criada así, como para ofenderla!»—«No, mamá, no; es que tengo mucho sueño: estoy muerta de sueño. Mira, me parece que es un monte la barba de papá; y el pastel de la mesa me da vueltas,[53] vueltas alrededor, y se están riendo de mí las banderitas; y me parece que están bailando en el aire las flores de zanahoria; estoy muerta de sueño: ¡adiós, mi madre!, mañana me levanto muy tempranito; tú, papá, me despiertas antes de salir; yo te quiero ver siempre antes de que te vayas a trabajar; ¡oh, las zanahorias! ¡estoy muerta de sueño! ¡Ay, mamá, no me mates el ramo! ¡mira, ya me mataste mi flor!»—«¿Conque se enoja mi hija porque le doy un abrazo?»—«¡Pégame, mi mamá! ¡papá, pégame tú! es que tengo mucho sueño.» Y Piedad salió de la sala de los libros, con la criada que le llevaba la muñeca de seda. «¡Qué de prisa va la niña, que se va a caer! ¿Quién espera a la niña?»—«¡Quién sabe quien me espera!» Y no habló con la criada; no le dijo que le contase el cuento de la niña jorobadita[54] que se volvió una flor; un juguete no más le pidió, y lo puso a los pies de la cama y le acarició a la criada la mano, y se quedó dormida. Encendió la criada la lámpara de velar, con su bombillo de ópalo; salió de puntillas; cerró la puerta con mucho cuidado. Y en cuanto estuvo cerrada la puerta, relucieron dos ojitos en el borde de la sábana; se alzó de repente la cubierta rubia; de rodillas en la cama, le dio toda la luz a la lámpara de velar; y se echó sobre el juguete que puso a los pies, sobre la muñeca negra. La besó, la abrazó, se la apretó contra el corazón: «Ven, pobrecita; ven, que esos malos te dejaron aquí sola; tú no estás fea, no, aunque no tengas más que una trenza; la fea es ésa, la que han traído hoy, la de los ojos que no hablan; dime, Leonor, dime, ¿tú pensaste en mí? mira el ramo que te traje, un ramo de nomeolvides, de los más lindos del jardín; así, en el pecho! ¡ésta es mi muñeca linda! ¿y no has llorado? ¡te dejaron tan sola! ¡no me mires así, porque voy a llorar yo! ¡no, tú no tienes frío! ¡aquí conmigo, en mi almohada, verás como te calientas! ¡y me quitaron, para que no me hiciera daño, el dulce que te traía! ¡así, así, bien arropadita! ¡a ver, mi beso, antes de dormirte! ¡ahora, la lámpara baja! ¡y a dormir, abrazadas las dos! ¡te quiero, porque no te quieren!»

[53]me... me produce mareo
[54]humpbacked

Cuestionario
1. ¿Cómo entran los padres de Piedad en el dormitorio de ella?
2. ¿Por qué no había trabajado mucho aquel día el padre de Piedad?
3. ¿Por qué hay tanta actividad en la casa?
4. ¿Cómo se presenta la muñeca negra en el texto?
5. ¿Cómo se portan los de la casa el día del cumpleaños de Piedad?
6. ¿Le gusta a Piedad la muñeca de seda?
7. ¿Cuál es el desenlace del cuento?

Identificaciones

1. Leonor
2. ocho años
3. «su cara de porcelana y su pelo fino»

Temas

1. Las descripciones en «La muñeca negra»
2. El ambiente del cuento: sus evoluciones
3. Caracterización de Piedad y de sus padres
4. El *modernismo* pone énfasis en la creación del arte por el arte y en la presentación de imágenes llenas de color y ritmo. ¿Cuáles son los elementos modernistas en este cuento? ¿Cuáles son los símbolos más importantes?
5. El uso de contrastes en el cuento
6. El tema del amor en «La muñeca negra»
7. La ironía del cuento

Jorge Luis Borges

Jorge Luis Borges (1899–   ) nació en Buenos Aires y continuó su educación en Suiza e Inglaterra. Poeta, ensayista, cuentista y crítico, es considerado uno de los mayores escritores y eruditos del mundo. Tras la dictadura de Juan Perón desempeñó los cargos de profesor de literatura inglesa en la Universidad de Buenos Aires y el de director de la Biblioteca Nacional. La fama internacional de Borges ha de atribuirse principalmente al éxito de sus colecciones de cuentos: Historia universal de la infamia *(1935),* El jardín de los senderos que se bifurcan *(1941),* Ficciones *(1944) y* El Aleph *(1949). La cosmovisión de Borges muestra a un escritor escéptico que se niega a aceptar la verdad absoluta. Por lo tanto, usa su propia inmensa cultura y una mente extraordinariamente lógica e incisiva para burlarse de la humanidad que depende tanto de sistemas filosóficos, científicos y matemáticos para explicarse algo tan autónomo e inexplicable como la realidad. Para articular esas ideas, Borges utiliza, tanto en sus ensayos como en sus cuentos, los mismos temas, símbolos y metáforas: el universo como un laberinto caótico o una biblioteca de Babel en donde resulta absurdo encontrar una salida sola o un libro único; la exactitud de los números que acaba por decepcionar y matar al matemático mismo; la biografía de un hombre que coincide con la historia de la humanidad entera y así sucesivamente.*

El etnógrafo

El caso me lo refirieron en Texas, pero había acontecido en otro estado. Cuenta con un solo protagonista, salvo que en toda historia los protagonistas son miles, visibles e invisibles, vivos y muertos. Se llamaba, creo, Fred Murdock. Era alto a la manera americana, ni rubio ni moreno, de perfil de hacha,[1] de muy pocas palabras. Nada

[1]*de... of sharp profile*

singular había en él, ni siquiera esa fingida singularidad que es propia de los jóvenes. Naturalmente respetuoso, no descreía de los libros ni de quienes escriben los libros. Era suya esa edad en que el hombre no sabe aún quién es y está listo a entregarse a lo que le propone el azar:[2] la mística del persa o el desconocido origen del húngaro, las aventuras de la guerra o del álgebra, el puritanismo o la orgía. En la universidad le aconsejaron el estudio de las lenguas indígenas. Hay ritos esotéricos que perduran en ciertas tribus del oeste; su profesor, un hombre entrado en años, le propuso que hiciera su habitación en una toldería,[3] que observara los ritos y que descubriera el secreto que los brujos revelan al iniciado. A su vuelta, redactaría una tesis que las autoridades del instituto darían a la imprenta. Murdock aceptó con alacridad.[4] Uno de sus mayores había muerto en las guerras de la frontera; esa antigua discordia de sus estirpes[5] era un vínculo[6] ahora. Previó, sin duda, las dificultades que lo aguardaban; tenía que lograr que los hombres rojos lo aceptaran como uno de los suyos. Emprendió la larga aventura. Más de dos años habitó en la pradera,[7] bajo toldos de cuero o a la intemperie.[8] Se levantaba antes del alba, se acostaba al anochecer, llegó a soñar en un idioma que no era el de sus padres. Acostumbró su paladar[9] a sabores ásperos, se cubrió con ropas extrañas, olvidó los amigos y la ciudad, llegó a pensar de una manera que su lógica rechazaba. Durante los primeros meses de aprendizaje tomaba notas sigilosas,[10] que rompería después, acaso para no despertar la suspicacia de los otros, acaso porque ya no las precisaba. Al término de un plazo prefijado por ciertos ejercicios, de índole[11] moral y de índole física, el sacerdote le ordenó que fuera recordando sus sueños y que se los confiara al clarear el día. Comprobó que en las noches de luna llena soñaba con bisontes. Confió estos sueños repetidos a su maestro; éste acabó por revelarle su doctrina secreta. Una mañana, sin haberse despedido de nadie, Murdock se fue.

En la ciudad, sintió la nostalgia de aquellas tardes iniciales de la pradera en que había sentido, hace tiempo, la nostalgia de la ciudad. Se encaminó al despacho del profesor y le dijo que sabía el secreto y que había resuelto no publicarlo.

—¿Lo ata[12] su juramento? —preguntó el otro.

—No es ésa mi razón —dijo Murdock—. En esas lejanías aprendí algo que no puedo decir.

—¿Acaso el idioma inglés es insuficiente? —observaría el otro.

—Nada de eso, señor. Ahora que poseo el secreto, podría enunciarlo de cien modos distintos y aun contradictorios. No sé muy bien cómo decirle que el secreto es precioso y que ahora la ciencia, nuestra ciencia, me parece una mera frivolidad.

Agregó al cabo de una pausa:

—El secreto, por lo demás, no vale lo que valen los caminos que me condujeron a él. Esos caminos hay que andarlos.

El profesor le dijo con frialdad:

—Comunicaré su decisión al Concejo. ¿Usted piensa vivir entre los indios?

[2] casualidad
[3] campamento indio
[4] alegría
[5] linajes
[6] punto de unión
[7] *meadowland*
[8] al aire libre
[9] *palate*
[10] secretas
[11] tipo, carácter
[12] Lo... Se lo impide

Murdock le contestó:

—No. Tal vez no vuelva a la pradera. Lo que me enseñaron sus hombres vale para cualquier lugar y para cualquier circunstancia.

Tal fue, en esencia, el diálogo.

Fred se casó, se divorció y es ahora uno de los bibliotecarios de Yale.

Cuestionario

1. Según el texto, ¿cómo llega el narrador a enterarse de la historia de Fred Murdock?
2. ¿Qué tipo de persona es Murdock?
3. ¿Qué le propone el profesor a Murdock?
4. ¿Cómo vive Murdock durante los dos años de su estancia en la pradera?
5. ¿Qué le ordena el sacerdote a Murdock?
6. ¿Por qué razón se niega Murdock a revelar el secreto?
7. ¿Qué es ahora Fred Murdock?

Identificaciones

1. toldería
2. el aprendizaje
3. «El secreto, por lo demás, no vale lo que valen los caminos que me condujeron a él.»

Temas

1. El papel del narrador en «El etnógrafo»
2. La presentación de los sucesos de la vida de Fred Murdock
3. La ironía del cuento
4. Hacia una interpretación del secreto de Murdock

Julio Cortázar

Julio Cortázar (1914–   ), nació en Bruselas de padres argentinos. Cursó estudios en la Argentina donde fue profesor de enseñanza secundaria y universitaria. En 1951 se trasladó a París y allí trabaja como traductor independiente. Ensayista, cuentista y novelista de fama internacional, Cortázar se destaca por su rol de innovador de la narrativa argentina e hispanoamericana. Influenciada por la literatura de lo absurdo y por la fantástica, incorporada máximamente en el superrealismo, su obra está compuesta en una forma superficialmente disparatada. Sin embargo, debajo de esa forma hay una profunda inquietud existencial y la búsqueda de nuevas relaciones entre los seres y las cosas. En su ensayística sobresale La vuelta al día en ochenta mundos *(1967). Sus cuentos se encuentran en* Bestiario *(1951),* Final del juego *(1956) y* Las armas secretas *(1959). Entre las novelas figuran* Rayuela *(1963),* 62: Modelo para armar *(1968) y el* Libro de Manuel *(1973).* Rayuela, *la más conocida, basándose en la convención de la rayuela (hopscotch), le ofrece al lector varias posibilidades de lectura.*

La noche boca arriba

Y salían en ciertas épocas a cazar enemigos;
le llamaban la guerra florida.[1]

A mitad del largo zaguán[2] del hotel pensó que debía ser tarde, y se apuró[3] a salir a la calle y sacar la motocicleta del rincón donde el portero de al lado le permitía guardarla. En la joyería de la esquina vio que eran las nueve menos diez; llegaría con tiempo sobrado[4] adonde iba. El sol se filtraba entre los altos edificios del centro, y él—porque para sí mismo, para ir pensando, no tenía nombre—montó en la máquina saboreando el paseo. La moto ronroneaba entre sus piernas, y un viento fresco le chicoteaba[5] los pantalones.

Dejó pasar los ministerios (el rosa, el blanco) y la serie de comercios con brillantes vitrinas[6] de la calle Central. Ahora entraba en la parte más agradable del trayecto, el verdadero paseo: una calle larga, bordeada de árboles, con poco tráfico y amplias villas que dejaban venir los jardines hasta las aceras, apenas demarcadas por setos[7] bajos. Quizá algo distraído, pero corriendo sobre la derecha como correspondía, se dejó llevar por la tersura,[8] por la leve crispación[9] de ese día apenas empezado. Tal vez su involuntario relajamiento le impidió prevenir el accidente. Cuando vio que la mujer parada en la esquina se lanzaba a la calzada a pesar de las luces verdes, ya era tarde para las soluciones fáciles. Frenó con el pie y la mano, desviándose a la izquierda; oyó el grito de la mujer, y junto con el choque perdió la visión. Fue como dormirse de golpe.

Volvió bruscamente del desmayo. Cuatro o cinco hombres jóvenes lo estaban sacando de debajo de la moto. Sentía gusto a sal y sangre, le dolía una rodilla, y cuando lo alzaron gritó, porque no podía soportar la presión en el brazo derecho. Voces que no parecían pertenecer a las caras suspendidas sobre él, lo alentaban[10] con bromas y seguridades. Su único alivio fue oír la confirmación de que había estado en su derecho al cruzar la esquina. Preguntó por la mujer, tratando de dominar la náusea que le ganaba la garganta. Mientras lo llevaban boca arriba hasta una farmacia próxima, supo que la causante del accidente no tenía más que rasguños[11] en las piernas. «Usté la agarró apenas, pero el golpe le hizo saltar la máquina de costado...» Opiniones, recuerdos, despacio, éntrenlo de espaldas, así va bien, y alguien con guardapolvo[12] dándole a beber un trago que lo alivió, en la penumbra de una pequeña farmacia de barrio.

La ambulancia policial llegó a los cinco minutos, y lo subieron a una camilla blanda donde pudo tenderse a gusto. Con toda lucidez, pero sabiendo que estaba bajo los efectos de un shock terrible, dio sus señas al policía que lo acompañaba. El brazo casi no le dolía; de una cortadura en la ceja goteaba sangre por toda la cara. Una o dos veces se lamió los labios para beberla. Se sentía bien, era un accidente, mala suerte; unas semanas quieto y nada más. El vigilante le dijo que la motocicleta no parecía muy estropeada. «Natural», dijo él. «Como que me la ligué encima...» Los dos se rieron, y el vigilante le dio la mano al llegar al hospital y le deseó

[1] guerra... guerra ritual en la que los aztecas buscaban víctimas para sus sacrificios
[2] vestíbulo, pasillo
[3] se... se dio prisa
[4] más de lo que se necesita
[5] *whipped*
[6] *show windows*
[7] *hedges*
[8] pureza
[9] *edginess*
[10] *scratches*
[11] animaban
[12] *dustcoat*

buena suerte. Ya la náusea volvía poco a poco; mientras lo llevaban en una camilla de ruedas hasta un pabellón del fondo, pasando bajo árboles llenos de pájaros, cerró los ojos y deseó estar dormido o cloroformado. Pero lo tuvieron largo rato en una pieza con olor a hospital, llenando una ficha, quitándole la ropa y vistiéndolo con una camisa grisácea y dura. Le movían cuidadosamente el brazo, sin que le doliera. Las enfermeras bromeaban todo el tiempo, y si no hubiera sido por las contracciones del estómago se habría sentido muy bien, casi contento.

Lo llevaron a la sala de radio, y veinte minutos después, con la placa todavía húmeda puesta sobre el pecho como una lápida[13] negra, pasó a la sala de operaciones. Alguien de blanco, alto y delgado, se le acercó y se puso a mirar la radiografía. Manos de mujer le acomodaban la cabeza, sintió que lo pasaban de una camilla a otra. El hombre de blanco se le acercó otra vez, sonriendo, con algo que le brillaba en la mano derecha. Le palmeó la mejilla e hizo una señal a alguien parado atrás.

Como sueño era curioso porque estaba lleno de olores y él nunca soñaba olores. Primero un olor a pantano, ya que a la izquierda de la calzada empezaban las marismas,[14] los tembladerales[15] de donde no volvía nadie. Pero el olor cesó, y en cambio vino una fragancia compuesta y oscura como la noche en que se movía huyendo de los aztecas. Y todo era tan natural, tenía que huir de los aztecas que andaban a caza de hombre, y su única probabilidad era la de esconderse en lo más denso de la selva, cuidando de no apartarse de la estrecha calzada que sólo ellos, los motecas, conocían.

Lo que más le torturaba era el olor, como si aun en la absoluta aceptación del sueño algo se rebelara contra eso que no era habitual, que hasta entonces no había participado del juego. «Huele a guerra», pensó, tocando instintivamente el puñal de piedra atravesado en su ceñidor[16] de lana tejida. Un sonido inesperado lo hizo agacharse[17] y quedar inmóvil, temblando. Tener miedo no era extraño, en sus sueños abundaba el miedo. Esperó, tapado por las ramas de un arbusto y la noche sin estrellas. Muy lejos, probablemente del otro lado del gran lago, debían estar ardiendo fuegos de vivac;[18] un resplandor rojizo teñía esa parte del cielo. El sonido no se repitió. Había sido como una rama quebrada. Tal vez un animal que escapaba como él del olor de la guerra. Se enderezó despacio, venteando. No se oía nada, pero el miedo seguía allí como el olor, ese incienso dulzón de la guerra florida. Había que seguir, llegar al corazón de la selva evitando las ciénagas.[19] A tientas,[20] agachándose a cada instante para tocar el suelo más duro de la calzada, dio algunos pasos. Hubiera querido echar a correr, pero los tembladerales palpitaban a su lado. Siguiendo el sendero en tinieblas, reanudó lentamente la fuga. Entonces sintió una bocanada horrible del olor que más temía, y saltó desesperado hacia adelante.

—Se va a caer de la cama —dijo el enfermo de al lado—. No brinque tanto, amigazo.

Abrió los ojos y era de tarde, con el sol ya bajo en los ventanales de la larga sala. Mientras trataba de sonreír a su vecino, se despegó casi físicamente de la última visión de la pesadilla. El brazo, enyesado,[21]

[13] piedra llana en que se pone una inscripción
[14] *marshes*
[15] *quagmires*
[16] cinturón
[17] *squat*
[18] *bivouac*
[19] *swamps*
[20] A... Vacilantemente
[21] *cast in plaster*

colgaba de un aparato con pesas[22] y poleas.[23] Sintió sed, como si hubiera estado corriendo kilómetros, pero no querían darle mucha agua, apenas para mojarse los labios y hacer un buche.[24] La fiebre lo iba ganando despacio y hubiera podido dormirse otra vez, pero saboreaba el placer de quedarse despierto, entornados los ojos, escuchando el diálogo de los otros enfermos, respondiendo de cuando en cuando a alguna pregunta. Vio llegar un carrito blanco que pusieron al lado de su cama, una enfermera rubia le frotó con alcohol la cara anterior del muslo y le clavó una gruesa aguja conectada con un tubo que subía hasta un frasco lleno de líquido opalino. Un médico joven vino con un aparato de metal y cuero que le ajustó al brazo sano para verificar alguna cosa. Caía la noche, y la fiebre lo iba arrastrando blandamente a un estado donde las cosas tenían un relieve como de gemelos de teatro,[25] eran reales y dulces y a la vez ligeramente repugnantes; como estar viendo una película aburrida y pensar que sin embargo en la calle es peor; y quedarse.

Vino una taza de maravilloso caldo de oro oliendo a puerro, a apio, a perejil. Un trocito de pan, más precioso que todo un banquete, se fue desmigajando poco a poco. El brazo no le dolía nada, y solamente en la ceja, donde lo habían suturado, chirriaba[26] a veces una punzada[27] caliente y rápida. Cuando los ventanales de enfrente viraron[28] a manchas de un azul oscuro, pensó que no le iba a ser difícil dormirse. Un poco incómodo, de espaldas. Pero al pasarse la lengua por los labios resecos y calientes sintió el sabor del caldo, y suspiró de felicidad, abandonándose.

Primero fue una confusión, un atraer hacia sí todas las sensaciones por un instante embotadas o confundidas. Comprendía que estaba corriendo en plena oscuridad, aunque arriba del cielo cruzado de copas de árboles era menos negro que el resto. «La calzada», pensó. «Me salí de la calzada». Sus pies se hundían en un colchón de hojas y barro, y ya no podía dar un paso sin que las ramas de los arbustos le azotaran el torso y las piernas. Jadeante,[29] sabiéndose acorralado a pesar de la oscuridad y el silencio, se agachó para escuchar. Tal vez la calzada estaba cerca, con la primera luz del día iba a verla otra vez. Nada podía ayudarlo ahora a encontrarla. La mano que sin saberlo él aferraba[30] el mango del puñal, subió como el escorpión de los pantanos hasta su cuello, donde colgaba el amuleto protector. Moviendo apenas los labios musitó[31] la plegaria[32] del maíz que trae las lunas felices, y la súplica a la Muy Alta, a la dispensadora de los bienes motecas. Pero sentía al mismo tiempo que los tobillos se le estaban hundiendo despacio en el barro, y la espera en la oscuridad del chaparral desconocido se le hacía insoportable. La guerra florida había empezado con la luna y llevaba ya tres días y tres noches. Si conseguía refugiarse en el profundo de la selva, abandonando la calzada más allá de la región de las ciénagas, quizá los guerreros no le siguieran el rastro. Pensó en los muchos prisioneros que ya habrían hecho. Pero la cantidad no contaba, sino el tiempo sagrado. La caza continuaría hasta que los sacerdotes dieran la señal del regreso. Todo tenía su número y su fin, y él estaba dentro del tiempo sagrado, del otro lado de los cazadores.

Oyó los gritos y se enderezó de un salto, puñal en mano. Como si el cielo se incendiara en el horizonte, vio antorchas moviéndose entre las

[22] *weights*
[23] *pulleys*
[24] porción de líquido que cabe en la boca
[25] gemelos... *opera glasses*
[26] *sizzled*
[27] dolor
[28] cambiaron
[29] Respirando fuertemente
[30] agarraba
[31] *mumbled*
[32] oración

ramas, muy cerca. El olor a guerra era insoportable, y cuando el primer enemigo le saltó al cuello casi sintió placer en hundirle la hoja de piedra en pleno pecho. Ya lo rodeaban las luces, los gritos alegres. Alcanzó a cortar el aire una o dos veces, y entonces una soga lo atrapó desde atrás.

—Es la fiebre—dijo el de la cama de al lado—. A mí me pasaba igual cuando me operé del duodeno.[33] Tome agua y va a ver que duerme bien.

Al lado de la noche de donde volvía, la penumbra tibia de la sala le pareció deliciosa. Una lámpara violeta velaba en lo alto de la pared del fondo como un ojo protector. Se oía toser, respirar fuerte, a veces un diálogo en voz baja. Todo era grato y seguro, sin ese acoso, sin... Pero no debía seguir pensando en la pesadilla. Había tantas cosas en qué entretenerse. Se puso a mirar el yeso del brazo, las poleas que tan cómodamente se lo sostenían en el aire. Le habían puesto una botella de agua mineral en la mesa de noche. Bebió del gollete,[34] golosamente. Distinguía ahora las formas de la sala, las treinta camas, los armarios con vitrinas. Ya no debía tener tanta fiebre, sentía fresca la cara. La ceja le dolía apenas, como un recuerdo. Se vio otra vez saliendo del hotel, sacando la moto. ¿Quién hubiera pensado que la cosa iba a acabar así? Trataba de fijar el momento del accidente, y le dio rabia advertir que había ahí como un hueco, un vacío que no alcanzaba a rellenar. Entre el choque y el momento en que lo habían levantado del suelo, un desmayo o lo que fuera no le dejaba ver nada. Y al mismo tiempo tenía la sensación de que ese hueco, esa nada, había durado una eternidad. No, ni siquiera tiempo, más bien como si en ese hueco él hubiera pasado a través de algo o recorrido distancias inmensas. El shock, el golpe brutal contra el pavimento. De todas maneras al salir del pozo negro había sentido casi un alivio mientras los hombres lo alzaban del suelo. Con el dolor del brazo roto, la sangre de la ceja partida, la contusión en la rodilla; con todo eso, un alivio al volver al día y sentirse sostenido y auxiliado. Y era raro. Le preguntaría alguna vez al médico de la oficina. Ahora volvía a ganarlo el sueño, a tirarlo despacio hacia abajo. La almohada era tan blanda, y en su garganta afiebrada la frescura del agua mineral. Quizá pudiera descansar de veras, sin las malditas pesadillas. La luz violeta de la lámpara en lo alto se iba apagando poco a poco.

Como dormía de espaldas, no lo sorprendió la posición en que volvía a reconocerse, pero en cambio el olor a humedad, a piedra rezumante de filtraciones, le cerró la garganta y lo obligó a darse cuenta. Inútil abrir los ojos y mirar en todas direcciones; lo envolvía una oscuridad absoluta. Quiso enderezarse y sintió las sogas en las muñecas y los tobillos. Estaba estaqueado[35] en el suelo, en un piso de lajas helado y húmedo. El frío le ganaba la espalda desnuda, las piernas. Con el mentón[36] buscó torpemente el contacto con su amuleto, y supo que se lo habían arrancado. Ahora estaba perdido, ninguna plegaria podía salvarlo del final. Lejanamente, como filtrándose entre las piedras del calabozo, oyó los atabales de la fiesta. Lo habían traído al teocalli,[37] estaba en las mazmorras del templo a la espera de su turno.

Oyó gritar, un grito ronco que rebotaba en las paredes. Otro grito, acabando en un quejido.[38] Era él que gritaba en las tinieblas, gritaba

[33] primera sección del intestino delgado
[34] cuello estrecho de una botella
[35] (fig.) *tied down*
[36] *chin*
[37] templo de los aztecas
[38] *groan*

porque estaba vivo, todo su cuerpo se defendía con el grito de lo que iba a venir, del final inevitable. Pensó en sus compañeros que llenarían otras mazmorras, y en los que ascendían ya los peldaños[39] del sacrificio. Gritó de nuevo, sofocadamente, casi no podía abrir la boca, tenía las mandíbulas agarrotadas y a la vez como si fueran de goma y se abrieran lentamente, con un esfuerzo interminable. El chirriar de los cerrojos lo sacudió como un látigo. Convulso, retorciéndose, luchó por zafarse[40] de las cuerdas que se le hundían en la carne. Su brazo derecho, el más fuerte, tiraba hasta que el dolor se hizo intolerable y tuvo que ceder. Vio abrirse la doble puerta, y el olor de las antorchas le llegó antes que la luz. Apenas ceñidos con el taparrabos[41] de la ceremonia, los acólitos de los sacerdotes se le acercaron mirándolo con desprecio. Las luces se reflejaban en los torsos sudados, en el pelo negro lleno de plumas. Cedieron las sogas, y en su lugar lo aferraron manos calientes, duras como bronce; se sintió alzado, siempre boca arriba, tironeado por los cuatro acólitos que lo llevaban por el pasadizo. Los portadores de antorchas iban adelante, alumbrando vagamente el corredor de paredes mojadas y techo tan bajo que los acólitos debían agachar[42] la cabeza. Ahora lo llevaban, lo llevaban, era el final. Boca arriba, a un metro del techo de roca viva que por momentos se iluminaba con un reflejo de antorcha. Cuando en vez del techo nacieran las estrellas, y se alzara frente a él la escalinata[43] incendiada de gritos y danzas, sería el fin. El pasadizo no acababa nunca, pero ya iba a acabar, de repente olería el aire libre lleno de estrellas, pero todavía no, andaban llevándolo sin fin en la penumbra roja, tironeándolo[44] brutalmente; y él no quería, pero cómo impedirlo si le habían arrancado el amuleto que era su verdadero corazón, el centro de la vida.

Salió de un brinco a la noche del hospital, al alto cielorraso dulce, a la sombra blanda que lo rodeaba. Pensó que debía haber gritado, pero sus vecinos dormían callados. En la mesa de noche, la botella de agua tenía algo de burbuja, de imagen traslúcida contra la sombra azulada de los ventanales. Jadeó, buscando el alivio de los pulmones, el olvido de esas imágenes que seguían pegadas a sus párpados. Cada vez que cerraba los ojos las veía formarse instantáneamente, y se enderezaba aterrado pero gozando a la vez de saber que ahora estaba despierto, que la vigilia lo protegía, que pronto iba a amanecer, con el buen sueño profundo que se tiene a esa hora, sin imágenes, sin nada... Le costaba mantener los ojos abiertos, la modorra[45] era más fuerte que él. Hizo un último esfuerzo, con la mano sana esbozó un gesto hacia la botella de agua; no llegó a tomarla, sus dedos se cerraron en un vacío otra vez negro, y el pasadizo seguía inacabable, roca tras roca, con súbitas fulguraciones rojizas, y él boca arriba gimió apagadamente porque el techo iba a acabarse, subía, abriéndose como una boca de sombra, y los acólitos se enderezaban y de la altura una luna menguante le cayó en la cara donde los ojos no querían verla, desesperadamente se cerraban y abrían buscando pasar al otro lado, descubrir otra vez el cielorraso protector de la sala. Y cada vez que se abrían era otra vez la noche y la luna mientras lo subían por la escalinata, ahora con la cabeza colgando hacia abajo, y en lo alto estaban las hogueras, las rojas columnas de humo perfumado, y de golpe vio la

Right margin notes:

[39] *steps*
[40] librarse
[41] *loincloth*
[42] bajar
[43] gran escalera
[44] *dragging him*
[45] sueño pesado

piedra roja, brillante de sangre que chorreaba, y el vaivén de los pies del sacrificado que arrastraban para tirarlo rodando por las escalinatas del norte. Con una última esperanza apretó los párpados, gimiendo por despertar. Durante un segundo creyó que lo lograría, porque otra vez estaba inmóvil en la cama, a salvo del balanceo cabeza abajo. Pero olía la muerte, y cuando abrió los ojos vio la figura ensangrentada del sacrificador que venía hacia él con el cuchillo de piedra en la mano. Alcanzó a cerrar otra vez los párpados, aunque ahora sabía que no iba a despertarse, que estaba despierto, que el sueño maravilloso había sido el otro, absurdo como todos los sueños; un sueño en el que había andado por extrañas avenidas de una ciudad asombrosa, con luces verdes y rojas que ardían sin llama ni humo, con un enorme insecto de metal que zumbaba bajo sus piernas. En la mentira infinita de ese sueño también lo habían alzado del suelo, también alguien se le había acercado con un cuchillo en la mano, a él tendido boca arriba, a él boca arriba con los ojos cerrados entre las hogueras.

Cuestionario
1. ¿Qué suceso pone en marcha la acción de «La noche boca arriba»?
2. ¿A dónde es llevado el motociclista?
3. ¿Cuál es el carácter de los sueños del motociclista?
4. ¿Qué le pasa al protagonista de los sueños?
5. ¿Cuál es el elemento paradójico del desenlace de «La noche boca arriba»?

Identificaciones
1. «un olor a pantano»
2. «la calzada»
3. los motecas
4. «boca arriba»

Temas
1. La estructura de «La noche boca arriba»
2. La creación del suspenso en este cuento
3. La realidad versus el sueño en «La noche boca arriba»
4. Hacia una interpretación del desenlace de «La noche boca arriba»
5. Las características principales del arte narrativo de Julio Cortázar, según una lectura de este cuento

Luis Romero

Luis Romero (1916–   ), nació en Barcelona. Luchó en la Guerra Civil española (1936–1939), y formó parte de la División Azul Española en el frente soviético durante la Segunda Guerra Mundial. Luego, volvió a España y empezó a trabajar en una agencia de seguros, dedicándose también a la literatura, en la que ha cultivado la novela, el cuento y la poesía. De las novelas de Romero, las más conocidas son La noria *(Premio Nadal, 1951) y* El cacique *(Premio Planeta, 1963). El cuento «Aniversario» es de la colección titulada* Esas sombras de trasmundo.

Aniversario

Papá preside la mesa; al otro extremo, como siempre, está mamá, Lola y Joaquín se sientan del lado del balcón. Ninguno ha cambiado de lugar. En el centro humea la sopera.[1] Fuera, en la calle, hace frío y a través de los cristales[2] se adivina el triste mediodía de invierno.

Joaquín tiene prisa; esta tarde se celebra un partido de fútbol importante. Continúa tan aficionado al fútbol como de costumbre. Pero físicamente ha cambiado mucho en estos años; ha crecido, ha ensanchado. Se ha convertido en un hombre. Papa está silencioso, las arrugas[3] alrededor de la boca se le han acentuado hasta lo increíble.

—¿Queréis alguno un poco más de sopa?

Mamá tiene ya el cabello completamente blanco. Lola está distraída; a media tarde va a ir al cine con su novio. Me resulta extraño que Lola pueda ya tener novio; si apenas era una niña... Lola come poco, pues no quiere engordar. Mamá le ha servido otro caso de sopa en el plato, y ella ha iniciado una protesta.

—Cada día estás más flaca. Vas a terminar por enfermar.

La criada viene y se lleva la sopera. Esta chica se llama Jacinta; no llegué a conocerla. La anterior, Teresa, se casó, y ésta es del mismo pueblo. Es una vieja historia familiar; las chicas sirven unos cuantos años, y cuando se casan, viene para sustituirlas una prima, la hermana pequeña, o una moza cualquiera del mismo pueblo. Esta no tiene novio todavía. Por la tarde irá a reunirse con otras sirvientas a casa de unos paisanos que son porteros.[4]

Por el balcón penetra una luz blanquecina que empalidece los rostros.

—Todavía no se sabe bien quién es el asesino; pero parece ser que la Policía ya tiene una pista.[5]

A mi hermano Joaquín, además del fútbol le interesan los sucesos.[6] No hace muchos días han cometido un crimen en la ciudad; una muchacha ha aparecido estrangulada. Mi madre también lee la página de los sucesos.

—Seguramente ha sido ese novio que tenía...

[1] recipiente en el que se sirve la sopa
[2] ventanas
[3] *wrinkles*
[4] personas encargadas de guardar las puertas
[5] indicio
[6] aquí, se refiere a la sección del periódico que trata de crímenes, accidentes, etcétera

Papá calla. En su oficina, una diferencia ha perturbado la exactitud de la contabilidad,[7] y hasta que dé con el error, estará muy preocupado.

—Otra vez merluza,[8] mamá. Siempre comemos lo mismo.

A Lola no le gusta la merluza; no le gusta casi nada. Pero desde que era pequeña, papá le impuso la obligación de comer cuanto le sirvieran.

—Todo estaba carísimo ayer en la plaza. Los sábados no se puede comprar.

Papá levanta los ojos del mantel, y exclama:

—¡Así se hacen ricos los sinvergüenzas![9]

Joaquín se sirve una copa de vino; un vino rojo que nos traían de un pueblo de la provincia en unas grandes garrafas.[10] Este debe ser todavía el mismo vino de entonces.

Lola está con mucho cuidado separando las espinas del pescado; siempre ha tenido miedo a que se la atragantaran las espinas.

—¿Qué pensáis hacer esta tarde? ¿Por qué no os vais al cine? En el *Príncipe* proyectan una película muy bonita; yo la vi cuando la estrenaron...

Mamá suspira; después sirve a Joaquín otro trozo de merluza. Vuelve a suspirar.

—No, hija, tu padre y yo nos quedaremos en casa.

Lola se mira en el espejo del aparador[11] y se compone el peinado. Mi hermana es una muchacha muy hermosa y hace unos años era delgaducha y poco agraciada; nadie hubiese podido prever entonces que se convertiría en lo que es ahora. Lola se parece al retrato de mamá que hay en la sala, pero se la ve más ágil, más joven, aunque mamá, cuando se retrató, era todavía soltera y debía tener la misma edad que ahora tiene mi hermana.

—Mamá, no sé cómo no os aburrís los dos toda la santa tarde en casa.

Papá calla y mira hacia el balcón; luego exclama de forma casi impersonal.

—Vais a tener frío en el fútbol.

Mamá en seguida piensa que Joaquín se va a resfriar, que tal vez atrapará una pulmonía, que puede incluso morirse.

—Joaquín, llévate la bufanda[12] gris.

El se ríe mientras se frota[13] las manos.

—Pero si apenas hace frío, y estar al aire libre es sano.

De la pared ya no cuelga aquel cuadro enmarcado por falso bambú que representaba el morral[14] de un cazador, dos perdices[15] y un conejo, colocados sobre una mesa. En su lugar hay una copia de la Cena,[16] de Leonardo, con marco dorado.

Jacinta entra con una fuente[17] de carne y la deja sobre el mantel. Se ha derramado un poco de salsa.

—¡Jacinta...!

Ha dicho mamá en tono de reconvención.[18] Joaquín está impaciente.

—Mamá, sírveme pronto, que si no voy a llegar tarde.

Papá le contempla con cierta extrañeza, como si no acabara de comprenderle bien.

Lola dice de pronto:

—He pensado que no pudo ser el novio el que mató a esa chica. Al fin

---

[7] *accounting*
[8] *haddock*
[9] desvergonzados
[10] recipientes para vino
[11] *hutch*
[12] *scarf*
[13] se... *rubs*
[14] saco que usan los cazadores
[15] *partridge*
[16] la... «La última cena», cuadro de Leonardo da Vinci
[17] plato grande para servir la comida
[18] reproche

y al cabo, ¿para qué iba a matarla, si no la quería, si la acababa de abandonar?

Joaquín contesta con la boca llena:

—Tú eres tonta. ¿Qué sabes si la quería o no?

Mis hermanos nunca se llevaron bien. Acostumbraban a aliarse conmigo por turnos para atacarse. Una vez, Joaquín pegó a Lola con un cinturón, y mamá le castigó un mes seguido sin postre. Pero entonces eran todavía unos niños.

—Yo sé lo mismo que tú; lo que dicen los periódicos.

Papá levanta los ojos del plato.

—¿No os habéis enterado aún de que los periódicos no dicen más que tonterías?

Ayer, a pesar de ser sábado, por la tarde acudió a la oficina. Estuvo repasando todas las sumas con su ayudante. No pudieron hallar el error, y papá se puso tan nervioso, que apenas ha podido dormir en toda la noche. Mamá hace años que casi no duerme por las noches.

—¡Jacinta, traiga el postre en seguida! El señorito tiene prisa. Va a llegar tarde al partido.

Jacinta estaba hablando por la ventana de la cocina con la criada del primero, que es de un pueblo de la misma provincia.

—Manuel quiere establecerse por su cuenta. Va a despedirse del empleo a fin de este mes.

Manuel es el novio de mi hermana Lola.

—¡Hija! ¿Qué dices? Es muy arriesgado hacer semejante cosa en estos tiempos. Un sueldo, grande o pequeño, siempre es un ingreso seguro.

Lola yergue[19] el busto.

—Pero ya sabéis que gana una miseria; con eso nunca podríamos casarnos.

—Con mucho menos nos casamos tu padre y yo, y bien hemos vivido.

Mi hermano tiene la boca llena. Al salir de casa ha de ir a tomar el autobús, que le deja todavía bastante lejos del campo de fútbol; y sólo falta media hora para que comience el partido. A él, Manuel no le es antipático, pero tampoco le parece nada del otro jueves.[20] Lleva gafas y es de esos que leen libros de los que enseñan a triunfar en la vida.

Joaquín se pasa la servilleta por los labios, y se levanta sacudiéndose[21] las migas del regazo. Luego dice:

—Lola tenía razón. ¿Por qué no os vais esta tarde al cine? Con el frío que hace parece que da gusto ir al cine. Además, no es cuestión de que os paséis la vida encerrados.

A mamá se le entristece el rostro; por un momento he temido que se pusiera a llorar.

—¿Es que no os acordáis de qué día es hoy? Hoy precisamente hace cinco años de que vuestro pobre hermano...

Se le han saltado las lágrimas, pero se domina. Papá se mira las uñas obstinadamente. Lola juguetea nerviosa con el tenedor. Joaquín se ha quedado serio...

—Perdón, mamá; no me había acordado... Hace ya cinco años. ¡Cómo ha corrido el tiempo!

Mamá suspira:

19 (inf.: erguir) levantar
20 nada... nada especial
21 quitándose

—¡Pobre hijo mío!

Joaquín se acerca y la besa en la frente. Lola se levanta y apoya una mano en el hombro de mamá.

—Bueno; no te entristezcas ahora. Tú misma acabas de decirlo: hace ya cinco años.

En la cocina, Jacinta está canturreando una canción de moda al compás de una radio que se oye por el patio. Papá continúa mirándose obstinadamente las uñas.

Cuestionario

1. ¿Qué está haciendo la familia al comienzo de «Aniversario»?
2. ¿Por qué tiene prisa Joaquín?
3. ¿Cuál es la preocupación del padre?
4. ¿Qué tipo de persona es Lola?
5. ¿Cómo se presenta la relación entre Lola y Joaquín?
6. ¿A qué aniversario se refiere el título?
7. ¿Quién es el narrador del cuento?

Identificaciones

1. Jacinta
2. «el crimen»
3. Manuel

Temas

1. El punto de vista: la narración de «Aniversario»
2. La función de lo cotidiano en «Aniversario» (entendiendo por *cotidiano* lo común, lo de todos los días)
3. La perspectiva temporal de «Aniversario»
4. El papel de la madre en el cuento
5. El tema del cuento: ¿está explícito o implícito?

Juan Rulfo

Juan Rulfo (1918–), novelista, cuentista, guionista, nació en Jalisco, México. En 1970 se le otorgó en México el prestigioso Premio Nacional de Letras. El fondo de la obra de Rulfo es la Revolución Mexicana y la vida del campesino. De la empresa literaria hispanoamericana ha comentado Rulfo: «La gran novela de acá no podría hablar de otra cosa que no sean la miseria y la ignorancia.» (Prensa de Reynosa, 1964). La novela Pedro Páramo *(1955), una narrativa breve y extraordinariamente compleja, se considera la obra maestra de Rulfo. «No oyes ladrar los perros» es de la colección* El llano en llamas.

No oyes ladrar los perros

—Tú que vas allá arriba, Ignacio, dime si no oyes alguna señal de algo o si ves alguna luz en alguna parte.

—No se ve nada.

—Ya debemos estar cerca.

—Sí, pero no se oye nada.

—Mira bien.

—No se ve nada.

—Pobre de ti, Ignacio.

La sombra larga y negra de los hombres siguió moviéndose de arriba abajo, trepándose[1] a las piedras, disminuyendo y creciendo según avanzaba por la orilla del arroyo. Era una sola sombra, tambaleante.[2]

La luna venía saliendo de la tierra, como una llamarada[3] redonda.

—Ya debemos estar llegando a ese pueblo, Ignacio. Tú que llevas las orejas de fuera, fíjate a ver si no oyes ladrar los perros. Acuérdate que nos dijeron que Tonaya estaba detrasito[4] del monte. Y desde qué horas que hemos dejado el monte. Acuérdate, Ignacio.

—Sí, pero no veo rastro[5] de nada.

—Me estoy cansando.

—Bájame.

El viejo se fue reculando[6] hasta encontrarse con el paredón[7] y se recargó allí,[8] sin soltar la carga de sus hombros. Aunque se le doblaban las piernas, no quería sentarse, porque después no hubiera podido levantar el cuerpo de su hijo, al que allá atrás, horas antes, le habían ayudado a echárselo a la espalda. Y así lo había traído desde entonces.

—¿Cómo te sientes?

—Mal.

Hablaba poco. Cada vez menos. En ratos parecía dormir. En ratos parecía tener frío. Temblaba. Sabía cuándo le agarraba[9] a su hijo el temblor por las sacudidas[10] que le daba, y porque los pies se le encajaban[11] en los ijares[12] como espuelas.[13] Luego las manos del hijo, que traía trabadas[14] en su pescuezo,[15] le zarandeaban[16] la cabeza como si fuera una sonaja.[17]

El apretaba los dientes[18] para no morderse la lengua y cuando acababa aquello le preguntaba:

—¿Te duele mucho?

—Algo —contestaba él.

Primero le había dicho: «Apéame[19] aquí... Déjame aquí... Vete tú solo. Yo te alcanzaré mañana o en cuanto me reponga un poco.» Se lo había dicho como cincuenta veces. Ahora ni siquiera eso decía.

Allí estaba la luna. Enfrente de ellos. Una luna grande y colorada que les llenaba de luz los ojos y que estiraba[20] y oscurecía más su sombra sobre la tierra.

—No veo ya por dónde voy —decía él.

Pero nadie le contestaba.

El otro iba allá arriba, todo iluminado por la luna, con su cara descolorida, sin sangre, reflejando una luz opaca. Y él acá abajo.

—¿Me oíste, Ignacio? Te digo que no veo bien.

Y el otro se quedaba callado.

Siguió caminando, a tropezones.[21] Encogía[22] el cuerpo y luego se enderezaba[23] para volver a tropezar de nuevo.

—Este no es ningún camino. Nos dijeron que detrás del cerro estaba Tonaya. Ya hemos pasado el cerro. Y Tonaya no se ve, ni se oye ningún

[1] subiéndose
[2] *swaying*
[3] llama grande, fuego
[4] detrás mismo
[5] señal
[6] retrocediendo
[7] pared
[8] se... *leaned against it*
[9] *held*
[10] *shakings*
[11] metían
[12] *sides*
[13] *spurs*
[14] agarradas
[15] cuello
[16] movían
[17] *jingling chaps*
[18] *gnashed his teeth*
[19] Bájame
[20] extendía
[21] a... tropezando, andando con dificultad
[22] Contraía
[23] se... se ponía derecho

ruido que nos diga que está cerca. ¿Por qué no quieres decirme que ves, tú que vas allá arriba, Ignacio?

—Bájame, padre.

—¿Te sientes mal?

—Sí.

—Te llevaré a Tonaya a como dé lugar. Allí encontraré quien te cuide. Dicen que allí hay un doctor. Yo te llevaré con él. Te he traído cargando desde hace horas y no te dejaré tirado aquí para que acaben contigo quienes sean.

Se tambaleó[24] un poco. Dio dos o tres pasos de lado y volvió a enderezarse.

—Te llevaré a Tonaya.

—Bájame.

Su voz se hizo quedita, apenas murmurada:

—Quiero acostarme un rato.

—Duérmete allí arriba. Al cabo te llevo bien agarrado.

La luna iba subiendo, casi azul, sobre un cielo claro. La cara del viejo, mojada en sudor, se llenó de luz. Escondió los ojos para no mirar de frente, ya que no podía agachar[25] la cabeza agarrotada[26] entre las manos de su hijo.

—Todo esto que hago, no lo hago por usted. Lo hago por su difunta madre. Porque usted fue su hijo. Por eso lo hago. Ella me reconvendría[27] si yo lo hubiera dejado tirado allí, donde lo encontré, y no lo hubiera recogido para llevarlo a que lo curen, como estoy haciéndolo. Es ella la que me da ánimos, no usted. Comenzando porque a usted no le debo más que puras dificultades, puras mortificaciones, puras vergüenzas.

Sudaba al hablar. Pero el viento de la noche le secaba el sudor. Y sobre el sudor seco, volvía a sudar.

—Me derrengaré,[28] pero llegaré con usted a Tonaya, para que le alivien esas heridas que le han hecho. Y estoy seguro de que, en cuanto se sienta usted bien, volverá a sus malos pasos. Eso ya no me importa. Con tal que se vaya lejos, donde yo no vuelva a saber de usted. Con tal de eso... Porque para mí usted ya no es mi hijo. He maldecido la sangre que usted tiene de mí. La parte que a mí me tocaba la he maldecido. He dicho: «¡Que se le pudra[29] en los riñones[30] la sangre que yo le di!» Lo dije desde que supe que usted andaba trajinando[31] por los caminos, viviendo del robo y matando gente... Y gente buena. Y si no, allí está mi compadre Tranquilino. El que lo bautizó a usted. El que le dio su nombre. A él también le tocó la mala suerte de encontrarse con usted. Desde entonces dije: «Ese no puede ser mi hijo.»

—Mira a ver si ya ves algo. O si oyes algo. Tú que puedes hacerlo desde allá arriba, porque yo me siento sordo.

—No veo nada.

—Peor para ti, Ignacio.

—Tengo sed.

—¡Aguántate![32] Ya debemos estar cerca. Lo que pasa es que ya es muy noche y han de haber apagado la luz en el pueblo. Pero al menos debías de oír si ladran los perros. Haz[33] por oír.

—Dame agua.

—Aquí no hay agua. No hay más que piedras. Aguántate. Y aunque la hubiera, no te bajaría a tomar agua. Nadie me ayudaría a subirte otra vez y yo solo no puedo.

—Tengo mucha sed y mucho sueño.

—Me acuerdo cuando naciste. Así eras entonces. Despertabas con hambre y comías para volver a dormirte. Y tu madre te daba agua, porque ya te habías acabado la leche de ella. No tenías llenadero.[34] Y eras muy rabioso.[35] Nunca pensé que con el tiempo se te fuera a subir aquella rabia a la cabeza... Pero así fue. Tu madre, que descanse en paz, quería que te criaras fuerte. Creía que cuando tú crecieras irías a ser su sostén.[36] No te tuvo más que a ti. El otro hijo que iba a tener la mató. Y tú la hubieras matado otra vez si ella estuviera viva a estas alturas.[37]

Sintió que el hombre aquel que llevaba sobre sus hombros dejó de apretar las rodillas y comenzó a soltar[38] los pies, balanceándolos de un lado para otro. Y le pareció que la cabeza, allá arriba, se sacudía como si sollozara.[39]

Sobre su cabello sintió que caían gruesas gotas, como de lágrimas.

—¿Lloras, Ignacio? Lo hace llorar a usted el recuerdo de su madre, ¿verdad? Pero nunca hizo usted nada por ella. Nos pagó siempre mal. Parece que, en lugar de cariño, le hubiéramos retacado[40] el cuerpo de maldad. ¿Y ya ve? Ahora lo han herido. ¿Qué pasó con sus amigos? Los mataron a todos. Pero ellos no tenían a nadie. Ellos bien hubieran podido decir: «No tenemos a quién darle nuestra lástima.» ¿Pero usted, Ignacio?

Allí estaba ya el pueblo. Vio brillar los tejados bajo la luz de la luna. Tuvo la impresión de que lo aplastaba el peso de su hijo al sentir que las corvas[41] se le doblaban en el último esfuerzo. Al llegar al primer tejabán,[42] se recostó[43] sobre el pretil[44] de la acera y soltó el cuerpo, flojo, como si lo hubieran descoyuntado.[45]

Destrabó[46] difícilmente los dedos con que su hijo había venido sosteniéndose de su cuello y, al quedar libre, oyó cómo por todas partes ladraban los perros.

—¿Y tú no los oías, Ignacio? —dijo—. No me ayudaste ni siquiera con esta esperanza.

[34] No... *You couldn't get enough*
[35] furioso
[36] apoyo, protección
[37] a... ahora, todavía
[38] dejar en libertad
[39] *sobbed*
[40] (fig.) llenado repetidamente
[41] parte de la pierna opuesta a la rodilla
[42] casa rústica con techo de tejas
[43] se reclinó
[44] *railing*
[45] dislocado
[46] Separó

Cuestionario
1. ¿Cuál es la circunstancia de los dos hombres al comienzo del cuento?
2. ¿Cuál es la relación entre estos dos hombres?
3. ¿A dónde se dirigen?
4. ¿Qué recuerda el padre del pasado?
5. ¿Cuáles son los elementos más destacados del final de «No oyes ladrar los perros»?

Identificaciones
1. Tonaya
2. Ignacio
3. «No me ayudaste ni siquiera con esta esperanza.»

Temas

1. La función del diálogo en «No oyes ladrar los perros»
2. La interacción entre los dos hombres
3. El ambiente del cuento
4. El viaje es un leitmotivo de la literatura universal. ¿Cómo se emplea en este cuento?
5. Hacia una interpretación del desenlace del cuento

Marco Denevi

Marco Denevi (1922–   ) nació en la Argentina de padre italiano y madre argentina. Con la novela policial Rosaura a las diez *(1955) ganó el Premio de la Editorial Kraft, y en 1960 le fue otorgado el Primer Premio de la revista* Life en Español *por el cuento «Ceremonia secreta». Más tarde recibió otras distinciones por las obras de teatro* El emperador de la China *y* Los expedientes. *A pesar de tales honores, Denevi ha publicado relativamente poco. Entre lo más destacado de su producción literaria quedan sus singulares fábulas que se han publicado mayormente en revistas y suplementos literarios. La característica sobresaliente de la narrativa de Denevi consiste en ver en la realidad humana dimensiones inusitadas, mágicas, que el autor revela al lector sorprendiéndole constantemente. Como se nota en* Falsificaciones *(1966), Denevi asume el papel de moralista satírico, se sirve de la fórmula clásica de la fábula y la cambia de acuerdo con su visión irónica del mundo moderno. La locura de dicho mundo y la originalidad del autor se reflejan en la nueva estructura y en la temática, así como en la caracterización de sus relatos.*

La hormiga

Un día las hormigas, pueblo progresista, inventan el vegetal artificial. Es una papilla[1] fría y con sabor a hojalata.[2] Pero al menos las releva de la necesidad de salir fuera de los hormigueros en procura de vegetales naturales. Así se salvan del fuego, del veneno, de las nubes insecticidas. Como el número de las hormigas es una cifra que tiende constantemente a crecer, al cabo de un tiempo hay tantas hormigas bajo tierra que es preciso ampliar los hormigueros. Las galerías se expanden, se entrecruzan, terminan por confundirse en un solo Gran Hormiguero bajo la dirección de una sola Gran Hormiga. Por las dudas, las salidas al exterior son tapiadas[3] a cal y canto.[4] Se suceden las generaciones. Como nunca han franqueado[5] los límites del Gran Hormiguero, incurren en el error de lógica de identificarlo con el Gran Universo. Pero cierta vez una hormiga se extravía por unos corredores en ruinas, distingue una luz lejana, unos destellos,[6] se aproxima y descubre una boca de salida cuya clausura se ha desmoronado.[7] Con el corazón palpitante, la hormiga sale a la superficie de la tierra. Ve una mañana. Ve un jardín. Ve tallos,[8] hojas, yemas,[9] brotes, pétalos, estambres,[10] rocío. Ve

[1] puré
[2] *tin-plate*
[3] cerradas
[4] a... *with rough stone and mortar*
[5] han salido de
[6] rayos de luz intensos y de breve duración
[7] se ha ido destruyendo
[8] *stems*
[9] *buds*
[10] *stamens*

una rosa amarilla. Todos sus instintos despiertan bruscamente. Se abalanza sobre las plantas y empieza a talar,[11] a cortar y a comer. Se da un atracón.[12] Después, relamiéndose,[13] decide volver al Gran Hormiguero con la noticia. Busca a sus hermanas, trata de explicarles lo que ha visto, grita: «Arriba... luz... jardín...hojas... verde... flores...» Las demás hormigas no comprenden una sola palabra de aquel lenguaje delirante, creen que la hormiga ha enloquecido y la matan.

    (Escrito por Pavel Vodnik un día antes de suicidarse. El texto de la fábula apareció en el número 12 de la revista *Szpilki* y le valió a su director, Jerzy Kott, una multa de cien *znacks*.)

[11] cortar
[12] comer en demasía
[13] lamiéndose los labios

Cuestionario

1. ¿Qué inventan las hormigas?
2. ¿Por qué es un beneficio el que las hormigas no tengan que salir fuera de los hormigueros?
3. ¿Qué observa la hormiga que sale a la superficie de la tierra?
4. ¿Cómo reaccionan las demás hormigas a lo descrito por la hormiga?

Identificaciones

1. papilla
2. el Gran Hormiguero
3. «Arriba...luz...jardín...hojas...verde...flores...»

Temas

1. «La hormiga» como parábola (*parable*)
2. Hacia una interpretación temática de la muerte de la hormiga

El dios de las moscas

Las moscas imaginaron a su dios. Era otra mosca. El dios de las moscas era una mosca, ya verde, ya negra y dorada, ya rosa, ya blanca, ya purpúrea, una mosca inverosímil, una mosca bellísima, una mosca monstruosa, una mosca terrible, una mosca benévola, una mosca vengativa, una mosca justiciera, una mosca joven, una mosca vieja, pero siempre una mosca. Algunos aumentaban su tamaño hasta volverla enorme como un buey,[1] otros la ideaban tan microscópica que no se la veía. En algunas religiones carecía de alas («Vuela, sostenían, pero no necesita alas»), en otras tenía infinitas alas. Aquí disponía de antenas como cuernos, allá los ojos le comían toda la cabeza. Para unos zumbaba[2] constantemente, para otros era muda pero se hacía entender lo mismo. Y para todos, cuando las moscas morían, los conducía en un vuelo arrebatado[3] hasta el paraíso. Y el paraíso era un trozo de carroña,[4] hediondo[5] y putrefacto, que las almas de las moscas muertas devoraban por toda la eternidad y que no se consumía nunca, pues aquella celestial bazofia[6] continuamente renacía

[1] *ox*
[2] *buzzed*
[3] rápido
[4] carne corrompida
[5] de mal olor
[6] inmundicia, basura

y se renovaba bajo el enjambre[7] de las moscas. De las buenas. Porque también había moscas malas y para éstas había un infierno. El infierno de las moscas condenadas era un sitio sin excrementos, sin desperdicios, sin basura, sin hedor,[8] sin nada de nada, un sitio limpio y reluciente y para colmo iluminado por una luz deslumbradora, es decir, un lugar abominable.

[7] muchedumbre
[8] mal olor

Cuestionario
1. ¿Cómo imaginaron las moscas a su dios?
2. ¿Cómo es el paraíso de las moscas?
3. ¿Cómo es el infierno de las moscas?

Identificaciones
1. «una mosca benévola, una mosca vengativa»
2. carroña
3. «un lugar abominable»

Temas
1. El motivo del multiperspectivismo en «El dios de las moscas»
2. Hacia una interpretación del paraíso de las moscas
3. El estilo cuentístico de Denevi según los ejemplos de *Falsificaciones*

Ana María Matute

Ana María Matute (1926–   ), nació en Barcelona y experimentó de cerca las consecuencias de la Guerra Civil española. Las experiencias de esta época se reflejan en sus obras: varias novelas (entre ellas, Los hijos muertos y la trilogía Los mercaderes) y colecciones de cuentos (incluso Historias de la Artámila, 1961). Matute pone gran énfasis en la representación—y en la profundidad—del mundo infantil. En la introducción de las Historias de la Artámila—«Pecado de omisión» es de esa colección—escribe la cuentista: «La Artámila existe. No con este nombre, del mismo modo que otro nombre di, también, a sus criaturas. Yo les conocí en las montañas, durante los cálidos veranos de mi infancia. En octubre, en invierno, durante algún tiempo en que estuve enferma y viví junto a ellos. Otras veces, sus historias llegaron a mí a través de comentarios de pastores, de criados, de campesinos y de labios de mi madre, o de mi abuela».

Pecado de omisión

A los trece años se le murió la madre,[1] que era lo último que le quedaba. Al quedar huérfano[2] ya hacía lo menos tres años que no acudía[3] a la escuela, pues tenía que buscarse el jornal[4] de un lado para otro. Su único pariente era un primo de su padre, llamado

[1] se... se murió la madre de él
[2] sin padres
[3] asistía
[4] buscarse... buscar cómo ganarse la vida

Emeterio Ruiz Heredia. Emeterio era el alcalde[5] y tenía una casa de dos pisos asomada a la plaza del pueblo, redonda y rojiza bajo el sol de agosto. Emeterio tenía doscientas cabezas de ganado[6] paciendo[7] por las laderas[8] de Sagrado, y una hija moza,[9] bordeando los veinte, morena, robusta, riente y algo necia. Su mujer, flaca y dura como un chopo,[10] no era de buena lengua y sabía mandar. Emeterio Ruiz no se llevaba bien con aquel primo lejano, y a su viuda, por cumplir,[11] la ayudó buscándole jornales extraordinarios. Luego, al chico, aunque lo recogió una vez huérfano, sin herencia ni oficio, no le miró a derechas.[12] Y como él los de su casa.

La primera noche que Lope durmió en casa de Emeterio, lo hizo debajo del granero.[13] Se le dio cena y un vaso de vino. Al otro día,[14] mientras Emeterio se metía la camisa dentro del pantalón, apenas apuntando el sol en el canto de los gallos, le llamó por el hueco de la escalera, espantando a las gallinas que dormían entre los huecos:

—¡Lope!

Lope bajó descalzo,[15] con los ojos pegados de legañas.[16] Estaba poco crecido para sus trece años y tenía la cabeza grande, rapada.[17]

—Te vas de pastor a Sagrado.

Lope buscó las botas y se las calzó. En la cocina, Francisca, la hija, había calentado patatas con pimentón. Lope las engulló[18] de prisa, con la cuchara de aluminio goteando a cada bocado.

—Tú ya conoces el oficio. Creo que anduviste una primavera por las lomas de Santa Aurea, con las cabras del Aurelio Bernal.

—Sí, señor.

—No irás solo. Por allí anda Roque el Mediano. Iréis juntos.

—Sí, señor.

Francisca le metió una hogaza[19] en el zurrón,[20] un cuartillo de aluminio, sebo[21] de cabra y cecina.[22]

—Andando —dijo Emeterio Ruiz Heredia.

Lope le miró. Lope tenía los ojos negros y redondos, brillantes.

—¿Qué miras? ¡Arreando![23]

Lope salió, zurrón al hombro. Antes, recogió el cayado,[24] grueso y brillante por el uso, que aguardaba, como un perro, apoyado en la pared.

Cuando iba ya trepando[25] por la loma de Sagrado, lo vio don Lorenzo, el maestro. A la tarde, en la taberna, don Lorenzo lio un cigarrillo junto a Emeterio, que fue a echarse una copa de anís.[26]

—He visto al Lope —dijo—. Subía para Sagrado. Lástima de chico.

—Sí —dijo Emeterio, limpiándose los labios con el dorso de la mano—. Va de pastor. Ya sabe: hay que ganarse el currusco.[27] La vida está mala. El «esgraciao»[28] del Pericote no le dejó ni una tapia[29] en que apoyarse y reventar.[30]

—Lo malo —dijo don Lorenzo, rascándose la oreja con su uña larga y amarillenta— es que el chico vale. Si tuviera medios podría sacarse partido de él. Es listo. Muy listo. En la escuela...

Emeterio le cortó, con la mano frente a los ojos:

—¡Bueno, bueno! Yo no digo que no. Pero hay que ganarse el currusco. La vida está peor cada día que pasa.

Pidió otra de anís. El maestro dijo que sí, con la cabeza.

[5] *mayor*
[6] *cattle*
[7] comiendo yerba
[8] *slopes*
[9] muchacha soltera
[10] *black poplar*
[11] hacer lo correcto
[12] a... de manera correcta
[13] *cornloft*
[14] Al... Al día siguiente
[15] sin zapatos
[16] *sleep in eyes*
[17] *close-cropped*
[18] devoró
[19] pan de más de dos libras
[20] *knapsack*
[21] grasa
[22] carne seca
[23] ¡Date prisa!
[24] bastón que usan los pastores
[25] subiendo
[26] *licorice-flavored liqueur*
[27] ganarse... ganarse la vida
[28] forma vulgar de ***desgraciado***
[29] pared
[30] (fig.) *drop dead*

Lope llegó a Sagrado, y voceando encontró a Roque el Mediano. Roque era algo retrasado y hacía unos quince años que pastoreaba para Emeterio. Tendría cerca de cincuenta años y no hablaba casi nunca. Durmieron en el mismo chozo[31] de barro, bajo los robles,[32] aprovechando el abrazo de las raíces. En el chozo sólo cabían echados[33] y tenían que entrar a gatas,[34] medio arrastrándose.[35] Pero se estaba fresco en el verano y bastante abrigado en el invierno.

El verano pasó. Luego el otoño y el invierno. Los pastores no bajaban al pueblo, excepto el día de la fiesta. Cada quince días un zagal[36] les subía la «collera»:[37] Pan, cecina, sebo, ajos. A veces, una bota[38] de vino. Las cumbres de Sagrado eran hermosas, de un azul profundo, terrible, ciego. El sol, alto y redondo, como una pupila impertérrita,[39] reinaba allí. En la neblina del amanecer, cuando aún no se oía el zumbar de las moscas ni crujido alguno, Lope solía despertar, con la techumbre de barro encima de los ojos. Se quedaba quieto un rato, sintiendo en el costado el cuerpo de Roque el Mediano, como un bulto alentante.[40] Luego, arrastrándose, salía para el cerradero.[41] En el cielo, cruzados como estrellas fugitivas, los gritos se perdían, inútiles y grandes. Sabía Dios hacia qué parte caerían. Como las piedras. Como los años. Un año, dos, cinco.

Cinco años más tarde, una vez, Emeterio le mandó llamar, por el zagal. Hizo reconocer a Lope por el médico, y vio que estaba sano y fuerte, crecido como un árbol.

¡Vaya roble! —dijo el médico, que era nuevo. Lope enrojeció y no supo qué contestar.

Francisca se había casado y tenía tres hijos pequeños, que jugaban en el portal de la plaza. Un perro se le acercó, con la lengua colgando. Tal vez le recordaba. Entonces vio a Manuel Enríquez, el compañero de la escuela que siempre le iba a la zaga.[42] Manuel vestía un traje gris y llevaba corbata. Pasó a su lado y le saludó con la mano.

Francisca comentó:

—Buena carrera, ése. Su padre lo mandó estudiar y ya va para abogado.

Al llegar a la fuente volvió a encontrarlo. De pronto, quiso llamarle. Pero se le quedó el grito detenido, como una bola, en la garganta.

—¡Eh! —dijo solamente. O algo parecido.

Manuel se volvió a mirarle, y lo conoció. Parecía mentira: le conoció. Sonreía.

—¡Lope! ¡Hombre, Lope…!

¿Quién podía entender lo que decía? ¡Qué acento tan extraño tienen los hombres, qué raras palabras salen por los oscuros agujeros de sus bocas! Una sangre espesa iba llenándole las venas, mientras oía a Manuel Enríquez.

Manuel abrió una cajita plana,[43] de color de plata, con los cigarrillos más blancos, más perfectos que vio en su vida. Manuel se la tendió, sonriendo.

Lope avanzó su mano. Entonces se dio cuenta de que era áspera, gruesa. Como un trozo de cecina. Los dedos no tenían flexibilidad, no hacían el juego. Qué rara mano la de aquel otro: una mano fina, con

[31] cabaña, barraca
[32] *oaks*
[33] recostados
[34] a... *on all fours*
[35] *crawling*
[36] joven
[37] (colloquial) de ración
[38] recipiente de cuero para vino
[39] inmóvil
[40] que respira; con vida
[41] corral
[42] a... le seguía detrás
[43] *flat*

dedos como gusanos[44] grandes, ágiles, blancos, flexibles. Qué mano aquélla, de color de cera, con las uñas brillantes, pulidas. Qué mano extraña: ni las mujeres la tenían igual. La mano de Lope rebuscó, torpe. Al fin, cogió el cigarrillo, blanco y frágil, extraño, en sus dedos amazacotados:[45] inútil, absurdo, en sus dedos. La sangre de Lope se le detuvo entre las cejas. Tenía una bola de sangre agolpada, quieta, fermentando entre las cejas. Aplastó el cigarrillo con los dedos y se dio media vuelta. No podía detenerse, ni ante la sorpresa de Manuelito, que seguía llamándole:

—¡Lope! ¡Lope!

Emeterio estaba sentado en el porche, en mangas de camisa,[46] mirando a sus nietos. Sonreía viendo a su nieto mayor, y descansando de la labor, con la bota de vino al alcance de la mano. Lope fue directo a Emeterio y vio sus ojos interrogantes y grises.

—Anda, muchacho, vuelve a Sagrado, que ya es hora...

En la plaza había una piedra cuadrada, rojiza. Una de esas piedras grandes como melones que los muchachos transportan desde alguna pared derruida.[47] Lentamente, Lope la cogió entre sus manos. Emeterio le miraba, reposado, con una leve curiosidad. Tenía la mano derecha metida entre la faja[48] y el estómago. Ni siquiera le dio tiempo de sacarla: el golpe sordo, el salpicar[49] de su propia sangre en el pecho, la muerte y la sorpresa, como dos hermanas, subieron hasta él, así, sin más.

Cuando se lo llevaron esposado,[50] Lope lloraba. Y cuando las mujeres, aullando como lobas, le querían pegar e iban tras él, con los mantos alzados sobre las cabezas, en señal de duelo,[51] de indignación «Dios mío, él, que le había recogido. Dios mío, él, que le hizo hombre. Dios mío, se habría muerto de hambre si él no le recoge...» Lope sólo lloraba y decía:

—Sí, sí, sí...

[44] *worms*
[45] *pesados y duros*
[46] *mangas... shirt sleeves*
[47] *torn down*
[48] *sash*
[49] *spattering*
[50] *handcuffed*
[51] *mourning*

Cuestionario

1. ¿Por qué recogió Emeterio Ruiz a Lope?
2. ¿A qué categoría social pertenece Don Emeterio?
3. ¿Cómo trata don Emeterio a Lope?
4. ¿A dónde manda don Emeterio a Lope?
5. ¿Cuántos años pasa Lope fuera del pueblo?
6. ¿Por qué vuelve Lope al pueblo?
7. ¿Cómo se siente Lope al encontrarse con Manuel Enríquez?
8. ¿Cuál es el clímax del cuento?
9. ¿Qué pasa con Lope al final del cuento?

Identificaciones

1. don Lorenzo
2. Roque el Mediano
3. «Dios mío, él, que le hizo hombre.»

Temas

1. La presentación de los personajes
2. La significación de a) la estancia de Lope en Sagrado con Roque el

Mediano; b) la opinión de don Lorenzo («el chico vale... »); c) la reunión de Lope con Manuel Enríquez; d) el acto violento de Lope; e) la reacción de la gente ante este acto

3. La relación entre el tema de «Pecado de omisión» y la perspectiva (el punto de vista) del narrador, entre *lo que pasa* y *cómo se presenta*

Miguel de Unamuno

Miguel de Unamuno (1864–1936) nació en Bilbao, ciudad industrial del País Vasco de España. Fue profesor de griego y rector de la Universidad de Salamanca. Se asocia con el grupo de escritores llamado la Generación del 98, todos preocupados por el futuro de España ante el mundo moderno. Hombre de fuertes contradicciones, obsesionado por la muerte y por la inmortalidad, Unamuno cultivó todos los géneros literarios: la novela, el cuento, el drama, la poesía, el ensayo. Entre las novelas unamunianas figuran Paz en la guerra *(1897),* Amor y pedagogía *(1902),* Niebla *(1914),* Abel Sánchez *(1917), una versión contemporánea del mito bíblico de Caín y Abel, y* San Manuel Bueno, mártir *(1931). Se ve en* San Manuel Bueno, mártir *una alusión a las varias crisis religiosas de Unamuno mismo y a los misterios del porvenir, tema tratado también en la obra filosófica,* Del sentimiento trágico de la vida *(1912).*

San Manuel Bueno, mártir

Si sólo en esta vida esperamos en Cristo, somos los más miserables de los hombres todos.

(San Pablo. *I, Corintios, XV, 19*)

Ahora que el obispo de la diócesis de Renada,[a] a la que pertenece esta mi querida aldea de Valverde de Lucerna,[b] anda, a lo que se dice, promoviendo el proceso para la beatificación[c] de nuestro Don Manuel, o mejor San Manuel Bueno, que fue en ésta párroco,[1] quiero dejar aquí consignado,[2] a modo de confesión y sólo Dios sabe, que no yo, con qué destino, todo lo que sé y recuerdo de aquel varón

[1] *parish priest*
[2] depositado

---

[a] El nombre ficticio de la ciudad tiene cierto valor simbólico, pues hace pensar en las palabras 1) *renada*, forma arcaica de **renacida**, del verbo *renacer*, y 2) **re-nada**, la intensificación de la nada. Se puede relacionar este doble sentido semántico con la problemática expuesta por la novela misma a través del «secreto» de Don Manuel.

[b] El nombre del pueblo alude a una aldea legendaria (Villaverde de Lucerna) sumergida en el lago de San Martín de Castañeda, en la provincia de Zamora.

[c] parte del proceso eclesiástico de reconocer como santo a alguien

matriarcal que llenó toda la más entrañada[3] vida de mi alma, que fue mi verdadero padre espiritual, el padre de mi espíritu, del mío, el de Angela Carballino.

Al otro, a mi padre carnal y temporal, apenas si le conocí, pues se me murió siendo yo muy niña. Sé que había llegado de forastero a nuestra Valverde de Lucerna, que aquí arraigó[4] al casarse aquí con mi madre. Trajo consigo unos cuantos libros, el *Quijote*, obras de teatro clásico, algunas novelas, historias, el *Bertoldo*,[d] todo revuelto, y de esos libros, los únicos casi que había en toda la aldea, devoré yo ensueños[5] siendo niña. Mi buena madre apenas si me contaba hechos o dichos de mi padre. Los de Don Manuel, a quien, como todo el pueblo, adoraba, de quien estaba enamorada—claro que castísimamente—,[6] le habían borrado el recuerdo de los de su marido. A quien encomendaba a Dios, y fervorosamente, cada día al rezar el rosario.

De nuestro Don Manuel me acuerdo como si fuese de cosa de ayer, siendo yo niña, a mis diez años, antes de que me llevaran al Colegio de Religiosas de la ciudad catedralicia[7] de Renada. Tendría él, nuestro santo, entonces unos treinta y siete años. Era alto, delgado, erguido,[8] llevaba la cabeza como nuestra Peña[9] del Buitre[10] lleva su cresta, y había en sus ojos toda la hondura azul de nuestro lago. Se llevaba las miradas de todos y tras ellas, los corazones, y él, al mirarnos, parecía, traspasando la carne como un cristal, mirarnos al corazón. Todos le queríamos, pero sobre todo los niños. ¡Qué cosas nos decía! Eran cosas, no palabras. Empezaba el pueblo a olerle la santidad; se sentía lleno y embriagado[11] de su aroma.

Entonces fue cuando mi hermano Lázaro, que estaba en América, de donde nos mandaba regularmente dinero con que vivíamos en decorosa holgura,[12] hizo que mi madre me mandase al Colegio de Religiosas, a que se completara fuera de la aldea mi educación, y esto aunque a él, a Lázaro, no le hiciesen mucha gracia las monjas. «Pero como ahí —nos escribía— no hay hasta ahora, que yo sepa, colegios laicos[13] y progresivos, y menos para señoritas, hay que atenerse a lo que haya. Lo importante es que Angelita se pula[14] y que no siga entre esas zafias[15] aldeanas.» Y entré en el colegio, pensando en un principio hacerme en él maestra, pero luego se me atragantó[16] la pedagogía.

En el colegio conocí a niñas de la ciudad e intimé con algunas de ellas. Pero seguía atenta a las cosas y a la gente de nuestra aldea, de la que recibía frecuentes noticias y tal vez alguna visita. Y hasta al colegio llegaba la fama de nuestro párroco, de quien empezaba a hablarse en la ciudad episcopal. Las monjas no hacían sino interrogarme respecto a él.

Desde muy niña alimenté, no sé bien cómo, curiosidades, preocupaciones e inquietudes, debidas, en parte al menos, a aquel revoltijo[17] de libros de mi padre, y todo ello se me medró[18] en el colegio, en el trato, sobre todo, con una compañera que se me aficionó desmedidamente y que unas veces me proponía que entrásemos juntas a la vez en un mismo

[3] íntima
[4] se estableció
[5] ilusiones
[6] de manera virtuosa
[7] forma adjetival de *catedral*
[8] recto
[9] monte
[10] *vulture*
[11] *intoxicated*
[12] bienestar
[13] sin base religiosa
[14] se quite la rusticidad
[15] incultas
[16] se... me atrajo cada vez menos
[17] mezcla, desorden
[18] se aumentó

---

[d] colección de cuentos del italiano Giulio Cesare Croce (1550–1609), muy popular en España

convento, jurándonos, y hasta firmando el juramento con nuestra sangre, hermandad perpetua, y otras veces me hablaba, con los ojos semicerrados, de novios y de aventuras matrimoniales. Por cierto que no he vuelto a saber de ella ni de su suerte. Y eso que cuando se hablaba de nuestro Don Manuel, o cuando mi madre me decía algo de él en sus cartas—y era en casi todas—, que yo leía a mi amiga, ésta exclamaba como en arrobo:[19] «¡Qué suerte, chica, la de poder vivir cerca de un santo así, de un santo vivo, de carne y hueso, y poder besarle la mano! Cuando vuelvas a tu pueblo escríbeme mucho, mucho y cuéntame de él».

Pasé en el colegio unos cinco años, que ahora se me pierden como un sueño de madrugada[20] en la lejanía del recuerdo, y a los quince volví a mi Valverde de Lucerna. Ya toda ella era Don Manuel; Don Manuel con el lago y con la montaña. Llegué ansiosa de conocerle, de ponerme bajo su protección, de que él me marcara el sendero[21] de mi vida.

Decíase que había entrado en el Seminario para hacerse cura, con el fin de atender a los hijos de una su hermana recién viuda, de servirles de padre; que en el Seminario se había distinguido por su agudeza mental y su talento y que había rechazado ofertas de brillante carrera eclesiástica porque él no quería ser sino de su Valverde de Lucerna, de su aldea prendida como un broche entre el lago y la montaña que se mira en él.

¡Y cómo quería a los suyos! Su vida era arreglar matrimonios desavenidos,[22] reducir a[23] sus padres hijos indómitos[24] o reducir los padres a sus hijos, y, sobre todo, consolar a los amargados y atediados[25] y ayudar a todos a bien morir.

Me acuerdo, entre otras cosas, de que al volver de la ciudad la desgraciada hija de la tía Rabona, que se había perdido y volvió, soltera y desahuciada,[26] trayendo un hijito consigo, Don Manuel no paró hasta que hizo que se casase con ella su antiguo novio Perote y reconociese como suya a la criaturita, diciéndole:

—Mira, da padre a este pobre crío que no le tiene más que en el cielo.

—¡Pero, Don Manuel, si no es mía la culpa...!

—¡Quién lo sabe, hijo, quién lo sabe...!, y sobre todo, no se trata de culpa.

Y hoy el pobre Perote, inválido, paralítico, tiene como báculo[27] y consuelo de su vida al hijo aquel que, contagiado por la santidad de Don Manuel, reconoció por suyo no siéndolo.

En la noche de San Juan, la más breve del año, solían y suelen acudir a nuestro lago todas las pobres mujerucas, y no pocos hombrecillos, que se creen poseídos, endemoniados, y que parece no son sino histéricos y a las veces epilépticos, y Don Manuel emprendió la tarea de hacer él de lago, de piscina probática,[28] y de tratar de aliviarles y si era posible de curarles. Y era tal la acción de su presencia, de sus miradas, y tal sobre todo la dulcísima autoridad de sus palabras y sobre todo de su voz —¡qué milagro de voz!—, que consiguió curaciones sorprendentes. Con lo que creció su fama, que atraía a nuestro lago y a él a todos los enfermos del contorno. Y alguna vez llegó una madre pidiéndole que hiciese un milagro en su hijo, a lo que contestó sonriendo tristemente:

—No tengo licencia del señor obispo para hacer milagros.

[19] éxtasis
[20] primeras horas de la mañana
[21] camino
[22] disconformes
[23] reconciliar con
[24] indomables
[25] aburridos
[26] sin esperanza
[27] bastón; (fig.) ayuda
[28] piscina donde se lavan los enfermos

Le preocupaba, sobre todo, que anduviesen todos limpios. Si alguno llevaba un roto en su vestidura, le decía: «Anda a ver al sacristán, y que te remiende eso». El sacristán era sastre. Y cuando el día primero de año iban a felicitarle por ser el de su santo —su santo patrono era el mismo Jesús Nuestro Señor—, quería Don Manuel que todos se le presentasen con camisa nueva, y al que no la tenía se la regalaba él mismo.

Por todos mostraba el mismo afecto, y si a algunos distinguía más con él era a los más desgraciados y a los que aparecían como más díscolos.[29] Y como hubiera en el pueblo un pobre idiota de nacimiento, Blasillo_el bobo, a éste es a quien más acariciaba y hasta llegó a enseñarle cosas que parecía milagro que las hubiese podido aprender. Y es que el pequeño rescoldo[30] de inteligencia que aún quedaba en el bobo se le encendía en imitar, como un pobre mono, a su Don Manuel.

Su maravilla era la voz, una voz divina que hacía llorar. Cuando al oficiar en misa mayor o solemne entonaba el prefacio, estremecíase[31] la iglesia y todos los que le oían sentíanse conmovidos en sus entrañas. Su canto, saliendo del templo, iba a quedarse dormido sobre el lago y al pie de la montaña. Y cuando en el sermón de Viernes Santo clamaba aquello de: «¡Dios mío, Dios mío!, ¿por qué me has abandonado?»[e] pasaba por el pueblo todo un temblor hondo como por sobre las aguas del lago en días de cierzo de hostigo.[32] Y era como si oyesen a Nuestro Señor Jesucristo mismo, como si la voz brotara de aquel viejo crucifijo a cuyos pies tantas generaciones de madres habían depositado sus congojas. Como que una vez, al oírlo su madre, la de Don Manuel, no pudo contenerse, y desde el suelo del templo, en que se sentaba, gritó: «¡Hijo mío!» Y fue un chaparrón[33] de lágrimas entre todos. Creeríase que el grito maternal había brotado de la boca entreabierta de aquella Dolorosa[f] —el corazón traspasado por siete espadas— que había en una de las capillas del templo. Luego Blasillo el tonto iba repitiendo en tono patético por las callejas, y como un eco el «¡Dios mío, Dios mío! ¿por qué me has abandonado?», y de tal manera que al oírselo se les saltaban a todos las lágrimas, con gran regocijo[34] del bobo por su triunfo imitativo.

Su acción sobre las gentes era tal, que nadie se atrevía a mentir ante él, y todos, sin tener que ir al confesionario, se le confesaban. A tal punto que como hubiese una vez ocurrido un repugnante crimen en una aldea próxima, el juez, un insensato que conocía mal a Don Manuel, le llamó y le dijo:

—A ver si usted, Don Manuel, consigue que este bandido declare la verdad.

—¿Para que luego pueda castigársele? —replicó el santo varón—. No, señor juez, no; yo no saco a nadie una verdad que le lleve acaso a la muerte. Allá entre él y Dios... La justicia humana no me concierne. «No jusguéis para no ser juzgados»,[g] dijo Nuestro Señor...

—Pero es que yo señor cura...

[29] rebeldes
[30] *embers*
[31] se estremecía, temblaba
[32] cierzo... viento del norte
[33] lluvia breve que cae en grandes candidades
[34] alegría

---

[e] palabras de Jesucristo antes de morir en la cruz (San Mateo 27:46)
[f] imagen de la Virgen María representada con siete espadas que simbolizan los siete dolores que sufrió por su hijo Jesucristo
[g] uno de los preceptos de la doctrina enseñada por Jesucristo (San Mateo 7:1)

—Comprendido; dé usted, señor juez, al César lo que es del César, que yo daré a Dios lo que es de Dios.[h]

Y al salir, mirando fijamente al presunto reo,[35] le dijo:

—Mira bien si Dios te ha perdonado, que es lo único que importa.

En el pueblo todos acudían a misa, aunque sólo fuese por oírle y por verle en el altar, donde parecía transfigurarse, encendiéndosele el rostro. Había un santo ejercicio que introdujo en el culto popular y es que, reuniendo en el templo a todo el pueblo, hombres y mujeres, viejos y niños, unas mil personas, recitábamos al unísono, en una sola voz, el Credo: «Creo en Dios Padre Todopoderoso, Creador del Cielo y de la Tierra...» y lo que sigue. Y no era un coro, sino una sola voz, una voz simple y unida, fundidas todas en una y haciendo como una montaña, cuya cumbre, perdida a las veces en nubes, era Don Manuel. Y al llegar a lo de «creo en la resurrección de la carne y la vida perdurable»,[36] la voz de Don Manuel se zambullía,[37] como en un lago, en la del pueblo todo, y era que él se callaba. Y yo oía las campanadas de la villa que se dice aquí está sumergida en el lecho del lago —campanadas que se dice también se oyen la noche de San Juan— y eran las de la villa sumergida en el lago espiritual de nuestro pueblo; oía la voz de nuestros muertos que en nosotros resucitaban en la comunión de los santos. Después, al llegar a conocer el secreto de nuestro santo, he comprendido que era como si una caravana en marcha por el desierto, desfallecido[38] el caudillo al acercase al término de su carrera, le tomaran en hombros los suyos para meter su cuerpo sin vida en la tierra de promisión.

Los más no querían morirse sino cojidos de su mano como de un ancla.

Jamás en sus sermones se ponía a declamar contra impíos, masones, liberales o herejes. ¿Para qué, si no los había en la aldea? Ni menos contra la mala prensa. En cambio, uno de los más frecuentes temas de sus sermones era contra la mala lengua. Porque él lo disculpaba todo y a todos disculpaba. No quería creer en la mala intención de nadie.

—La envidia —gustaba repetir— la mantienen los que se empeñan en[39] creerse envidiados, y las más de las persecuciones son efecto más de la manía persecutoria que no de la perseguidora.

—Pero fíjese, Don Manuel, en lo que me ha querido decir... Y él:

—No debe importarnos tanto lo que uno quiera decir como lo que diga sin querer...

Su vida era activa y no contemplativa, huyendo cuanto podía de no tener nada que hacer. Cuando oía eso de que la ociosidad[40] es la madre de todos los vicios, contestaba: «Y del peor de todos, que es el pensar ocioso». Y como yo le preguntara una vez qué es lo que con eso quería decir, me contestó: «Pensar ocioso es pensar para no hacer nada o pensar demasiado en lo que se ha hecho y no en lo que hay que hacer. A lo hecho pecho,[41] y a otra cosa, que no hay peor que remordimiento sin enmienda». ¡Hacer!, ¡hacer! Bien comprendí yo ya desde entonces que Don

[35] culpable
[36] eterna
[37] se sumergía
[38] debilitado
[39] se... insisten en
[40] no trabajar o gastar mal el tiempo
[41] A... *What's done is done*

---

[h] Jesucristo dio la misma respuesta al ser interrogado (por quienes dudaban de sus intenciones respecto a la autoridad) acerca de si era justo dar tributo al César. (San Lucas 20:25)

Manuel huía de pensar ocioso y a solas, que algún pensamiento le perseguía.

Así es que estaba siempre ocupado, y no pocas veces en inventar ocupaciones. Escribía muy poco para sí, de tal modo que apenas nos ha dejado escritos o notas; mas, en cambio, hacía de memorialista para los demás, y a las madres, sobre todo, les redactaba[42] las cartas para sus hijos ausentes.

Trabajaba también manualmente, ayudando con sus brazos a ciertas labores del pueblo. En la temporada de trilla[43] íbase a la era a trillar y aventar,[44] y en tanto les aleccionaba[45] o les distraía. Sustituía a las veces a algún enfermo en su tarea. Un día del más crudo invierno se encontró con un niño, muertito de frío, a quien su padre le enviaba a recojer una res[46] a larga distancia, en el monte.

—Mira —le dijo al niño—, vuélvete a casa, a calentarte, y dile a tu padre que yo voy a hacer el encargo.

Y al volver con la res se encontró con el padre, todo confuso, que iba a su encuentro. En invierno partía leña[47] para los pobres. Cuando se secó aquel magnífico nogal[48] —«un nogal matriarcal» le llamaba—, a cuya sombra había jugado de niño y con cuyas nueces se había durante tantos años regalado, pidió el tronco, se lo llevó a su casa y después de labrar en él seis tablas, que guardaba al pie de su lecho, hizo del resto leña para calentar a los pobres. Solía hacer también las pelotas para que jugaran los mozos y no pocos juguetes para los niños.

Solía acompañar al médico en su visita, y recalcaba[49] las prescripciones de éste. Se interesaba sobre todo en los embarazos[50] y en la crianza[51] de los niños, y estimaba como una de las mayores blasfemias aquello de: «¡teta y gloria!», y lo otro de: «angelitos al cielo». Le conmovía profundamente la muerte de los niños.

—Un niño que nace muerto o que se muere recién nacido y un suicidio —me dijo una vez— son para mí de los más terribles misterios: ¡un niño en cruz!

Y como una vez, por haberse quitado uno la vida le preguntara el padre del suicida, un forastero, si le daría tierra sagrada, le contestó:

—Seguramente, pues en el último momento, en el segundo de la agonía, se arrepintió sin duda alguna.

Iba también a menudo a la escuela a ayudar al maestro, a enseñar con él, y no sólo el catecismo. Y es que huía de la ociosidad y de la soledad. De tal modo que por estar con el pueblo, y sobre todo con el mocerío y la chiquillería, solía ir al baile. Y más de una vez se puso en él a tocar el tamboril para que los mozos y las mozas bailasen, y esto, que en otro hubiera parecido grotesca profanación del sacerdocio, en él tomaba un sagrado carácter y como de rito religioso. Sonaba el Angelus,[i] dejaba el tamboril y el palillo, se descubría, y todos con él, y rezaba: «El ángel del Señor anunció a María: Ave María...» Y luego:

—Y ahora, a descansar para mañana.

42 escribía
43 *threshing*
44 trillar... *thresh and winnow*
45 enseñaba
46 vaca
47 madera para el fuego
48 *walnut tree*
49 enfatizaba
50 estado de la mujer que espera un hijo
51 acción de criar, alimentar o educar a los niños

---

i toque de campana que invita a orar en honor del momento en que un ángel anunció a la Virgen María que Jesucristo tomaría forma humana en su seno

—Lo primero —decía— es que el pueblo esté contento, que estén todos contentos de vivir. El contentamiento de vivir es lo primero de todo. Nadie debe querer morirse hasta que Dios quiera.

—Pues yo sí —le dijo una vez una recién viuda—, yo quiero seguir a mi marido...

—¿Y para qué? —le respondió—. Quédate aquí para encomendar su alma a Dios.

En una boda dijo una vez: «¡Ay, si pudiese cambiar el agua toda de nuestro lago en vino, en un vinillo que por mucho que de él se bebiera alegrara sin emborrachar nunca... o por lo menos con una borrachera alegre!»[j]

Una vez pasó por el pueblo una banda de pobres titiriteros.[52] El jefe de ella, que llegó con la mujer gravemente enferma y embarazada, y con tres hijos que le ayudaban, hacía de payaso.[53] Mientras él estaba, en la plaza del pueblo, haciendo reír a los niños y aun a los grandes, ella, sintiéndose de pronto gravemente indispuesta, se tuvo que retirar y se retiró escoltada[54] por una mirada de congoja[55] del payaso y una risotada[56] de los niños. Y escoltada por Don Manuel, que luego, en un rincón de la cuadra de la posada, le ayudó a bien morir. Y cuando, acabada la fiesta, supo el pueblo y supo el payaso la tragedia, fuéronse todos a la posada y el pobre hombre, diciendo con llanto en la voz: «Bien se dice, señor cura, que es usted todo un santo», se acercó a éste queriendo tomarle la mano para besársela, pero Don Manuel se adelantó y tomándosela al payaso pronunció ante todos:

—El santo eres tú, honrado payaso; te vi trabajar y comprendí que no sólo lo haces para dar pan a tus hijos, sino también para dar alegría a los de los otros, y yo te digo que tu mujer, la madre de tus hijos, a quien he despedido a Dios mientras trabajabas y alegrabas, descansa en el Señor, y que tú irás a juntarte con ella y a que te paguen riendo los ángeles a los que haces reír en el cielo de contento.

Y todos, niños y grandes, lloraban y lloraban tanto de pena como de un misterioso contento en que la pena se ahogaba. Y más tarde, recordando aquel solemne rato, he comprendido que la alegría imperturbable de Don Manuel era la forma temporal y terrena de una infinita tristeza que con heroica santidad recataba[57] a los ojos y los oídos de los demás.

Con aquella su constante actividad, con aquel mezclarse en las tareas y las diversiones de todos, parecía querer huir de sí mismo, querer huir de su soledad. «Le temo a la soledad», repetía. Mas, aun así, de vez en cuando se iba solo, orilla del lago, a las ruinas de aquella vieja abadía[58] donde aún parecen reposar las almas de los piadosos cistercienses[59] a quienes ha sepultado en el olvido la Historia. Allí está la celda del llamado Padre Capitán, y en sus paredes se dice que aún quedan señales de las gotas de sangre con que las salpicó[60] al mortificarse.[61] ¿Qué pensaría allí nuestro Don Manuel? Lo que sí recuerdo es que como una vez, hablando de la abadía, le preguntase yo cómo era que no se le había ocurrido ir al claustro,[62] me contestó:

[52] *puppeteers*
[53] *clown*
[54] acompañada
[55] preocupación
[56] risa ruidosa
[57] ocultaba
[58] convento
[59] monjes de la orden bene-
    dictina
[60] *splattered*
[61] castigarse
[62] monasterio

---

[j] alusión al milagro de Jesús en las bodas de Caná en las que convierte el agua en vino (San Juan 2:1–11)

—No es sobre todo porque tenga, como tengo, mi hermana viuda y mis sobrinos a quienes sostener, que Dios ayuda a sus pobres, sino porque yo no nací para ermitaño,[63] para anacoreta;[64] la soledad me mataría el alma, y en cuanto a un monasterio, mi monasterio es Valverde de Lucerna. Yo no debo vivir solo; yo no debo morir solo. Debo vivir para mi pueblo, morir para mi pueblo. ¿Cómo voy a salvar mi alma si no salvo la de mi pueblo?

—Pero es que ha habido santos ermitaños, solitarios... —le dije.

—Sí, a ellos les dio el Señor la gracia de soledad que a mí me ha negado, y tengo que resignarme. Yo no puedo perder a mi pueblo para ganarme el alma. Así me ha hecho Dios. Yo no podría soportar las tentaciones del desierto. Yo no podría llevar solo la cruz del nacimiento.

He querido con estos recuerdos, de los que vive mi fe, retratar a nuestro Don Manuel tal como era cuando yo, mocita de cerca de dieciséis años, volví del colegio de religiosas de Renada a nuestro monasterio de Valverde de Lucerna. Y volví a ponerme a los pies de su abad.

—¡Hola, la hija de la Simona —me dijo en cuanto me vio—, y hecha ya toda una moza, y sabiendo francés y bordar[65] y tocar el piano y qué sé yo qué más! Ahora a prepararte para darnos otra familia. Y tu hermano Lázaro, ¿cuándo vuelve? Sigue en el Nuevo Mundo, ¿no es así?

—Sí, señor, sigue en América...

—¡El Nuevo Mundo! Y nosotros en el Viejo. Pues bueno, cuando le escribas, dile de mi parte, de parte del cura, que estoy deseando saber cuándo vuelve del Nuevo Mundo a este Viejo, trayéndonos las novedades de por allá. Y dile que encontrará al lago y a la montaña como les dejó.

Cuando me fui a confesar con él, mi turbación era tanta que no acertaba a articular palabra. Recé el «yo pecadora» balbuciendo[66] casi sollozando.[67] Y él, que lo observó, me dijo:

—Pero ¿qué te pasa, corderilla?[68] ¿De qué o de quién tienes miedo? Porque tú no tiemblas ahora al peso de tus pecados ni por temor de Dios, no; tú tiemblas de mí, ¿no es eso?

Me eché a llorar.

—Pero ¿qué es lo que te han dicho de mí? ¿Qué leyendas son ésas? ¿Acaso tu madre? Vamos, vamos, cálmate y haz cuenta que estás hablando con tu hermano...

Me animé y empecé a confiarle mis inquietudes, mis dudas, mis tristezas.

—¡Bah, bah, bah! ¿Y dónde has leído eso, marisabidilla?[69] Todo eso es literatura. No te des demasiado a ella, ni siquiera a Santa Teresa. Y si quieres distraerte, lee al *Bertoldo*, que leía tu padre.

Salí de aquella mì primera confesión con el santo hombre profundamente consolada. Y aquel mi temor primero, aquel más que respeto miedo, con que me acerqué a él trocóse[70] en una lástima profunda. Era yo entonces una mocita, una niña casi; pero empezaba a ser mujer, sentía en mis entrañas el jugo de la maternidad, y al encontrarme en el confesionario junto al santo varón, sentí como una callada confesión suya en el susurro[71] sumiso de su voz y recordé cómo cuando, al clamar él en la iglesia las palabras de Jesucristo: «¡Dios mío, Dios mío!, ¿por qué me has abandonado?», su madre, la de Don Manuel respondió desde el suelo: «¡Hijo mío!», y oí este grito que desgarraba[72] la quietud del templo. Y volví a confesarme con él para consolarle.

Una vez que en el confesionario le expuse una de aquellas dudas, me contestó:

—A eso, ya sabes, lo del Catecismo: «eso no me lo preguntéis a mí, que soy ignorante; doctores tiene la Santa Madre Iglesia que os sabrán responder».

—¡Pero si el doctor aquí es usted, Don Manuel...!

—¿Yo, yo doctor?, ¿doctor yo? ¡Ni por pienso! Yo, doctorcilla, no soy más que un pobre cura de aldea. Y esas preguntas, ¿sabes quién te las insinúa, quién te las dirige? Pues... ¡el Demonio!

Y entonces, envalentonándome,[73] le espeté a boca de jarro:[74]

—¿Y si se las dirigiese a usted, Don Manuel?

—¿A quién? ¿A mí? ¿Y el Demonio? No nos conocemos, hija, no nos conocemos.

—¿Y si se las dirigiera?

—No le haría caso. Y basta, ¿eh?, despachemos, que me están esperando unos enfermos de verdad.

Me retiré, pensando, no sé por qué que nuestro Don Manuel, tan afamado curandero de endemoniados, no creía en el Demonio. Y al irme hacia mi casa topé con Blasillo el bobo, que acaso rondaba el templo, y al verme, para agasajarme[75] con sus habilidades, repitió:—¡y de qué modo!— lo de «¡Dios mío, Dios mío!, ¿por qué me has abandonado?» Llegué a casa acongojadísima[76] y me encerré en mi cuarto para llorar, hasta que llegó mi madre.

—Me parece, Angelita, con tantas confesiones, que tú te me vas a ir monja.

—No lo tema, madre —le contesté—, pues tengo harto que hacer aquí, en el pueblo, que es mi convento.

—Hasta que te cases.

—No pienso en ello —le repliqué.

Y otra vez que me encontré con Don Manuel, le pregunté, mirándole derechamente a los ojos:

—¿Es que hay Infierno, Don Manuel?

Y él, sin inmutarse:

—¿Para ti, hija? No.

—¿Y para los otros, le hay?

—¿Y a ti qué te importa, si no has de ir a él?

—Me importa por los otros. ¿Le hay?

—Cree en el cielo, en el cielo que vemos. Míralo —y me lo mostraba sobre la montaña y abajo, reflejado en el lago.

—Pero hay que creer en el Infierno, como en el cielo —le repliqué.

—Sí, hay que creer todo lo que cree y enseña a creer la Santa Madre Iglesia Católica, Apostólica, Romana. ¡Y basta!

Leí no sé qué honda tristeza en sus ojos, azules como las aguas del lago.

Aquellos años pasaron como un sueño. La imagen de Don Manuel iba

[72] rompía
[73] animándome
[74] espeté... dije abruptamente
[75] entretenerme
[76] muy afligida

creciendo en mí sin que yo de ello me diese cuenta, pues era un varón tan cotidiano, tan de cada día como el pan que a diario pedimos en el padrenuestro. Yo le ayudaba cuando podía en sus menesteres, visitaba a sus enfermos, a nuestros enfermos, a las niñas de la escuela, arreglaba el ropero de la iglesia, le hacía, como me llamaba él, de diaconisa.[77] Fui unos días invitada por una compañera de colegio a la ciudad, y tuve que volverme, pues en la ciudad me ahogaba,[78] me faltaba algo, sentía sed de la vista de las aguas del lago, hambre de la vista de las peñas de la montaña; sentía, sobre todo, la falta de mi Don Manuel y como si su ausencia me llamara, como si corriese un peligro lejos de mí, como si me necesitara. Empezaba yo a sentir una especie de afecto maternal hacia mi padre espiritual; quería aliviarle del peso de su cruz del nacimiento.

Así fui llegando a mis veinticuatro años, que es cuando volvió de América, con un caudalillo[79] ahorrado, mi hermano Lázaro. Llegó acá, a Valverde de Lucerna, con el propósito de llevarnos a mí y a nuestra madre a vivir a la ciudad, acaso a Madrid.

—En la aldea —decía— se entontece, se embrutece y se empobrece uno.

Y añadía:

—Civilización es lo contrario de ruralización; ¡aldeanerías, no!, que no hice que fueras al colegio para que te pudras luego aquí, entre estos zafios patanes.[80]

Yo callaba, aun dispuesta a resistir la emigración; pero nuestra madre, que pasaba ya de la sesentena, se opuso desde un principio. «¡A mi edad, cambiar de aguas!», dijo primero; mas luego dio a conocer claramente que ella no podría vivir fuera de la vista de su lago, de su montaña y sobre todo de su Don Manuel.

—¿Sois como las gatas, que os apegáis a[81] la casa! —repetía mi hermano.

Cuando se percató[82] de todo el imperio que sobre el pueblo todo y en especial sobre nosotros, sobre mi madre y sobre mí, ejercía el santo varón evangélico, se irritó contra éste. Le pareció un ejemplo de la oscura teocracia en que él suponía hundida a España. Y empezó a barbotar[83] sin descanso todos los viejos lugares comunes anticlericales y hasta antirreligiosos y progresistas que había traído renovados del Nuevo Mundo.

—En esta España de calzonazos[84] —decía— los curas manejan a las mujeres y las mujeres a los hombres... ¡y luego el campo!, ¡el campo!, este campo feudal...

Para él feudal era un término pavoroso;[85] feudal y medieval eran los dos calificativos que prodigaba cuando quería condenar algo.

Le desconcertaba el ningún efecto que sobre nosotras hacían sus diatribas[86] y el casi ningún efecto que hacían en el pueblo, donde se le oía con respetuosa indiferencia. «A estos patanes no hay quien les conmueva». Pero como era bueno por ser inteligente, pronto se dio cuenta de la clase de imperio que Don Manuel ejercía sobre el pueblo, pronto se enteró de la obra del cura de su aldea.

—¡No, no es como los otros —decía—, es un santo!

—¿Pero tú sabes cómo son los otros curas? —le decía yo, y él:

[77] *deaconess*
[78] me... no podía respirar
[79] pequeña fortuna
[80] zafios... *country bumpkins*
[81] os... os gusta estar en
[82] se dio cuenta
[83] recitar rápidamente de memoria
[84] personas débiles
[85] espantoso
[86] discursos violentos

—Me lo figuro.

Mas aun así ni entraba en la iglesia ni dejaba de hacer alarde en todas partes de su incredulidad, aunque procurando siempre dejar a salvo a Don Manuel. Y ya en el pueblo se fue formando, no sé cómo, una expectativa, la de una especie de duelo entre mi hermano Lázaro y Don Manuel, o más bien se esperaba la conversión de aquél por éste. Nadie dudaba de que al cabo el párroco le llevaría a su parroquia. Lázaro, por su parte, ardía en deseos—me lo dijo luego—de oír a Don Manuel, de verle y oírle en la iglesia, de acercarse a él y con él conversar, de conocer el secreto de aquel su imperio espiritual sobre las almas. Y se hacía rogar para ello hasta que al fin, por curiosidad —decía—, fue a oírle.

—Sí, esto es otra cosa—me dijo luego de haberle oído—; no es como los otros, pero a mí no me la da; es demasiado inteligente para creer todo le que tiene que enseñar.

—¿Pero es que le crees un hipócrita? —le dije.

—¡Hipócrita... no!, pero es el oficio del que tiene que vivir.

En cuanto a mí, mi hermano se empeñaba en[87] que yo leyese de libros que él trajo y de otros que me incitaba a comprar.

—Conque, ¿tu hermano Lázaro —me decía Don Manuel— se empeña en que leas? Pues lee, hija mía, lee y dale así gusto. Sé que no has de leer sino cosa buena; lee aunque sea novelas. No son mejores las historias que llaman verdaderas. Vale más que leas que no el que te alimentes de chismes[88] y comadrerías[89] del pueblo. Pero lee sobre todo libros de piedad que te den contento de vivir, un contento apacible y silencioso.

¿Le tenía él?

Por entonces enfermó de muerte y se nos murió nuestra madre, y en sus últimos días todo su hipo[90] era que Don Manuel convirtiese a Lázaro, a quien esperaba volver a ver un día en el cielo, en un rincón de las estrellas desde donde se viese el lago y la montaña de Valverde de Lucerna. Ella se iba ya, a ver a Dios.

—Usted no se va —le decía Don Manuel—, usted se queda. Su cuerpo aquí, en esta tierra, y su alma también aquí, en esta casa viendo y oyendo a sus hijos, aunque éstos ni le vean ni le oigan.

—Pero yo, padre —dijo—, voy a ver a Dios.

—Dios, hija mía, está aquí como en todas partes, y le verá usted desde aquí, desde aquí. Y a todos nosotros en El, y a El en nosotros.

—Dios se lo pague —le dije.

—El contento con que tu madre se muera —me dijo— será su eterna vida.

Y volviéndose a mi hermano Lázaro:

—Su cielo es seguir viéndote, y ahora es cuando hay que salvarla. Dile que rezarás por ella.

—Pero...

—¿Pero...? Dile que rezarás por ella, a quien debes la vida, y sé que una vez que se lo prometas rezarás y sé que luego que reces...

Mi hermano, acercándose, arrasados[91] sus ojos en lágrimas, a nuestra madre agonizante, le prometió solemnemente rezar por ella.

—Y yo en el cielo por ti, por vosotros —respondió mi madre, y

[87] se... insistía en
[88] *gossip*
[89] *old wives' tales*
[90] *hiccough:* en este caso se refiere al repetido deseo de la madre
[91] llenos

besando el crucifijo y puestos sus ojos en los de Don Manuel, entregó su alma a Dios.

—«¡En tus manos encomiendo mi espíritu!»[k] —rezó el santo varón.

Quedamos mi hermano y yo solos en la casa. Lo que pasó en la muerte de nuestra madre puso a Lázaro en relación con Don Manuel, que pareció descuidar algo a sus demás pacientes, a sus demás menesterosos, para atender a mi hermano. Ibanse por las tardes de paseo, orilla del lago, o hacia las ruinas, vestidas de hiedra, de la vieja abadía de cistercienses.

—Es un hombre maravilloso —me decía Lázaro—. Ya sabes que dicen que en el fondo de este lago hay una villa sumergida y que en la noche de San Juan, a las doce, se oyen las campanadas de su iglesia.

—Sí —le contestaba yo—, una villa feudal y medieval...

—Y creo —añadía él— que en el fondo del alma de nuestro Don Manuel hay también sumergida, ahogada, una villa y que alguna vez se oyen sus campanadas.

—Sí —le dije—, esa villa sumergida en el alma de Don Manuel, ¿y por qué no también en la tuya?, es el cementerio de las almas de nuestros abuelos, los de esta nuestra Valverde de Lucerna... ¡feudal y medieval!

Acabó mi hermano por ir a misa siempre, a oír a Don Manuel, y cuando se dijo que cumpliría con la parroquia, que comulgaría cuando los demás comulgasen, recorrió un íntimo regocijo al pueblo todo, que creyó haberle recobrado. Pero fué un regocijo tal, tan limpio, que Lázaro no se sintió ni vencido ni disminuído.[92]

Y llegó el día de su comunión, ante el pueblo todo, con el pueblo todo. Cuando llegó la vez a mi hermano pude ver que Don Manuel, tan blanco como la nieve de enero en la montaña y temblando como tiembla el lago cuando le hostiga el cierzo,[93] se le acercó con la sagrada forma[94] en la mano, y de tal modo le temblaba ésta al arrimarla a la boca de Lázaro, que se le cayó la forma a tiempo que le daba un vahido.[95] Y fue mi hermano mismo quien recogió la hostia[96] y se la llevó a la boca. Y el pueblo al ver llorar a Don Manuel, lloró diciéndose: «¡Cómo le quiere!»[97] Y entonces, pues era la madrugada, cantó un gallo.[l]

Al volver a casa y encerrarme en ella con mi hermano, le eché los brazos al cuello y besándole, le dije:

—Ay, Lázaro, Lázaro, qué alegría nos has dado a todos, a todos, a todo el pueblo, a todo, a los vivos y a los muertos, y sobre todo a mamá, a nuestra madre. ¿Viste? El pobre Don Manuel lloraba de alegría. ¡Qué alegría nos has dado a todos!

—Por eso lo he hecho —me contestó.

—¿Por eso? ¿Por darnos alegría? Lo habrás hecho ante todo por ti mismo, por conversión.

Y entonces Lázaro, mi hermano, tan pálido y tan tembloroso como

92 reducido
93 cuando... *when the wind presses against it*
94 sagrada... *host, holy wafer*
95 mareo
96 *host*
97 ¡Cómo... como quiere Don Manuel a Lázaro

---

[k] últimas palabras de Jesucristo al morir en la cruz. (San Lucas 23:46)
[l] alusión al momento en que San Pedro niega ser uno de los discípulos de Jesucristo, y por consiguiente, símbolo de la falta de fe y de lealtad (San Mateo 26: 34–35 y 74–75)

Don Manuel cuando le dio la comunión, me hizo sentarme, en el sillón mismo donde solía sentarse nuestra madre, tomó huelgo,[98] y luego, como en íntima confesión doméstica y familiar, me dijo:

—Mira, Angelita, ha llegado la hora de decirte la verdad, toda la verdad, y te la voy a decir, porque debo decírtela, porque a ti no puedo, no debo callártela y porque además habrías de adivinarla y a medias, que es lo peor, más tarde o más temprano.

Y entonces, serena y tranquilamente, a media voz, me contó una historia que me sumergió en un lago de tristeza. Cómo Don Manuel le había venido trabajando, sobre todo en aquellos paseos a las ruinas de la vieja abadía cisterciense, para que no escandalizase, para que diese buen ejemplo, para que se incorporase a la vida religiosa del pueblo, para que fingiese creer si no creía, para que ocultase sus ideas al respecto, más sin intentar siquiera catequizarle, convertirle de otra manera.

—¿Pero es eso posible? —exclamé, consternada.

—¡Y tan posible, hermana, y tan posible! Y cuando yo le decía: «¿Pero es usted, usted, el sacerdote el que me aconseja que finja?», él, balbuciente:[99] «¿Fingir?, ¡fingir no!, ¡eso no es fingir! Toma agua bendita, que dijo alguien, y acabarás creyendo». Y como yo, mirándole a los ojos, le dijese: «¿Y usted celebrando misa ha acabado por creer?», él bajó la mirada al lago y se le llenaron los ojos de lágrimas. Y así es cómo le arranqué su secreto.

—¡Lázaro! —gemí.[100]

Y en aquel momento pasó por la calle Blasillo el bobo, clamando su: «¡Dios mío, Dios mío!, ¿por qué me has abandonado?» Y Lázaro se estremeció[101] creyendo oír la voz de Don Manuel, acaso la de Nuestro Señor Jesucristo.

—Entonces —prosiguió mi hermano—comprendí sus móviles y con esto comprendí su santidad; porque es un santo, hermana, todo un santo. No trataba al emprender ganarme para su santa causa —porque es una causa —porque es una causa santa, santísima—, arrogarse un triunfo, sino que lo hacía por la paz, por la felicidad, por la ilusión si quieres, de los que le están encomendados; comprendí que si les engaña así —si es que esto es engaño— no es por medrar.[102] Me rendí a sus razones, y he aquí mi conversión. Y no me olvidaré jamás del día en que diciéndole yo: «Pero, Don Manuel, la verdad, la verdad ante todo», él, temblando, me susurró al oído—y eso que estábamos solos en medio del campo—: «¿La verdad? La verdad, Lázaro, es acaso algo terrible, algo intolerable, algo mortal; la gente sencilla no podría vivir con ella». «¿Y por qué me la deja entrever[103] ahora aquí, como en confesión?», le dije. Y él: «Porque si no, me atormentaría tanto, tanto, que acabaría gritándola en medio de la plaza, y eso jamás, jamás, jamás. Yo estoy para hacer vivir a las almas de mis feligreses,[104] para hacerles felices, para hacerles que se sueñen inmortales y no para matarles. Lo que aquí hace falta es que vivan sanamente, que vivan en unanimidad de sentido, y con la verdad, con mi verdad, no vivirían. Que vivan. Y esto hace la Iglesia, hacerles vivir. ¿Religión verdadera? Todas las religiones son verdaderas, en cuanto hacen vivir espiritualmente a los pueblos que las profesan, en cuanto les

98 tomó... *took a deep breath*
99 vacilante
100 grité llorando
101 *shuddered*
102 aprovecharse
103 *get a glimpse of*
104 gente del pueblo que pertenece a la parroquia

consuelan de haber tenido que nacer para morir, y para cada pueblo la religión más verdadera es la suya, la que le ha hecho. ¿Y la mía? La mía es consolarme en consolar a los demás, aunque el consuelo que les doy no sea el mío.» Jamás olvidaré estas sus palabras.

—¡Pero esa comunión tuya ha sido un sacrilegio! —me atreví a insinuar, arrepintiéndome al punto de haberlo insinuado.

—¿Sacrilegio? ¿Y él que me la dio? ¿Y sus misas?

—¿Qué martirio! —exclamé.

—Y ahora —añadió mi hermano— hay otro más para consolar al pueblo.

—¿Para engañarle? —dije.

—Para engañarle, no —me replicó—, sino para corroborarle en su fe.

—Y él, el pueblo —dije—, ¿cree de veras?

—¡Qué sé yo...! Cree sin querer, por hábito, por tradición. Y lo que hace falta es no despertarle. Y que viva en su pobreza de sentimientos para que no adquiera torturas de lujo. ¡Bienaventurados los pobres de espíritu!ᵐ

—Eso, hermano, lo has aprendido de Don Manuel. Y ahora, dime, ¿has cumplido aquello que le prometiste a nuestra madre cuando ella se nos iba a morir, aquello de que rezarías por ella?

—¡Pues no se lo había de cumplir! Pero, ¿por quién me has tomado, hermana? ¿Me crees capaz de faltar a mi palabra, a una promesa solemne, y a una promesa hecha, y en el lecho de muerte, a una madre?

—¡Qué sé yo...! Pudiste querer engañarla para que muriese consolada.

—Es que si yo no hubiese cumplido la promesa viviría sin consuelo.

—¿Entonces?

—Cumplí la promesa y no he dejado de rezar ni un solo día por ella.

—¿Sólo por ella?

—Pues, ¿por quién más?

—¡Por ti mismo! Y de ahora en adelante, por Don Manuel.

Nos separamos para irnos cada uno a su cuarto, yo a llorar toda la noche, a pedir por la conversión de mi hermano y de Don Manuel, y él, Lázaro, no sé bien a qué.

Después de aquel día temblaba yo de encontrarme a solas con Don Manuel, a quien seguía asistiendo en sus piadosos menesteres. Y él pareció percatarse de mi estado íntimo y adivinar su causa. Y cuando al fin me acerqué a él en el tribunal de la penitencia —¿quién era el juez y quién el reo?—, los dos, él y yo, doblamos en silencio la cabeza y nos pusimos a llorar. Y fue él, Don Manuel, quien rompió el tremendo silencio para decirme con voz que parecía salir de una huesa:¹⁰⁵

—Pero tú, Angelina, tú crees como a los diez años, ¿no es así? ¿Tú crees?

—Sí creo, padre.

—Pues sigue creyendo. Y si se te ocurren dudas, cállatelas a ti misma. Hay que vivir.

ᵐ Jesucristo se refiere a los que tendrán la suerte de ver a Dios después de morir. (San Mateo 5:3–5)

106 por venir
107 afligió
108 preocuparme
109 se... me temblaban
110 impenetrable

Me atreví, y toda temblorosa le dije:

—Pero usted, padre, ¿cree usted?

Vaciló un momento y reponiéndose me dijo:

—¡Creo!

—¿Pero en qué, padre, en qué? ¿Cree usted en la otra vida?, ¿cree usted que al morir no nos morimos del todo?, ¿cree que volveremos a vernos, a querernos en otro mundo venidero?,[106] ¿cree en la otra vida?

El pobre santo sollozaba.

—¡Mira, hija, dejemos eso!

Y ahora, al escribir esta memoria, me digo: ¿Por qué no me engañó?, ¿por qué no me engañó entonces como engañaba a los demás? ¿Por qué se acongojó?,[107] ¿porque no podía engañarse a sí mismo, o porque no podía engañarse para engañarme? Y quiero creer que se acongojaba porque no podía engañarse para engañarme.

—Y ahora —añadió—, reza por mí, por tu hermano, por ti misma, por todos. Hay que vivir. Y hay que dar vida.

Y después de una pausa:

—¿Y por qué no te casas, Angelina?

—Ya sabe usted, padre mío, por qué.

—Pero no, no; tienes que casarte. Entre Lázaro y yo te buscaremos un novio. Porque a ti te conviene casarte para que se te curen esas preocupaciones.

—¿Preocupaciones, Don Manuel?

—Yo sé bien lo que me digo. Y no te acongojes demasiado por los demás, que harto tiene cada cual con tener que responder de sí mismo.

—¡Y que sea usted, don Manuel, el que me diga eso!, ¡que sea usted el que me aconseje que me case para responder de mí y no acuitarme[108] por los demás!, ¡que sea usted!

—Tienes razón, Angelina, no sé ya lo que me digo; no sé ya lo que me digo desde que estoy confesándome contigo. Y sí, sí hay que vivir, hay que vivir.

Y cuando yo iba a levantarme para salir del templo, me dijo:

—Y ahora, Angelina, en nombre del pueblo, ¿me absuelves?

Me sentí como penetrada de un misterioso sacerdocio y le dije:

—En nombre de Dios Padre, Hijo y Espíritu Santo, le absuelvo, padre.

Y salimos de la iglesia, y al salir se me estremecían[109] las entrañas maternales.

Mi hermano, puesto ya del todo al servicio de la obra de Don Manuel, era su más asiduo colaborador y compañero. Les anudaba, además, el común secreto. Le acompañaba en sus visitas a los enfermos, a las escuelas, y ponía su dinero a disposición del santo varón. Y poco faltó para que no aprendiera a ayudarle a misa. E iba entrando cada vez más en el alma insondable[110] de Don Manuel.

—¡Qué hombre! —me decía—. Mira, ayer, paseando a orillas del lago, me dijo: «He aquí mi tentación mayor». Y como yo le interrogase con la mirada, añadió: «Mi pobre padre, que murió de cerca de noventa años, se pasó la vida, según me lo confesó él mismo, torturado por la tentación del suicidio, que le venía no recordaba desde cuándo, de nación,[111] decía y defendiéndose de ella. Y esa defensa fue su vida. Para no sucumbir a tal tantación extremaba los cuidados por conservar la vida. Me contó escenas terribles. Me parecía como una locura. Y yo la he heredado. ¡Y cómo me llama esa agua que con su aparente quietud—la corriente va por dentro—espeja al cielo! ¡Mi vida, Lázaro, es una especie de suicidio continuo, un combate contra el suicidio, que es igual; pero que vivan ellos, que vivan los nuestros!» Y luego añadió: «Aquí se remansa[112] el río en lago, para luego, bajando a la meseta, precipitarse en cascadas, saltos y torrenteras por las hoces[113] y encañadas,[114] junto a la ciudad, y así se remansa la vida, aquí, en la aldea. Pero la tentación del suicidio es mayor aquí, junto al remanso que espeja de noche las estrellas, que no junto a las cascadas que dan miedo. Mira, Lázaro, he asistido a bien morir a pobres aldeanos, ignorantes, analfabetos, que apenas si habían salido de la aldea, y he podido saber de sus labios, y cuando no adivinarlo, la verdadera causa de su enfermedad de muerte, y he podido mirar, allí, a la cabecera de su lecho de muerte, toda la negrura de la sima[115] del tedio de vivir. ¡Mil veces peor que el hambre! Sigamos, pues, Lázaro, suicidándonos en nuestra obra y en nuestro pueblo, y que sueñe éste su vida como el lago sueña el cielo.»

—Otra vez —me decía también mi hermano—, cuando volvíamos acá vimos a una zagala,[116] una cabrera,[117] que enhiesta[118] sobre un picacho[119] de la falda[120] de la montaña, a la vista del lago, estaba cantando con una voz más fresca que las aguas de éste. Don Manuel me detuvo, y señalándomela, dijo: «Mira, parece como si se hubiera acabado el tiempo, como si esa zagala hubiese estado ahí siempre, y como está, y cantando como está, y como si hubiera de seguir estando así siempre, como estuvo cuando no empezó mi conciencia, como estará cuando se me acabe. Esa zagala forma parte, con las rocas, las nubes, los árboles, las aguas, de la naturaleza y no de la historia». ¡Cómo siente, cómo anima Don Manuel a la naturaleza! Nunca olvidaré el día de la nevada en que me dijo: «¿Has visto, Lázaro, misterio mayor que el de la nieve cayendo en el lago y muriendo en él mientras cubre con su toca a la montaña?»

Don Manuel tenía que contener a mi hermano en su celo[121] y en su inexperiencia de neófito. Y como supiese que éste andaba predicando contra ciertas supersticiones populares, hubo de decirle:

—¡Déjalos! ¡Es tan difícil hacerles comprender dónde acaba la creencia ortodoxa y dónde empieza la superstición! Y más para nosotros. Déjalos, pues, mientras se consuelen. Vale más que lo crean todo, aun cosas contradictorias entre sí, a no que no crean nada. Eso de que el que cree demasiado acaba por no creer nada, es cosa de protestantes. No protestemos. La protesta mata el contento.

Una noche de plenilunio—me contaba también mi hermano—volvían a la aldea por la orilla del lago, a cuyo sobrehaz[122] rizaba entonces la brisa montañesa y en el rizo cabrilleaban[123] las razas[124] de la luna llena, y Don Manuel le dijo a Lázaro:

—¡Mira, el agua está rezando la letanía y ahora dice: *ianua caeli, ora pro nobis*, «puerta del cielo, ruega por nosotros»!

[111] de nacimiento
[112] se... *eddies*
[113] *ravines*
[114] *gorges*
[115] profundidad (En este caso se refiere al profundo aburrimiento de la vida.)
[116] muchacha
[117] *goatherd*
[118] se erecta
[119] pico agudo
[120] *slope*
[121] entusiasmo
[122] *surface*
[123] resplandecían
[124] rayos de luz

Y cayeron temblando de sus pestañas a la yerba del suelo dos huideras lágrimas en que también, como en rocío, se bañó temblorosa la lumbre de la luna llena.

E iba corriendo el tiempo y observábamos mi hermano y yo que las fuerzas de Don Manuel empezaban a decaer, que ya no lograba contener del todo la insondable tristeza que le consumía, que acaso una enfermedad traidora le iba minando[125] el cuerpo y el alma. Y Lázaro, acaso para distraerle más, le propuso si no estaría bien que fundasen en la iglesia algo así como un sindicato[126] católico agrario.

—¿Sindicato? —respondió tristemente Don Manuel—. ¿Sindicato? ¿Y qué es eso? Yo no conozco más sindicato que la Iglesia, y ya sabes aquello de «mi reino no es de este mundo».[n] Nuestro reino, Lázaro, no es de este mundo...

—¿Y del otro?

Don Manuel bajó la cabeza:

—El otro, Lázaro, está aquí también, porque hay dos reinos en este mundo. O mejor, el otro mundo... vamos, que no sé lo que me digo. Y en cuanto a eso del sindicato es en ti un resabio[127] de tu época de progresismo. No, Lázaro, no; la religión no es para resolver los conflictos económicos o políticos de este mundo que Dios entregó a las disputas de los hombres. Piensen los hombres y obren los hombres como pensaren y como obraren, que se consuelen de haber nacido, que vivan lo más contentos que puedan en la ilusión de que todo esto tiene una finalidad. Yo no he venido a someter los pobres a los ricos, ni a predicar a éstos que se sometan a aquéllos. Resignación y caridad en todos y para todos. Porque también el rico tiene que resignarse a su riqueza, y a la vida, y también el pobre tiene que tener caridad para con el rico. ¿Cuestión social? Deja eso, eso no nos concierne. Que traen una nueva sociedad, en que no haya ya ricos ni pobres, en que esté justamente repartida la riqueza, en que todo sea de todos, ¿y qué? ¿Y no crees que del bienestar general surgirá más fuerte el tedio a la vida? Sí, ya sé que uno de esos caudillos[128] de la que llaman la revolución social ha dicho que la religión es el opio del pueblo.[o] Opio... Opio... Opio, sí. Démosle opio, y que duerma y que sueñe. Yo mismo con esta mi loca actividad me estoy administrando opio. Y no logro dormir bien y menos soñar bien... ¡Esta terrible pesadilla! Y yo también puedo decir con el Divino Maestro: «Mi alma está triste hasta la muerte».[p] No, Lázaro, no; nada de sindicatos por nuestra parte. Si lo forman ellos me parecerá bien, pues que así se distraen. Que jueguen al sindicato, si eso les contenta.

El pueblo todo observó que a Don Manuel le menguaban[129] las fuerzas, que se fatigaba. Su voz misma, aquella voz que era un milagro, adquirió un cierto temblor íntimo. Se le asomaban[130] las lágrimas con cualquier motivo. Y sobre todo cuando hablaba al pueblo del otro mun-

[125] consumiendo
[126] *union*
[127] vestigio
[128] líderes
[129] disminuían
[130] *he burst into tears*

---

[n] respuesta de Jesucristo al preguntársele si era Rey de los Judíos (San Juan 18:36)

[o] Alude Don Manuel a lo dicho por Karl Marx, proponente de la «revolución social»: *Religion is the opiate of the people*.

[p] Jesucristo, consciente de su cercana muerte, pronuncia esas palabras. Horas después, su discípulo Judas lo vende por treinta monedas de oro. (San Mateo 26:38)

do, de la otra vida, tenía que detenerse a ratos cerrando los ojos. «Es que lo está viendo», decían. Y en aquellos momentos era Blasillo el bobo el que con más cuajo[131] lloraba. Porque ya Blasillo lloraba más que reía, y hasta sus risas sonaban a lloros.

Al llegar la última Semana de Pasión que con nosotros, en nuestro mundo, en nuestra aldea, celebró Don Manuel, el pueblo todo presintió el fin de la tragedia. ¡Y cómo sonó entonces aquel: «Dios mío, Dios mío, ¿por qué me has abandonado?», el último que en público sollozó Don Manuel! Y cuando dijo lo del Divino Maestro al buen bandolero[132] —«todos los bandoleros son buenos», solía decir nuestro Don Manuel—, aquello de: «mañana estarás conmigo en el paraíso».[q] ¡Y la última comunión general que repartió nuestro santo! Cuando llegó a dársela a mi hermano, esta vez con mano segura, después del litúrgico: «... *in vitam aeternam*», se le inclinó al oído y le dijo: «No hay más vida eterna que ésta... que la sueñen eterna... eterna de unos pocos años...» Y cuando me la dio a mí me dijo: «Reza, hija mía, reza por nosotros». Y luego, algo tan extraordinario que lo llevo en el corazón como el más grande misterio, y fue que me dijo con voz que parecía de otro mundo: «y reza también por Nuestro Señor Jesucristo...».

Me levanté sin fuerzas y como sonámbula. Y todo en torno me pareció un sueño. Y pensé: «Habré de rezar también por el lago y por la montaña». Y luego: «¿Es que estaré endemoniada?» Y en casa ya, cogí el crucifijo con el cual en las manos había entregado a Dios su alma mi madre, y mirándolo a través de mis lágrimas y recordando el: «¡Dios mío, Dios mío!, ¿por qué me has abandonado?» de nuestros dos Cristos, el de esta tierra y el de esta aldea, recé: «hágase tu voluntad así en la tierra como en el cielo», primero, y después: «y no nos dejes caer en la tentación, amén».[r] Luego me volví a aquella imagen de la Dolorosa, con su corazón traspasado por siete espadas, que había sido el más doloroso consuelo de mi pobre madre, y recé: «Santa María, madre de Dios, ruega por nosotros pecadores, ahora y en la hora de nuestra muerte, amén». Y apenas lo había rezado cuando me dije: «¿pecadores?, ¿nosotros pecadores?, ¿y cuál es nuestro pecado, cuál?» Y anduve todo el día acongojada por esta pregunta.

Al día siguiente acudí a Don Manuel, que iba adquiriendo una solemnidad de religioso ocaso,[133] y le dije:

—¿Recuerda, padre mío, cuando hace ya años, al dirigirle yo una pregunta me contestó: «Eso no me lo preguntéis a mí, que soy ignorante; doctores tiene la Santa Madre Iglesia que os sabrán responder»?

—¡Que si me acuerdo!... y me acuerdo que te dije que ésas eran preguntas que te dictaba el Demonio.

—Pues bien, padre, hoy vuelvo yo, la endemoniada a dirigirle otra pregunta que me dicta mi demonio de la guarda.

—Pregunta.

[131] (fig.) fuerza
[132] ladrón
[133] final

---

[q] respuesta de Jesucristo al buen ladrón quien, crucificado a su lado, le pide que se acuerde de él cuando esté en el cielo. (San Lucas 23:43)

[r] fragmento del Padre Nuestro (*Our Father*), oración enseñada por Jesucristo a sus discípulos y que comprende algunas de sus enseñanzas (San Mateo 6:9–13)

—Ayer, al darme de comulgar, me pidió que rezara por todos nosotros y hasta por...

—Bien, cállalo y sigue.

—Llegué a casa y me puse a rezar, y al llegar a aquello de «ruega por nosotros, pecadores, ahora y en la hora de nuestra muerte», una voz íntima me dijo: «¿pecadores nosotros?, ¿y cuál es nuestro pecado?» ¿Cuál es nuestro pecado, padre?

—¿Cuál? —me respondió—. Ya lo dijo un gran doctor de la Iglesia Católica Apostólica Española, ya lo dijo el gran doctor[s] de *La vida es sueño*, ya dijo que «el delito[134] mayor del hombre es haber nacido». Ese es, hija, nuestro pecado: el de haber nacido.

—¿Y se cura, padre?

—¡Vete y vuelve a rezar! Vuelve a rezar por nosotros, pecadores, ahora y en la hora de nuestra muerte... Sí, al fin se cura el sueño... al fin se cura la vida... al fin se acaba la cruz del nacimiento... Y como dijo Calderón, el hacer bien, y el engañar bien, ni aun en sueños se pierde...

Y la hora de su muerte llegó por fin. Todo el pueblo la veía llegar. Y fue su más grande lección. No quiso morirse ni solo ni ocioso.[135] Se murió predicando al pueblo, en el templo. Primero, antes de mandar que le llevasen a él, pues no podía ya moverse por la perlesía,[136] nos llamó a su casa a Lázaro y a mí. Y allí, los tres a solas, nos dijo:

—Oíd: cuidad de estas pobres ovejas, que se consuelen de vivir, que crean lo que yo no he podido creer. Y tú, Lázaro, cuando hayas de morir, muere como yo, como morirá nuestra Angela, en el seno de la Santa Madre Católica Apostólica Romana, de la Santa Madre Iglesia de Valverde de Lucerna, bien entendido. Y hasta nunca más ver, pues se acaba este sueño de la vida...

—¡Padre, padre! —gemí yo.

—No te aflijas, Angela, y sigue rezando por todos los pecadores, por todos los nacidos. Y que sueñen, que sueñen. ¡Qué ganas tengo de dormir, dormir, dormir sin fin, dormir por toda una eternidad y sin soñar!, ¡olvidando el sueño! Cuando me entierren, que sea en una caja hecha con aquellas seis tablas que tallé[137] del viejo nogal, ¡pobrecito!, a cuya sombra jugué de niño, cuando empezaba a soñar... ¡Y entonces sí que creía en la vida perdurable! Es decir, me figuro ahora que creía entonces. Para un niño creer no es más que soñar. Y para un pueblo. Esas seis tablas que tallé con mis propias manos, las encontraréis al pie de mi cama.

Le dio un ahogo y, repuesto de él, prosiguió:

—Recordaréis que cuando rezábamos todos en uno, en unanimidad de sentido, hechos pueblo, el Credo, al llegar al final yo me callaba. Cuando los israelitas iban llegando al fin de su peregrinación[138] por el desierto, el Señor les dijo a Aarón y a Moisés que por no haberle creído no meterían a su pueblo en la tierra prometida, y les hizo subir al monte de

[s] gran... Pedro Calderón de la Barca (1600–1681), gran dramaturgo español del Siglo de Oro y autor de *La vida es sueño*. Las citas siguientes se basan en esta obra: "El delito mayor del hombre es haber nacido." (I,ii) y "No se pierde obrar bien, aun en sueños." (III,iv).

[134] crimen, pecado
[135] desocupado
[136] parálisis
[137] hice
[138] *pilgrimage*

Hor, donde Moisés hizo desnudar a Aarón, que allí murió, y luego subió Moisés desde las llanuras de Moab al monte Nebo, a la cumbre del Fasga, enfrente de Jericó, y el Señor le mostró toda la tierra prometida a su pueblo, pero diciéndole a él: «¡No pasarás allá!», y allí murió Moisés y nadie supo su sepultura. Y dejó por caudillo a Josué. Sé, tú, Lázaro, mi Josué, y si puedes detener al sol detenle y no te importe del progreso. Como Moisés, he conocido al Señor, nuestro supremo ensueño, cara a cara y ya sabes que dice la Escritura que el que le ve la cara a Dios, que el que le ve al sueño los ojos de la cara con que nos mira, se muere sin remedio y para siempre.[t] Que no le vea, pues, la cara a Dios este nuestro pueblo mientras viva, que después de muerto ya no hay cuidado, pues no verá nada...

—¡Padre, padre, padre!— volví a gemir.

Y él:

—Tú, Angela, reza siempre, sigue rezando para que los pecadores todos sueñen hasta morir la resurrección de la carne y la vida perdurable...

Yo esperaba un «¿y quién sabe...?» cuando le dio otro ahogo a Don Manuel.

—Y ahora —añadió—, ahora, en la hora de mi muerte, es hora de que hagáis que se me lleve, en este mismo sillón, a la iglesia, para despedirme allí de mi pueblo, que me espera.

Se le llevó a la iglesia y se le puso, en el sillón, en el presbiterio, al pie del altar. Tenía entre sus manos un crucifijo. Mi hermano y yo nos pusimos junto a él, pero fue Blasillo el bobo quien más se arrimó.[139] Quería cojer de la mano a Don Manuel, besársela. Y como algunos trataran de impedírselo, Don Manuel les reprendió diciéndoles:

—Dejadle que se me acerque. Ven, Blasillo, dame la mano.

El bobo lloraba de alegría. Y luego Don Manuel dijo:

—Muy pocas palabras, hijos míos, pues apenas me siento con fuerzas sino para morir. Y nada nuevo tengo que deciros. Ya os lo dije todo. Vivid en paz y contentos y esperando que todos nos veamos un día, en la Valverde de Lucerna que hay allí, entre las estrellas de la noche que se reflejan en el lago, sobre la montaña. Y rezad, rezad a María Santísima, rezad a Nuestro Señor. Sed buenos, que esto basta. Perdonadme el mal que haya podido haceros sin quererlo y sin saberlo. Y ahora, después de que os dé mi bendición, rezad todos a una el Padrenuestro, el Avemaría, la Salve y por último el Credo.

Luego, con el crucifijo que tenía en la mano dio la bendición al pueblo, llorando las mujeres y los niños y no pocos hombres, y en seguida empezaron las oraciones, que Don Manuel oía en silencio y cojido de la mano por Blasillo, que al son del ruego se iba durmiendo. Primero el Padrenuestro con su «hágase tu voluntad así en la tierra como en el cielo», luego el Santa María con su «ruega por nosotros, pecadores, ahora y en la hora de nuestra muerte», a seguida la Salve con su «gimiendo y llorando en este valle de lágrimas», y por último el Credo. Y al llegar a la

---

[t] como... alusión a Moisés, profeta de Israel, a quien Dios conoció cara a cara (Deuteronomio 34)

«resurrección de la carne y la vida perdurable», todo el pueblo sintió que su santo había entregado su alma a Dios. Y no hubo que cerrarle los ojos, porque se murió con ellos cerrados. Y al ir a despertar a Blasillo nos encontramos con que se había dormido en el Señor para siempre. Así que hubo luego que enterrar dos cuerpos.

El pueblo todo se fue en seguida a la casa del santo a recojer reliquias,[140] a repartirse retazos [141] de sus vestiduras, a llevarse lo que pudieran como reliquia y recuerdo del bendito mártir. Mi hermano guardó su breviario,[142] entre cuyas hojas encontró, desecada y como en un herbario, una clavellina[143] pegada a un papel y en éste una cruz con una fecha.

Nadie en el pueblo quiso creer en la muerte de Don Manuel; todos esperaban verle a diario, y acaso le veían, pasar a lo largo del lago y espejado en él o teniendo por fondo la montaña; todos seguían oyendo su voz, y todos acudían a su sepultura, en torno a la cual surgió todo un culto. Las endemoniadas venían ahora a tocar la cruz de nogal, hecha también por sus manos y sacada del mismo árbol de donde sacó las seis tablas que fué enterrado. Y los que menos queríamos creer que se hubiese muerto éramos mi hermano y yo.

El, Lázaro, continuaba la tradición del santo y empezó a redactar lo que le había oído, notas de que me he servido para esta mi memoria.

—El me hizo un hombre nuevo, un verdadero Lázaro,[u] un resucitado—me decía—. El me dio fe.

—¿Fe? —le interrumpía yo.

—Sí, fe, fe en el consuelo de la vida, fe en el contento de la vida. El me curó de mi progresismo. Porque hay, Angela, dos clases de hombres peligrosos y nocivos:[144] los que convencidos de la vida de ultratumba, de la resurrección de la carne, atormentan, como inquisidores que son, a los demás para que, despreciando[145] esta vida como transitoria, se ganen la otra, y los que no creyendo más que en este...

—Como acaso tú... —le decía yo.

—Y sí, y como Don Manuel. Pero no creyendo más que en este mundo esperan no sé qué sociedad futura y se esfuerzan en negarle al pueblo el consuelo de creer en otro...

—De modo que...

—De modo que hay que hacer que vivan de la ilusión.

El pobre cura que llegó a sustituir a Don Manuel en el curato entró en Valverde de Lucerna abrumado[146] por el recuerdo del santo y se entregó a mi hermano y a mí para que le guiásemos. No quería sino seguir las huellas del santo. Y mi hermano le decía: «Poca teología, ¿eh?, poca teología; religión, religión». Y yo al oírselo me sonreía pensando si es que no era también teología lo nuestro.

Yo empecé entonces a temer por mi pobre hermano. Desde que se nos murió Don Manuel no cabía decir que viviese. Visitaba a diario su tumba y se pasaba horas muertas contemplando el lago. Sentía morriña[147] de la paz verdadera.

[140] objetos sagrados
[141] pedazos
[142] libro que utilizan los sacerdotes para su oración
[143] *carnation*
[144] peligrosos
[145] no haciendo caso de
[146] *overwhelmed*
[147] melancolía

---

[u] referencia a Lázaro, amigo de Jesucristo, a quien éste devolvió la vida después de cuatro días de muerto (San Juan 11:1–45)

—No mires tanto al lago —le decía yo.

—No, hermana, no temas. Es otro el lago que me llama; es otra la montaña. No puedo vivir sin él.

—¿Y el contento de vivir, Lázaro, el contento de vivir?

—Eso para otros pecadores, no para nosotros, que le hemos visto la cara a Dios, a quienes nos ha mirado con sus ojos el sueño de la vida.

—Qué, ¿te preparas a ir a ver a Don Manuel?

—No, hermana, no; ahora y aquí en casa, entre nosotros solos, toda la verdad, por amarga que sea, amarga como el mar a que van a parar las aguas de este dulce lago, toda la verdad para ti, que estás abroquelada[148] contra ella...

—¡No, no, Lázaro; ésa no es la verdad!

—La mía, sí.

—La tuya, ¿pero y la de...?

—También la de él.

—¡Ahora, no, Lázaro; ahora, no! Ahora cree otra cosa, ahora cree...

—Mira, Angela, una de las veces en que al decirme Don Manuel que hay cosas que aunque se las diga uno a sí mismo debe callárselas a los demás, le repliqué que me decía eso por decírselas a él, esas mismas, a sí mismo, acabó confesándome que creía que más de uno de los más grandes santos, acaso el mayor, había muerto sin creer en la otra vida.

—¿Es posible?

—¡Y tan posible! Y ahora, hermana, cuida que no sospechen siquiera aquí en el pueblo, nuestro secreto...

—¿Sospecharlo? —le dije—. Si intentase, por locura, explicárselo, no lo entenderían. El pueblo no entiende de palabras; el pueblo no ha entendido más que vuestras obras. Querer exponerles eso sería como leer a unos niños de ocho años unas páginas de Santo Tomás de Aquino... en latín.

—Bueno, pues cuando yo me vaya, reza por mí y por él y por todos.

Y por fin le llegó también su hora. Una enfermedad que iba minando[149] su robusta naturaleza pareció exacerbársele[150] con la muerte de Don Manuel.

—No siento tanto tener que morir —me decía en sus últimos días—, como que conmigo se muere otro pedazo del alma de Don Manuel. Pero lo demás de él vivirá contigo. Hasta que un día hasta los muertos nos moriremos del todo.

Cuando se hallaba agonizando entraron, como se acostumbra en nuestras aldeas, los del pueblo a verle agonizar, y encomendaban su alma a Don Manuel, a San Manuel Bueno, el mártir. Mi hermano no les dijo nada, no tenía ya nada que decirles; les dejaba dicho todo, todo lo que queda dicho. Era otra laña[151] más entre las dos Valverdes de Lucerna, la del fondo del lago y la que en su sobrehaz se mira; era ya uno de nuestros muertos de vida, uno también, a su modo, de nuestros santos.

Quedé más que desolada,[152] pero en mi pueblo, y con mi pueblo. Y ahora, al haber perdido a mi San Manuel, al padre de mi alma, y a mi Lázaro, mi hermano aún más que carnal, espiritual, ahora es cuando doy cuenta de que he envejecido y de cómo he envejecido. Pero ¿es que

[148] *shielded*
[149] destruyendo poco a poco
[150] *flare up*
[151] *clamp*
[152] triste

los he perdido?, ¿es que he envejecido?, ¿es que me acerco a mi muerte?

[153] *fathomable*
[154] ayude

¡Hay que vivir! Y él me enseñó a vivir, él nos enseñó a vivir, a sentir la vida, a sentir el sentido de la vida, a sumergirnos en el alma de la montaña, en el alma del lago, en el alma del pueblo de la aldea, a perdernos en ellas para quedar en ellas. El me enseñó con su vida a perderme en la vida del pueblo de mi aldea, y no sentía yo más pasar las horas, y los días y los años, que no sentía pasar el agua del lago. Me parecía como si mi vida hubiese de ser siempre igual. No me sentía envejecer. No vivía yo ya en mí, sino que vivía en mi pueblo y mi pueblo vivía en mí. Yo quería decir lo que ellos, los míos, me decían sin querer. Salía a la calle, que era la carretera, y como conocía a todos, vivía en ellos y me olvidaba de mí, mientras que en Madrid, donde estuve alguna vez con mi hermano, como a nadie conocía, sentíame en terrible soledad y torturada por tantos desconocidos.

Y ahora, al escribir esta memoria, esta confesión íntima de mi experiencia de la santidad ajena, creo que Don Manuel Bueno, que mi San Manuel, y que mi hermano Lázaro se murieron creyendo no creer lo que más nos interesa, pero sin creer creerlo, creyéndolo en una desolación activa y resignada.[v]

Pero ¿por qué —me he preguntado muchas veces— no trató Don Manuel de convertir a mi hermano también con un engaño, con una mentira, fingiéndose creyente sin serlo? Y he comprendido que fue porque comprendió que no le engañaría, que para con él no le serviría el engaño, que sólo con la verdad, con su verdad, le convertiría; que no habría conseguido nada si hubiese pretendido representar para con él una comedia —tragedia más bien—, la que representaba para salvar al pueblo. Y así le ganó, en efecto, para su piadoso fraude; así le ganó con la verdad de muerte a la razón de vida. Y así me ganó a mí, que nunca dejé trasparentar a los otros su divino, su santísimo juego. Y es que creía y creo que Dios Nuestro Señor, por no sé qué sagrados y no escudriñaderos[153] designios, les hizo creerse incrédulos. Y que acaso en el acabamiento de su tránsito se les cayó la venda. ¿Y yo, creo?

Y al escribir esto ahora, aquí, en mi vieja casa materna, a mis más que cincuenta años, cuando empiezan a blanquear con mi cabeza mis recuerdos, está nevando, nevando sobre el lago, nevando sobre la montaña, nevando sobre las memorias de mi padre, el forastero; de mi madre, de mi hermano Lázaro, de mi pueblo, de mi San Manuel, y también sobre la memoria del pobre Blasillo, de mi San Blasillo, y que él me ampare[154] desde el cielo. Y esta nieve borra esquinas y borra sombras, pues hasta de noche la nieve alumbra. Y yo no sé lo que es verdad y lo que es mentira, ni lo que vi y lo que soñé —o mejor lo que soñé y lo que sólo vi—, ni lo que

---

[v] Lo que hace Angela aquí es presentar una perspectiva sobre la lucha eterna entre la fe y la razón; paradójicamente, se utiliza la razón para mostrar la superioridad de la fe. Este tipo de racionalización espiritual forma la base de la obra filosófica más conocida de Unamuno, *Del sentimiento trágico de la vida*. Véase, por ejemplo, el siguiente trozo de esa obra: «Creer en Dios es anhelar que le haya y es además conducirse como si le hubiera; es vivir de ese anhelo y hacer de él nuestro íntimo resorte de acción. De este anhelo o hambre de divinidad surge la esperanza; de ésta, la fe, y de la fe y la esperanza, la caridad; de ese anhelo arrancan los sentimientos de belleza, de finalidad, de bondad.» (Capítulo 8)

155 invadida
156 *prosecuting attorney*

supe ni lo que creí. Ni sé si estoy traspasando a este papel, tan blanco como la nieve, mi conciencia que en él se ha de quedar, quedándome yo sin ella. ¿Para qué tenerla ya...?

¿Es que sé algo?, ¿es que creo algo? ¿Es que esto que estoy aquí contando ha pasado y ha pasado tal y como lo cuento? Es que pueden pasar estas cosas? ¿Es que todo esto es más que un sueño soñado dentro de otro sueño? ¿Seré yo, Angela Carballino, hoy cincuentona, la única persona que en esta aldea se ve acometida[155] de estos pensamientos extraños para los demás? ¿Y éstos, los otros, los que me rodean, creen? ¿Qué es eso de creer? Por lo menos, viven. Y ahora creen en San Manuel Bueno, mártir, que sin esperar inmortalidad les mantuvo en la esperanza de ella.

Parece que el ilustrísimo señor obispo, el que ha promovido el proceso de beatificación de nuestro santo de Valverde de Lucerna, se propone escribir su vida, una especie de manual del perfecto párroco, y recoje para ello toda clase de noticias. A mí me las ha pedido con insistencia, ha tenido entrevistas conmigo, le he dado toda clase de datos, pero me he callado siempre el secreto trágico de Don Manuel y de mi hermano. Y es curioso que él no lo haya sospechado. Y confío en que no llegue a su conocimiento todo lo que en esta memoria dejo consignado. Les temo a las autoridades de la tierra, a las autoridades temporales aunque sean las de la Iglesia.

Pero aquí queda esto, y sea de su suerte lo que fuere.

¿Cómo vino a parar a mis manos este documento, esta memoria de Angela Carballino? He aquí algo, lector, algo que debo guardar en secreto. Te la doy tal y como a mí ha llegado, sin más que corregir pocas, muy pocas particularidades de redacción. ¿Que se parece mucho a otras cosas que yo he escrito? Esto nada prueba contra su objetividad, su originalidad. ¿Y sé yo, además, si no he creado fuera de mí seres reales y efectivos, de *alma inmortalidad*? ¿Sé yo si aquel Augusto Pérez,[w] el de mi novela *Niebla*, no tenía razón al pretender ser más real, más objetivo que yo mismo, que creía haberle inventado? De la realidad de este San Manuel Bueno, mártir, tal como me le ha revelado su discípula e hija espiritual Angela Carballino, de esta realidad no se me ocurre dudar. Creo en ella más que creía el mismo santo; creo en ella más que creo en mi propia realidad.

Y ahora, antes de cerrar este epílogo, quiero recordarte, lector paciente, el versillo noveno de la Epístola del olvidado apóstol San Judas —¡lo que hace un nombre!—, donde se nos dice cómo mi celestial patrono, San Miguel Arcángel —Miguel quiere decir «¿Quién como Dios?», y arcángel archimensajero—, disputó con el Diablo —Diablo quiere decir acusador, fiscal[156]—, por el cuerpo de Moisés y no toleró que se lo llevase en juicio de maldición, sino que le dijo al Diablo: «El Señor te reprenda». Y el que quiera entender, que entienda.

---

[w] Augusto Pérez, protagonista de *Niebla*, sufre una crisis de identidad parecida a la de Unamuno mismo, paradójicamente convertido éste en personaje de su propia novela y obligado a defenderse del personaje creado por él mismo.

Quiero también, ya que Angela Carballino mezcló a su relato sus propios sentimientos, ni sé que otra cosa quepa,[157] comentar yo aquí lo que ella dejó dicho de que si Don Manuel y su discípulo Lázaro hubiesen confesado al pueblo su estado de creencia, éste, el pueblo, no les habría entendido. Ni les habría creído, añado yo. Habrían creído a sus obras y no a sus palabras, porque las palabras no sirven para apoyar las obras, sino que las obras se bastan. Y para un pueblo como el de Valverde de Lucerna no hay más confesión que la conducta. Ni sabe el pueblo qué cosa es fe, ni acaso le importa mucho.

Bien sé que en lo que se cuenta en este relato, si se quiere novelesco —y la novela es la más íntima historia, la más verdadera, por lo que no me explico que haya quien se indigne de que se llame novela al Evangelio, lo que es elevarle, en realidad, sobre un cronicón cualquiera—, bien sé que en lo que se cuenta en este relato no pasa nada; mas espero que sea porque en ello todo se queda, como se quedan los lagos y las montañas, y las santas almas sencillas asentadas más allá de la fe y de la desesperación, que en ellos, en los lagos y las montañas, fuera de la historia, en divina novela, se cobijaron.[158]

[157] (inf. **caber**) to be room for
[158] se refugiaron

Cuestionario

1. ¿Cómo se caracteriza Angela Carballino a sí misma?
2. Según Angela, ¿cuál es el poder que ejerce Don Manuel sobre los del pueblo?
3. ¿Qué simbolizan el lago y la montaña de Valverde de Lucerna?
4. ¿Quién es Blasillo?
5. ¿Cuál es el valor simbólico de la escena del Viernes Santo?
6. ¿Cuál es la primera señal del secreto de Don Manuel?
7. ¿Qué quiere Don Manuel para la gente del pueblo?
8. ¿Por qué no había entrado Don Manuel en un claustro?
9. Al volver Lázaro de América, ¿cómo reacciona frente a la influencia que tiene Don Manuel en la aldea?
10. ¿Cómo se presenta la primera comunión de Lázaro?
11. Según Lázaro (después de convertirse en amigo íntimo del cura), ¿cuál es el móvil de Don Manuel?
12. Según Don Manuel, ¿cuál es la religión verdadera?
13. ¿Qué representa Angela para Don Manuel?
14. ¿Cuál es la «tentación mayor» de Don Manuel?
15. ¿Qué aspecto simbólico tiene la escena de la muerte de Don Manuel?
16. ¿Cuál es la base de la analogía entre Don Manuel y Moisés?
17. ¿Cómo reacciona el pueblo ante la muerte de Don Manuel?
18. Según Lázaro, ¿cuáles son los dos tipos de hombres peligrosos?
19. ¿Cuál es el consejo que le da Lázaro al nuevo cura?
20. ¿Cuál es el juicio que hace Angela sobre la incredulidad de Don Manuel y de Lázaro?

Identificaciones

1. Renada
2. «un nogal matriarcal»
3. «¡Dios mío, Dios mío!, ¿por qué me has abandonado?»
4. la Simona
5. *La vida es sueño*
6. Augusto Pérez

Temas

1. La importancia de Angela como narradora
2. La función de las historias intercaladas (de la hija de la tía Rabona, del payaso, del reo, etcétera) en *San Manuel Bueno, mártir*
3. La función simbólica de los nombres
4. La presentación de una crisis religiosa
5. El manuscrito de Angela y la intervención del novelista al final: la estructura de *San Manuel Bueno, mártir*
6. Hacia una aproximación biográfica a *San Manuel Bueno, mártir:* al consultarse una biografía de Miguel de Unamuno, se puede buscar una relación entre la crisis religiosa de San Manuel y la de Unamuno mismo

La Poesía

Introducción a la poesía

I. La poesía

Hasta ahora, nadie ha podido dar una definición acertada de la poesía. ¿Qué es lo que hace que un escrito sea poesía y no prosa? Desafortunadamente no hay una respuesta satisfactoria para esta pregunta. Aristóteles (384–322 a.C.) explicaba la poesía como la *imitación de la naturaleza (mimesis)*; Platón (427?–347 a.C.) la fundaba en el *entusiasmo;* el Marqués de Santillana (1398–1458) decía que es «fingimiento de cosas útiles, cubiertas o veladas con muy fermosa cobertura». Otros autores identifican la poesía con elementos tales como ideas e imágenes bellas, sentimientos profundos, etcétera; pero en la prosa también aparecen esos elementos, tal como se vio en la prosa poética del cuento *La muñeca negra* (p. 35). Frente a este tipo de prosa poética existe una poesía que en vez de cantar narra, que parece prosa y por eso se llama *poesía narrativa.* Un buen ejemplo de ésta sería el poema «El momento más grave de la vida» del peruano César Vallejo (p. 154).

¿Dónde estará, entonces, la diferencia entre la prosa y la poesía? Se podría decir que lo que establece la diferencia es el *ritmo.* Cuando se cuenta algo, se puede añadir a lo que se cuenta un ritmo musical y entonces surge el *verso* como contrario de la *prosa.*

Ningún tema es en sí mismo poético, porque lo que hace que un texto sea prosa o poesía no tiene nada que ver con el tema que se transmite sino con el modo de transmitirlo, es decir, con el arte que utiliza el poeta para transmitirlo. Por lo contrario, se podría decir que cualquier tema puede ser objeto de un poema, incluso la misma definición de poesía se ha convertido en tema poético, tal como se puede comprobar al leer el poema del chileno Vicente Huidobro, «Arte poética» que figura en la sección antológica (p. 155).

La poesía, del griego *poiesis* [ποίησις] que significa *creación, fabricación, construcción,* es la expresión artística de la belleza por medio de la palabra sometida a un cierto ritmo y a una cierta medida; esto quiere decir que la poesía da al lenguaje musicalidad, sonoridad y armonía.

Platón y Aristóteles señalaron tres clases de poesía: poesía *lírica,* poesía *épica* y poesía *dramática.* La poesía lírica es *subjetiva* y, generalmente, el poeta la utiliza para comunicar al lector sus sentimientos. La poesía épica es más *objetiva* ya que el poeta es una especie de narrador que cuenta hechos o hazañas; estas composiciones poéticas, cuando expresan grandes valores nacionales o universales, reciben el nombre de *epopeyas* o poemas épicos (p. 17). La poesía dramática es *subjetivo-objetiva* ya que, aunque se cuenten sentimientos íntimos, el poeta desaparece detrás de los personajes que representan el drama. En este capítulo se tratará de la poesía lírica y épica, dejando la poesía dramática para ser estudiada en el capítulo correspondiente al drama.

Es interesante notar que en la poesía, a fin de dar al lenguaje esa musicalidad de que antes se habló, las palabras se combinan siguiendo las reglas de la *Poética* (conjunto de normas relacionadas con la poesía) y forman unas estructuras fijas denominadas *estrofas* [*stanzas*]; las estrofas, a su vez, están formadas por *versos* (generalmente cada línea es un verso); el verso es la unidad de la versificación y cada verso tiene su medida particular o *metro*.

Por consiguiente, llamaremos versificación al estudio del *verso;* y verso, siguiendo a Wolfgang Kayser en *Interpretación y análisis de la obra literaria* (1961), a la articulación de un grupo de unidades menores (sílabas) en una unidad ordenada. Esto quiere decir que esa unidad superior, a la que se llama *verso*, exige un orden que en español consiste en un *número determinado de sílabas* y en un cierto *ritmo*.

Antiguamente en las lenguas clásicas, latín y griego, el verso no se estructuraba como los versos en español y en otras lenguas románicas, sino que su versificación se fundaba en unidades de tiempo, es decir, en la medida del tiempo necesario para recitar los versos, clasificando con exactitud las sílabas en largas y breves. En chino, lo importante para la estructuración del verso es el timbre de la voz (*pitch*). En alemán, lo que se considera es el peso de las sílabas y se mide por el grado de acentuación. La poesía inglesa, basada también en la acentuación, tiene como unidad básica para medir el verso el *pie*, en lugar de la sílaba; generalmente un pie consiste de dos o tres sílabas una de las cuales es tónica (*stressed*). El siguiente ejemplo tendría cinco pies:

> Shall I | compáre | thee to | a sum | mer's day?
> (Shakespeare, «Sonnet XVIII»)

II.   *Elementos de la versificación española*

Al examinar un poema en español se nota que los elementos más importantes de la versificación son dos: el *cómputo silábico* (número de sílabas) y el *ritmo* (la colocación del acento). Además hay otros elementos que también serán estudiados, tales como la *rima*, la *pausa*, el *encabalgamiento* y la *estrofa*.

Cómputo silábico:
Fenómenos que afectan el metro de un verso

Clasificación de los versos

Al contar las sílabas de un verso, lo primero que hay que tener en cuenta es que no es lo mismo contar sílabas *comunes* o gramaticales que contar sílabas *poéticas*, ya que existen diversos fenómenos que afectan el cómputo silábico. En primer lugar hay que saber que en español cada verso puede ser de tres clases: verso *llano* (o *paroxítono*), verso *agudo* (u *oxítono*) y verso *esdrújulo* (o *proparoxítono*).

Para determinar cuando un verso es llano, agudo o esdrújulo hay que considerar si el verso termina en palabra llana, aguda o esdrújula. A este respecto, se debe recordar que una palabra es llana cuando lleva la fuerza de la voz en la penúltima sílaba: *ca*sa, ven*ta*na, etcétera; es aguda cuando dicha fuerza cae en la última sílaba: cora*zón*, ciu*dad*, doc*tor*, etcétera; y es esdrújula cuando la fuerza de la voz recae en la antepenúltima sílaba: *pú*blico, *pá*jaro, etcétera.

1. *Verso llano.* El verso llano se toma como norma para el cómputo de sílabas del verso porque la lengua española es fundamentalmente paroxítona; es decir, lo que más abunda son las palabras llanas. Cuando un verso es llano o paroxítono el número de sílabas gramaticales o comunes y el número de sílabas poéticas será el mismo. Por ejemplo, en el verso siguiente hay catorce sílabas comunes y catorce sílabas poéticas:

   1 2 3 4 5 6 7 8 9 10 11 12 13 14
   ¡Po-bre-ci-ta prin-ce-sa de los o-jos a-zu-les!

No sucede lo mismo cuando el verso es agudo o esdrújulo.

2. *Verso agudo.* Al contar las sílabas de un verso agudo, se añade una sílaba al número de sílabas gramaticales o comunes. La razón es que la palabra aguda, por tener el acento en la última sílaba, suena con mayor intensidad y requiere más espacio de tiempo; por eso se cuenta una sílaba más.

	1 2 3 4 5 6 7 8 9	
(verso llano)	Ju-ven-tud di-vi-no te-so-ro	= 9
	1 2 3 4 5 6 7 8	
(verso agudo)	¡ya te vas pa-ra no vol-ver! (8 + 1)	= 9

3. *Verso esdrújulo.* Si el verso es esdrújulo, se cuenta una sílaba menos porque al poner la fuerza de la voz en la antepenúltima sílaba se pronuncia más rápidamente; por esa razón se suprime una sílaba.

	1 2 3 4 5 6 7 8 9 10 11 12	
(verso llano)	Mi-rad có-mo los ga-jos de las mag-no-lias	= 12
	1 2 3 4 5 6 7 8 9 10 11 12 13	
(verso esdrújulo)	a-gi-tan dul-ce-men-te las bri-sas cá-li-das (13–1)	= 12

La sinalefa

Otro fenómeno que afecta al cómputo silábico es la *sinalefa*. La sinalefa no es un fenómeno exclusivamente poético. Se observa fácilmente en el lenguaje hablado; no se dice, por ejemplo:

```
                 1   2   3  4  5  6
                ¿Có-mo-es-tá-us-ted?
sino:
                 1      2     3    4
                ¿Có-mo es-tá us-ted?
```

En el ejemplo hay seis sílabas según la división gramatical, pero sólo cuatro sílabas fonológicas (la sílaba fonológica es la unidad de pronunciación de una lengua). Lo mismo ocurre en la poesía; cuando una palabra termina en vocal y la siguiente empieza también con una vocal se cuenta una sola sílaba. A veces, esta unión, a la que se ha llamado *sinalefa,* puede reunir más de dos vocales.

```
                 1      2    3   4
                Vol-vió a Eu-ro-pa
```

He aquí otro buen ejemplo de sinalefa:

```
  1     2    3    4    5  6   7  8 9 10 11
 Mien-tras por com-pe-tir con tu ca-be-llo

 1 2  3   4     5    6 7  8      9    10 11
 o-ro-bru-ñi-do al sol re-lum-bra en va-no,

  1     2    3    4    5    6     7    8     9    10 11
 mien-tras con me-nos-pre-cio en me-dio el lla-no

 1 2  3    4     5    6    7   8 9 10 11
 mi-ra- tu blan-ca fren-te el li-rio be-llo.
```

Otros fenómenos que afectan el cómputo silábico: Licencias poéticas

A veces, el poeta, a fin de conservar el número de sílabas del verso, no sigue las normas establecidas del lenguaje; esto es lo que se entiende por licencia poética o licencia métrica. Así por ejemplo, en el primer verso de su «Soneto XI» (p. 123), el poeta Garcilaso de la Vega hizo uso de una licencia poética ya que dicho verso tiene doce sílabas gramaticales, pero el poeta, apartándose de la norma del lenguaje que establece que la palabra *río* tiene dos sílabas, *rí-o,* las redujo a una sola sílaba poética.

Her-mo-sas nin-fas que, en el río me-ti-das

Respecto a las licencias poéticas hay que considerar tres clases de fenómenos: (1) *sinéresis,* (2) *diéresis* y (3) *hiato.*

1. *Sinéresis.* Es el fenómeno que se produce cuando en el interior de una palabra se unen dos vocales que generalmente no forman diptongo: poe-ta, leal-tad.

2. *Diéresis.* Es el fenómeno contrario de la sinéresis porque consiste en separar dos vocales que generalmente forman diptongo: sü-a-ve, rü-i-do.

93

3. *Hiato.* Es el fenómeno contrario a la sinalefa porque consiste en pronunciar separadamente dos vocales que, aunque perteneciendo a palabras diferentes, deberían pronunciarse juntas por sinalefa: *mú-si-cas de a-las.* Normalmente en este ejemplo habría cinco sílabas poéticas, debido a la sinalefa de las palabras *de alas;* sin embargo el poeta se vale del *hiato* para obtener las seis sílabas que el ritmo de su verso necesita.

Ritmo

Como ya se ha dicho, el verso es la unidad más pequeña de la estructura del poema. Su ritmo se determina por la distribución de los acentos principales que son: 1) *acento estrófico,* 2) *acento rítmico* y 3) *acento extrarrítmico.*

1. *Acento estrófico.* Este es el acento más importante y corresponde siempre a la penúltima sílaba del verso; es decir, que si el verso tuviera *once* sílabas, el acento estrófico estaría en la *décima* sílaba; si tuviera *nueve,* estaría en la *octava* sílaba, y así sucesivamente. Por ejemplo, en el verso

$$
\begin{array}{cccccccc}
1 & 2 & 3 & 4 & 5 & 6 & 7 & 8
\end{array}
$$
Yo soy un hom-bre sin-ce-ro

como tiene ocho sílabas, el acento estrófico está en la séptima sílaba la cual aparece subrayada.

2. *Acentos rítmicos.* Son los acentos en el interior del verso que coinciden con el acento estrófico en el sentido de que, si el acento estrófico corresponde a una sílaba impar, los acentos rítmicos estarán también en las sílabas impares; por ejemplo, en el verso anterior, como el acento estrófico está en la séptima sílaba que es impar, los acentos rítmicos estarán en las sílabas impares, es decir, en las sílabas *primera, tercera* y *quinta.* Si, por el contrario, el acento estrófico correspondiera a una sílaba par, los acentos rítmicos estarían en las sílabas pares. Por ejemplo, en un verso de once sílabas, como el acento estrófico estaría en la *décima* sílaba, la cual es sílaba par, los acentos rítmicos corresponderían a las sílabas pares: *segunda, cuarta, sexta* y *octava.*

3. *Acentos extrarrítmicos.* Son los demás acentos que no coinciden con el acento estrófico en el hecho de hallarse en las sílabas pares o impares.

III.   Clasificación de los versos según el número de sílabas

En cuanto al número de sílabas, hay versos desde dos hasta catorce sílabas inclusive. Si el verso tiene dos sílabas, se llama *bisílabo;* si tiene tres, *trisílabo;* si tiene cuatro, *tetrasílabo,* y así sucesivamente. En el Apéndice 2 hay una clasificación muy detallada de los versos en cuanto al número de sílabas así como numerosos ejemplos que facilitan la comprensión.

En español los versos más importantes son el *heptasílabo* (verso de siete sílabas), el *octosílabo* (verso de ocho sílabas), el *endecasílabo* (verso de once sílabas) y el *alejandrino* (verso de catorce sílabas).

1. *Verso heptasílabo.* El heptasílabo se emplea principalmente en combinación con el endecasílabo para formar estrofas como la *lira* y la *silva* compuestas de versos combinados de siete y de once sílabas. El ejemplo siguiente corresponde a una *lira.*

Si de mi baja lira	7
tanto pudiese el son, que en un momento	11
aplacase la ira	7
del animoso viento,	7
y la furia del mar y el movimiento.	11

    (Garcilaso de la Vega, «Canción V»)

    También se emplea el verso heptasílabo en la composición del alejandrino, el cual está formado por dos versos heptasílabos tal como se ve en el ejemplo siguiente.

La princesa está triste. | ¿Qué tendrá la princesa?	7 + 7
Los suspiros se escapan | de su boca de fresa	7 + 7
que ha perdido la risa, | que ha perdido el color	7 + 7

    (Rubén Darío, «Sonatina»)

2. *Verso octosílabo.* El octosílabo es la medida más popular; se ha utilizado para los *romances,* los *corridos mexicanos,* la *canción,* etcétera. El ejemplo siguiente corresponde a *Martín Fierro,* obra escrita también en versos octosílabos por el poeta José Hernández.

    Aquí me pongo a cantar
    al compás de la vigüela,
    que el hombre que lo desvela
    una pena extraordinaria,
    como la ave solitaria
    con el cantar se consuela.

    A continuación sigue el ejemplo de un corrido mexicano dedicado a Emiliano Zapata.

    Voy a cantar el corrido
    de la traición insensata
    en que perdió el caudillo
    don Emiliano Zapata.
    Fue en el año diecinueve
    mismo de mil novecientos
    y era en el nueve de abril
    cuando sucedió el suceso.

3. *Verso endecasílabo.* El endecasílabo es el verso más rico, flexible y armonioso. De origen italiano fue ensayado por el Marqués de Santillana y alcanzó su mayor perfección con Garcilaso de la Vega.

4. *Verso alejandrino.* El verso alejandrino fue usado en las canciones épicas medievales sobre Alejandro Magno, de ahí su nombre «alejandrino». Ya en el siglo XIII, el poeta Gonzalo de Berceo lo adoptó para expresar su poesía.

Versos de arte mayor y de arte menor

Los versos comprendidos entre dos y ocho sílabas, se llaman tradicionalmente de *arte menor* y los versos de nueve sílabas en adelante se denominan de *arte mayor.*

Muchas veces los versos de arte mayor son el resultado de la combinación de versos de arte menor. Así, por ejemplo, el poeta colombiano José Asunción Silva en el poema titulado *Nocturno* ha usado versos de veinticuatro sílabas, aunque en realidad son seis grupos de versos de cuatro sílabas escritos consecutivamente.

por los cielos | azulosos | infinitos | y profundos | esparcía | su luz blanca
     4   +   4   +   4   +   4   +   4   +   4

IV. *Otros elementos importantes de la versificación española*

Rima

Otro elemento de la versificación española es la *rima.* Aunque la poesía moderna se caracterice por la falta de rima, no se puede negar que la rima sirve para fijar con mayor precisión el ritmo.

La rima, según Antonio Quilis en su estudio *Métrica española* (1969), es la total o parcial identidad acústica entre dos o más versos, de los fonemas situados a partir de la última sílaba tónica (entendiendo por sílaba tónica la que recibe la fuerza de la voz). (*Fonema* es la más pequeña unidad fonológica de una lengua; en inglés las palabras *pin* y *bin* se diferencian en un solo fonema; en español las palabras *cara* y *cada* también se diferencian en un solo fonema.) La rima puede ser *consonante* o *asonante.*

1. *Rima consonante.* Hay rima consonante cuando existe identidad fonética, o sea, igualdad de todos los sonidos, vocálicos y consonánticos, entre dos o más versos, a partir de la última sílaba tónica.

Yo no sé si eres muerte o eres vida,   A
si toco rosa en ti, si toco estrella,   B
si llamo a Dios o a ti cuando te llamo.   C

Junco en el agua o sorda piedra her<u>ida</u>	A
sólo sé que la tarde es ancha y b<u>ella</u>,	B
sólo sé que soy hombre y que te <u>amo</u>.	C

  (Dámaso Alonso, «Ciencia de amor»)

¡Ya viene el cort<u>ejo</u>!	a
¡Ya viene el cortejo! Ya se oyen los claros clar<u>ines</u>.	B
La espada se anuncia con vivo refl<u>ejo</u>;	A
ya viene, oro y hierro, el cortejo de los palad<u>ines</u>.	B

        (Rubén Darío, «Marcha triunfal»)

Allí la pobre cay<u>ó</u>	a
de rodillas sobre el su<u>elo</u>,	b
alzó los ojos al ci<u>elo</u>	b
y cuatro credos rez<u>ó</u>.	a

  (Estanislao del Campo,
      Fausto)

Para marcar la rima se usan las letras mayúsculas y minúsculas del alfabeto. Las mayúsculas representan versos de arte mayor y las minúsculas de arte menor; ø significa que el verso es blanco, es decir, sin rima. Así en los versos del primer ejemplo, se ha marcado la terminación *-ida* con una A, la terminación *-ella* con una B y la terminación *-amo* con una C, dando como resultado el esquema ABC, ABC. En el segundo ejemplo, los versos primero y tercero tienen la misma rima, pero el primero ha sido marcado con una *a* minúscula porque por tratarse de un verso de seis sílabas es de arte menor. En el tercer ejemplo el esquema de la rima aparece con letras minúsculas porque se trata de versos octosílabos, o sea de arte menor.

2. *Rima asonante*. Existe rima asonante cuando la identidad fonética ocurre solamente en las vocales, específicamente a partir de la última vocal tónica.

1er ejemplo: La más bella niña
        de nuestro lug<u>a</u>r,
        hoy viuda y sola
        y ayer por cas<u>a</u>r,
        viendo que sus ojos
        a la guerra v<u>a</u>n
        a su madre dice
        que escucha su m<u>a</u>l:
        dejadme llorar
        orillas del m<u>a</u>r.

  (Luis de Góngora, «Romancillo»)

En este ejemplo, el poeta ha empleado la rima asonante en <u>a</u> en los versos pares y en los dos últimos que forman estribillo [*refrain*]. Los versos impares no tienen rima; este tipo de verso se llama *verso suelto o blanco* (*blank verse* en la poética inglesa). No se debe confundir el verso blanco con el verso libre; el verso libre no solamente no tiene rima sino que también carece de medida precisa, de ahí su nombre de *verso libre*.

$2^{\underline{do}}$ ejemplo: La luna vino a la fragua
con su polisón de n<u>a</u>rd<u>o</u>s.
El niño la mira, mira.
El niño la está mir<u>a</u>nd<u>o</u>.
En el aire conmovido
mueve la luna sus br<u>a</u>z<u>o</u>s
y enseña, lúbrica y pura,
sus senos de duro est<u>a</u>ñ<u>o</u>.
(Federico García Lorca,
«Romance de la luna, luna»)

En este segundo ejemplo también tenemos rima asonante en los versos pares en <u>a</u>-<u>o</u>.

La observación más importante respecto a la rima asonante es que si alguna de las sílabas que la forman fuera una sílaba con diptongo, la vocal débil que forma el diptongo no se tomaría en cuenta para la rima. Así, se tiene rima asonante en medio de palabras como *lluvia* (<u>u</u>-<u>a</u>) y *tumba* (<u>u</u>-<u>a</u>).

Otras clases de rima

Según la ordenación de las rimas, éstas se clasifican en *rima abrazada*, *rima encadenada* o *cruzada*, *rima gemela* y *rima continua*.

1. *Rima abrazada.* Sucede cuando el esquema de la rima es del tipo abba, cddc, ... , o ABBA, CDDC, ... , etc.

Hombres necios que acusáis	a
a la mujer sin razón,	b
sin ver que sois la ocasión	b
de lo mismo que culpáis.	a
(Sor Juana Inés de la Cruz, «Redondillas»)	

2. *Rima encadenada o cruzada.* Se produce esta rima cuando el orden es del tipo abab..., cdcd..., o ABAB..., CDCD..., etc.

Dichoso el árbol, que es apenas sensitivo,	A
y más la piedra dura porque ésa ya no siente,	B
pues no hay dolor más grande que el dolor de ser vivo	A
ni mayor pesadumbre que la vida consciente.	B
(Rubén Darío, «Lo fatal»)	

3. *Rima gemela.* Ocurre este tipo de rima cuando el esquema es del tipo aa, bb, cc, dd, ... , o AA, BB, CC, DD, ... , es decir, una serie de pareados o estrofa de dos versos.

¡Por qué tú te rebelas! ¡Por qué tu ánimo agitas!	A
¡Tonto! ¡Si comprendieras las dichas infinitas	A
de plegarse a los fines del Señor que nos rige!	B
¿Qué quieres? ¿Por qué sufres? ¿qué sueñas? ¿qué te aflige?	B
¡Imaginaciones que se extinguen en cuanto	C
aparecen... En cambio, yo canto, canto, canto!	C

Canto, mientras tú penas, la voluntad ignota;   D
canto, cuando soy chorro; canto cuando soy gota,   D
y al ir, Proteo extraño, de mi destino en pos,   E
murmuro:—¡Que se cumpla la santa ley de Dios!   E
                    (Amado Nervo, «La hermana agua»)

4. *Rima continua.* Se produce esta rima cuando todos los versos de una
   estrofa riman entre sí; en este caso se llama *estrofa monorrima:*

Como dice Salamo y dice la verdad: A
Que las cosas del mundo todas son vanidad,   A
Todas las pasaderas vanse con la edad,   A
Salvo amor de Dios, todas son liviandad.   A
      (Arcipreste de Hita, *Libro de buen amor*)

Pausas

Anteriormente se ha mencionado la combinación de versos de arte
menor para formar versos de arte mayor. Así, por ejemplo, el verso
alejandrino (catorce sílabas) que aparece en el *Cantar de Mío Cid* es una
combinación de dos grupos de versos heptasílabos o dos *hemistiquios*
(*hemistich*)–se llama hemistiquio a la mitad de un verso–separados por
una pausa que en este caso recibe el nombre de *cesura* (*caesura* o *cut*).
Por consiguiente, se puede definir la cesura como la pausa que divide al
verso en dos hemistiquios iguales o desiguales.

Estas palabras dichas — la tienda recogida
1er hemistiquio   2do hemistiquio
(7 sílabas)   (7 sílabas)

Para el cómputo silábico del verso, cada hemistiquio es una unidad
independiente: no admite sinalefa y hay que tener en cuenta si el verso es
agudo, llano o esdrújulo.

Las pausas son importantes y todavía hay otros dos tipos que deben
ser considerados: la *pausa estrófica* y la *pausa versal.* Llamamos pausa
estrófica a la que tiene lugar al final de cada estrofa. Es pausa *versal* la
que se produce al final de cada verso; ambas son indispensables.

Encabalgamiento

Es interesante notar que a veces existe un desequilibrio entre la pausa
versal y la sintaxis del verso, es decir, la pausa versal se reduce al mínimo
porque la oración que comenzó en un verso continúa en el verso siguiente; este fenómeno recibe el nombre de *encabalgamiento* (*enjambment*) ya que el sentido del verso cabalga sobre el verso siguiente.

Cerrar podrá mis ojos la postrera
sombra, que me llevare el blanco día.
      (Francisco de Quevedo, *Sonetos*)

Rodado por las ruedas
de los relojes.
   (Leopoldo Lugones,
«La blanca soledad»)

La estrofa

De la misma manera que antes se dijo que las palabras se ordenan en una unidad superior que se denomina *verso*, ahora se puede decir que los versos se ordenan en unidades superiores denominadas *estrofas*. La estrofa es, pues, una unidad estructural mayor que el verso y menor que el poema. Generalmente cada estrofa se compone de dos o más versos que forman cualquiera de las partes o divisiones de una composición poética.

Tipos de estrofa

Los principales tipos de estrofa, teniendo en cuenta el número de versos, son los siguientes:

DOS VERSOS:

Pareado: AA; aa; aA; Aa.

Si al comienzo no muestras quién eres	A
no podrás después cuando quisieres.	A
(Don Juan Manuel, *El conde Lucanor*)	

TRES VERSOS:

Terceto: AØA

Y en este titubeo de aliento y agonía,	A
cargo lleno de penas lo que apenas soporto.	Ø
¿No oyes caer las gotas de mi melancolía?	A
(Rubén Darío, «Melancolía»)	

Terceto encadenado: ABA BCB CDC...

No he de callar, por más que con el dedo,	A
ya tocando la boca y ya la frente,	B
silencio avises o amenaces miedo.	A
¿No ha de haber un espíritu valiente?	B
¿Siempre se ha de sentir lo que se dice?	C
¿Nunca se ha de decir lo que se siente?	B
(Francisco de Quevedo,	
«Epístola censoria»)	

CUATRO VERSOS:

Cuarteto o copla de arte mayor: ABBA

Vuelve hacia atrás la vista, caminante,	A
verás lo que te queda de camino;	B
desde el oriente de tu cuna, el sino	B
ilumina tu marcha hacia adelante.	A
(Miguel de Unamuno,	
«De Fuerteventura a París»)	

Serventesio: ABAB

Mi infancia son recuerdos de un patio de Sevilla,   A
y un huerto claro donde madura el limonero;   B
mi juventud, veinte años en tierras de Castilla;   A
mi historia, algunos casos que recordar no quiero.   B
          (Antonio Machado, *Campos de Castilla*)

Redondilla o copla de arte menor: abba

Cultivo una rosa blanca   a
en julio como en enero,   b
para el amigo sincero   b
que me da su mano franca.   a
          (José Martí,
          Versos sencillos)

Cuarteta: abab

En el corazón tenía   a
la espina de una pasión,   b
logré arrancármela un día: a
ya no siento el corazón.   b
          (Antonio Machado,
          Soledades)

CINCO VERSOS:

Lira: aBabB (combinación de versos heptasílabos y endecasílabos)

¡Qué descansada vida   a
la del que huye del mundanal ruido   B
y sigue la escondida   a
senda, por donde han ido   b
los pocos sabios que en el mundo han sido!   B
          (Fray Luis de León, «Vida retirada»)

OCHO VERSOS:

Octava real: ABABABCC

La furia del herirse y golpearse,   A
andaba igual, y en duda la fortuna,   B
sin muestra ni señal de declararse   A
mínima de ventaja en parte alguna: B
ya parecían aquéllos mejorarse;   A
ya ganaban aquéstos la laguna;   B
y la sangre de todos derramada   C
tornaba la agua turbia, colorada.   C
      (Alonso de Ercilla, *La Araucana*)

V. El poema

El poema es una unidad estructural superior a la estrofa. Un poema puede estar constituido por una o por varias estrofas. Hay *poemas estróficos* o divididos en estrofas y *poemas no estróficos*.

Poemas estróficos

Los poemas estróficos más importantes son el *soneto* y la *letrilla*.

1. *El soneto.* Es una combinación de catorce versos los cuales están estructurados en dos cuartetos seguidos por dos tercetos. El esquema de la rima más general es ABBA, ABBA, CDC, DCD, aunque son posibles otros esquemas. El ejemplo de *soneto* que a continuación se da sirve para recordar la estructura del soneto mismo; su autor es Lope de Vega:

Un soneto me manda hacer Violante,	A
que en mi vida me he visto en tanto aprieto;[1]	B
catorce versos dicen que es soneto,	B
burla burlando van los tres delante.	A
Yo pensé que no hallara consonante	A
y estoy a la mitad de otro cuarteto,	B
mas si me veo en el primer terceto,	B
no hay cosa en los cuartetos que me espante.[2]	A
Por el primer terceto voy entrando,	C
y parece que entré con pie derecho	D
pues fin con este verso le voy dando.	C
Ya estoy en el segundo y aun sospecho	D
que voy los trece versos acabando:	C
contad si son catorce y está hecho.	D

[1] dificultad
[2] dé miedo

Es muy común encontrar en la poesía hispanoamericana sonetos formados con serventesios ABAB, ABAB.

Como viejos curacas[1] van los bueyes[2]
camino de Trujillo, meditando...
Y al hierro de la tarde, fingen reyes
que por muertos dominios van llorando.

En el muro de pie, pienso en las leyes
que la dicha y la angustia van trocando:
ya en las viudas pupilas de los bueyes
se pudren sueños que no tienen cuándo.

La aldea, ante su paso, se reviste
de un rudo gris, en que un mugir[3] de vaca
se aceita en sueño y emoción de huaca.[4]

[1] jefe de un conglomerado de indios del imperio inca
[2] oxen
[3] sonido que producen las vacas
[4] tesoro enterrado

2. ¿Hay ejemplos de versos a) heptasílabos, b) octosílabos, c) endecasílabos o d) alejandrinos?
3. ¿Qué poemas son ejemplos de arte mayor y cuáles de arte menor?
4. ¿Qué tipo de rima se emplea en cada poema?
5. ¿Cuáles son poemas estróficos? En los poemas estróficos, ¿qué tipo
   de estrofa se emplea?
6. ¿Qué forma poética tiene la obra de Quevedo? ¿Qué elemento extraordinario se ve en ese poema?

a. «El que espera desespera»,
dice la voz popular,
¡Qué verdad tan verdadera!

   La verdad es lo que es,
y sigue siendo verdad
aunque se piense al revés.
          (Antonio Machado,
    Campos de Castilla, «XXX»)

b. Bueno es saber que los vasos
nos sirven para beber;
lo malo es que no sabemos
para qué sirve la sed.
          (Antonio Machado,
    Campos de Castilla, «XLI»)

c.   CANSANCIO
  Está cansada ya de gritar mi laringe,[1]
interrogando a cada mundo del firmamento;
está cansado ya mi pobre pensamiento
de proponer enigmas a la inmutable Esfinge[2]...

    ¡A qué pensar, a qué lanzar nuestro reproche
a lo desconocido!
         ¡Comamos y bebamos!
¡Quizás es preferible que nunca comprendamos
el enorme secreto que palpita en la noche!
        (Amado Nervo, *Serenidad*)

[1] *larynx*
[2] *Sphynx*

d. CELEBRA A UNA DAMA POETA,
    LLAMADA ANTONIA
  Antes alegre andaba; agora apenas
alcanzo alivio, ardiendo aprisionado;
armas a Antandra aumento acobardado;
aire abrazo, agua aprieto, aplico arenas.

    Al áspid adormido, a las amenas
ascuas acerco atrevimiento alado;
alabanzas acuerdo al aclamado
aspecto, a quien admira antigua Atenas.

    Agora, amenazándome atrevido,
Amor aprieta aprisa arcos, aljaba;
aguardo al arrogante agradecido.

Apunta airado; al fin, amando, acaba
aqueste amante el árbol alto asido,
adonde alegre, ardiendo, antes amaba.
(Francisco de Quevedo,
El Parnaso Español)

Panorama histórico y categorías fundamentales

No se puede afirmar cuándo nació la poesía. Su origen ha de estar en lo más remoto de la historia humana. Esto lo comprobaría el hecho de que ciertos pueblos que carecen de una historia *escrita*, utilizan en sus ceremonias la expresión poética y la danza para relatar los hechos memorables de la tribu—guerras, migraciones, desastres naturales, etcétera. Por lo tanto, puede decirse que la poesía nació de la exigencia innata en el ser humano de preservar su pasado.

En la historia del género narrativo se mencionó cómo por medio de la poesía—la épica—Homero y Virgilio inmortalizaron los grandes sucesos de la antigüedad (p. 17). En la Edad Media, es el juglar, especie de poeta ambulante, quien va por plazas y castillos recitando composiciones líricas y hechos guerreros acompañado de instrumentos musicales. La poesía del Medioevo tenía el mismo propósito de la épica clásica o grecorromana—exaltar las proezas de héroes nacionales—como se ve en las sagas de Escandinavia y en los cantares de gesta de Inglaterra y Alemania. Estos inspiraron los primeros poemas épicos escritos en romance—la *Chanson de Roland* (c. 1070) en Francia y el *Cantar de Mío Cid* (c. 1140) en España.

En España, originalmente, hubo dos tipos de composiciones poéticas: los poemas de fondo histórico de los juglares (mester de juglaría) y los de propósito literario que componían los clérigos (mester de clerecía). El mejor ejemplo del mester de juglaría (oficio de juglares), es el *Cantar de Mío Cid o Poema del Cid*. Este poema presenta ciertas características de la epopeya nacional española: el elogio de las hazañas y del carácter humano del héroe y la sobriedad y sencillez del lenguaje.

Gonzalo de Berceo es el primer poeta español del cual se tiene conocimiento. Su obra principal, los *Milagros de Nuestra Señora* (siglo XIII), es un ejemplo típico del mester de clerecía, obras que tienen un fin didáctico o moralizador. Sin embargo, la obra más célebre en este género es el *Libro de buen amor* (c. 1343) de Juan Ruiz, Arcipreste de Hita. obra que vacila entre el amor divino y el carnal.

En la poesía del siglo XV se ve la transformación del juglar callejero en *trovador* cortesano. Poeta de las cortes feudales, refina tanto sus composiciones hasta convertir la poesía en un género artificioso. Varios nombres ilustres pertenecen a esta tradición; entre ellos se destacan Jorge Manrique, famoso por las *Coplas por la muerte de su padre*

(c. 1476), y el de Iñigo López de Mendoza, Marqués de Santillana, conocido por sus *sonetos* al estilo italiano, es decir de versos endecasílabos.

En el siglo XV, período de transición entre la Edad Media y el Renacimiento, ocurre un fenómeno de gran importancia—el florecimiento de la lírica popular—el *romance*. A ello contribuyó la difusión del *Romancero viejo*, colección de poemas cortos y populares, posiblemente fragmentos de poemas épicos que, por ser favoritos del público, el juglar repetía. Es posible también que muchos de los romances hayan sido composiciones originales.

El poeta más famoso de la primera mitad del Renacimiento es Garcilaso de la Vega, quien cultivó y perfeccionó en lengua española el soneto endecasílabo italiano (pp. 123–124).

La poesía épica renacentista escrita en español viene de América, lo cual no es sorprendente, ya que allí hay tantas hazañas que contar y *cantar*. La poesía heroica es así la forma que da principio a la literatura hispanoamericana, según lo muestra *La Araucana* (1569–1589) del español Alonso de Ercilla y Zúniga, cuyo tema son las luchas de los indios araucos de Chile.

Otro fenómeno significativo de la poesía española del Renacimiento es la lírica religiosa representada por los místicos Santa Teresa y San Juan de la Cruz (p. 124) y por Fray Luis de León. Su obra presenta dos tendencias básicas: el ascetismo, que implica un rechazo del mundo material en favor de una vida austera, y el misticismo que lleva a la unión del alma con Dios por medio de la contemplación pura y la oración.

En el siglo XVII surgen dos corrientes que afectan de modo especial la poesía: el *culteranismo* y el *conceptismo*. Luis de Góngora, autor de las *Soledades,* es el líder de la corriente culterana (p. 127) que consiste en el refinamiento de la palabra mediante la asimilación de términos clásicos y la distorsión de la sintaxis. El conceptismo da importancia sobre todo a la agudeza y originalidad de ideas y conceptos y es más característico de la prosa que de la poesía. Sin embargo, hay obras poéticas, como las de Francisco de Quevedo (p. 130), que se distinguen por sus rasgos conceptistas.

En Hispanoamérica, la figura cumbre de la poesía lírica del Renacimiento y del Barroco es Sor Juana Inés de la Cruz. La contribución de esta monja mexicana a las letras hispanoamericanas no se limita solamente a su trabajo sobresaliente como escritora, sino también a su papel de defensora de los derechos de la mujer y de la intelectualidad.

Durante el siglo XVIII—el Siglo de las Luces o *Ilustración* (Enlightenment)—la poesía, género creativo por excelencia, sufre de modo especial a causa del espíritu racionalista y analítico de la época. Por eso, excluyendo imitaciones de obras neoclásicas francesas, lo más destacado de la poética española son las *Fábulas literarias* (1782) de Tomás de Iriarte y las *Fábulas morales* (1781–1784) de Félix María Samaniego.

Sin embargo, en esta época neoclásica, Hispanoamérica que vive el momento histórico de su pre-Independencia, produce una poesía significativa. Dos son los autores que se destacan: el ecuatoriano José

Joaquín Olmedo, quien en su *oda* «La victoria de Junín: canto a Bolívar» toma a este héroe de la Independencia como símbolo de la grandeza del hombre hispanoamericano. El otro es Andrés Bello, quien en su *silva* «A la agricultura de la zona tórrida» exhorta a sus compatriotas a abandonar las armas y a volver al cultivo de su tierra.

El anhelo de algunos románticos europeos de descubrir la naturaleza en su forma primitiva, como América la ofrecía, es sentido por el hispanoamericano mismo, dando origen al romanticismo en la América hispana. Inspirado por el francés Chateaubriand, el cubano José María de Heredia compone poemas que son un verdadero tributo a la tierra americana: «Al Niágara» y «En el Teocalli de Cholula». Ese mismo interés por el suelo y el indígena americanos se ve en dos poemas marcadamente románticos: *La cautiva* (1837) de Esteban Echeverría, y *Tabaré* (1888) del uruguayo Juan Zorrilla de San Martín. Esta última, de carácter indigenista, dramatiza el conflicto del nativo de América frente a la civilización europea. Al igual que el indio, el gaucho está idealizado en la poesía gauchesca del siglo XIX, constituyendo otra manifestación del romanticismo hispanoamericano. Las obras más valiosas del género gauchesco son los poemas narrativos *Fausto* (1886) del argentino Estanislao del Campo y la obra maestra del género, *Martín Fierro* (1872–1879), de José Hernández.

En el desarrollo de la poesía romántica hispana se destaca la cubana Gertrudis Gómez de Avellaneda, defensora, como Sor Juana, de los derechos de la mujer. Su obra oscila entre la temática nacional y la universal (p. 137).

El romanticismo en España va ligado a dos circunstancias históricas: la primera, la invasión napoleónica (1808) que trae a esta tierra el espíritu liberal europeo, el amor por el individualismo—el llamado culto al «yo». Por otra parte, a la caída de Napoleón sigue el absolutismo del rey Fernando VII, lo que hace que muchos jóvenes revolucionarios busquen refugio en el extranjero. Estos serán los liberales de mañana, que cuando vuelven del destierro, traen consigo a España la influencia ideológica y artística de los países en donde vivieron como emigrados. En cambio, junto a estos liberales, hay en la Península una clase de conservadores que rechaza las tendencias filosóficas y artísticas extranjeras. Estas dos vertientes se combinan para dar un carácter inconfundible al movimiento romántico español. Angel de Saavedra, Duque de Rivas (*Romances históricos*, 1841), se considera el primer romántico de la poesía tradicional; sin embargo, la poesía narrativa de leyendas y tradiciones históricas de José Zorrilla, es más representativa de este tipo de poesía. El poeta de mayor importancia de la vertiente liberal es José de Espronceda (p. 134), activista político cuyos versos lanzan una protesta social rompiendo con toda convención artística.

El último romántico, o *postromántico*, fue Gustavo Adolfo Bécquer. El lirismo puro de sus *Rimas* (1871), su intimidad, su lenguaje sencillo, su mundo de ensueño y fantasía, hacen de Bécquer (p. 139) el precursor de la poesía modernista.

El Modernismo, a fines del siglo XIX, fue la corriente que renovó la temática y la técnica de la poesía hispánica (p. 319). Este movimiento reaccionó contra la objetividad del Realismo (p. 320) y el Naturalismo (p. 319) y contra el excesivo sentimentalismo del Romanticismo. El resultado fue un arte depurado, ecléctico, que combinaba lo mejor de las tres corrientes estéticas francesas de la época: del Romanticismo, la intimidad y sonoridad del verso; del Parnasianismo se derivó una poesía impersonal, objetiva, «arte por el arte»; y del Simbolismo añadió los elementos de la vaguedad, del color, de la musicalidad, del ritmo y del *versolibrismo* que consiste en usar el verso libre.

La poesía modernista, con sus dos vertientes—el *cosmopolitismo* o tendencia a enfatizar lo universal y el *mundonovismo* o preferencia por los temas del Nuevo Mundo—pasa por tres fases que se pueden apreciar en la evolución artística del propio Rubén Darío, el mejor exponente del Modernismo. La primera fase puede apreciarse en su obra *Azul* (1888), en donde el poeta, siguiendo la fórmula del «arte por el arte», persigue la belleza ideal a través de la forma de sus composiciones. La plenitud del Modernismo se alcanza en la segunda fase. *Prosas profanas* (1896) muestra innovaciones lingüísticas y métricas que dan al verso nuevos ritmos. La tercera fase, de carácter local (mundonovista) y metafísico— *Cantos de vida y esperanza* (1905)—nos muestra a un Darío preocupado por el destino del hombre ante el dilema existencial (p. 143).

Preocupaciones parecidas figuran en la temática de la poesía española de la Generación del 98 (p. 317). Frente a su propia crisis espiritual, poetas como Miguel de Unamuno (*Poesías*, 1907; *Romances del destierro*, 1928) se refugian en el sentimiento religioso, familiar y en la contemplación del suelo nativo. Pero los escritores que más sintieron la influencia del Modernismo son Ramón del Valle Inclán, cuya poesía (*Aromas de leyenda*, 1907) representa una visión mítica de Galicia, y Antonio Machado (p. 148), el poeta más destacado de la generación. Su obra maestra, *Campos de Castilla* (1902), muestra que la poesía tiene una misión: eternizar el momento.

Al declinar el modernismo, la poesía sigue dos rumbos: el Postmodernismo y el Vanguardismo. La obra de Juan Ramón Jiménez (p. 150), figura cumbre de la poesía española de la segunda década del siglo XX, representa una especie de puente entre ambas corrientes: *Jardines lejanos* (1904) poesía conservadora del Postmodernismo, muestra una forma sencilla, rítmica y sensual. En cambio, la poesía revolucionaria vanguardista en *Diario de un poeta recién casado* (1916), es una poesía pura, «desnuda» que busca la esencia de las cosas.

El Postmodernismo hispanoamericano indica que aunque se había rechazado el concepto esteticista, el espíritu modernista proporcionaba ahora al artista el modo de expresar las emociones humanas de acuerdo con los más altos valores estéticos. Aparecen una serie de escritoras ilustres, entre ellas la chilena Gabriela Mistral (p. 151), Premio Nóbel de Literatura en 1945, autora de *Los sonetos de la muerte* (1915), *Desolación* (1922) y *Lagar* (1954). En sus versos, como en los de Delmira Agustini, Alfonsina Storni y Juana de Ibarbourou (p. 157) se perfila la escritora moderna que reclama sus derechos como mujer y como ser humano.

En la poética vanguardista española figura la llamada Generación del 27 que incluye a Federico García Lorca, Rafael Alberti, Jorge Guillén, Pedro Salinas, Luis Cernuda, Dámaso Alonso (p. 165), y Vicente Aleixandre. Une a estos poetas tanto su amistad personal como la influencia del Ultraísmo—reacción artística de carácter anárquico y subversivo frente a la crisis espiritual ocasionada por la Primera Guerra Mundial y que postula una absoluta libertad en el dominio de la forma y de la temática. De allí que la obra de los poetas de este grupo presente tal característica. La figura más renombrada es García Lorca y entre sus obras resaltan el *Romancero gitano* (1928), el *Poema del cante jondo* (1931) y *El poeta en Nueva York* (1935) (p. 160).

Además de García Lorca, también Aleixandre se ha distinguido tanto en su tierra como en el extranjero. Premio Nóbel de Literatura en 1977, es tal vez el portavoz más elocuente de una nueva generación de poetas españoles que progresivamente tienden a expresar las realidades del hombre de nuestra época.

En Hispanoamérica es Vicente Huidobro (p. 155) quien abre las puertas a la poesía contemporánea de vanguardia con el Creacionismo, tendencia estética que consiste en suprimir lo emocional, lo ornamental y los nexos lógicos en el verso. (Ver el poema «Arte poética», p. 155.) Sin embargo, más representativos del panorama poético moderno son el peruano César Vallejo (*Los heraldos negros*, 1918; *Trilce*, 1922; *Poemas humanos*, 1930) (p. 153) y el chileno Pablo Neruda (p. 169), Premio Nóbel de Literatura en 1971. Impresionado por la Guerra Civil española, abandonó su antigua temática modernista (*Crepusculario*, 1923) y vanguardista (*Tentativa del hombre infinito*, 1925; *Residencia en la tierra*, 1935) para escribir obras como *España en el corazón* (1937), la *Tercera residencia* (1947) y particularmente *Canto general* (1950), en donde Neruda asume la postura de un poeta comprometido y de convicciones marxistas.

La poesía de los últimos años está representada por el nicaragüense Ernesto Cardenal, también escritor comprometido; por la lírica negroide del cubano Nicolás Guillén (p. 167) y la del puertorriqueño Luis Palés Matos (p. 163), así como por la poesía en defensa del indio y de la mujer de la mexicana Rosario Castellanos (p. 297).

Finalmente, es de señalar la contribución original de Octavio Paz. Su experimentación en la búsqueda de nuevas formas poéticas, entre ellas el poema *concreto* o espacial y su singular combinación de filosofías occidentales, orientales e indígenas, dan a este mexicano un lugar preponderante en la literatura universal actual (p. 172).

La poesía: Guía general para el lector

Aspectos formales

1. ¿Qué tipo de poema es éste? ¿Se trata de un soneto, romance, poema de versos libres o de otra forma?

2. ¿Cuál es el *metro* de los versos (basándose en el cómputo silábico)? ¿Son versos de arte mayor o de arte menor?
3. ¿Qué clase de *rima* emplea el poeta?
4. ¿Cuál es el *ritmo* del poema? O sea, ¿cuáles son las sílabas del verso que llevan el acento rítmico?
5. De acuerdo con su estructura, ¿es un poema narrativo, lírico o dramático? ¿Es dialogado o se trata de un monólogo?
6. ¿Quién habla en el poema? ¿Hay algún cambio de voz? ¿A quién se dirige el poeta? ¿a sí mismo? ¿a un lector general o particular, etc.?
7. Teniendo en cuenta el lenguaje empleado, ¿cuál es el tono del poema? ¿Serio, humorístico, irónico, etcétera? Explíquelo.
8. ¿Qué figuras estilísticas se utilizan? ¿metáforas, símiles, anáforas, onomatopeyas, retruécanos, prosopopeyas, etcétera?

Aspectos conceptuales
1. Resuma brevemente el asunto del poema.
2. ¿Cuál es el tema o idea central de esta composición poética? ¿Hay algún subtema o idea secundaria?
3. ¿Cómo revelan el tema a) el título, b) las imágenes, c) los símbolos y d) las figuras retóricas?
4. Según su opinión, ¿cuál es el mensaje del poema?

El lenguaje literario

I. El lenguaje literario

El lenguaje es el elemento esencial de la literatura, pero ésta es a la vez una creación lingüística y una creación artística. Para hacer de la literatura una creación artística, el escritor se vale de ciertos recursos, entre ellos las *figuras estilísticas* o *retóricas* y los *tropos*. El lenguaje literario se utiliza en todos los géneros, pero sobre todo en la poesía.

II. Figuras retóricas

Existen dos clases de figuras retóricas: (1) las figuras llamadas de *pensamiento* que, como su nombre lo indica, no dependen tanto de la forma lingüística sino del asunto, de la idea, del pensamiento, y que subsisten aunque se altere el orden de las palabras; y (2) las figuras llamadas de *lenguaje* o de *dicción* que se basan en la colocación especial de las palabras en la oración; de tal modo que, si se cambiara su orden, desaparecería la figura.

Figuras de pensamiento
Las figuras de pensamiento se pueden clasificar en tres grupos, teniendo en cuenta el efecto que producen en la obra literaria:

1. *Figuras patéticas* cuyo efecto es despertar emociones; se debe destacar la *hipérbole,* la *prosopopeya o personificación* y el *apóstrofe.*
2. *Figuras lógicas* cuyo efecto es poner de relieve una idea. Entre ellas tenemos el *símil,* la *antítesis,* la *paradoja,* la *sinestesia* y el *clímax.*
3. *Figuras oblicuas* o *intencionales* cuyo efecto es expresar los pensamientos de un modo indirecto de acuerdo con la intención del autor; entre ellas podemos citar la *perífrasis.*

1. *Figuras patéticas*

a. *Hipérbole.* Consiste en exagerar las cosas aumentando o disminuyendo la verdad de lo que se dice; (se usa también en el lenguaje ordinario, por ejemplo, «tengo un sueño que me muero»). Veamos otro ejemplo en el soneto «A una nariz» de Francisco de Quevedo:

Erase un naricísimo infinito,
muchísimo nariz, nariz tan fiera,
que en la cara de Anás fuera delito.

b. *Prosopopeya o personificación.* Consiste en atribuir cualidades propias de los seres animados y corpóreos a los inanimados y, en particular, los atributos humanos a otros seres animados o inanimados.

Empieza el llanto
de la guitarra.
....
Llora monótona
como llora el agua,
como llora el viento
sobre la nevada.
   (Federico García
Lorca, *Poema del
cante jondo*)

c. *Apóstrofe.* Es una especie de invocación que el escritor dirige a una determinada persona o a otros seres ya sean animados o inanimados.

Río verde, río verde,
más negro vas que la tinta
entre ti y Sierra Bermeja
murió gran caballería.
(de *Romances fronterizos*)

2. *Figuras lógicas*

a. *Símil o comparación.* Expresa de una manera explícita la semejanza entre dos ideas valiéndose de las partículas *como* y *cual.*

...y le hice sentir el fierro
y ya salió *como el perro*
cuando le pisan la cola.
(José Hernández,
Martín Fierro)

b. *Antítesis o contraste.* Es una contraposición de conceptos; es decir, una asociación de conceptos por contraste.

...que ya tengo
blanca mi color *morena.*
(Rafael Alberti,
«Joselito en su gloria»)

...se *apagaron* los faroles
y se *encendieron* los grillos.
(Federico García Lorca,
«La casada infiel»)

c. *Paradoja.* Como dice Pelayo H. Fernández, «la paradoja es una antítesis superada» porque une ideas, contradictorias por naturaleza, en un mismo pensamiento el cual generalmente encierra una verdad profunda.

...este vivir que es el vivir desnudo
¿no es acaso *la vida de la muerte?*
(Miguel de Unamuno,
«La vida de la muerte»)

d. *Sinestesia.* Es la descripción de una experiencia sensorial en términos de otra; los modernistas usaron mucho esta figura.

Bajo la sensación del cloroformo
me hacen temblar con alarido interno
la luz de acuario de un jardín moderno,
y el *amarillo olor* del cloroformo.
(Ramón del Valle-Inclán,
«Rosa del sanatorio»)

En el lenguaje ordinario también se usa la sinestesia, por ejemplo, «colores chillones».

e. *Clímax.* Se llama también *gradación* porque expresa una cadena o serie de pensamientos que siguen una progresión ascendente o descendente.

...no sólo en plata o viola truncada
se vuelva, mas tú y ello juntamente
en tierra, en humo, en polvo, en sombra, en nada.
(Luis de Góngora, «Soneto»)

3. **Figuras oblicuas**

Perífrasis o circunlocución. Se llama también «rodeo de palabras». Resulta de mencionar una persona o cosa cualquiera no dándole su propio nombre, sino el de alguna cualidad o circunstancia suya a fin de que podamos reconocerla; a veces puede ser extensa y suele guardar relación con otros recursos estilísticos como la hipérbole y la metáfora.

Las piquetas de los gallos
cavan buscando la aurora. } Significa el *amanecer*.
(Federico García Lorca,
«Romance de la pena negra»)

Figuras de lenguaje o de dicción

Estas figuras se pueden producir de cuatro maneras y a continuación se mencionan las figuras principales:

1. Añadiendo palabras resulta el *epíteto*.
2. Suprimiendo palabras tenemos el *asíndeton*.
3. Repitiendo palabras se originan la *anáfora* y el *polisíndeton*.
4. Combinando las palabras resultan la *aliteración*, la *onomatopeya* y el *hipérbaton*.

1. Añadiendo palabras

Epíteto. Es el adjetivo que, colocado delante del sustantivo, expresa una cualidad de alguna persona o cosa. Hay que tener presente que la presencia de este adjetivo no es necesaria para el sentido de la frase. Por ejemplo, en «el *terrible* Caín», *terrible* es el adjetivo que modifica a Caín innecesariamente porque ya se sabe que Caín era terrible. Otro ejemplo sería «la *blanca* nieve».

2. Suprimiendo palabras

Asíndeton. Consiste en omitir las conjunciones para dar a la frase mayor dinamismo. Ejemplo: «llegué, vi, vencí». Otro buen ejemplo se encuentra en los versos de Federico García Lorca:

Verte desnuda es recordar la tierra,
la tierra lisa, limpia de caballos,
la tierra sin mi junco, forma pura,
cerrada al porvenir, confín de plata.

3. Repitiendo palabras

a. *Anáfora.* Es una repetición de palabras al principio de un verso o al principio de frases semejantes.

Aquí tengo una voz decidida,
aquí tengo una vida combatida y airada,
aquí tengo un rumor, *aquí tengo* una vida.
(Miguel Hernández, «Recoged esta voz»)

b. *Polisíndeton.* Consiste en usar más conjunciones de las necesarias para dar a la frase una mayor solemnidad.

...se queda, como se quedan los lagos y las montañas y las santas almas sencillas.
(Miguel de Unamuno, *San Manuel Bueno, mártir*)

4. Combinando las palabras

a. *Aliteración*. Es una repetición de sonidos iguales o parecidos en palabras sucesivas de un mismo verso, estrofa o frase.

Rodado por las ruedas
de los relojes,
como un carro que nunca llega.
(Leopoldo Lugones,
«La blanca soledad»)

b. *Onomatopeya*. Consiste en imitar sonidos reales por medio del ritmo de las palabras.

vuela la sensación, que al fin se borra
verde mosca, *zumbándome* en la frente.
(Ramón del Valle-Inclán,
«Rosa del sanatorio»)

c. *Hipérbaton*. Consiste en invertir el orden acostumbrado de las palabras en la oración.

<pre>
  2   3   6
Abanicos de aplausos, en bandadas,
    4   1   5
descienden, giradores, del tendido,
    8   7   9
la ronda a coronar de las espadas.
</pre>
(Rafael Alberti,
«Corrida de toros»)

III.   Tropos

Existen dos tipos de lenguaje: lenguaje directo y lenguaje figurado (*figurative language*). Por ejemplo, si a un león se le llama *león*, se usa la palabra en sentido directo; pero si a un hombre se le llama *león*, la usamos en sentido figurado. Por lo tanto, hay que tener en cuenta que las palabras pueden usarse en sentido directo o literal, pero también pueden implicar otro sentido que el literal, el *sentido figurado*. Esta manera de expresión figurada es lo que se llama «tropo» [*trope*], que significa en griego *cambio, vuelta, rodeo*, es decir, un cambio de significado. Los tropos principales son: la *metonimia*, la *sinécdoque*, la *metáfora*, la *alegoría*, la *parábola* y el *símbolo*.

1. *Metonimia*. Es cuando se da a un objeto el nombre de otro por una relación de causa u origen. Ejemplos: «compró un *Picasso*» (Picasso es el origen del cuadro); «vive de su *trabajo*» (el trabajo origina el dinero que se necesita para vivir); «le gusta leer a *Chaucer*» (Chaucer

es quien ha originado las obras). En general se puede decir que la metonimia consiste en designar una cosa con el nombre de otra en virtud de una relación real entre ambas.

Aquel país fue su *cuna* y su *sepulcro*
        ↓   ↓
   nacimiento   muerte

2. *Sinécdoque.* Consiste en designar un objeto con el nombre de otro debido a que hay una relación de coexistencia. La sinécdoque más usada es la que designa el todo por la parte. Ejemplos: «Hay que ganar el *pan* de cada día» (se refiere a todas las cosas para las necesidades diarias porque el pan coexiste con las demás cosas); «sólo asistieron diez *almas* al concierto» (se refiere a diez personas porque el alma coexiste con la persona). La sinécdoque es, por lo tanto, una especie de metonimia.

3. *Metáfora.* Es el tropo más común. La metáfora es una identificación de un objeto con otro en virtud de una relación de semejanza que hay entre ellos, es decir, una comparación. Ejemplos: «su risa es hielo» (la semejanza está en el *frío*); «aquel chico es un tesoro» (la semejanza está en el *valor*).

4. *Alegoría.* Es una metáfora continuada a lo largo de una composición literaria o parte de ella. Ejemplo: la obra de teatro, *El gran teatro del mundo* de Pedro Calderón de la Barca es una alegoría porque la vida es como un teatro y los seres humanos somos los actores.

5. *Parábola.* Es una alegoría que tiene intención didáctica (una enseñanza o lección moral). Ejemplo: la parábola bíblica del hijo pródigo (*the prodigal son*). La alegoría y la parábola facilitan la comprensión de los conceptos abstractos.

6. *Símbolo.* Es una relación entre dos elementos, uno concreto, sensorial, y el otro abstracto, de tal manera que el elemento concreto revele lo abstracto. Teniendo en cuenta que la realidad expresada por el símbolo es abstracta, su naturaleza es necesariamente difusa, lo cual quiere decir que el símbolo no representa una identificación perfecta. Ciertos símbolos usados con frecuencia se convierten en *emblemas* fácilmente reconocibles (la *cruz* como símbolo del cristianismo, la *rosa* como símbolo del amor, etcétera). Un buen ejemplo de símbolo se encuentra en el siguiente soneto de Unamuno en el cual se utiliza el *buitre* (*vulture*) como símbolo de la *muerte*.

Este *buitre* voraz de ceño torvo
que me devora las entrañas fiero
y es mi único constante compañero
labra mis penas con su pico corvo.

El día en que le toque el postrer sorbo
apurar de mi negra sangre, quiero
que me dejéis con él solo y señero
un momento, sin nadie como estorbo.

Pues quiero, triunfo haciendo mi agonía,
mientras él mi último despojo traga
sorprender en sus ojos la sombría

mirada al ver la suerte que le amaga
sin esta presa en que satisfacía
el hambre atroz que nunca se le apaga.

Es importante hacer notar que los *tropos* no pertenecen exclusivamente al lenguaje literario ya que en el lenguaje ordinario aparecen expresiones tropológicas; por ejemplo, «mi hermana es una joya».

Práctica

Señálense las *figuras retóricas* y los *tropos* en los ejemplos siguientes:

A. 1. I'm so hungry I could eat a horse.
    2. «*Veni, vidi, vici.*» («Vine, vi, vencí.» / «I came, I saw, I conquered.») (Julius Caesar)
    3. All hands on deck!
    4. «Jack of all trades and master of none.»
    5. «All the world's a stage,
       And all the men and women merely players.» (Shakespeare)
    6. «I want a girl just like the girl that married dear old Dad.»
    7. «She sells seashells by the seashore.»
    8. They have a Van Gogh in their home.
    9. Have a heart!
   10. «We must all hang together, or assuredly we shall all hang separately.» (Benjamin Franklin)
   11. «My country, 'tis of thee, sweet land of liberty, of thee I sing.»
   12. «I must be cruel only to be kind.» (Shakespeare)
   13. «When the cat's away the mice will play.»
   14. «Uneasy lies the head that wears a crown.» (Shakespeare)
   15. «The pen is mightier than the sword.»
   16. She's wearing a shocking pink dress.
   17. «Man does not live by bread alone.»
   18. «My country, right or wrong.»
   19. «Make love, not war.»
   20. «My love is like a red, red rose.» (Robert Burns)

B. 1. «Para y óyeme ¡oh sol! yo te saludo
       Y extático ante ti me atrevo a hablarte»
              (José de Espronceda, «Al sol»)

2. «Lo han dicho el pinar y el viento,
   lo ha dicho la luna de oro,
   lo han dicho el humo y el eco.»
                    (Juan Ramón Jiménez,
                    «Ya están allí las carretas»)

3. (Los versos nos presentan una definición del amor.)

   «En vano, descuidado pensamiento,
   una loca, altanera fantasía,
   un no sé qué que la memoria cría,
   sin ser, sin calidad, sin fundamento»
   (Miguel de Cervantes, «Poema III»)

4. «Volví, halléme solo y entre abrojos,[1]
   y en vez de luz, cercado de tiniebla,[2]
   y en lágrimas ardientes convertido.»
   (Fernando de Herrera, «Soneto XIV»)

   [1] *thorns*
   [2] rodeado de sombras

5. (El verso se refiere a la barba del cíclope Polifemo.)

   «un torrente es su barba impetüoso»
                    (Luis de Góngora,
                    Fábula de Polifemo y Galatea)

6. «Perdí media vida mía
   por cierto placer fatal,
   y la otra media daría
   por otro placer igual.»
                    (Ramón
                    de Campoamor,
                    Cantares)

7. «La cuchilla de los dientes
   corta el canto en dos pedazos.»
                    (I. Pereda Valdés,
                    «La guitarra de los negros»)

8. «Feliciano me adora y le aborrezco;
   Lisardo me aborrece y yo le adoro;
   por quien no me apetece ingrato, lloro,
   y al que me llora tierno, no apetezco.»
                    (Sor Juana Inés de la Cruz,
                    «Soneto CLXVII»)

9. «Caballo y jinete partieron como un huracán.»
   (Gustavo Adolfo Bécquer, «Los ojos verdes»)

10. «¿Dijiste media verdad?
    Dirán que mientes dos veces
    si dices la otra mitad.»
                    (Antonio Machado,
    Proverbios y cantares, «XLIX»)

11. «Nuestras vidas son los ríos
    que van a dar en la mar,
    que es el morir.»
                    (Jorge Manrique,
                    *Coplas por la muerte
                    de su padre*)

12. «Volver a verte en el reposo quieta,
    soñar contigo el sueño de la vida,
    soñar la vida que perdura siempre
        sin morir nunca.»
                (Miguel de Unamuno,
                    «Salamanca»)

13. (El personaje Segismundo describe el arroyo en términos de una serpiente.)
    «Nace el arroyo, culebra
    que entre flores se desata»
                (Pedro Calderón
                    de la Barca,
                La vida es sueño)

14. «Mientras las ondas de la luz al beso
        Palpiten encendidas;
    Mientras el sol las desgarradas nubes
        De fuego y oro vista;
    Mientras...»
    (Gustavo Adolfo Bécquer, «Rima IV»)

15. «el ciego dios se enoja»
                (Luis de Góngora,
                    *Fábula de
                Polifemo y Galatea*)

16. «Cual suele el ruiseñor con triste canto   [1] robó
    quejarse, entre las hojas escondido,   [2] enojada
    del duro labrador que cautamente
    le despojó[1] su caro y dulce nido
    de los tiernos hijuelos, entre tanto
    que del amado ramo estaba ausente,
    y aquel dolor que siente
    con diferencia tanta
    por la dulce garganta
    despide, y a su canto el aire suena,
    y la callada noche no refrena
    su lamentable oficio y sus querellas,
    trayendo de su pena
    al cielo por testigo y las estrellas;
    desta manera suelto yo la rienda
    a mi dolor, y así me quejo en vano
    de la dureza de la muerte airada»[2]
                (Garcilaso de la Vega, «Egloga I»)

17. «Tú eres el tiempo que mis horas guía,
    tú eres la idea que mi mente asiste,
    porque en ti se concentra cuanto existe,
    mi pasión, mi esperanza, mi poesía.»
                (Carolina Coronado,
                    «¡Oh, cuál te adoro!»)

18. «Tengo a mis amigos
    en mi soledad;
    cuando estoy con ellos
    ¡qué lejos están!»
                (Antonio Machado,
                Proverbios y cantares,
                    «LXXXVI»)

19. (El sentido es: Aprovecha la juventud, antes que el pelo rubio se transforme en canas, o pelo blanco.)

«Coged de vuestra alegre primavera
el dulce fruto, antes que el tiempo airado
cubra de nieve la hermosa cumbre.»
    (Garcilaso de la Vega, «Soneto XXIII»)

20. «¡Oh más dura que mármol a mis quejas,
y al encendido fuego en que me quemo
más helada que nieve, Galatea!
Estoy muriendo, y aun la vida temo;
témola con razón, pues tú me dejas,
que no hay, sin ti, el vivir para que sea».[1]
    (Garcilaso de la Vega, «Egloga I»)

[1] el.... *anything worth living for*

C. 1. (El poema trata de los efectos del amor.)

«Desmayarse, atreverse, estar furioso,
áspero, tierno, liberal, esquivo,
alentado, mortal, difunto, vivo,
leal, traidor, cobarde y animoso;
    no hallar fuera del bien centro y reposo,
mostrarse alegre, triste, humilde, altivo,
enojado, valiente, fugitivo,
satisfecho, ofendido, receloso;
    huir el rostro al claro desengaño,
beber veneno por licor suave,
olvidar el provecho, amar el daño;
    creer que un cielo en un infierno cabe,
dar la vida y el alma a un desengaño:
esto es amor, quien lo probó lo sabe.»
    (Lope de Vega, *Rimas humanas*)

2. «En mi cielo al crepúsculo eres como una nube
y tu color y forma son como yo los quiero.
Eres mía, eres mía, mujer de labios dulces,
y viven en tu vida mis infinitos sueños.

La lámpara de mi alma te sonrosa los pies,
el agrio vino mío es más dulce en tus labios:
oh segadora de mi canción de atardecer,
cómo te sienten mía mis sueños solitarios!

Eres mía, eres mía, voy gritando en la brisa
de la tarde, y el viento arrastra mi voz viuda.
Cazadora del fondo de mis ojos, tu robo
estanca como el agua tu mirada nocturna.

En la red de mi música estás presa, amor mío,
y mis redes de música son anchas como el cielo.
Mi alma nace a la orilla de tus ojos de luto.
En tus ojos de luto comienza el país del sueño.»
    (Pablo Neruda, *Veinte poemas de amor*, «16»)

Lecturas

Anónimo

Los romances (ballads) son composiciones en verso que aparecieron en colecciones (los romanceros) a partir del siglo XVI, pero que habrían circulado por España durante el siglo anterior. El romance tradicional está compuesto de un número indefinido de versos octosílabos con rima asonante en los pares. Los romances son de varios tipos: históricos, épicos, novelescos, religiosos, líricos. El anónimo «El conde Arnaldos» (c. 1440), ejemplo del romance novelesco, manifiesta la técnica fragmentarista típica del género: en la parte final del poema se ve lo que el gran investigador del romancero, Ramón Menéndez Pidal, ha llamado «saber callar a tiempo.» «Doña Alda», un romance del ciclo carolingio, se basa en la epopeya francesa, la Chanson de Roland *(Roldán).*

Romance del conde Arnaldos

¡Quién hubiese tal ventura[1]
sobre las aguas del mar,
como hubo el conde Arnaldos
la mañana de San Juan![2]
Con un falcón en la mano
la caza iba a cazar,
vio venir una galera
que a tierra quiere llegar.[3]
Las velas traía de seda,
la jarcia[4] de un cendal,[5]
marinero que la manda
diciendo viene[6] un cantar
que la mar facía[7] en calma,
los vientos hace amainar,[8]
los peces que andan en el hondo
arriba los hace andar,
las aves que andan volando
en el mástil las hace posar.
Allí fabló el conde Arnaldos,
bien oiréis lo que dirá:
—Por Dios te ruego, marinero,
dígasme ora[9] ese cantar—
Respondióle el marinero,
tal respuesta le fue a dar:[10]
—Yo no digo esta canción
sino a quien conmigo va.

[1] Quién.... Quién pudiera tener tanta felicidad
[2] mañana... el solsticio de verano, día que evoca la alegría y la magia
[3] quiere... se acerca lentamente
[4] *rigging and cordage*
[5] gasa (*gauze*) o seda
[6] diciendo... viene cantando
[7] ponía
[8] perder fuerza
[9] ahora
[10] le... le dio

Cuestionario

1. ¿Qué está haciendo el conde Arnaldos al comienzo del poema?
2. ¿Qué ve el conde?
3. ¿Qué efecto le produce el cantar del marinero?
4. ¿Qué le pide el conde al marinero?
5. ¿Cuál es la contestación del marinero, y cómo se puede interpretar dicha contestación?

Doña Alda

En París está doña Alda
la esposa[1] de don Roldán;
trescientas damas con ella
para la acompañar;
todas visten un[2] vestido,
todas calzan un calzar,[3]
todas comen a una mesa,
todas comían de un pan,
si no era doña Alda,
que era la mayoral.[4]
Las ciento hilaban[5] oro,
las ciento tejen[6] cendal,[7]
las ciento tañen[8] instrumentos
para doña Alda holgar.[9]
Al son de los instrumentos,
doña Alda adormido se ha;
ensoñado había un sueño,
un sueño de gran pesar.
Recordó despavorida[10]
y con un pavor muy grande,
los gritos daba tan grandes,
que se oían en la ciudad.
Allí hablaron sus doncellas,
bien oiréis lo que dirán:[11]
—¿Qué es aquesto,[12] mi señora?
¿Quién es el que os hizo mal?
—Un sueño soñé, doncellas,
que me ha dado gran pesar:
que me veía en un monte,
en un desierto lugar;
de so[13] los montes muy altos
un azor[14] vide[15] volar;
tras dél[16] viene una aguililla
que lo ahinca[17] muy mal.

El azor, con grande cuita[18]
metióse so mi brial;[19]
el aguililla, con grande ira,
de allí lo iba a sacar;
con las uñas lo despluma,
con el pico lo deshace—.
Allí habló la camarera,
bien oiréis lo que dirá;
—Aquese sueño, señora,
bien os lo entiendo soltar;[20]
el azor es vuestro esposo,
que viene de allén[21] la mar;
el águila sedes[22] vos,
con la cual ha de casar,
y aquel monte es la iglesia
donde os han de velar.[23]
—Si así es, mi camarera,
bien te lo entiendo pagar—.
Otro día de mañana
cartas de fuera le traen;
tintas venían de dentro,
de fuera escritas con sangre,
que su Roldán era muerto
en la caza de Roncesvalles.[24]

[1] prometida
[2] el mismo
[3] calzan... llevan los mismos zapatos
[4] principal
[5] *were spinning*
[6] *weave*
[7] *gauze*
[8] tocan
[9] divertir
[10] espantada
[11] dijeron
[12] forma arcaica de **esto**
[13] bajo
[14] *hawk*
[15] forma antigua de **vi**
[16] tras... detrás de él
[17] persigue
[18] preocupación
[19] vestido o falda de seda
[20] entiendo... puedo interpretar
[21] allende; de parte de allá
[22] forma antigua de **sois**
[23] casar
[24] paso de los Peirineos y sitio de la derrota de Roldán

Cuestionario

1. ¿Qué tipo de descripción se presenta en la primera parte del poema?
2. ¿Cómo reacciona Doña Alda ante el sueño que tuvo?
3. ¿Qué es lo que soñó?
4. ¿Cómo interpreta la camarera el sueño de Doña Alda?
5. ¿Tiene razón la camarera? ¿Cuál es el desenlace de la historia?

Garcilaso de la Vega

Garcilaso de la Vega (c. 1501–1536) nació en Toledo, de familia noble. Soldado y cortesano, pasó cerca de cinco años en Italia y cultivó las formas poéticas italianas. Garcilaso es considerado como el hombre renacentista ejemplar y el poeta renacentista español de más renombre. La producción poética de Garcilaso consiste en una epístola, dos elegías, cinco canciones y treinta y ocho sonetos. Un tema presente en varias obras garcilasianas es el de su amor trágico por Isabel Freyre, dama portuguesa. En términos generales, se manifiesta la tristeza del poeta a través de los lamentos del amante desconsolado.

Soneto XI

Hermosas ninfas que en el río metidas,
contentas habitáis en las moradas[1]
de relucientes piedras fabricadas
y en colunas[2] de vidrio sostenidas;
   agora[3] estéis labrando embebecidas,[4]
o tejiendo las telas delicadas;
agora unas con otras apartadas,
contándoos los amores y las vidas;
   dejad un rato la labor, alzando
vuestras rubias cabezas a mirarme,
y no os detendréis mucho según ando;[5]
   que o no podréis de lástima escucharme,
o convertido en agua aquí llorando,
podréis allá de espacio[6] consolarme.

[1] habitaciones
[2] columnas
[3] ahora (en el sentido de *whether you may be*)
[4] muy ocupadas
[5] según... debido a mi presente estado
[6] de... durante mucho tiempo

Cuestionario

1. ¿A quiénes se dirige el poeta?
2. ¿Qué están haciendo las ninfas?
3. ¿Por qué no se detendrán mucho las ninfas, o sea, cómo se explican las cláusulas del segundo terceto (versos 12–14)?

Soneto XIV

Como la tierna madre que el doliente[1]
hijo le está con lágrimas pidiendo
alguna cosa, de la cual comiendo,
sabe que ha de doblarse el mal que siente,
    y aquel piadoso amor no le consiente
que considere el daño que haciendo
lo que le pide hace, va corriendo,
y doble el mal, y aplaca[2] el accidente,[3]
    así a mi esfuerzo y loco pensamiento,
que en su daño os me pide, yo querría
quitar este mortal mantenimiento.[4]
    Mas pídemelo,[5] y llora cada día
tanto, que cuanto quiere le consiento,
olvidando su muerte y aun la mía.

[1] enfermo
[2] mitiga, suaviza
[3] síntoma de una enfermedad
[4] sustento, alimento
[5] me lo pide

Cuestionario

1. ¿Qué figura retórica predomina en la primera parte del poema (versos 1–8)?
2. ¿Cuál es la situación de la madre?
3. ¿Qué relación tiene la situación del «yo» poético con la de la madre?

San Juan de la Cruz

San Juan de la Cruz (Juan de Yepes, 1542–1591) nació en Avila y estudió en la Universidad de Salamanca. Compañero de Santa Teresa de Jesús, tomó parte en la reforma de la orden de los Carmelitas, fundando los Carmelitas Descalzos. Sufrió por ello el encarcelamiento, y al liberarse, desempeñó oficios eclesiásticos en varias ciudades de España. Los escritos de San Juan de la Cruz incluyen la Subida al Monte Carmelo, Noche oscura del alma, Llama de amor viva *y el* Cántico espiritual. *La obra poética de San Juan presenta la visión del místico que busca—a través de la contemplación pura—la separación del alma y del cuerpo para que aquélla, abandonando este mundo, se reúna con Dios. El resultado es una poesía amorosa «a lo divino»: la unión espiritual, simbolizada por la unión física de la Amada (el alma) con el Amado (Dios), que representa la última etapa del proceso místico.*

Noche oscura
Canciones

En una noche oscura,
con ansias, en amores inflamada,
¡oh dichosa ventura!,
salí sin ser notada,
estando ya mi casa sosegada;[1]
a escuras[2] y segura,
por la secreta escala, disfrazada,
¡oh dichosa ventura!,
a escuras y en celada,[3]
estando ya mi casa sosegada;
en la noche dichosa,
en secreto que nadie me veía
ni yo miraba cosa,
sin otra luz y guía,
sino la que en el corazón ardía.
Aquesta[4] me guiaba
más cierto que la luz del mediodía,
adonde me esperaba
quien yo bien me sabía,[5]
en parte donde nadie parecía.
¡Oh noche que guiaste!;
¡oh noche amable más que la alborada!;[6]
¡oh noche que juntaste
Amado con amada,
amada en el Amado transformada!
En mi pecho florido,
que entero para él solo se guardaba,
allí quedó dormido,
y yo le regalaba,[7]
y el ventalle[8] de cedros[9] aire daba.
El aire del almena,[10]
cuando yo sus cabellos esparcía,[11]
con su mano serena
en mi cuello hería,
y todos mis sentidos suspendía.
Quedéme y olvidéme,
el rostro recliné sobre el Amado;
cesó todo y dejéme,
dejando mi cuidado
entre las azucenas[12] olvidado.

1 en orden
2 a... forma arcaica de *a oscuras,* en la oscuridad
3 en... escondida
4 forma arcaica de *ésta*
5 me... yo sabía bien
6 amanecer
7 acariciaba
8 abanico
9 *cedars*
10 *battlement between openings at the top of a fortress*
11 extendía, acariciaba
12 lirios blancos

Cuestionario
1. ¿En qué condiciones sale el «yo» poético de su casa?
2. ¿Cuál podría ser el valor simbólico de la casa? ¿y el de la persona que sale?

3. ¿Cómo se puede interpretar el verso 25, «amada en el Amado transformada»?
4. ¿Qué tipo de imágenes se utilizan para presentar la escena final?

Que muero porque no muero

Vivo sin vivir en mí
y de tal manera espero,
que muero porque no muero.

En mí yo no vivo ya,
y sin Dios vivir no puedo;
pues sin él y sin mí quedo,
este vivir, ¿qué será?
Mil muertes se me hará,
pues mi misma vida espero,
muriendo porque no muero.

Esta vida que yo vivo
es privación de vivir;
y así, es contino[1] morir
hasta que viva contigo.
Oye, mi Dios, lo que digo,
que esta vida no la quiero;
que muero porque no muero.

Estando absente de ti,
¿qué vida puedo tener,
sino muerte padescer,
la mayor que nunca vi?
Lástima tengo de mí,
pues de suerte persevero,
que muero porque no muero.

El pez que del agua sale
aun de alivio no caresce,
que en la muerte que padesce,
al fin la muerte le vale.
¿Qué muerte habrá que se iguale
a mi vivir lastimero,
pues si más vivo, más muero?

Cuando me pienso aliviar
de verte en el Sacramento,[2]
háceme más sentimiento
el no te poder gozar;
todo es para más penar,
por no verte como quiero,
y muero porque no muero.

Y si me gozo, Señor,
con esperanza de verte,
en ver que puedo perderte
se me dobla mi dolor;
viviendo en tanto pavor
y esperando como espero,
muérome porque no muero.

Sácame de aquesta[3] muerte,
mi Dios, y dame la vida;
no me tengas impedida
en este lazo[4] tan fuerte;
mira que peno por verte,
y mi mal es tan entero,
que muero porque no muero.

Llórate mi muerte ya
y lamentaré mi vida
en tanto que detenida
por mis pecados está.
¡Oh mi Dios!, ¿cuándo será
cuando yo diga de vero:
vivo ya porque no muero?

[1] forma arcaica de **continuo**
[2] se refiere al sacramento de la Eucaristía, o comunión
[3] forma arcaica de **esta**
[4] vínculo; punto de unión

Cuestionario

1. ¿Cómo se emplea la antítesis vivir/morir en este poema?
2. ¿Qué significa en el contexto de este poema «que muero porque no muero»?
3. ¿Cuál es el sentido principal de la última estrofa?

Luis de Góngora

Luis de Góngora (1561–1627), nacido en Córdoba y educado en Salamanca, llegó a ser capellán real en Madrid. Hombre ingenioso y algo excéntrico, entró en animadas polémicas literarias con sus rivales Lope de Vega y Francisco de Quevedo. Góngora es el exponente máximo de la poesía barroca española y de un estilo culto—culteranista—que a veces se designa con el nombre de gongorismo, marcado por la ampliación e intensificación de todos los recursos poéticos y retóricos, con énfasis especial en la metáfora. Para Pedro Salinas, poeta y crítico del siglo XX, la poesía gongorina presupone la exaltación del poder de la palabra escrita, que puede igualar y aun superar la realidad objetiva. Entre las composiciones poéticas de Góngora figuran poemas extensos como la Fábula de Polifemo y Galatea y las Soledades, unos cien romances y doscientos sonetos. La tradición crítica de la poesía gongorina oscila entre dos puntos extremos: la alabanza inequívoca o la condenación de las formas de barroca expresión.

Soneto CIII

Descaminando, enfermo, peregrino
   en tenebrosa noche, con pie incierto
   la confusión pisando[1] del desierto,
   voces en vano dio, pasos sin tino.[2]

Repetido latir, si no vecino,
   distinto oyó de can[3] siempre despierto,
   y en pastoral albergue[4] mal cubierto
   piedad halló, si no halló camino.

Salió el sol, y entre armiños[5] escondida,
   soñolienta[6] beldad con dulce saña[7]
   salteó[8] al no bien sano pasajero.

Pagará el hospedaje con la vida;
   más le valiera errar en la montaña,
   que morir de la suerte que yo muero.

[1] caminando
[2] juicio
[3] perro
[4] hospedaje
[5] *ermine*
[6] sleepy
[7] crueldad
[8] atacó

Cuestionario

1. ¿En qué situación se encuentra el caminante?
2. ¿Qué significa «piedad halló, si no halló camino» (verso 8)?
3. ¿Por qué el caminante «Pagará el hospedaje con la vida» (verso 12)?
4. ¿Cómo se relaciona el «yo» poético con el caminante?

Soneto CLXVI

Mientras por competir con tu cabello
    oro bruñido[1] al sol relumbra[2] en vano;
    mientras con menosprecio en medio el llano[3]
    mira tu blanca frente el lilio bello;

mientras a cada labio, por cogello,[4]
    siguen más ojos que al clavel[5] temprano,
    y mientras triunfa con desdén lozano[6]
    del luciente cristal tu gentil cuello,

goza cuello, cabello, labio y frente,
    antes que lo que fue en tu edad dorada
    oro, lilio, clavel, cristal luciente,

no sólo en plata o viola[7] troncada
    se vuelva, mas tú y ello juntamente
    en tierra, en humo, en polvo, en sombra, en nada.

[1] *burnished*
[2] brilla
[3] terreno plano
[4] cogerlo, besarlo
[5] *carnation*
[6] suntuoso, orgulloso
[7] forma arcaica de *violeta*

Cuestionario

1. ¿Qué elementos sirven de base a la serie de comparaciones?
2. ¿De qué manera se hacen estas comparaciones? ¿De quién es el triunfo?
3. Según el que habla, ¿por qué debe la mujer gozar de su belleza durante la juventud?
4. ¿Qué efecto poético produce el segundo terceto (versos 12–14)?

Lope de Vega

Lope Félix de Vega Carpio (1562–1635) nació en Madrid, de familia humilde. Tuvo una vida tumultuosa, llena de crisis sentimentales y espirituales. Cultivó todos los géneros literarios y se considera una de las grandes figuras de la literatura universal. Lope de Vega es el fundador del teatro nacional (la comedia del Siglo de Oro), autor de cientos de obras de teatro y, junto con Pedro Calderón de la Barca (1600–1681), representa la culminación del arte dramático español. Lope expone los principios de la comedia en El arte nuevo de hacer comedias en este tiempo *(1609). Entre sus obras dramáticas más conocidas figuran* Fuenteovejuna, La dama boba, El caballero de Olmedo, Peribáñez y el comendador de Ocaña, El villano en su rincón *y* El castigo sin venganza. *Como poeta lírico, su obra sigue las formas tradicionales y renacentistas y se basa en temas religiosos y profanos. Entre las obras religiosas se destacan los* Soliloquios, *las* Rimas sacras, *el* Romancero espiritual *y los* Triunfos divinos, *y entre las profanas las* Rimas humanas, La hermosura de Angélica *y la satírica* Gatomaquia. *El soneto «CXCI» forma parte de las* Rimas humanas *y el «XVIII», de las* Rimas sacras. *Al igual que el total de su producción y que su vida misma, la poesía lírica lopesca mezcla elementos antitéticos y contradictorios, alcanzando en todas sus manifestaciones una gran brillantez de estilo.*

Rimas sacras, XVIII

¿Qué tengo yo, que mi amistad procuras?[1]
¿Qué interés se te sigue, Jesús mío,
que a mi puerta cubierto de rocío
pasas las noches del invierno oscuras?

¡Oh cuánto fueron mis entrañas duras,
pues no te abrí! ¡Qué extraño desvarío,[2]
si de mi ingratitud el hielo frío
secó las llagas[3] de tus plantas[4] puras!

¡Cuántas veces el Angel me decía:
«Alma, asómate[5] agora a la ventana,
verás con cuánto amor llamar porfía»!

Y ¡cuántas, «Hermosura soberana,[6]
mañana le abriremos», respondía,
para lo mismo responder mañana!

[1] buscas
[2] cosa fuera de la razón; locura
[3] heridas
[4] pies
[5] preséntate
[6] suprema

Cuestionario

1. ¿Cómo presenta el poeta a Jesucristo en este poema?
2. ¿Cómo trata el poeta a Jesucristo?
3. ¿Qué significan las palabras del ángel en el primer terceto (versos 9–11)?
4. ¿Cuál es la significación de los dos versos finales?

Rimas humanas, CXCI

Es la mujer del hombre lo más bueno,
y locura decir que lo más malo,
su vida suele ser y su regalo,
su muerte suele ser y su veneno.

Cielo a los ojos cándido y sereno,
que muchas veces al infierno igualo,
por raro al mundo su valor señalo,
por falso al hombre su rigor condeno.

Ella nos da su sangre, ella nos cría,
no ha hecho el cielo cosa más ingrata;
es un ángel, y a veces una arpía.[1]

Quiere, aborrece, trata bien, maltrata,
y es la mujer, al fin, como sangría,[2]
que a veces da salud y a veces mata.

[1] mujer monstruosa de las fábulas antiguas; *harpy*
[2] *bloodletting*

Cuestionario

1. ¿Cómo es la mujer, según Lope?
2. ¿Qué tipo de lenguaje utiliza el poeta para caracterizar a la mujer?
3. ¿Por qué es la mujer «como sangría» (verso 13)?
4. ¿Cuál es el tono del soneto?

Francisco de Quevedo

Francisco de Quevedo (1580–1645), nacido en Madrid, representa—junto con Luis de Góngora—el apogeo de la literatura barroca española. Educado en Alcalá de Henares y en Valladolid, Quevedo sirvió de privado al Duque de Osuna en Italia y luego al Conde-Duque de Olivares en España. De carácter agudo y enigmático, Quevedo figuró en varios escándalos políticos de su época. Fue autor prodigioso: entre sus muchas obras se destacan la Vida del Buscón (novela picaresca), los Sueños (escritos satírico-morales) así como un gran número de poesías originales, de tipo humoroso, satírico, burlesco, moral y sagrado. En los sonetos de Quevedo se nota una mezcla de recursos culteranistas y conceptistas.

Amante agradecido a las lisonjas[1] mentirosas de un sueño

¡Ay, Floralba! Soñé que te... ¿Dirélo?[2]
Sí, pues que sueño fue: que te gozaba.
¿Y quién, sino un amante que soñaba
juntara tanto infierno a tanto cielo?

Mis llamas con tu nieve y con tu yelo,[3]
cual suele opuestas flechas de su aljaba,[4]
mezclaba Amor, y honesto[5] las mezclaba,
como mi adoración en su desvelo.[6]

Y dije: «Quiera Amor, quiera mi suerte,
que nunca duerma yo, si estoy despierto,
y que si duermo, que jamás despierte».

Mas desperté del dulce desconcierto;
y vi que estuve vivo con la muerte,
y vi que con la vida estaba muerto.

[1] adulaciones
[2] ¿Lo diré?
[3] hielo
[4] caja para llevar las flechas
[5] castamente, puramente
[6] (fig.) cuidado

Cuestionario
1. ¿Qué ha soñado el «yo» poético?
2. ¿Qué sentido tienen las palabras *infierno* y *cielo* en el verso 4?
3. ¿Cuál es el mensaje del primer terceto (versos 9–11)?
4. ¿Cómo se emplea la antítesis vivo/muerto en la estrofa final?

Represéntase la brevedad de lo que se vive y cuán nada parece[1] lo que se vivió

«¡Ah de la vida![2]... ¿Nadie me responde?
¡Aquí de los antaños[3] que he vivido!
La Fortuna mis tiempos ha mordido;[4]
las Horas mi locura las esconde.

¡Que sin poder saber cómo ni adónde
la salud y la edad se hayan huido!
Falta la vida, asiste[5] lo vivido,
y no hay calamidad que no me ronde.

[1] cuán... la poca importancia
que parece tener
[2] ¡Ah... juego con la expresión «¡Ah de la casa!» [*Is
anyone home?*]. Aquí tiene
la fuerza de «*Is there any
life left?*»
[3] años pasados
[4] *chewed*
[5] está presente

Ayer se fue; mañana no ha llegado;
hoy se está yendo sin parar un punto:
soy un fue, y un será, y un es cansado.

En el hoy y mañana y ayer, junto
pañales[6] y mortaja,[7] y he quedado
presentes sucesiones[8] de difunto.

[6] *diapers*
[7] *shroud*
[8] etapas

Cuestionario

1. ¿Qué describe el poeta en la primera estrofa?
2. ¿Qué función tienen las imágenes temporales en el poema?
3. ¿Con qué propósito se emplean las palabras *pañales* y *mortaja* en el verso 13?

Sor Juana Inés de la Cruz

Nacida en México, Sor Juana Inés de la Cruz (Juana de Asbaje y Ramírez, 1651-1695) mostró durante toda su vida una precocidad y afán intelectuales. Prodigio de la corte del Virrey en la ciudad de México, rechazó la vida seglar para ingresar en un convento (1669). Aun dentro del claustro, se mantuvo como centro intelectual—igual que religioso—de la vida mexicana. En 1694, Sor Juana abandonó los estudios para dedicarse al servicio y a la renuncia espirituales. Las obras poéticas de Sor Juana representan una extraordinaria síntesis del estilo gongorino, de la profundidad filosófica, de la ternura sentimental y de la visión mística. Se destacan los sonetos y el Primero sueño, *poema filosófico al estilo de las* Soledades *de Góngora.*

A su retrato

(Procura desmentir los elogios que a un retrato de la poetisa inscribió la verdad, que llama pasión.)

Este que ves, engaño colorido,
que del arte ostentando[1] los primores,[2]
con falsos silogismos[3] de colores
es cauteloso[4] engaño del sentido;

[1] mostrando
[2] belleza
[3] tipo de razonamiento filosófico
[4] cauto

éste, en quien la lisonja[5] ha pretendido
excusar de los años los horrores,
y venciendo del tiempo los rigores
triunfar de la vejez y del olvido,

   es un vano artificio del cuidado,
es una flor al viento dedicada,
es un resguardo[6] inútil para el hado:[7]

   es una necia diligencia[8] errada,
es un afán[9] caduco[10] y, bien mirado,
es cadáver, es polvo, es sombra, es nada.

[5] adulación
[6] defensa
[7] fortuna, destino
[8] esfuerzo
[9] deseo
[10] poco durable

Cuestionario

1. ¿Por qué el retrato es «engaño» (verso 4)?
2. ¿Con qué se compara el retrato?
3. ¿Qué técnica utiliza la poetisa para intensificar el tema del poema?

A una rosa

(En que da moral censura a una rosa, y en ella a sus semejantes.)

Rosa divina que en gentil cultura
eres, con tu fragante sutileza,
magisterio purpúreo en la belleza,
enseñanza nevada a la hermosura.

   Amago[1] de la humana arquitectura,
ejemplo de la vana gentileza,
en cuyo ser unió naturaleza
la cuna alegre y triste sepultura.

   ¡Cuán altiva[2] en tu pompa, presumida,
soberbia, el riesgo de morir desdeñas,
y luego desmayada y encogida[3]

   de tu caduco[4] ser das mustias[5] señas,[6]
con que con docta[7] muerte y necia vida,
viviendo engañas y muriendo enseñas!

[1] imitación
[2] orgullosa
[3] tímida
[4] débil
[5] marchitas
[6] pruebas
[7] sabia

Cuestionario

1. ¿De qué es símbolo la rosa?
2. ¿Qué quiere decir «la humana arquitectura» en el verso 5?
3. ¿Por qué se habla de una unión entre *cuna* y *sepultura* (versos 7–8)?
4. ¿Cómo se puede interpretar el verso final?

José de Espronceda

José de Espronceda (1808–1842) es ejemplo vital de la doctrina romántica practi-cada en sus obras. Pasó la mayor parte de su juventud en Madrid, en donde compuso sus primeras poesías, luchó contra el absolutismo del rey y fue encarce-lado por sus actividades políticas. En 1826, para cumplir con su deseo de «ver mundo», se presentó en Lisboa, donde se enamoró locamente de Teresa Mancha, hija de un coronel español. Trasladado el coronel a Londres, Espronceda persiguió a Teresa, ya casada con un comerciante rico. Luego sucedió lo que la historia llama el «rapto» de Teresa, aunque en realidad fue ella quien abandonó a su marido y huyó con el poeta a París. Tras una serie de aventuras, abandonos y reconciliaciones, vino la ruptura definitiva y la muerte de la amante, tema del famoso Canto a Teresa. *En Madrid, Espronceda se dedicó de nuevo a la política, al periodismo y a la composición poética. Sus poemas más conocidos reflejan las características principales del romanticismo: énfasis en el individuo, presentación negativa de la sociedad, exotismo y predominio de la sensibilidad y de la imagina-ción sobre la razón. Entre estos poemas figuran el «Himno al Sol», «A Jarifa en una orgía», el «Canto del cosaco», «El mendigo», «El reo», la «Canción del pirata» y la obra maestra de Espronceda,* El estudiante de Salamanca.

VI
Soledad del alma

Mi alma yace en soledad profunda,
árida, ardiente, en inquietud continua
cual la abrasada[1] arena del desierto
que el seco viento de la Libia agita.
Eterno sol sus encendidas llamas
doquier[2] sin sombra fatigoso vibra,
y aire de fuego en el quemado yermo[3]
bebe mi pecho y con afán respira,
cual si compuesto de inflamadas ascuas
mi corazón hirviéndome palpita,
y mi sangre agolpada por mis venas
con seco ardor calenturienta gira.
En vano busco la floresta[4] umbrosa[5]
o el manantial[6] del agua cristalina,
el bosque umbrío, la apacible fuente
lejos de mí, burlando mi fatiga,
huyen y aumentan mi fatal tormento
falaces[7] presentándose a mi vista.
¡Triste de mí! de regalada sombra,
de dulces aguas, de templada brisa,
en fértil campo de verdura y flores
con grata calma disfruté yo un día,

[1] quemada
[2] dondequiera
[3] terreno sin cultivar; desierto
[4] terreno que abunda en plantas
[5] llena de sombra
[6] fuente
[7] engañosas

cual abre el cáliz[8] de fragancia lleno
cándida rosa en la estación florida
fresco rocío regaló mi alma
abierta a la esperanza y las delicias.

[8]*calyx*

Cuestionario
1. Según el «yo» poético, ¿cuál es el estado de su alma?
2. ¿Qué tipo de imágenes usa el poeta para dar énfasis a ese estado?
3. ¿Hasta qué punto ha cambiado la situación del que habla?

Canción del pirata

Con diez cañones por banda,[1]
viento en popa, a toda vela,[2]
no corta el mar, sino vuela
un velero bergantín.[3]
Bajel[4] pirata que llaman,
por su bravura, el *Temido*,
en todo mar conocido
del uno al otro confín.[5]

La luna en el mar riela,[6]
en la lona[7] gime[8] el viento,
y alza[9] en blando movimiento
olas de plata y azul;
y ve el capitán pirata,
cantando alegre en la popa,
Asia a un lado, al otro Europa,
y allá a su frente Stambul.

«Navega, velero mío,
   sin temor,
que ni enemigo navío,[10]
ni tormenta, ni bonanza[11]
tu rumbo a torcer[12] alcanza,
ni a sujetar tu valor.

Veinte presas[13]
hemos hecho
a despecho
del[14] inglés,
y han rendido[15]
sus pendones[16]
cien naciones
a mis pies.

Que es mi barco mi tesoro,
que es mi dios la libertad,
mi ley, la fuerza y el viento,
mi única patria, la mar.

Allá muevan feroz guerra
   ciegos reyes
por un palmo[17] más de tierra;
que yo aquí tengo por mío
cuanto abarca el mar bravío,
a quien nadie impuso leyes.

Y no hay playa,
sea cualquiera,
ni bandera
de esplendor,[18]
que no sienta
mi derecho
y dé pecho[19]
a mi valor.

[1]por... a cada lado
[2]a... a toda velocidad
[3]velero... barco de velas
[4]barco
[5]límite
[6]brilla
[7]tela usada para las velas
[8](inf.: gemir) se lamenta
[9]levanta
[10]nave, barco
[11]mar tranquilo
[12]cambiar
[13]barcos capturados
[14]a... a pesar del
[15]han entregado
[16]banderas o estandartes
[17]valente a 20 centímetros o
   8 pulgadas
[18]de... ilustre
[19]dé... (fig.) pague tributo

Que es mi barco, *etcétera*

A la voz de «¡barco viene!»
   es de ver
cómo vira[20] y se previene
a todo trapo[21] a escapar.
Que yo soy el rey del mar,
y mi furia es de temer.

      En las presas
      yo divido
      lo cogido
      por igual.
      Sólo quiero
      por riqueza
      la belleza
      sin rival.

Que es mi barco, *etcétera*

Sentenciado estoy a muerte.
   Yo me río;
no me abandone la suerte,
y al mismo que me condena
colgaré de alguna entena[22]
quizá en su propio navío.

     Y si caigo,
     ¿qué es la vida?
     Por perdida
     ya la di,
     cuando el yugo[23]
     del esclavo,
     como un bravo
     sacudí.[24]

Que es mi barco, *etcétera*

Son mi música mejor
    aquilones,[25]
el estrépito[26] y temblor
de los cables sacudidos,
del negro mar los bramidos[27]
y el rugir[28] de mis cañones.

    Y del trueno
    al son violento,
    y del viento
    al rebramar,[29]
    yo me duermo
    sosegado,[30]
    arrullado[31]
    por el mar.

Que es mi barco mi tesoro,
que es mi dios la libertad,
mi ley, la fuerza y el viento,
mi única patria, la mar».

[20] muda de dirección
[21] a... a toda velocidad
[22] mástil
[23] *yoke*
[24] (me) quité
[25] vientos del norte
[26] estruendo, gran ruido
[27] ruidos del mar furioso
[28] ruido, estruendo
[29] bramar o gritar violentamente
[30] sereno
[31] adormecido

Cuestionario

1. ¿Cómo presenta el poeta el carácter del capitán pirata?
2. ¿Qué valores expresa el estribillo «Que es mi barco mi tesoro...»?
3. ¿Qué dice el pirata de los reyes (versos 35–40)?
4. ¿Cómo reacciona el pirata ante la muerte?
5. ¿Cuál es el efecto poético producido por la penúltima estrofa (versos 83–90)?
6. ¿Cuál es la visión social del poema?

Gertrudis Gómez de Avellaneda

Gertrudis Gómez de Avellaneda (1814–1873) nació en Cuba pero a la edad de veinte y dos años se trasladó a España, experiencia triste que la poetisa inmortalizó en el soneto «Al partir». Vivió en Madrid y Andalucía donde se enamoró de cierto Ignacio de Cepeda cuyo amor no correspondido inspiró el poema «A El». La producción literaria de la Avellaneda, de carácter nítidamente romántico, incluye poesía, teatro, novela y prosa epistolar. Fue también una de las precursoras del feminismo literario. La temática de su poesía versa sobre el amor desdoblado en el amor por el hombre, por Dios y por el arte. Otras características de su lírica son el elemento pasional, las innovaciones métricas—particularmente el uso de la polimetría, versificación que contiene desde dos hasta diecisiete sílabas—y la capacidad de la poetisa de adaptar la forma a sus sentimientos.

Al partir

¡Perla del mar! ¡Estrella de Occidente!
¡Hermosa Cuba! tu brillante cielo
la noche cubre con su opaco velo
como cubre el dolor mi triste frente.

¡Voy a partir!... La chusma[1] diligente
para arrancarme[2] del nativo suelo
las velas iza[3] y pronta a su desvelo[4]
la brisa acude de tu zona ardiente.

¡Adiós, patria feliz, Edén querido!
¡Doquier[5] que el hado[6] en su furor me impela,
tu dulce nombre halagará[7] mi oído!

¡Adiós!... ¡Ya cruje[8] la turgente[9] vela...
el ancla[10] se alza,[11]... el buque,[12] estremecido,[13]
las olas corta y silencioso vuela!

[1] muchedumbre
[2] quitarme
[3] levanta
[4] acción de extender las velas
[5] dondequiera
[6] destino
[7] alegrará
[8] *rustles*
[9] abultada, hinchada
[10] áncora
[11] se levanta
[12] barco
[13] agitado

Cuestionario

1. ¿Qué describe la poetisa en «Al partir»?
2. ¿Qué es lo que siente ella?
3. ¿Qué imágenes se utilizan para describir a Cuba? ¿y para describir los sentimientos de la poetisa?

A El

Era la edad lisonjera[1]
en que es un sueño la vida,
era la aurora hechicera[2]
de mi juventud florida
en su sonrisa primera

cuando contenta vagaba
por el campo, silenciosa,
y en escuchar me gozaba
la tórtola[3] que entonaba
su querella[4] lastimosa.

Melancólico fulgor[5]
blanca luna repartía,
y el aura leve mecía[6]
con soplo murmurador
la tierna flor que se abría.

¡Y yo gozaba! El rocío,
nocturno llanto del cielo,
el bosque espeso[7] y umbrío,[8]
la dulce quietud del suelo,
el manso correr del río,

y de la luna el albor,[9]
y el aura que murmuraba
acariciando[10] a la flor,
y el pájaro que cantaba...
todo me hablaba de amor.

Y trémula, palpitante,
en mi delirio extasiada,
miré una visión brillante,
como el aire perfumada
como las nubes flotante.

Ante mí resplandecía
como un astro brillador,
y mi loca fantasía
al fantasma seductor
tributaba idolatría.

Escuchar pensé su acento
en el canto de las aves;
eran las auras su aliento
cargadas de aromas suaves,
y su estancia el firmamento.

¿Qué ser divino era aquél?
¿Era un ángel o era un hombre?
¿Era un Dios o era Luzbel?
¿Mi visión no tiene nombre?
¡Ah! nombre tiene... ¡Era El!

El alma guardaba su imagen divina
y en ella reinabas, ignoto[11] señor,
que instinto secreto tal vez ilumina
la vida futura que espera el amor.

Al sol que en el cielo de Cuba destella[12]
del trópico ardiente brillante fanal[13]
tus ojos eclipsan, tu frente descuella,[14]
cual se alza[15] en la selva la palma real.

Del genio la aureola radiante sublime,
ciñendo[16] contemplo tu pálida sien,[17]
y al verte mi pecho palpita y se oprime
dudando si formas mi mal o mi bien.

Que tú eres, no hay duda, mi sueño adorado,
el ser que vagando mi mente buscó;
mas ¡ay! que mil veces el hombre arrastrado
por fuerza enemiga, su mal anheló.

Así vi a la mariposa
inocente, fascinada,
en torno a la luz amada
revolotear con placer.

Insensata se aproxima
y le acaricia insensata,
hasta que la luz ingrata
devora su frágil ser.

[1] agradable
[2] encantada
[3] *turtle-dove*
[4] lamento
[5] brillo, resplandor
[6] (inf.: mecer) *was rocking*
[7] denso
[8] cubierto de sombra
[9] luz, como la del alba
[10] tocando suavemente
[11] desconocido
[12] relumbra, brilla
[13] *lighthouse*
[14] (inf.: descollar) sobresale
[15] se levanta
[16] (inf.: ceñir) rodeando, cercando
[17] *temple*

Y es fama que allá en los bosques
que adornan mi patria ardiente,
nace y crece una serpiente
de prodigioso poder.

Que exhala en torno su aliento
y la ardilla[18] palpitante,
fascinada, delirante,
corre... ¡Y corre a perecer![19]

¿Hay una mano de bronce,
fuerza, poder o destino,
que nos impele al camino
que a nuestra tumba trazó?...

¿Dónde van, dónde, esas nubes
por el viento compelidas?...

¿Dónde esas hojas perdidas
que del árbol arrancó?...

Vuelan, vuelan resignadas,
y no saben dónde van,
pero siguen el camino
que les traza el huracán.

Vuelan, vuelan en sus alas
nubes y hojas a la par,
ya a los cielos las levante,
ya las sumerja en el mar.

¡Pobres nubes! ¡pobres hojas
que no saben dónde van!...
Pero siguen el camino
que les traza el huracán.

[18] *squirrel*
[19] morir

Cuestionario

1. ¿Cómo describe la poetisa «la edad lisonjera» (verso 1) de su vida?
2. ¿Cómo describe al hombre que ha entrado en su vida?
3. ¿Qué valor tiene la «mariposa» del verso 62?
4. ¿Cuáles han sido las consecuencias del amor para la poetisa?
5. ¿Qué importancia tiene el cambio de formas métricas (a partir de los versos 45 y 61) en cuanto a la interpretación del poema?

Gustavo Adolfo Bécquer

Gustavo Adolfo Bécquer (1836–1870) nació en Sevilla y luego se trasladó a Madrid, sin lograr ni éxito económico ni popularidad artística. Enfermizo durante toda la vida, Bécquer fue pintor además de escritor. Sus obras literarias abarcan la prosa y el verso. Sus Leyendas (veinte historias de tipo variado) y Rimas (setenta y seis composiciones poéticas) reflejan una sensibilidad romántica en cuanto a la selección de temas y a la subjetividad emotiva. Se reconoce a Bécquer como uno de los grandes maestros de la lírica española, tanto por la originalidad de sus versos como por la síntesis exquisita entre métrica y contenido.

Rima XXI

¿Qué es poesía? —dices mientras clavas[1]
   en mi pupila tu pupila azul.
¿Qué es poesía? ¿Y tú me lo preguntas?
   Poesía... eres tú.

[1] fijas

Cuestionario

1. ¿En qué términos define Bécquer la poesía?
2. ¿Cómo se explica el verso final?

Rima XXIII

Por una mirada, un mundo;
por una sonrisa, un cielo;
por un beso..., ¡yo no sé
qué te diera por un beso!

Cuestionario

1. ¿Qué función tiene la intensificación de ideas en este poema?
2. ¿Cómo se pueden interpretar los versos 3 y 4?

Rima LIII

Volverán las oscuras golondrinas[1]
en tu balcón sus nidos a colgar,[2]
y otra vez con el ala a sus cristales,[3]
    jugando llamarán;

pero aquellas que el vuelo refrenaban
tu hermosura y mi dicha[4] a contemplar;
aquellas que aprendieron nuestros nombres,
    ésas... ¡no volverán!

Volverán las tupidas[5] madreselvas[6]
de tu jardín las tapias[7] a escalar,
y otra vez a la tarde, aun más hermosas,
    sus flores se abrirán;

pero aquellas cuajadas[8] de rocío,[9]
cuyas gotas mirábamos temblar
y caer, como lágrimas del día...
    ésas... ¡no volverán!

[1] *swallows*
[2] Volverán... hipérbaton: el orden natural sería *las oscuras golondrinas volverán a colgar sus nidos en tu balcón.* Hay varios ejemplos de hipérbaton en el poema.
[3] ventanas
[4] buena fortuna
[5] espesas
[6] *honeysuckle*
[7] *fence*
[8] llenas
[9] *dew*

Volverán del amor en tus oídos
las palabras ardientes a sonar;
tu corazón de su profundo sueño
    tal vez despertará;

    pero mudo y absorto y de rodillas,
como se adora a Dios ante su altar,
como yo te he querido... desengáñate:[10]
    ¡así no te querrán!

[10] no te engañes

Cuestionario

1. ¿Qué significación tienen los versos que repiten la palabra «Volverán»? ¿y los que repiten la palabra «pero»?
2. ¿Qué tipo de imágenes predominan en el poema?
3. ¿Cómo se puede interpretar la estrofa final?

Manuel Gutiérrez Nájera

Manuel Gutiérrez Nájera (1859–1895), periodista, crítico, poeta y cuentista mexicano, murió prematuramente a causa del alcoholismo. Su contribución a la literatura hispánica estriba en ser el iniciador del movimiento modernista en su país y, a través de su famosa Revista Azul, *el de portavoz de esa corriente en Hispanoamérica en la época de transición del romanticismo al modernismo. Producto de la clase burguesa capitalina y hombre de una fealdad física que le causó incalculable dolor toda la vida, Gutiérrez Nájera buscó en su propia creación artística la manera de evadirse. Sus obras en verso y en prosa, compuestas con el pseudónimo de «el Duque Job» atestiguan el logro de esa nobleza y hermosura que le habían sido negadas por la naturaleza. En dichas obras se encuentran, de hecho, una elegancia sensual y un refinamiento que dan a la vida el carácter de un monumento artístico. No obstante el tono triste y melancólico de algunas de ellas, las composiciones poéticas de Gutiérrez Nájera se distinguen por su musicalidad y por la belleza de sus imágenes plásticas. Su innovación abarca en la temática, la adaptación de motivos clásicos (en «Non omnis moriar» el autor reelabora el tema de Horacio para que dicho tema refleje su propio credo «esteticista»); en la métrica, la renovación de antiguas formas españolas y la búsqueda de nuevas combinaciones; y en la imaginería, la elección de imágenes cromáticas altamente sugestivas.*

Para entonces

Quiero morir cuando decline el día
en alta mar y con la cara al cielo;
donde parezca un sueño la agonía,
y el alma, un ave que remonta el vuelo.

No escuchar en los últimos instantes,
ya con el cielo y con la mar a solas,
más voces ni plegarias[1] sollozantes[2]
que el majestuoso tumbo[3] de las olas.

[1] *prayers, pleas*
[2] con lloros
[3] ondulación

Morir cuando la luz triste retira
sus áureas[4] redes de la onda verde,
y ser como ese sol que lento expira;
algo muy luminoso que se pierde.

Morir, y joven: antes que destruya
el tiempo aleve la gentil corona;
cuando la vida dice aún: «soy tuya»,
¡aunque sepamos bien que nos traiciona!

[4] de color de oro

Cuestionario

1. ¿Cómo sería para el poeta la muerte ideal?
2. ¿Qué representa el «ave» del verso 4?
3. ¿Cuál es la idea central de los dos últimos versos?

Non omnis moriar[1]

¡No moriré del todo,[2] amiga mía!
De mi ondulante espíritu disperso
algo en la urna diáfana[3] del verso
piadosa guardará la poesía.

¡No moriré del todo! Cuando herido
caiga a los golpes del dolor humano,
ligera tú, del campo entenebrido[4]
levantarás al moribundo hermano.

Tal vez entonces por la boca inerme[5]
que muda aspira la infinita calma,
oigas la voz de todo lo que duerme
con los ojos abiertos en mi alma.

Hondos recuerdos de fugaces días,
ternezas tristes que suspiran solas;
pálidas, enfermizas alegrías
sollozando[6] al compás de las violas...

Todo lo que medroso oculta el hombre
se escapará, vibrante, del poeta,
en áureo ritmo de oración secreta
que invoque en cada cláusula tu nombre.

[1] no se muere totalmente
  (*latín*)
[2] del... totalmente
[3] transparente
[4] oscuro
[5] sin defensa
[6] llorando

Y acaso adviertas que de modo extraño
suenan mis versos en tu oído atento,
y en el cristal, que con mi soplo empaño,[7]
mires aparecer mi pensamiento.

Al ver entonces lo que yo soñaba,
dirás de mi errabunda[8] poesía:
era triste, vulgar lo que cantaba...
mas, ¡qué canción tan bella la que oía!

Y porque alzo[9] en tu recuerdo notas
del coro universal, vívido y almo;[10]
y porque brillan lágrimas ignotas[11]
en el amargo cáliz[12] de mi salmo;

porque existe la Santa Poesía
y en ella irradias[13] tú, mientras disperso
átomo de mi ser esconda el verso
¡no moriré del todo, amiga mía!

[7] oscurezco
[8] que vaga de una parte a otra
[9] levanto
[10] santo, sagrado
[11] ignoradas
[12] *chalice*
[13] das luz

Cuestionario

1. ¿Quién será la «amiga mía» del primer verso?
2. ¿Cómo se pueden interpretar los versos 27 y 28 («era triste,... la que oía!»)?
3. ¿Cuál es la importancia del motivo *non omnis moriar* en el poema?

Rubén Darío

Rubén Darío (1867–1916), poeta y prosista nicaragüense cuyo verdadero nombre era Félix Rubén García Sarmiento. A pesar de su humilde origen provincial—nació en Metapa, pequeño pueblo de Nicaragua—Darío llegó a ser el máximo exponente del cosmopolitismo latinoamericano y el líder indiscutible del movimiento modernista que tanto influyó sobre toda la literatura de habla española. Viajó extensamente por las Américas y Europa en calidad de diplomático y periodista. Sus obras reflejan su vida turbulenta y peripatética en la que se entregó con igual abandono al placer sensual, a !as amistades intelectuales, a la lectura de los principales románticos, parnasianos y simbolistas de la época—particularmente los franceses y españoles—y, finalmente, a la meditación. En realidad, sus libros más decisivos—Azul (1888), Prosas profanas (1896), Cantos de vida y esperanza (1905) y Canto errante (1907)—reúnen en sí todos los valores caros a los varios representantes del modernismo en sus distintas etapas. Por lo tanto, allí se hace evidente la búsqueda de una nueva estética que, valiéndose de lo mejor de las corrientes literarias extranjeras y de la propia tradición española, y que convirtiendo el arte en el único fin del escritor, habría de devolver al poeta la dignidad perdida a causa del materialismo finisecular. En esas mismas obras está presente también la desilusión del modernista que insatisfecho con la persecución de un ideal artístico inalcanzable—la meta del esteticismo o «el arte por el arte»—se interioriza y busca la dimensión espiritual que le falta para finalizar su noble tarea.

Yo persigo una forma...

Yo persigo una forma que no encuentra mi estilo,
botón[1] de pensamiento que busca ser la rosa;
se anuncia con un beso que en mis labios se posa
al abrazo imposible de la Venus de Milo.

Adornan verdes palmas el blanco peristilo;[2]
los astros me han predicho la visión de la Diosa;
y en mi alma reposa la luz, como reposa
el ave de la luna sobre un lago tranquilo.

Y no hallo sino la palabra que huye,
la iniciación[3] melódica que de la flauta[4] fluye
y la barca del sueño que en el espacio boga;[5]

y bajo la ventana de mi Bella-Durmiente,
el sollozo[6] continuo del chorro[7] de la fuente
y el cuello del gran cisne[8] blanco que me interroga.

[1] bud
[2] columna
[3] introducción
[4] flute
[5] navega
[6] lloro
[7] agua que sale con fuerza
[8] swan

Cuestionario
1. ¿Qué representa la frase «botón de pensamiento que busca ser la rosa» (verso 2)?
2. ¿Cómo se puede explicar el verso 9, «Y no hallo sino la palabra que huye»?
3. ¿Cuál será la «forma» que persigue el poeta?

El cisne[1]

Fue en una hora divina para el género humano.
El cisne antes cantaba sólo para morir.
Cuando se oyó el acento del Cisne wagneriano[2]
fue en medio de una aurora,[3] fue para revivir.

Sobre las tempestades del humano oceano
se oye el canto del Cisne; no se cesa de oír,
dominando el martillo[4] del viejo Thor[5] germano
o las trompas que cantan la espada de Argantir.[6]

¡Oh Cisne! ¡Oh sacro pájaro! Si antes la blanca Helena[7]
del huevo azul de Leda[8] brotó de gracia llena,
siendo de la Hermosura la princesa inmortal,

bajo tus blancas alas la nueva Poesía
concibe en una gloria de luz y de armonía
la Helena eterna y pura que encarna el ideal.

[1] swan (símbolo del modernismo)
[2] se refiere al compositor alemán Richard Wagner (1813–1883), en cuya ópera *Lohengrin* aparece la imagen del cisne
[3] (fig.), principio o primeros tiempos de una cosa
[4] hammer
[5] dios mitológico escandinavo del trueno y de la agricultura; su símbolo es el martillo
[6] figura legendaria islandesa asociada con la lucha
[7] Helena de Troya, símbolo de la belleza femenina
[8] madre de Helena y de Júpiter (quien tomó forma de cisne para poseer a Leda)

Cuestionario
1. ¿Cómo ha cambiado la situación del cisne, según el primer cuarteto (versos 1–4)?
2. ¿Qué representan Thor y Argantir? ¿Qué representa Helena? ¿Por qué alude el poeta a estas figuras?
3. ¿Cómo será la «nueva Poesía»?

Canción de otoño en primavera

Juventud, divino tesoro,
¡ya te vas para no volver!
Cuando quiero llorar, no lloro...
y a veces lloro sin querer.

Plural ha sido la celeste
historia de mi corazón.
Era una dulce niña, en este
mundo de duelo y aflicción.

Miraba como el alba pura;
sonreía como una flor.
Era su cabellera[1] oscura
hecha de noche y de dolor.

Yo era tímido como un niño.
Ella, naturalmente, fue,
para mi amor hecho de armiño,[2]
Herodías y Salomé[3]...

Juventud, divino tesoro,
¡ya te vas para no volver...!
Cuando quiero llorar, no lloro,
y a veces lloro sin querer.

La otra fue más sensitiva,
y más consoladora y más
halagadora[4] y expresiva,
cual no pensé encontrar jamás.

Pues a su continua ternura
una pasión violenta unía.
En un peplo[5] de gasa pura
una bacante[6] se envolvía...

En sus brazos tomó mi ensueño[7]
y lo arrulló[8] como a un bebé...
Y lo mató, triste y pequeño,
falto de luz, falto de fe...

Juventud, divino tesoro,
¡te fuiste para no volver!
Cuando quiero llorar, no lloro,
y a veces lloro sin querer...

Otra juzgó que era mi boca
el estuche[9] de su pasión
y que me roería,[10] loca,
con sus dientes el corazón,

poniendo en un amor de exceso
la mira de su voluntad,
mientras eran abrazo y beso
síntesis[11] de la eternidad:

y de nuestra carne[12] ligera
imaginar siempre un Edén,
sin pensar que la Primavera
y la carne acaban también...

Juventud, divino tesoro,
¡ya te vas para no volver!
Cuando quiero llorar, no lloro,
¡y a veces lloro sin querer!

¡Y las demás!, en tantos climas,
en tantas tierras, siempre son,
si no pretexto de mis rimas,
fantasmas de mi corazón.

[1] pelo largo
[2] *ermine*
[3] Herodías, mujer de Herodes, hizo que su hija Salomé pidiera la cabeza de San Juan Bautista en pago de sus danzas
[4] aduladora
[5] vestidura femenina usada en la antigua Grecia
[6] sacerdotisa de Baco, dios del vino
[7] sueño, fantasía
[8] *lulled to sleep*
[9] caja para guardar algo valioso
[10] comería vorazmente
[11] suma y compendio
[12] *flesh*

En vano busqué a la princesa
que estaba triste de esperar.
La vida es dura. Amarga y pesa.
¡Ya no hay princesa que cantar!

Mas a pesar del tiempo terco,[13]
mi sed de amor no tiene fin;
con el cabello gris me acerco
a los rosales del jardín...

Juventud, divino tesoro,
¡ya te vas para no volver!...
Cuando quiero llorar, no lloro,
y a veces lloro sin querer...

¡Mas es mía el Alba[14] de oro!

[13] obstinado
[14] primera luz del día

Cuestionario

1. ¿Cuál es la significación del estribillo «Juventud, divino tesoro...»?
2. ¿Cómo han sido las aventuras amorosas del poeta?
3. ¿Cómo se puede interpretar «si no pretexto de mis rimas,/fantasmas de mi corazón» (versos 55–56)?
4. ¿Qué significación tiene el verso final?
5. ¿Es éste un poema lírico o un poema narrativo? Justifíquese la respuesta.

Amado Nervo

Amado Nervo (1870–1919), prolífico y versátil escritor mexicano es uno de los representantes más populares del modernismo hispanoamericano. En la temática de su poesía, género en que se distinguió de modo particular, se destacan el misticismo y el amor. Hombre humilde, de convicciones religiosas que oscilan entre el cristianismo y el panteísmo (pantheism), Nervo glorificó y ennobleció en sus versos el amor físico, considerando ese amor unas de las vías que conducen a Dios y, de ahí, al descubrimiento de lo eterno. Aunque resultaría difícil encontrar en sus escritos más representativos—Serenidad (1914), La amada inmóvil (1915), Elevación (1917), Místicas (1898), La hermana agua (1901) y El estanque de lotos (1919)—la excentricidad que caracteriza gran parte del modernismo, Nervo cabe, sin embargo, dentro del marco modernista por dos razones fundamentales. La primera es que, al igual que muchos de los modernistas, vivió en su propia «torre de marfil», prefiriendo la vida de meditación en Madrid, donde sirvió de embajador, a la de escritor comprometido en su país durante la Revolución Mexicana (1910–1917). La segunda es que la estética de Nervo revela el constante cuidado por experimentar con varios géneros y nuevas formas poéticas capaces de expresar la inquietud de su espíritu. Sus cuentos más representativos se encuentran en Cuentos de juventud (1898), Almas que pasan (1906) y Cuentos misteriosos (1921).

La pregunta

¿Y qué quieres ser tú?—dijo el Destino.
Respondí:—Yo, ser santo;
y repuso el Destino:
«Habrá que contentarse
con menos...»

Pesaroso,[1]
aguardé[2] en mi rincón una pregunta
nueva:
            «¿Qué quieres ser?»—dijo el Destino
otra vez:—Yo, ser genio respondíle;
y él irónico: «Habrá que contentarse
con menos...»
            Mudo y triste
en mi rincón de sombra, ya no espero
la pregunta postrer,[3] a la que sólo
responderá mi trágico silencio...

[1] dolorido, triste
[2] esperé
[3] postrera, última

Cuestionario

1. ¿De qué manera se presenta «el Destino» en este poema?
2. ¿Cómo responde «el Destino» a las palabras del poeta?
3. ¿Cuál será «la pregunta postrer» (verso 15)?

Si tú me dices «¡Ven!»

Si Tú me dices:«¡Ven!», lo dejo todo...
No volveré siquiera la mirada
para mirar a la mujer amada...
Pero dímelo fuerte, de tal modo

que tu voz, como toque de llamada,[1]
vibre hasta en el más íntimo recodo[2]
del ser, levante el alma de su lodo[3]
y hiera el corazón como una espada.

Si Tú me dices: «¡Ven!», todo lo dejo.
Llegaré a tu santuario casi viejo,
y al fulgor[4] de la luz crepuscular;

mas he de compensarte mi retardo,[5]
difundiéndome,[6] ¡oh Cristo!, como un nardo[7]
de perfume sutil, ante tu altar.

[1] toque... señal para llamar
[2] rincón
[3] *mud*
[4] resplandor, brillo
[5] retraso, tardanza
[6] extendiéndome por todas partes
[7] tipo de flor (*spikenard*)

Cuestionario

1. ¿A quién va dirigido el poema?
2. Según el que habla, ¿qué características debe reunir la llamada para que él la obedezca?
3. ¿Cómo se puede interpretar «mas he de compensarte mi retardo» (verso 12)?

Antonio Machado

Antonio Machado (1875–1939) nació en Sevilla, y a los ocho años fue con su familia a vivir a Madrid. Cursó estudios en la Universidad de Madrid y residió tres años en París. Nombrado catedrático de francés en la ciudad de Soria, se casó en 1909 con Leonor, de dieciséis años. Los dos viajaron a París, donde Machado siguió clases de filosofía con Henri Bergson. De vuelta a Soria, muere Leonor en 1912. Víctima de una tristeza profunda, Machado aceptó varios cargos académicos, incluso un puesto en el Instituto Calderón de Madrid (1931). En el último año de la Guerra Civil española, salió el poeta de España y murió poco después en el sur de Francia. Creador de una poesía a la vez sencilla y profunda, de índole patriótica y espiritual, Machado publicó las siguientes colecciones: Soledades (1903), Soledades, galerías y otros poemas (1907), Campos de Castilla (1912) y Nuevas canciones (1925).

Proverbios y cantares, XXIX

Caminante, son tus huellas[1]
el camino, y nada más;
caminante, no hay camino:
se hace camino al andar.
Al andar se hace camino,
y al volver la vista atrás
se ve la senda que nunca
se ha de volver a pisar.[2]
Caminante, no hay camino,
sino estelas[3] en la mar.

[1] tracks
[2] caminar
[3] wake

Cuestionario

1. En términos simbólicos, ¿qué representa «el camino» en este poema? ¿Qué representa «la mar»?
2. ¿Qué efecto logra el poeta al repetir diversas formas del verbo *caminar*?
3. ¿Qué significa «se hace camino al andar» (verso 4)?
4. ¿Cómo se pueden interpretar los dos últimos versos?

Noche de verano

Es una hermosa noche de verano.
Tienen las altas casas
abiertos los balcones
del viejo pueblo a la anchurosa plaza.

En el amplio rectángulo desierto,
bancos de piedra, evónimos y acacias[1]
simétricos dibujan
sus negras sombras en la arena blanca.
En el cenit,[2] la luna, y en la torre,
la esfera del reloj iluminada.
Yo en este viejo pueblo paseando
solo, como un fantasma.

[1] tipos de plantas
[2] *zenith*

Cuestionario

1. ¿Cómo se presenta la noche en la primera parte del poema (versos 1–8)?
2. ¿Cuál es la comparación de los versos 9–10, «En el cenit... iluminada»?
3. ¿Cómo se siente el poeta?

La saeta[1]

¿Quién me presta una escalera
para subir al madero,
para quitarle los clavos
a Jesús el Nazareno?

Saeta popular

¡Oh la saeta, el cantar
al Cristo de los gitanos,
siempre con sangre en las manos,
siempre por desenclavar![2]
¡Cantar del pueblo andaluz[3]
que todas las primaveras
anda pidiendo escaleras
para subir a la cruz!
¡Cantar de la tierra mía,
que echa flores
al Jesús de la agonía,
y es la fe de mis mayores!

¡Oh, no eres tú mi cantar!
¡No puedo cantar, ni quiero,
a ese Jesús del madero,[4]
sino al que anduvo en el mar!

[1] canción devota de Andalucía (región del sur de España) que se canta en la iglesia o en la calle durante ciertas ceremonias religiosas, especialmente en Semana Santa
[2] por... que se le quiten los clavos
[3] de Andalucía
[4] cruz de madera

Cuestionario

1. ¿Cómo es el Cristo de los gitanos?
2. ¿Cómo reacciona el poeta ante esta imagen de Cristo?
3. ¿Qué distinción se hace entre el «Jesús del madero» (verso 15) y el «que anduvo en el mar» (verso 16)?

Juan Ramón Jiménez

Juan Ramón Jiménez (1881–1958) nació en Moguer, Andalucía, y publicó durante su vida más de veinte libros de poesía, desde Almas de violeta *(1900) hasta* Animal de fondo *(1949). Enfermizo y obsesionado por la idea de la muerte, Jiménez se retiró de los asuntos políticos y sociales de su época para dedicarse a la creación artística. Después de terminar los estudios universitarios en Sevilla, el poeta viajó a Madrid, donde entró en contacto con el gran poeta modernista Rubén Darío y con otras figuras literarias. También viajó al exterior, pero siempre volvió a buscar la soledad creadora de su pueblo natal. En una estancia prolongada en Norte América (1916–1927), se casó con Zenobia Camprubí Ayamar, traductora del poeta indio Rabindranath Tagore y desde entonces colaboradora de su esposo. Jiménez volvió varias veces a España, y pasó los últimos años de su vida en Puerto Rico. En 1956 se le otorgó el Premio Nóbel. De la trayectoria poética de Juan Ramón Jiménez puede decirse que fue como un proceso continuo hacia la desnudez o pureza poética, una búsqueda caracterizada por una revisión constante de la materia previa y recogida nuevamente en sus* Antolojías. *La ortografía de este título refleja el deseo del autor de romper con las normas convencionales de la escritura.*

Intelijencia, dame

¡Intelijencia, dame
el nombre exacto de las cosas!
...Que mi palabra sea
la cosa misma,
creada por mi alma nuevamente.
Que por mí vayan todos
los que no las conocen, a las cosas;
que por mí vayan todos
los que ya las olvidan, a las cosas;
que por mí vayan todos
los mismos que las aman, a las cosas...
¡Intelijencia, dame
el nombre exacto, y tuyo,
y suyo, y mío, de las cosas!

Cuestionario

1. ¿A quién o a qué se dirige el poeta en este poema?
2. ¿Qué pide el poeta?
3. ¿Cómo se puede interpretar «creada por mi alma nuevamente» (verso 5)?
4. ¿Qué significa la frase «el nombre exacto de las cosas»?

Vino, primero, pura

Vino, primero, pura,
vestida de inocencia.
Y la amé como un niño.

Luego se fue vistiendo
de no sé qué ropajes.
Y la fui odiando, sin saberlo.

Llegó a ser una reina,
fastuosa[1] de tesoros...
¡Qué iracundia de yel[2] y sin sentido!

...Mas se fue desnudando.
Y yo le sonreía.

Se quedó con la túnica
de su inocencia antigua.
Creí de nuevo en ella.

Y se quitó la túnica.
y apareció desnuda toda...
¡Oh pasión de mi vida, poesía
desnuda, mía para siempre!

[1] ostentosa
[2] iracundia... rabia, ira

Cuestionario
1. ¿Cuál es el sujeto del poema?
2. ¿Qué técnica emplea el poeta para presentar ese sujeto? O sea, ¿qué tipo de comparación se introduce?
3. ¿Cuál es el proceso descrito en el poema?

Gabriela Mistral

Gabriela Mistral (1885–1957), poetisa y prosista chilena postmodernista. Lucila Godoy Alcaya—su verdadero nombre—nació en Vicuña, pueblecito rural y pobre. Allí principió, a la edad de trece años, su carrera de educadora y humanista que la llevaría a recorrer Latinoamérica, Estados Unidos y Europa, por cuenta de su país y como delegada de la Liga de Naciones. A temprana edad, la muerte trágica de su primero y único novio imprimió en Mistral el sello de la desolación, de la tristeza y, finalmente, de la fe en Dios que caracteriza su vida y su obra artística. Su poesía, de claro timbre femenino, por la que ganaría en 1945 el Premio Nóbel de Literatura, refleja el rol de amiga de los desvalidos y madre de todo niño desamparado que desempeñó hasta la muerte. El tema favorito de sus principales obras—Desolación (1922), Ternura (1925), Tala (1938) y Lagar (1954)—es por lo tanto, su amor apasionado, tierno, de mujer frustrada que se convierte a la larga en amor materno, amor a Dios, a la humanidad y a la naturaleza.

Meciendo[1]

El mar sus millares de olas
  mece, divino.
Oyendo a los mares amantes,
  mezo a mi niño.

El viento errabundo[2] en la noche
  mece los trigos.
Oyendo a los vientos amantes,
  mezo a mi niño.

Dios padre sus miles de mundos
  mece sin ruido.
Sintiendo su mano en la sombra
  mezo a mi niño.

[1] *rocking*
[2] errante

Cuestionario
1. ¿Cómo se emplea el verbo *mecer* en este poema?
2. ¿Qué semejanzas hay entre el contenido y la forma de las distintas estrofas?
3. ¿Cuáles son los sentimientos de la poetisa al mecer a su niño?

Yo no tengo soledad

Es la noche desamparo[1]
de las sierras hasta el mar.
Pero yo, la que te mece,
¡yo no tengo soledad!

  Es el cielo desamparo
si la luna cae al mar.
Pero yo, la que te estrecha,
¡yo no tengo soledad!

  Es el mundo desamparo
y la carne triste va.
Pero yo, la que te oprime,
¡yo no tengo soledad!

[1] desolación

Cuestionario
1. ¿Qué tipo de contraste se presenta en este poema?
2. ¿Cómo se puede interpretar el verso 10, «y la carne triste va»?
3. ¿Por qué no tiene soledad el «yo» poético?

César Vallejo

César Vallejo (1892–1938), poeta y prosista peruano vanguardista de tendencias existencialistas. Nacido de familia pobre, hispano-india, resintió de modo particular la injusticia política y social en su país. Encarcelado por su activismo político de raíces marxistas, eligió, al salir, la vía del destierro. Murió en París. Su primer libro de versos, Los heraldos negros *(1918), deja percibir rasgos modernistas en la imaginería y en la visión —algo romántica—de la tierra peruana y del indígena. Sin embargo, las notas dominantes en esta colección de versos son el tono personal, íntimo, y la temática de la solidaridad humana. Los poemas de su segunda obra,* Trilce *(1922), compuestos en la cárcel, muestran a un Vallejo más rebelde y audaz que rompe con la retórica y el metro, que crea nuevas palabras o altera las convencionales. Todo esto con el fin de poner en libertad el lenguaje y producir un verso flexible, totalmente autónomo. No obstante el haber caído en pleno Vanguardismo, Vallejo sigue preocupándose por los mismos temas: el dolor, la soledad, la agonía del hombre contemporáneo agobiado por la incoherencia de su existencia. Entre otras colecciones de poesías cabe señalar, por su importancia universal,* Poemas humanos *(1939), tipo de diario personal inspirado por la crisis económica de 1930, y* España, aparta de mí este cáliz *(1939), la más alta expresión de humanitarismo frente al holocausto que fue, para el poeta, la Guerra Civil española.*

Yuntas[1]

Completamente. Además, ¡vida!
Completamente. Además, ¡muerte!

Completamente. Además, ¡todo!
Completamente. Además, ¡nada!

Completamente. Además, ¡mundo!
Completamente. Además, ¡polvo!

Completamente. Además, ¡Dios!
Completamente. Además, ¡nadie!

Completamente. Además, ¡nunca!
Completamente. Además, ¡siempre!

Completamente. Además, ¡oro!
Completamente. Además, ¡humo!

Completamente. Además, ¡lágrimas!
Completamente. Además, ¡risas!...

¡Completamente!

[1] un par de bueyes u otros animales que trabajan juntos

Cuestionario
1. ¿Cómo se puede interpretar el juego de oposiciones en el poema?
2. ¿Qué valor tiene la yuxtaposición *lágrimas/risas* al final del poema?
3. ¿Qué significa la palabra *completamente* en el poema?

El momento más grave de la vida

Un hombre dijo:

—El momento más grave de mi vida estuvo en la batalla del Marne,[1] cuando fui herido en el pecho.

Otro hombre dijo:

—El momento más grave de mi vida, ocurrió en un maremoto de Yokohama,[2] del cual salvé milagrosamente, refugiado bajo el alero[3] de una tienda de lacas.[4]

Y otro hombre dijo:

--El momento más grave de mi vida acontece cuando duermo de día.

Y otro dijo:

—El momento más grave de mi vida ha estado en mi mayor soledad.

Y otro dijo:

—El momento más grave de mi vida fue mi prisión en una cárcel del Perú.

Y otro dijo:

—El momento más grave de mi vida es el haber sorprendido de perfil[5] a mi padre.

Y el último hombre dijo:

—El momento más grave de mi vida no ha llegado todavía.

[1] río de Francia, escenario de varias batallas de la Primera Guerra Mundial
[2] puerto japonés, escenario de un maremoto [*seaquake*]
[3] *eaves*
[4] *lacquer*
[5] *in profile*

Cuestionario

1. ¿Qué tipo de paralelismo se ve en el poema?
2. ¿Cómo se pueden interpretar los versos 18 y 19 «El momento más grave de mi vida es el haber sorprendido de perfil a mi padre»?
3. ¿Qué elemento distingue este poema de la prosa?

Vicente Huidobro

Vicente Huidobro (1893–1948), poeta, prosista y dramaturgo chileno, es conocido principalmente por su papel de teórico de la nueva poesía hispánica y por ser el fundador del Creacionismo. De acuerdo con la doctrina creacionista, cimentada en las escuelas de vanguardia europeas—el futurismo, el cubismo y el dadaísmo en particular—la obra poética había de dejar de imitar la naturaleza o el llamado «mundo real». En cambio el poeta, convertido por su poder creativo en un «pequeño dios», había de originar nuevas realidades. Esta teoría implicó para la nueva estética, tanto en Hispanoamérica como en España, la completa autonomía del arte y, para el poema, su independencia radical del autor o circunstancia. Para obtener estos resultados el creacionismo se vale de cualquier recurso capaz de producir una comunicación antilógica, o sea, contraria a las normas del discurso convencional. De ahí surge la experimentación con palabras inventadas (neologismos), juegos onomatopéyicos y fonémicos de palabras o frases (jitanjáforas), falta de puntuación y de coherencia verbal y otros tantos artificios novedosos. El eje de la técnica creacionista es, en todo caso, la metáfora, especialmente aquella que asombra por su atrevimiento y originalidad. Entre los muchos libros de Huidobro hay que destacar El espejo de agua (1916), que contiene «Arte poética», poema sumamente significativo por contener la síntesis de la teoría creacionista, y Altazor, o el viaje en paracaídas (1931), obra en siete cantos de carácter autobiográfico y existencial en la que se funden las técnicas más logradas del autor.

Arte poética[1]

Que el verso sea como una llave
Que abra mil puertas.
Una hoja cae; algo pasa volando;
Cuanto miren los ojos creado sea,
Y el alma del oyente quede temblando.

Inventa mundos nuevos y cuida tu palabra;
El adjetivo, cuando no da vida, mata.

Estamos en el ciclo de los nervios.
El músculo cuelga,[2]
Como recuerdo, en los museos;
Mas no por eso tenemos menos fuerza:
El vigor verdadero
Reside en la cabeza.

[1] doctrina o teoría literaria (del *latín:* «ars poetica»)
[2] *hangs*

Por qué cantáis la rosa, ¡oh Poetas!
Hacedla florecer en el poema;

Sólo para nosotros
Viven todas las cosas bajo el Sol.

El poeta es un pequeño Dios.

Cuestionario
1. Según el poeta, ¿cómo debe ser la poesía?
2. ¿Cómo se puede interpretar el verso 7, «El adjetivo, cuando no da vida, mata»?
3. ¿A qué podría referirse «el ciclo de los nervios» (verso 8)?
4. ¿Qué significación tiene la «rosa» de los versos 14 y 15?
5. ¿Por qué es el poeta «un pequeño Dios» (verso 18)?

La capilla aldeana (fragmento)

Ave
canta
suave
que tu canto encanta
sobre el campo inerte
sones
vierte[1]
y ora-
ciones
llora.
Desde
la cruz santa
el triunfo del sol canta
y bajo el palio[2] azul del cielo
deshoja tus cantares sobre el suelo.

[1] emite
[2] *mantle;* aquí, la palabra tiene una implicación religiosa

Cuestionario
1. ¿De qué clase de poesía es ejemplo esté poema?
2. ¿Qué tipo de imágenes emplea el poeta?
3. ¿Cuáles son los casos de encabalgamiento en este poema?

Juana de Ibarbourou

Juana de Ibarbourou (1895–1979) no experimentó la angustia y desesperación de otras poetisas postmodernistas hispanoamericanas. En cambio, lo que caracteriza la lírica temprana de esta uruguaya plenamente realizada como esposa, madre y escritora es, sobre todo, la alegría de vivir. En su primera y mejor obra, Las lenguas de diamante (1918), Ibarbourou expone su manifiesto humano y artístico: el deseo de amar y de ser amada, libre de toda restricción moral o religiosa, y su percepción de la vida como algo bello, puro y real que la poetisa identifica con las formas sensuales e íntimas de la naturaleza—el agua del arroyo, la flor, el campo oloroso. El culto a los placeres de la vida se contrasta en su poesía con la obstinación de no aceptar la muerte como una realidad definitiva. Por consiguiente, uno de sus temas favoritos es el de la transmigración del cuerpo. A través de dicho tema Ibarbourou expresa la esperanza de triunfar sobre la muerte—representada por la sombra, el frío, la noche—y de volver a vivir asumiendo alguna forma bella, algo como la luz, simbolizada a menudo en sus poemas por la imagen de la llama. Aunque en las obras posteriores—La rosa de los vientos (1930), Perdida (1950) y Romances del destino (1955)—asome el pesimismo de la mujer que contempla ya de cerca la muerte, no faltan todavía aquellas notas de amor a la vida y las imágenes expresivas con las que siempre se ha identificado en el mundo hispánico a esta poetisa.

La higuera[1]

Porque es áspera y fea;
Porque todas sus ramas son grises,
Yo le tengo piedad a la higuera.

En mi quinta[2] hay cien árboles bellos:
    Ciruelos[3] redondos,
    Limoneros rectos
Y naranjos de brotes[4] lustrosos.

    En las primaveras,
Todos ellos se cubren de flores
    En torno a la higuera.

Y la pobre parece tan triste
Con sus gajos[5] torcidos que nunca
De apretados capullos[6] se visten...

    Por eso,
Cada vez que yo paso a su lado
Digo, procurando
Hacer dulce y alegre mi acento:
—Es la higuera el más bello
De los árboles todos del huerto.

[1] fig tree
[2] casa de campo
[3] plum trees
[4] buds
[5] ramas de árbol
[6] brotes

Si ella escucha,
Si comprende el idioma en que hablo,
¡Qué dulzura tan honda hará nido[7]
En su alma sensible de árbol!

Y tal vez, a la noche,
Cuando el viento abanique[8] su copa,[9]
Embriagada[10] de gozo le cuente:
—Hoy a mí me dijeron hermosa.

[7] hará... se establecerá un nido (*nest*)
[8] (inf.: abanicar) *fans*
[9] ramaje que forma la parte superior de un árbol
[10] (fig.) llena

Cuestionario

1. ¿Por qué siente la poetisa piedad por la higuera?
2. ¿Cómo está descrita la higuera?
3. ¿Qué dice la mujer a la higuera y por qué se lo dice?
4. ¿Cómo se puede interpretar la estrofa final?

El fuerte lazo[1]

Crecí
para ti.
Tálame.[2] Mi acacia[3]
implora a tus manos su golpe de gracia.

Florí
para ti.
Córtame. Mi lirio
al nacer dudaba ser flor o ser cirio.[4]

Fluí
para ti.
Bébeme. El cristal
envidia lo claro de mi manantial.[5]

Alas di
por ti.
Cázame. Falena,[6]
rodeo tu llama de impaciencia llena.

Por ti sufriré.
¡Bendito sea el daño que tu amor me dé!
¡Bendita sea el hacha, bendita la red,
y loadas[7] sean tijeras y sed!

[1] (fig.) vínculo, unión
[2] córtame
[3] *acacia*
[4] vela de cera
[5] fuente
[6] especie de mariposa nocturna
[7] alabadas

[8] *side*
[9] saldré, brotaré
[10] herida
[11] cuentecillas de vidrio para hacer adornos
[12] meteré
[13] aretes
[14] rojas

Sangre del costado[8]
manaré,[9] mi amado.
¿Qué broche más bello, qué joya más grata,
que por ti una llaga[10] color escarlata?

En vez de abalorios[11] para mis cabellos,
Siete espinas largas hundiré[12] entre ellos
Y en vez de zarcillos[13] pondré en mis orejas
como dos rubíes dos ascuas bermejas.[14]

Me verás reír
viéndome sufrir...

Y tú llorarás,
y entonces... ¡más mío que nunca serás!

Cuestionario

1. ¿Cuál será la relación entre la que habla y el oyente implícito?
2. ¿Qué idea común expresan las cuatro primeras estrofas?
3. ¿Qué tipo de imágenes predominan en el poema?
4. ¿Cómo se pueden interpretar las dos últimas estrofas?

Rebelde

[1] barquero mitológico del infierno que llevaba las almas de los muertos a través del río Estigia (*Styx*)
[2] (inf.: gemir) quejarse de dolor
[3] *lark*
[4] *winks*
[5] debilitada
[6] conquista... prisionera de los bárbaros vándalos

Caronte:[1] yo seré un escándalo en tu barca.
Mientras las otras sombras recen, giman,[2] o lloren,
y bajo tus miradas de siniestro patriarca
las tímidas y tristes, en bajo acento, oren,

yo iré como una alondra[3] cantando por el río
y llevaré a tu barca mi perfume salvaje,
e irradiaré en las ondas del arroyo sombrío
como una azul linterna que alumbrará en el viaje.

Por más que tú no quieras, por más guiños[4] siniestros
que me hagan tus dos ojos, en el terror maestros,
Caronte, yo en tu barca seré como un escándalo.

Y extenuada[5] de sombra, de valor y de frío,
cuando quieras dejarme a la orilla del río
me bajarán tus brazos cual conquista de vándalo.[6]

Cuestionario

1. ¿Por qué será «un escándalo» en la barca de Caronte la que habla?
2. En la segunda estrofa, ¿con qué se compara la que habla?
3. ¿Qué valor dramático tiene la frase «cual conquista de vándalo» (verso 14)?
4. ¿Qué tipo de rebeldía se presenta en el poema?

Federico García Lorca

Federico García Lorca (1898–1936) nació en un pueblo de Granada, España. Cursó Derecho y Filosofía y Letras en las Universidades de Granada y de Madrid. En la capital, llegó a conocer—y a encantar—a muchas figuras literarias y artísticas de primer orden. Pintor, pianista, poeta y dramaturgo, Lorca viajó por España al frente del teatro universitario La Barraca. Luego, dio conferencias sobre arte y literatura, y viajó por Europa y por parte de los Estados Unidos, cursando estudios en Columbia University. Gozó de gran éxito con las obras dramáticas Bodas de sangre, Yerma *y* La casa de Bernarda Alba. *Publicó varios libros de poesía, entre ellos* Libro de poemas, Poema del Cante Jondo, Canciones, Romancero gitano *y* Poeta en Nueva York. *Se juntan en la poesía lorquiana la atracción por el ambiente andaluz, el interés en el folklore y la creación de imágenes fuertes y apasionadas. Lorca fue asesinado al principio de la Guerra Civil española; este hecho le convirtió en símbolo de las víctimas del barbarismo fascista.*

Canción de jinete[1]

Córdoba.
Lejana y sola.

   Jaca[2] negra, luna grande,
y aceitunas en mi alforja.[3]
Aunque sepa los caminos
yo nunca llegaré a Córdoba.

   Por el llano, por el viento,
jaca negra, luna roja.
La muerte me está mirando
desde las torres de Córdoba.

   ¡Ay qué camino tan largo!
¡Ay mi jaca valerosa!
¡Ay que la muerte me espera,
antes de llegar a Córdoba!

   Córdoba.
Lejana y sola.

[1] el que monta a caballo
[2] caballo
[3] bolsa con provisiones para el camino

Cuestionario
1. ¿Cuál es el tono del poema?
2. ¿Cómo se presenta la muerte en este poema?
3. ¿Qué función tiene la repetición de los primeros versos al final del poema?

Canción del día que se va

¡Qué trabajo me cuesta[1]
dejarte marchar, día!
Te vas lleno de mí,
vuelves sin conocerme.
¡Qué trabajo me cuesta
dejar sobre tu pecho
posibles realidades
de imposibles minutos!

En la tarde, un Perseo[2]
te lima[3] las cadenas,
y huyes sobre los montes
hiriéndote los pies.
No pueden seducirte
mi carne ni mi llanto,[4]
ni los ríos en donde
duermes tu siesta de oro.

Desde Oriente a Occidente
llevo tu luz redonda.
Tu gran luz que sostiene
mi alma, en tensión aguda.
Desde Oriente a Occidente,
¡qué trabajo me cuesta
llevarte con tus pájaros
y tus brazos de viento!

[1] Qué... Es muy difícil para mí
[2] figura de la mitología griega quien salvó a Andrómeda, cortando las cadenas para que escapara de un monstruo
[3] corta
[4] lloro

Cuestionario
1. ¿Cómo se pueden interpretar los versos 3 y 4, «Te vas lleno de mí, vuelves sin conocerme»?
2. ¿Qué función tiene en el poema la alusión a Perseo?
3. ¿Cuál es la significación de los tres versos finales?

Romance sonámbulo

Verde que te quiero verde.
Verde viento. Verdes ramas.
El barco sobre la mar
y el caballo en la montaña.
Con la sombra en la cintura,
ella sueña en su baranda,[1]
verde carne,[2] pelo verde,
con ojos de fría plata.
Verde que te quiero verde.
Bajo la luna gitana,
las cosas la están mirando
y ella no puede mirarlas.

     Verde que te quiero verde.
Grandes estrellas de escarcha,[3]
vienen con el pez de sombra
que abre el camino del alba.[4]
La higuera[5] frota su viento
con la lija[6] de sus ramas,
y el monte, gato garduño,
eriza sus pitas agrias.[7]
¿Pero quién vendrá? ¿Y por dónde...
Ella sigue en su baranda,
verde carne, pelo verde,
soñando en la mar amarga.

Compadre, quiero cambiar
mi caballo por su casa,
mi montura[8] por su espejo,
mi cuchillo por su manta.
Compadre, vengo sangrando,
desde los puertos de Cabra.
Si yo pudiera, mocito,
ese trato se cerraba.
Pero yo ya no soy yo,
ni mi casa es ya mi casa.
Compadre, quiero morir
decentemente en mi cama.
De acero,[9] si puede ser,
con las sábanas de holanda.
¿No ves la herida que tengo
desde el pecho a la garganta?
Trescientas rosas morenas
lleva tu pechera[10] blanca.
Tu sangre rezuma[11] y huele
alrededor de tu faja.[12]

Pero yo ya no soy yo,
ni mi casa es ya mi casa.
Dejadme subir al menos
hasta las altas barandas,
¡dejadme subir!, dejadme
hasta las verdes barandas.
Barandales de la luna
por donde retumba[13] el agua.

     Ya suben los dos compadres
hacia las altas barandas.
Dejando un rastro de sangre.
Dejando un rastro de lágrimas.
Temblaban en los tejados
farolillos[14] de hojalata.[15]
Mil panderos[16] de cristal,
herían la madrugada.

     Verde que te quiero verde,
verde viento, verdes ramas.
Los dos compadres subieron.
El largo viento dejaba
en la boca un raro gusto
de hiel,[17] de menta y de albahaca.[18]
¡Compadre! ¿Dónde está, dime?
¿Dónde está tu niña amarga?
¡Cuántas veces te esperó!
¡Cuántas veces te esperara,
cara fresca, negro pelo,
en esta verde baranda!

     Sobre el rostro del aljibe[19]
se mecía[20] la gitana.
Verde carne, pelo verde,
con ojos de fría plata.
Un carámbano[21] de luna
la sostiene sobre el agua.
La noche se puso íntima
como una pequeña plaza.
Guardias civiles[22] borrachos
en la puerta golpeaban.
Verde que te quiero verde.
Verde viento. Verdes ramas.
El barco sobre la mar.
Y el caballo en la montaña.

[1] *railing*
[2] *piel*
[3] *frost*
[4] *la primera luz del día*
[5] *fig tree*
[6] *sandpaper*
[7] *monte...* Se compara el monte, con sus cactos, a un gato con el pelo erizado.
[8] *silla de montar*
[9] *steel*
[10] *shirt front*
[11] *oozes*
[12] *sash, belt*
[13] *resuena*
[14] *small lanterns*
[15] *tin*
[16] *tambores;* aquí, el sentido es figurado
[17] *bile*
[18] *sweet basil*
[19] *cisterna*
[20] *se... was rocking*
[21] *icicle*
[22] *policías*

Cuestionario

1. En la primera estrofa del poema se habla de una mujer. ¿Qué se dice acerca de ella?
2. ¿Qué pide el «mocito» al «compadre»? ¿Qué contesta éste?
3. ¿Qué le ha pasado al «mocito»?
4. ¿A dónde se dirigen los dos compadres?
5. ¿A quién busca el «mocito»?
6. ¿Cómo se puede interpretar la última estrofa del poema?
7. ¿Qué tipo de imágenes emplea Lorca en este poema?
8. ¿Cómo se puede entender la frase «Verde que te quiero verde»?
9. ¿Cuáles son los elementos lingüísticos más significativos del «Romance sonámbulo»?

Luis Palés Matos

Luis Palés Matos (1898–1959), nacido de padres de raza blanca en Puerto Rico, posee la distinción de haber introducido la poesía negra en la literatura contemporánea de Hispanoamérica, al mismo tiempo que inauguraba el movimiento vanguardista en su país. Palés Matos sintió la influencia del Modernismo como muchos otros escritores de su generación. Sin embargo, a partir de Tuntún de pasa y grifería *(1937), el poeta se une definitivamente al Vanguardismo. El resultado es una poesía que a través de su temática y técnica muestra un profundo conocimiento del negro y de su cultura. A saber,* Tuntún *contiene temas populares afro-antillanos expresados con cierta ironía—temas en que la negritud del puertorriqueño o del cubano es tratada más como toda una serie de características humanas—la alegría ante la angustia, ante la pobreza y el dolor, la sencillez, etcétera—que como un factor racial. No obstante eso, según se puede ver en el poema «Danza negra», Palés Matos se sirve del habla local y hasta de palabras inventadas por él mismo para captar el colorido, el ritmo y los efectos musicales o sonoros que son típicos de la raza negra de las Antillas.*

Danza negra

Calabó y bambú.
Bambú y calabó.
El Gran Cocoroco[1] dice: tu–cu–tú.
La Gran Cocoroca dice: to–co–tó.
Es el sol de hierro que arde en Tombuctú.[2]

Es la danza negra de Fernando Póo.[3]
El cerdo[4] en el fango[5] gruñe: pru–pru–prú.
El sapo en la charca[6] sueña: cro–cro–cró.
Calabó y bambú.
Bambú y calabó.

[1] jefe de algunas tribus africanas
[2] ciudad de la República de Mali (Sahara Meridional)
[3] isla del Golfo de Guinea
[4] puerco
[5] *mud*
[6] agua detenida en el suelo

Rompen los junjunes[7] en furiosa ú.
Los gongos[8] trepidan[9] con profunda ó.
Es la raza negra que ondulando va
en el ritmo gordo del mariyandá.[10]
Llegan los botucos[11] a la fiesta ya.
Danza que te danza la negra se da.

   Calabó y bambú.
Bambú y calabó.
El Gran Cocoroco dice: tu–cu–tú.
La Gran Cocoroca dice: to–co–tó.

   Pasan tierras rojas, islas de betún:[12]
Haití, Martinica, Congo, Camerún,[13]
las papiamentosas[14] antillas[15] del ron[16]
y las patualesas[17] islas del volcán,
que en el grave son
del canto se dan.

   Calabó y bambú.
Bambú y calabó.
Es el sol de hierro que arde en Tombuctú.
Es la danza negra de Fernando Póo.
El alma africana que vibrando está
en el ritmo gordo del mariyandá.

   Calabó y bambú.
Bambú y calabó.
El Gran Cocoroco dice: tu–cu–tú.
La Gran Cocoroca dice: to–co–tó.

[7] instrumentos musicales, semejantes al violín, de ciertas tribus negras
[8] instrumentos musicales de percusión
[9] tiemblan; vibran
[10] baile de los negros puertorriqueños
[11] jefes de las tribus negras de Fernando Póo
[12] *mineral tar*
[13] Haití... países de donde han venido los esclavos negros
[14] *gibberish, slang*
[15] *Antilles, West Indies*
[16] *rum*
[17] Se refiere al *patois*, tipo de dialecto de las Antillas francesas.

Cuestionario

1. Se menciona varias veces en el poema la palabra *ritmo.* ¿Qué tipo de ritmo tiene la «danza negra»?
2. ¿Qué clase de palabras predominan en el poema?
3. ¿Cómo reacciona usted como lector ante este poema?

El gallo

Un botonazo[1] de luz,
luz amarilla, luz roja.
En la contienda,[2] disparo
de plumas luminosas.
Energía engalanada[3]
de la cresta a la cola
—ambar, oro, terciopelo—[4]
lujo que se deshoja
con heroico silencio
en la gallera estentórea.[5]

[1] golpe dado con el botón de una espada
[2] pelea
[3] adornada
[4] *velvet*
[5] ruidosa

Rueda de luz trazada
ante la clueca[6] remolona,[7]
la capa del ala abierta
y tendida en ronda...

Gallo, gallo del trópico.
Pico que destila auroras.
Relámpago congelado.
Paleta[8] luminosa.
¡Ron[9] de plumas que bebe
la Antilla[10] brava y tórrida!

[6] gallina que empolla huevos
[7] perezosa
[8] tabla de colores del pintor
[9] *rum*
[10] isla del archipiélago de las Antillas (*West Indies*)

Cuestionario

1. ¿Cómo está descrito el gallo de este poema?
2. ¿Qué tipo de imágenes emplea el poeta?
3. ¿Cómo se puede interpretar «¡Ron de plumas que bebe la Antilla brava y tórrida!» (versos 20–21)?

Dámaso Alonso

Dámaso Alonso (1898–), catedrático de literatura española en la Universidad de Madrid y profesor visitante en numerosas universidades europeas y norteamericanas, ha efectuado durante muchos años una síntesis entre la creación poética y la crítica literaria. Conocido por sus investigaciones filológicas y analíticas (entre ellas, estudios sobre la poesía de Góngora), publicó en 1944 Hijos de la ira, una colección poética que refleja los temas y la angustia de la España de la posguerra. Se juntan en esta obra una subjetividad desesperada y un espíritu universalista. Entre sus otras colecciones poéticas figura Hombre y Dios (1955), también de honda base conceptual. Es actualmente director de la Real Academia Española de la Lengua.

Insomnio

Madrid es una ciudad de más de un millón de cadáveres[1]
    (según las últimas estadísticas).
A veces en la noche yo me revuelvo y me incorporo en
    este nicho en el que hace 45 años que me pudro,[2]
y paso largas horas oyendo gemir[3] al huracán, o ladrar los
    perros, o fluir blandamente la luz de la luna.
Y paso largas horas gimiendo como el huracán, ladrando
    como un perro enfurecido, fluyendo como la leche
    de la ubre caliente de una gran vaca amarilla.
Y paso largas horas preguntándole a Dios, preguntándole
    por qué se pudre lentamente mi alma,
por qué se pudren más de un millón de cadáveres en esta
    ciudad de Madrid,
por qué mil millones de cadáveres se pudren lentamente
    en el mundo.
Dime, ¿qué huerto[4] quieres abonar[5] con nuestra podredumbre?
¿Temes que se te sequen[6] los grandes rosales del día,
las tristes azucenas[7] letales de tus noches?

[1] Madrid... el número de habitantes de Madrid en el año 1940
[2] me... *I rot;* en este caso, *I have been rotting*
[3] lamentar
[4] *orchard*
[5] fertilizar
[6] se te marchiten
[7] *lilies*

Cuestionario

1. ¿Qué indican las «estadísticas» de la primera estrofa?
2. ¿Qué representan los «45 años que me pudro» (verso 6)?
3. ¿Cuál es la relación entre las imágenes de las estrofas 3 y 4?
4. ¿A quién dirige el poeta las preguntas de las estrofas finales?
5. ¿Cómo se pueden interpretar estas preguntas?

Vida del hombre

Oh niño mío, niño mío,
¡cómo se abrían tus ojos
contra la gran rosa del mundo!

Sí,
tú eras ya una voluntad.
Y alargabas la manecita
por un cristal transparente
que no ofrecía resistencia:
el aire,
ese dulce cristal
transfundido por el sol.

Querías coger la rosa.
Tú no sabías
que ese cristal encendido
no es cristal, que es un agua verde,
agua salobre[1] de lágrimas,
mar alta y honda.

Y muy pronto,
ya alargabas tras la mano
de niño, tu hombro ligero,
tus alas de adolescente.

¡Y allá se fue el corazón
viril!
Y ahora,
ay, no mires,
no mires, porque verás
que estás solo,
entre el viento y la marea.[2]
(Pero ¡la rosa, la rosa!)

Y una tarde
(¡olas inmensas del mar, olas que ruedan los vientos!)
se te han de cerrar los ojos contra la rosa lejana,
¡tus mismos ojos de niño!

[1] con sabor a sal
[2] *tide*

Cuestionario

1. ¿Qué tipo de comentarios hace el padre sobre el niño?
2. ¿Cómo se emplea la imagen de la rosa en este poema?
3. ¿Qué representa la «tarde» de la última estrofa?

Nicolás Guillén

Nicolás Guillén (1902–) nació en Cuba de sangre española y africana. Comunista desde temprana edad, pertenece a la élite de activistas latinoamericanos que incluye a César Vallejo, Pablo Neruda y Alejo Carpentier. Habiéndose establecido en París, volvió a Cuba sólo tras el triunfo de Fidel Castro cuya causa revolucionaria sigue apoyando. Es quizás el representante más lucido de la poesía popular de las Antillas—poesía en la que coexisten el amor a la lírica tradicional de España y el elemento folklórico afroantillano. Su obra poética suele dividirse en tres categorías. A la primera pertenece Motivos de son *(1930), obra en que se funden el romance castellano y lo folklórico y pintoresco de la raza negra. Son notables aquí la imitación del habla dialéctica, graciosa, de los barrios pobres de La Habana, captada a través de las onomatopeyas propias del lenguaje negroide, y el ritmo sensual y musical de uno de los bailes típicos de Cuba, el son. La segunda categoría, sin descuidar la atención al folklore, al ritmo de canto popular, ni a los juegos onomatopéyicos (las jitanjáforas que suenan a voces negras), introduce motivos de poeta comprometido: preocupaciones sociales, raciales y humanas. La nota de mayor resonancia es la protesta contra la explotación socio-económica del negro y del mulato por parte del imperialismo yanqui. La tercera vertiente de la poética de Guillén es aquélla donde se sintetiza su arte. Influenciado más que nunca por la poesía de su amigo e ídolo Federico García Lorca y por los viajes por Latinoamérica y los países comunistas, el poeta mulato intensifica su lirismo militante, universalizando su temática.*

Sensemayá (Canto para matar a una culebra[1])

¡Mayombe–bombe–mayombé!
¡Mayombe–bombe–mayombé!
¡Mayombe–bombe–mayombé!

La culebra tiene los ojos de vidrio;
la culebra viene, y se enreda[2] en un palo;
con sus ojos de vidrio en un palo,
con sus ojos de vidrio.
La culebra camina sin patas;
la culebra se esconde en la yerba;
caminando se esconde en la yerba;
¡caminando sin patas!

¡Mayombe–bombe–mayombé!
¡Mayombe–bombe–mayombé!
¡Mayombe–bombe–mayombé!

Tú le das con el hacha, y se muere:
¡dale[3] ya!
¡No le des con el pie, que te muerde,
no le des con el pie, que se va!

[1] serpiente
[2] se envuelve
[3] dale un golpe con un hacha

Sensemayá, la culebra,
sensemayá.
Sensemayá, con sus ojos,
sensemayá.
Sensemayá con su lengua,
sensemayá.
Sensemayá con su boca,
sensemayá!

La culebra muerta no puede comer;
la culebra muerta no puede silbar:[4]
no puede caminar,
no puede correr!
La culebra muerta no puede mirar;
la culebra muerta no puede beber,
no puede respirar,
no puede morder!

¡Mayombe–bombe–mayombé!
Sensemayá, la culebra...
¡Mayombe–bombe–mayombé!
Sensemayá, no se mueve...
¡Mayombe–bombe–mayombé!
Sensemayá, la culebra...
¡Mayombe–bombe–mayombé!
¡Sensemayá, se murió!

[4]*hiss*

Cuestionario

1. ¿Cómo describe el poeta la culebra?
2. ¿Cómo se presenta el acto de matar a la culebra?
3. ¿Cuáles son los recursos lingüísticos más significativos del poema?

No sé por qué piensas tú

No sé por qué piensas tú,
soldado, que te odio yo,
si somos la misma cosa
yo,
tú.

Tú eres pobre, lo soy yo;
soy de abajo,[1] lo eres tú;
¿de dónde has sacado tú,
soldado, que te odio yo?

Me duele que a veces tú
te olvides de quién soy yo;
caramba,[2] si yo soy tú,
lo mismo que tú eres yo.

Pero no por eso yo
he de malquererte,[3] tú;
si somos la misma cosa,
yo,
tú,
no sé por qué piensas tú,
soldado, que te odio yo.

[1] de... de la clase baja, del pueblo
[2] una interjección
[3] odiarte

Ya nos veremos yo y tú,
juntos en la misma calle,
hombro con hombro,[4] tú y yo,
sin odios ni yo ni tú,
pero sabiendo tú y yo,
a dónde vamos yo y tú...
¡No sé por qué piensas tú,
soldado, que te odio yo!

[4] hombro... luchando juntos

Cuestionario

1. ¿Qué actitud tiene el que habla hacia el soldado a quien se dirige?
2. ¿En qué sentido son los dos «la misma cosa» (verso 16)?
3. ¿Cuál será el futuro de los dos?

Pablo Neruda

Pablo Neruda (1904–1973), nacido en Chile Neftalí Ricardo Reyes, es tal vez el poeta más prestigioso de Hispanoamérica en el siglo XX y uno de los grandes valores de la poesía mundial. Lo comprueban los muchos honores que recibió—entre ellos el Premio Nóbel de Literatura (1971). Viajó extensamente por Latinoamérica, Europa y el Oriente en calidad de diplomático y, como su compatriota Gabriela Mistral, se identificó con las víctimas de la guerra, la injusticia social y la tiranía. Político de convicciones marxistas, falleció poco después del golpe de estado militar que puso fin al gobierno social-democrático de Salvador Allende. Su obra poética se caracteriza por una constante evolución temática y técnica que ha llevado a algunos críticos a dividirla en cuatro distintas etapas. En las primeras dos, que incluyen Crepusculario *(1923) y* Veinte poemas de amor y una canción desesperada *(1924), Neruda se mantiene dentro del modernismo, con su temática amorosa de tono romántico y lenguaje tradicional. A partir de* Residencia en la tierra *(1925–1947)—influenciada por el espectáculo de la Guerra Civil Española—la lírica nerudiana entra en la fase surrealista, la tercera. Su poesía pasa a ser hermética—lingüísticamente caótica—introspectiva, de tendencias filosóficas e ideológicas que manifiestan la inquietud espiritual del poeta y su visión apocalíptica del mundo. La cuarta y última etapa, en la que figuran* Canto general *(1950),* Odas elementales *(1954) y* Navegaciones y regresos *(1959), destaca una poesía comprometida, a veces política, más sencilla que la anterior y de fácil acceso a las masas a quienes el poeta se dirige y con quienes quiere compartir el amor que siente por el suelo, por la naturaleza y por el hombre de América.*

Me gustas cuando callas

Me gustas cuando callas porque estás como ausente,
y me oyes desde lejos, y mi voz no te toca.
Parece que los ojos se te hubieran volado
y parece que un beso te cerrara la boca.

Como todas las cosas están llenas de mi alma
emerges de las cosas, llena del alma mía.
Mariposa de sueño, te pareces a mi alma,
y te pareces a la palabra melancolía.

Me gustas cuando callas y estás como distante.
Y estás como quejándote, mariposa en arrullo.[1]
Y me oyes desde lejos, y mi voz no te alcanza:[2]
déjame que me calle con el silencio tuyo.

Déjame que te hable también con tu silencio
claro como una lámpara, simple como un anillo.
Eres como la noche, callada y constelada.[3]
Tu silencio es de estrella, tan lejano y sencillo.

Me gustas cuando callas porque estás como ausente.
Distante y dolorosa como si hubieras muerto.
Una palabra entonces, una sonrisa bastan.
Y estoy alegre, alegre de que no sea cierto.

[1] cantarcillo para adormecer a los niños
[2] no... no la puedes oír
[3] llena de estrellas

Cuestionario
1. ¿Qué representa el silencio para el poeta?
2. ¿Cómo describe el poeta a la amada?
3. ¿Por qué está alegre el poeta, según los últimos versos?

Oda al niño de la liebre[1]

A la luz del otoño
en el camino
el niño
levantaba en sus manos
no una flor
ni una lámpara
sino una liebre muerta.

Los motores rayaban[2]
la carretera fría,
los rostros no miraban
detrás
de los cristales,
eran ojos
de hierro,
orejas
enemigas,
rápidos dientes
que relampagueaban[3]
resbalando[4]

hacia el mar y las ciudades,
y el niño
del otoño
con su liebre,
huraño[5]
como un cardo,[6]
duro
como una piedrecita,
allí
levantando
una mano
hacia la exhalación
de los viajeros.
Nadie
se detenía.

[1] *hare*
[2] pasaban rápidamente por
[3] brillaban como el relámpago (*lightning*)
[4] *sliding*
[5] fugitivo
[6] *thistle*

Eran pardas
las altas cordilleras,
cerros
color de puma
perseguido,
morado
era
el silencio
y como
dos ascuas
de diamante
negro
eran
los ojos
del niño con su liebre,
dos puntas
erizadas⁷
de cuchillo,
dos cuchillitos negros,

eran los ojos
del niño,
allí perdido
ofreciendo su liebre
en el inmenso
otoño
del camino.

⁷ levantadas

Cuestionario

1. ¿Qué tiene el niño en sus manos?
2. ¿Qué es lo que ha causado la tragedia?
3. ¿Cuál es la actitud del niño y cómo la presenta el poeta?

Verbo

Voy a arrugar¹ esta palabra,
voy a torcerla,²
sí,
es demasiado lisa,³
es como si un gran perro o un gran río
le hubiera repasado lengua o agua
durante muchos años.

Quiero que en la palabra
se vea la aspereza,
la sal ferruginosa,⁴
la fuerza desdentada⁵
de la tierra,
la sangre
de los que hablaron y de los que no hablaron.

Quiero ver la sed
adentro de las sílabas:
quiero tocar el fuego
en el sonido:
quiero sentir la oscuridad
del grito. Quiero
palabras ásperas
como piedras vírgenes.

¹ *wrinkle*
² *twist it*
³ suave
⁴ que contiene hierro
⁵ sin dientes

Cuestionario

1. ¿Qué representa el «Verbo» del título a lo largo del poema?
2. ¿En qué sentido se emplean las palabras *aspereza* (verso 9) y *ásperas* (verso 21)?
3. ¿Qué significa «la sed adentro de las sílabas» (versos 15–16)?

Octavio Paz

Octavio Paz (1914–) es posiblemente el principal escritor contemporáneo de México y uno de los más sobresalientes de la literatura hispánica. Aunque su producción literaria abarca poesía, ensayo, cuento y crítica, el renombre de Paz radica en sus obras poéticas y ensayísticas. De su poesía cabe mencionar **Libertad bajo palabra** *(1949),* **Piedra de sol** *(1958),* **La estación violenta** *(1958),* **Viento entero** *(1962) y* **Ladera este** *(1969). La temática de Paz incluye la soledad, la inquietud existencial, la falta de comunicación entre los hombres y la búsqueda de la identidad. Para Paz, cuyas bases filosóficas se fundan tanto en las creencias occidentales como en las orientales y en las de su propia cultura azteca, esa búsqueda ha de conducir al reencuentro con el amor universal. Ya que la poesía ofrece, según Paz, la posibilidad de superar la soledad individual y comunicarse con los otros, la misión del poeta es cambiar al hombre y a su sociedad, liberándolos de todo tirano. Este mismo anhelo de libertad y solidaridad incondicional que caracteriza el pensamiento revolucionario, marxista de Paz, es patente en la total autonomía que el poeta concede a la palabra. De acuerdo con ese pensamiento, el poema, igual que el mundo o la sociedad, es esencialmente un espacio. Las palabras, como los individuos en su estructura social, una vez colocadas dentro de un cierto espacio—la escritura—dejan de ser controladas por su creador, el poeta, cobran vida propia y acaban por efectuar cambios en el artista mismo. Esto explica el interés de Paz por la poesía concreta o espacial.*

El sediento[1]

Por buscarme, Poesía,
en ti me busqué:
deshecha[2] estrella de agua,
se anegó[3] en mi ser.
Por buscarte, Poesía,
en mí naufragué.[4]

Después sólo te buscaba
por huir de mí:
¡espesura[5] de reflejos
en que me perdí!
Mas luego de tanta vuelta
otra vez me vi:

el mismo rostro anegado
en la misma desnudez;
las mismas aguas de espejo
en las que no he de beber;
y en el borde del espejo,
el mismo muerto de sed.

[1] que tiene sed; (fig.) que desea algo ansiosamente
[2] dividida en parte, descompuesta
[3] se sumergió
[4] me perdí como en un naufragio (*shipwreck*)
[5] sitio poblado de árboles o vegetación, cosas muy juntas

Cuestionario

1. ¿Cómo se presenta la relación entre el poeta y la poesía en cada una de las estrofas?
2. ¿Cómo se podrían interpretar los versos «las mismas aguas de espejo en las que no he de beber» (versos 15–16)?
3. ¿Qué valor tiene el uso de la palabra *sed* en el título del poema y en el último verso?

Cifra[1]

[1] número, signo

Cuestionario

1. ¿Qué figura representa el poema?
2. ¿Qué relación existe entre las distintas palabras del poema?
3. ¿Qué significa el título del poema?

El Drama

Introducción al drama

I.   El teatro

Al comenzar el estudio de la poesía dramática, la primera pregunta que uno se debe hacer es ¿qué es el teatro? Generalmente la gente asocia el concepto de teatro con algo que no es verdadero sino simulado, imitado. Lo demuestra la frase común **estás haciendo teatro** que es tanto como decir que una persona no está actuando de una manera espontánea sino fingida. Según Aristóteles (384–322 a. C.), filósofo griego y autor de la primera *Poética* donde se estudian los distintos géneros poéticos, el origen de la poesía dramática radica en la tendencia innata en el hombre de imitar, lo cual establece una de las diferencias entre él y los animales. El hombre aprende a través de la imitación; por eso el niño actúa de manera simulada para adaptarse al modelo presentado por los mayores, por ejemplo, cuando él está sentado y quieto durante una visita. Más tarde, cuando crece, se da cuenta de que ésa no era la realidad sino una *imitación de la realidad*. El hombre también lucha por adaptarse a una realidad modélica, y a través de ese proceso se da cuenta de que toda acción humana es, de una u otra manera, una manifestación teatral. Podría decirse entonces que el drama toma los elementos que lo integran de la vida diaria y los coloca en un esquema determinado que constituye el teatro. Aunque existen muchas maneras de aproximarse al teatro, la consideración anterior parece la más simple: la obra dramática vista como una extensión de la vida diaria sometida a un esquema determinado, con sus fluctuaciones entre risas y lágrimas—comedia o tragedia—tal como lo concibió Aristóteles.

La diferencia entre la vida y el teatro es que en el teatro, el autor—el dramaturgo—controla la situación dramática desde afuera; mientras que en la vida, las personas involucradas en una situación, generalmente no pueden controlar dicha situación desde dentro.

La perspectiva dramática carece de narrador—esa voz que contaba la historia en la narrativa—y el autor es solamente una persona que observa las situaciones propias de la vida de cada día y las organiza dando forma a esos pedazos de vida a los que se llama *drama*. No se puede negar que esos fragmentos de la vida diaria no son realidad, sino una imitación de la realidad basada en la visión o interpretación del dramaturgo. Por eso se dice que el teatro es «mimesis», es decir, imitación. Por consiguiente se podría decir que el propósito del dramaturgo es seleccionar el material de su drama de tal manera que el espectador pueda encontrar a través de la experiencia dramática un orden, una iluminación del caos de su diaria existencia.

II.   Análisis del teatro: Partes integrantes

Algunas literaturas distinguen entre drama y teatro, diciendo que drama es el texto escrito y el teatro la representación de dicho texto; en la literatura española esa diferencia es casi imperceptible y, por lo mismo, el estudio del teatro comprenderá el análisis de sus dos partes integrantes: 1) el *texto dramático* y 2) el *espectáculo*. Es decir, el teatro es el resultado de la articulación de dos textos: uno literario—el texto de la obra—y otro extraliterario—el texto escénico. Hay que tener presente que tanto un texto como el otro son lenguaje y, por lo tanto, ayudan a la comunicación del mensaje.

1. *Texto dramático o literario.* El texto literario tiene como base la palabra y comprende dos partes: a) el *texto principal* formado por las palabras pronunciadas por los personajes y b) el *texto secundario* formado por la descripción de la escena y de los decorados así como por las acotaciones escénicas o direcciones de escena.

2. *Espectáculo o texto extraliterario.* El espectáculo es el que no tiene como base la palabra sino otros sistemas de signos y está constituido por los decorados, los gestos, la música, el vestuario, la iluminación, el maquillaje de los actores, etcétera; estos elementos se llaman paraverbales en contraposición a los elementos verbales, que son los elementos basados en la palabra.

III.   *Texto dramático o literario*

Teniendo en cuenta que el propósito de este libro es un acercamiento a la literatura, el análisis del teatro se centrará en el estudio del texto dramático o literario. Lo primero que hay que hacer notar es que el código comunicativo, emisor-mensaje-receptor, queda definido en el teatro a dos niveles.

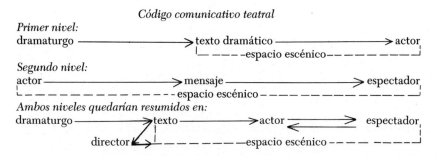

Código comunicativo teatral

Primer nivel:
dramaturgo —————————→ texto dramático —————————————→ actor
           — — — espacio escénico — — — — — — —

Segundo nivel:
actor —————————————→ mensaje —————————————→ espectador
— — — — — — — — — — — espacio escénico — — — — — — — — — —

Ambos niveles quedarían resumidos en:
dramaturgo ——————→ texto ———————→ actor ⇄ espectador
   director ↙→ — — — — — —espacio escénico — — — — —

Hay que tener presente que la relación entre el espectador y el actor es recíproca, no sólo en el sentido del teatro contemporáneo en el cual el actor incita al espectador a participar en el drama, sino también en el sentido, más general, de involucrarlo en el proceso dramático. Esto quiere decir que la función del espectador consiste en descubrir y dar significación a las estructuras dramáticas que se le entregan por partes a través de la interacción de los actores con el espacio escénico. El espectador es, pues, un creador de significados.

Al analizar el código comunicativo teatral se puede deducir que la tensión dramática se construye a cinco niveles de comunicación: 1) comunicación entre el dramaturgo y el actor; 2) comunicación entre los diversos actores ya que cada uno es a la vez destinatario y emisor, es decir, recibe mensajes y responde a ellos; 3) comunicación recíproca entre el actor y el espectador; 4) comunicación entre el dramaturgo y el espectador a través del actor y 5) comunicación de los espectadores entre sí y de cada espectador consigo mismo. De ahí que se pueda decir que la tensión dramática supone una tensión de la comunicación.

El texto principal: El personaje como sujeto del texto principal

Al examinar el código comunicativo al primer nivel, se puede ver que el teatro no busca contar una historia desde un punto de vista narrativo sino que es un sistema dialéctico entre dos unidades principales: el *actor*—el personaje—y el *espacio escénico*. El teatro representa pues un sistema de comunicación especial porque el emisor—el dramaturgo—no interviene en el acto de la transmisión del mensaje al receptor—el espectador—quien presencia el desarrollo de la acción dramática. Es fácil notar que entre el dramaturgo y el espectador se interponen, por una parte, el *actor* que es el sujeto de la comunicación oral—diálogo—y visual—gestos—y, por la otra, el director de escena que es quien dirige la representación y configura el espacio escénico. Pero no hay que olvidar que aunque el dramaturgo crea los personajes y la acción, en el momento en que se levanta el telón y empieza la representación, el texto aún no existe; es como si éste se escribiera durante la representación por medio de los actores—discurso verbal—y del espacio escénico—discurso paraverbal. El diálogo es, pues, la puesta en escena del texto.

El diálogo

El diálogo dramático es un diálogo oral, actuado, en lugar de ser un diálogo escrito como el de la narrativa. El teatro, como «mimesis»,—imitación de la realidad—es y no es el mundo en que vivimos. En la actuación de los personajes, todas las manifestaciones orales, tales como hablar, cantar, reír, llorar, se presentan directamente sin intermediario escrito. Esto significa que el texto dramático pierde su valor como texto descriptivo-narrativo y se transforma en elemento motor de la «mimesis» la cual da existencia escénica a los personajes. No hay necesidad de insistir en establecer la diferencia entre el texto narrativo y el texto dramático, pero sí conviene señalar que en el texto narrativo la primera persona *yo* está subordinada a la tercera *él* porque el narrador, generalmente, se refiere a los personajes en tercera persona. Sin embargo, en el texto teatral, es la tercera persona *él* la que está subordinada al *yo* porque los personajes presentan en primera persona la situación.

La obra dramática puede presentar el diálogo en verso, en prosa o en una combinación de verso y prosa, pero en cualquier caso, el diálogo es el instrumento del cual se sirve el actor para dar vida a la obra. De la selección de las palabras que componen el diálogo depende el que éste tenga un tono serio o humorístico, elevado o común.

Además del diálogo propiamente dicho, hay que considerar el *monólogo o soliloquio* que generalmente se desarrolla cuando el personaje está solo en escena. Consiste en las reflexiones que éste se hace en voz alta sobre la situación específica en que se encuentra. Es célebre el monólogo de Hamlet «*To be or not to be*» y el monólogo de Segismundo «¿Qué es la vida?» en la obra de Calderón de la Barca *La vida es sueño*.

También son importantes los *apartes* que son frases que dice un personaje y que se supone que los demás personajes no oyen, pero que sirven para dar a conocer al público los pensamientos de quien las dice o ciertas intenciones secretas. Los apartes tienen una función parecida a la que tenía el coro griego del teatro antiguo: sirven de intermediarios entre el espectador y la obra.

Al considerar el diálogo de las obras que figuran en la sección antológica, vemos que en *El nietecito* (p. 214). Benavente usa un diálogo flexible, ingenioso y un lenguaje fluido; es un diálogo lleno de ideas más que de acción. Los personajes, de acuerdo con su medio social, usan muchas expresiones populares: **too, na, comío,** etcétera.

El lenguaje de *El hombre que se convirtió en perro* es diferente del lenguaje convencional; no se trata solamente del uso del *voseo—divertite, podés*, etcétera—sino que se trata de dar mucha fuerza a la expresión para poner de relieve las ideas fundamentales que se agitan en el drama. Esto, según Pedro Bravo-Elizondo en *Teatro hispano-americano de crítica social* (1975), conduce a un lenguaje casi telegráfico derivado del fluir de la conciencia (*stream of consciousness*) y de la irrupción de la tensión interna producida por el choque del individuo con su medio ambiente; es decir, que la sintaxis oracional se sustituye por palabras aisladas; por ejemplo, en la página 236 se ve la elipsis de los elementos sintácticos quedando solamente, primero la palabra aislada y luego sólo las letras iniciales: «Tornero... ¡NO! Mecánico... ¡NO! S... N... R... N... F... N...».

Los personajes o dramatis personae

Así como la obra dramática no existiría sin el autor, tampoco podría existir sin el actor, aunque aquél hubiera creado el texto dramático, porque el teatro es representación y, por lo tanto, el actor nace de la necesidad de *re-crear*, de *re-presentar* la obra del autor. El actor es una persona que habla y que se mueve en el escenario, pero su esencia consiste en que *represente* a alguien, que *signifique* a una persona; de ahí su nombre de *personaje*.

Los personajes del teatro, aunque tienen cierta semejanza con las personas reales, difieren de éstas en algunos aspectos. Primero, porque se mueven en un mundo imaginario, y segundo, porque han sido creados por el autor para transmitirnos su mensaje y generalmente sólo presentan unas cuantas características predominantes que sirven para definirlos.

Un personaje está constituido por frases pronunciadas por él y frases pronunciadas sobre él; esto significa que el personaje puede constituirse de dos maneras: directa e indirectamente. Un personaje está directamente constituido cuando le conocemos a través de lo que él mismo dice y hace; y está indirectamente constituido si le conocemos a través de lo que nos dicen los otros acerca de él. Los personajes, además de hablar, se mueven en el escenario (*stage*), hacen gestos, van vestidos de una manera determinada y todo esto es también *lenguaje* que tiene su propia significación para entender el drama; de ahí que se pueda decir que los personajes tienen un valor *sintáctico* porque desempeñan una función en el desarrollo de la acción comparable a la función de las palabras en el desarrollo de la frase.

Es necesario notar que los personajes están ordenados para el desarrollo de la acción dramática, es decir, que desempeñan una función determinada. Teniendo en cuenta su función, los personajes se clasifican en *actantes* y *actores*. Son actantes los que de cualquier manera, aunque sea de un modo pasivo, contribuyen al progreso de la acción. Actante es más inclusivo que personaje ya que los animales y los objetos y hasta los conceptos pueden ser actantes. Por ejemplo, la llave maestra en *El viejo celoso* (p. 203) tiene la función de actante.

Los actores son aquéllos que no sólo contribuyen a que avance la acción sino que son portadores de las ideas, es decir, de la significación temática del drama; por lo tanto, además de un valor sintáctico tienen un valor *semántico*.

Otra consideración acerca de los personajes es su relación con la escenografía o ambientación (*setting*) ya que los personajes son producto de su medio ambiente y éste influye en su carácter.

Al igual que en la narrativa, el teatro necesita de la figura de un protagonista que represente el interés principal de la acción. Las características del protagonista varían según el esquema de la representación, o sea, según se trate de la tragedia o de la comedia.

Según Aristóteles, el héroe trágico es un hombre grande y noble, totalmente idealizado a pesar de sus pequeños defectos. Sin embargo, este héroe tiene una debilidad, denominada *falla trágica*, que lo conduce a la catástrofe—catástrofe que es más impresionante mientras más elevada sea la imagen que se tiene del héroe.

Cuando empieza la representación se establece una relación entre el héroe y el público. El público se identifica con el personaje y vive todos los acontecimientos que está viviendo el protagonista, o sea, que se crea un sentimiento de *empatía*. El público acompaña al héroe en su **vía dolorosa** y cuando se produce la catástrofe, el espectador aterrorizado, vibra con grandes emociones.

La pregunta que aquí se hace necesaria es, ¿qué emociones eran las que Aristóteles quería que conmovieran al público? Son simplemente dos: la *compasión* y el *miedo*. *Compasión* al ver que el héroe trágico pasa tantos sufrimientos, y *miedo* o *temor* porque, siendo él un ser humano como nosotros, comprendemos que lo mismo que le pasa a él nos podría ocurrir a nosotros. La tragedia griega no constituía una diversión, sino una *purificación* que se producía por medio de esas dos emociones que acabamos de mencionar; a esta purificación los griegos la denominaron «*catarsis*» (κάταρσις). Por consiguiente, la base del análisis de la tragedia consiste en presentar el fenómeno trágico como la imitación (mimesis) de una acción grave que provoca *compasión* y *temor* y que opera una catarsis o purificación por medio de las emociones producidas.

Se podría concluir que la tragedia encarna la jornada simbólica del héroe desde la ignorancia hasta la percepción; el héroe trágico actúa, sufre y, a través de su sufrimiento, aprende; esto es lo que se entiende por percepción o «*anagnórisis*» (ἀναγνώρισις). Aristóteles limita la tragedia a la presentación de héroes de gran estatura moral, como antes se ha mencionado, mientras que la comedia se preocupa del hombre común con sus problemas personales.

En la comedia moderna predomina un tipo de humor nacido de la crueldad de la vida—el *humor negro*—que a veces se asocia con lo grotesco. Desde el siglo XVIII se considera lo grotesco como concepto estético; hoy día nace de la visión de un mundo caótico, deformado por la ruptura de formas y leyes tradicionales. La obra *El hombre que se convirtió en perro* (p. 235) ofrece un ejemplo de lo grotesco al mezclar lo humano con lo animal en el hombre convertido en perro.

El reconocimiento de lo cómico y lo trágico es útil como análisis preliminar de una obra dramática; pero, es importante señalar que la mejor distinción es la que se hace teniendo como base la obra misma. Por ejemplo, decir que la comedia tiene un final feliz o que la muerte y la tragedia son inseparables no es analizar una obra dramática, ni tampoco lo es el repetir lo que los personajes **dicen** y **hacen;** lo importante es preguntarse **por qué, cómo, dónde** y **cuándo** lo dicho ha sido dicho y lo hecho ha sido hecho.

El espectador

No hay teatro sin público ya que el signo teatral está constituido por la conexión entre actor y espectador. El espectador debe evitar la adopción de una distancia crítica; él debe ser parte integrante y penetrar en la acción llevado por el ritmo de la obra. La respuesta del espectador consiste en deconstruir el drama de tal manera que los fragmentos que lo integran se relacionen con su mundo y le hagan sentir una especie de iluminación a través de la experiencia dramática. Por consiguiente, entre el actor y el espectador existen dos relaciones importantes: una relación física y otra intelectual que tiene lugar cuando el espectador percibe el mensaje de la obra.

El espacio escénico

El espacio escénico está definido por dos puntos: el concepto mismo de escenario, en donde tienen lugar las relaciones actor/espectador, y el contenido visual de dicho escenario. En el teatro contemporáneo tiene gran importancia el espacio escénico y algunas obras tienen lugar en una habitación cualquiera, una cárcel, la calle, una estación del metro, un viejo mercado, etcétera, como espacio escénico. Por ejemplo, para representar una obra relacionada con la guerra civil española y a fin de crear la atmósfera del exilio, se utilizó como espacio escénico una estación de ferrocarril llena de maletas y de viajeros ansiosos.

El teatro no nació para ser leído, sino para ser representado en un espacio escénico; es decir, que toda obra de teatro, aunque sea leída, es un espectáculo en potencia. Por lo tanto, el lector antes de empezar a leer el diálogo tiene que imaginar la organización de la escena, debe imaginar a los personajes, el juego de luces, la escenografía en general, o sea, se convierte en una especie de director. Por ejemplo, en la obra *El censo* (p. 225), el espacio escénico queda descrito de la siguiente manera: «Habitación de una vivienda pobre, convertida en taller de costura. Es también recámara. Tiene una cama de latón al fondo, muy dorada y muy desvencijada, con colcha tejida y cojines bordados. Un altarcito sobre ella, con veladoras y Virgen de Guadalupe... ».

En cuanto a los personajes de esa misma obra se dice que «Dora es gorda y Herlinda flaca. Concha está rapada y trae un pañuelo cubriéndole el cuero cabelludo. El Empadronador es flaco y usa lentes; tiene cara y maneras de estudiante genial».

Pues bien, a fin de poder participar de la experiencia dramática, el lector debe captar, imaginar y vivir todos esos detalles antes de concentrarse en la lectura del texto dramático.

El texto secundario: Las acotaciones de escena

Las acotaciones escénicas son de dos clases: escritas y habladas. Las acotaciones habladas forman parte del texto principal y se hallan integradas en el diálogo de los personajes. Por ejemplo, muchas veces se anuncia por medio del diálogo que alguien va a llegar, o se informa de algo que tiene lugar fuera del escenario. Las acotaciones escénicas escritas aparecen formando parte del texto dramático, generalmente con caracteres en letra cursiva o itálica y contienen información relacionada con la puesta en escena de la obra.

Algunos autores, como Ramón del Valle-Inclán, dan a las acotaciones de escena un papel muy especial: son muy literarias, esto es, para ser leídas, y, algunas de ellas, totalmente irrealizables por el director de escena. Dice Valle-Inclán en *Martes de Carnaval*: «El Teniente aparece sentado en una banqueta de campamento. Tiene a la niña cabalgada y la contempla con ojos vidriados y lánguidos de perro cansino. Manolita... tiene el aire triste, la tristeza absurda de esas muñecas emigradas en los desvanes». Sería totalmente difícil que el Teniente pudiera imitar los ojos vidriados y lánguidos de un perro cansino o que Manolita pudiera reproducir la tristeza absurda de las muñecas emigradas en los desvanes.

Por medio del análisis de las acotaciones o direcciones de escena se puede averiguar el uso que de ellas hace el dramaturgo para efectuar los cambios de escena, prefigurar (*foreshadow*) los acontecimientos, caracterizar a los personajes, dar unidad a la acción, etcétera; lo importante es saber que en la obra dramática nada es gratuito y que cualquier indicación es significativa.

Estructura de la obra dramática

El término estructura viene de la arquitectura y en la literatura adquiere el significado de *organización*. En cuanto a la obra dramática hay que distinguir entre la *estructura externa* de la obra y la *estructura de la acción dramática*.

1. *Estructura externa*. La unidad básica de la estructura dramática es la *escena*. Se puede definir la escena como una parte de la obra durante la cual el escenario está ocupado por los mismos personajes. Si entra o sale un nuevo personaje, se produce otra escena. De este modo se pueden distinguir fácilmente las partes integrantes de una obra. Hay otras unidades mayores como los *actos* o las *jornadas*—usadas en el Siglo de Oro—pero éstas son divisiones convencionales. En general, los actos constituyen una especie de interrupción que proporciona un descanso a los actores y a los espectadores.

2. *Estructura de la acción dramática*. Se entiende por acción dramática el conjunto de elementos que contribuyen al desarrollo de la trama de la obra dramática. Al considerar la acción de un drama hay que tener presente no sólo lo que ocurre en la obra sino también el orden en el que los acontecimientos o eventos ocurren. Por eso, el momento en el cual se levanta el telón es trascendente para la obra porque ahí empieza a desarrollarse la acción. Para Aristóteles la acción era la parte más importante, era el alma de la tragedia, mucho más importante que la historia que se contaba y que los personajes; de ahí que poco importara el hecho de que en el teatro griego el espectador conociera la historia que se iba a representar de antemano porque lo que importaba era la manera cómo se desarrollaban los acontecimientos ya fuera para enfatizar el suspenso o la ironía. Los componentes de la estructura de la acción se relacionan con los diferentes grados de emoción o de percepción que despierta la obra y corresponden a los momentos de menor o mayor intensidad. Estos elementos constitutivos se ordenan en forma de pirámide y son: a) *exposición*; b) *incidente o complicación* (*rising action*); c) *nudo o clímax* y d) *desenlace* (*falling action*).

   a. *Exposición*. Es la presentación de la información necesaria acerca de los personajes o acerca de la historia para que el espectador pueda entender la obra dramática.

   b. *Incidente o complicación*. Son ciertas palabras o acciones que provocan el conflicto o lucha entre fuerzas opuestas que pueden ser protagonista y antagonista o el protagonista consigo mismo. El incidente produce una tensión dramática que va creciendo hasta el clímax.

   c. *Nudo o clímax*. Es el punto de máxima tensión y constituye definitivamente un punto decisivo. Este cambio radical en el destino del personaje fue llamado por Aristóteles «peripecia».

   d. *Desenlace*. El desenlace representa un descenso del movimiento dramático desde el punto culminante que es el clímax, hacia la conclusión o *resolución*.

IV. Otras formas y técnicas dramáticas

El entremés
La palabra *entremés* viene del latín *inter-medium* y es precisamente eso, un intermedio. A mediados del siglo XVI, la palabra *entremés* pasó a significar una obra de teatro corta, de carácter cómico, que se representaba en el intermedio (*intermission*) de las obras serias para aligerar la gravedad de la acción.

Los entremeses anteriores a Cervantes eran por lo general de tono grosero y de mal gusto; fue Cervantes el que dio a esta forma dramática un nuevo impulso estético. Uno de los mejores entremeses de Cervantes es *El viejo celoso* (p. 203). Además de Cervantes cultivaron este género autores como Lope de Vega y Francisco de Quevedo, pero el más importante es Luis Quiñones de Benavente.

El sainete
En el siglo XVIII surgió otra forma dramática denominada *sainete*, muy similar al entremés excepto que éste se representaba después de la comedia. El autor más famoso de sainetes fue Ramón de la Cruz.

El metateatro
El metateatro es el «teatro dentro del teatro» (*play-within-a-play*). Según Lionel Abel en *Metatheatre* (1963), esta técnica sirve para expresar dos ideas principales: la primera, que el mundo es un escenario, un teatro, y nosotros unos simples personajes que cubiertos tras la máscara tenemos que desempeñar nuestro papel; y la segunda, que la vida es un sueño y que, por consiguiente, las reacciones y expresiones de los hombres no son verdaderas, sino ilusorias, ficticias.

El metateatro en sí mismo no es una invención contemporánea; se sabe que Shakespeare lo experimentó en su obra *Hamlet*. Sin embargo, lo que sí es contemporáneo es el uso que los dramaturgos hacen de esa técnica en nuestro tiempo.

V. Formas dramáticas contemporáneas

Frente al teatro proclamado por Aristóteles cuyo centro es la *acción* estructurada de acuerdo con una secuencia ordenada de partes, aparece modernamente otro teatro hecho de símbolos, de fragmentos que funcionan como episodios, es decir, como unidades independientes. Este es el teatro de la *crueldad* de Artaud, el teatro *épico* de Brecht y el teatro del *absurdo* de Ionesco.

Las primeras manifestaciones del teatro episódico se ven en el teatro de Esquilo (*Aeschylus*, 525–456 a.C.). Este tipo de teatro permite una sobreacumulación de materiales dramáticos ya que representa historias enteras a lo largo de los episodios; esto hace que casi no necesite exposición porque todo acontecimiento forma parte del drama. Sin embargo en el teatro aristotélico como la obra principia cerca del clímax, es necesario que haya una exposición que explique los acontecimientos que tuvieron lugar antes del principio de la obra.

Resumiendo, se podría decir que el teatro aristotélico produce una *catarsis*—purificación; que el teatro de ideas, como el de Benavente, pide una respuesta; pero que el teatro episódico es inocente, no pide nada. Por ejemplo en *La historia del hombre que se convirtió en perro* (p. 235), lo que el espectador percibe es una serie de episodios, material casi sin desarrollar, pero organizado de tal manera que el espectador lo puede relacionar con su propio e íntimo caos; o sea, se establece una relación estrecha entre el teatro y lo que preocupa y obsesiona al espectador, el cual se convierte así en participante de la acción. La obra no ofrece soluciones; el final representa una supresión de la progresión episódica dejando al espectador con un sentimiento ambivalente porque aunque el drama técnicamente haya terminado, la problemática que él se ha planteado no termina.

El teatro de la crueldad

El francés Antonin Artaud (1896–1948), en *El teatro y su doble*, vuelve al teatro primitivo, a lo que éste tenía de ceremonial dionisíaco. Es un teatro total en donde caben todas las manifestaciones humanas tales como el humor, el delirio, la violencia; y además, es también un espectáculo total ya que Artaud quería que el teatro pudiera competir con el circo, con el cine, con el *music-hall*, etc. Es de señalar que las manifestaciones de violencia y erotismo propias de este teatro tienen como objetivo despertar a los espectadores pasivos y obligarlos a tomar conciencia de las distintas problemáticas que rodean hoy al ser humano.

El teatro épico

El alemán Bertolt Brecht (1898–1956), el hombre de teatro más importante y el teórico teatral más riguroso del siglo XX, fue el iniciador del teatro épico. Sus obras *Madre coraje* y *El círculo de tiza caucasiano* le dieron gran renombre. Brecht define el teatro no por su estructura, sino por el papel que desempeña en la vida de los hombres. Es decir, el dramaturgo debe presentar en el drama aquellas ideas que ayuden a cambiar el mundo—de ahí que su teatro tenga una función humana y social.

Podría decirse entonces que la estética de Brecht es ética, no aristotélica. Conviene aquí recordar los principios de la estética aristotélica, que consistía en producir un *acercamiento* de las situaciones dramáticas y de los personajes al espectador a fin de que tuviera lugar la *empatía* primero y, más tarde, la *catarsis*. (Es importante notar que Aristóteles no habla en su *Poética* de teatro épico, sino de poesía épica, de tragedia y de comedia).

Sin embargo, en el teatro épico lo que se trata de producir es un *alejamiento*, un *distanciamiento* entre la acción y el espectador. Este distanciamiento se ha denominado en español **efecto V,** expresión que se origina en la palabra alemana «*Verfremdung*» (*alienation effect*). Brecht logra ese alejamiento mediante diversas técnicas entre las que se puede señalar dos: 1) el uso de la narración—por eso se llama *épico,* y 2) la utilización de marionetas, o sea, personajes que actúan como si fueran muñecos. Estos personajes-muñeco son en sí mismos seres alejados de nosotros y ajenos también a nuestro mundo sentimental. Precisamente este *distanciamiento sentimental* es la condición que Brecht cree necesaria para que se produzca el *acercamiento intelectual.* Es decir que lo que Brecht se propone es que se originen ideas que puedan cambiar el mundo.

El teatro del absurdo

Eugene Ionesco (1912–   ), rumano de nacimiento, es el iniciador del teatro del absurdo. Su filosofía del absurdo la recibió de otros autores, pero principalmente del gran maestro del absurdo Alfred Jarry. La obra que le dio gran fama fue *La cantante calva.* Meditando sobre la literatura del absurdo que se había desarrollado en Francia y obsesionado por el pensamiento de que «la vida es absurda» porque los hombres no son hombres sino que se han convertido en robots y marionetas, porque son seres conformistas, porque son incapaces de controlar los hechos de la vida y, lo que es todavía peor, obsesionado por la idea de que es inútil luchar, Ionesco experimentó ese sentimiento de angustia, tan común en la Europa de posguerra, que se siente ante un mundo que se va deshumanizando.

Teniendo esta filosofía—lo absurdo de la vida—como base, elabora Ionesco su teatro del absurdo que es un nuevo tipo de drama que está cerca de la tragedia. Sin embargo, y a diferencia de otras formas dramáticas, en el teatro del absurdo no suele producirse desenlace alguno; el desenlace lo tiene que construir el espectador ante ese ejemplo de la frustración de las ilusiones humanas que le ofrece el dramaturgo en la obra dramática. No falta en el teatro del absurdo la nota de humor, pero es un humor negro de cuyas situaciones nos reímos por no ponernos a llorar a gritos.

Práctica

A. En una obra dramática no hay un narrador que comente, como en el caso de la novela y del cuento. El dramaturgo depende del diálogo para crear una situación dramática y para revelar el carácter de los personajes. Léanse los trozos siguientes y contéstense las preguntas:

1. ¿Cómo se presenta la interacción entre los personajes, en términos del ambiente general de la obra y en términos de la creación de tipos individuales?
2. ¿Cuáles son los elementos lingüísticos más significativos del trozo? ¿Cuáles son las peculiaridades más pronunciadas del lenguaje de cada personaje? (O sea, ¿sirve el lenguaje para identificar al personaje?)
3. ¿Qué objetos y símbolos se ven en estos trozos y qué importancia tienen?
4. ¿Cuáles son los aspectos visuales más sobresalientes de cada escena?
5. Si hay acotaciones, ¿cuál es su función?

a. (El trozo es del primer acto de *Death of a Salesman*, 1949, de Arthur Miller. Biff, el hijo mayor del protagonista Willy Loman, discute con su madre el estado físico y mental del padre.)

BIFF: Why didn't you ever write me about this, Mom?

LINDA: How would I write to you? For over three months you had no address.

BIFF: I was on the move. But you know I thought of you all the time. You know that, don't you, pal?

LINDA: I know, dear, I know. But he likes to have a letter. Just to know that there's still a possibility for better things.

BIFF: He's not like this all the time, is he?

LINDA: It's when you come home he's always the worst.

BIFF: When I come home?

LINDA: When you write you're coming, he's all smiles, and talks about the future, and—he's just wonderful. And then the closer you seem to come, the more shaky he gets, and then, by the time you get here, he's arguing, and he seems angry at you. I think it's just that maybe he can't bring himself to—open up to you. Why are you so hateful to each other? Why is that?

BIFF: (*evasively*). I'm not hateful, Mom.

LINDA: But you no sooner come in the door than you're fighting!

BIFF: I don't know why, I mean to change. I'm tryin', Mom, you understand?

LINDA: Are you home to stay now?

BIFF: I don't know. I want to look around, see what's doin'.

LINDA: Biff, you can't look around all your life, can you?

BIFF: I just can't take hold, Mom. I can't take hold of some kind of a life.

LINDA: Biff, a man is not a bird, to come and go with the springtime.

BIFF: Your hair . . . (*He touches her hair.*) Your hair got so gray.

LINDA: Oh, it's been gray since you were in high school. I just stopped dyeing it, that's all.

BIFF: Dye it again, will ya? I don't want my pal looking old. (*He smiles.*)

LINDA: You're such a boy! You think you can go away for a year and . . . You've got to get it into your head now that one day you'll knock on this door and there'll be strange people here—

BIFF: What are you talking about? You're not even sixty, Mom.

LINDA: But what about your father?

BIFF: (*lamely*). Well, I meant him too.

. . .

LINDA: Biff, dear, if you don't have any feeling for him, then you can't have any feeling for me.

BIFF: Sure I can, Mom.

LINDA: No. You can't just come to see me, because I love him. (*With a threat, but only a threat, of tears*) He's the dearest man in the world to me, and I won't have anyone making him feel unwanted and low and blue. You've got to make up your mind now, darling, there's no leeway any more. Either he's your father and you pay him that respect, or else you're not to come here. I know he's not easy to get along with—nobody knows that better than me—but . . .

. . .

BIFF: Stop making excuses for him! He always, always wiped the floor with you! Never had an ounce of respect for you.

. . .

LINDA: I don't say he's a great man. Willy Loman never made a lot of money. His name was never in the paper. He's not the finest character that ever lived. But he's a human being, and a terrible thing is happening to him. So attention must be paid. He's not to be allowed to fall into his grave like an old dog. Attention, attention must be finally paid to such a person.

b. (En la segunda escena de *A Streetcar Named Desire*, 1947, de Tennessee Williams, Stanley Kowalski aparece discutiendo con su esposa Stella a causa de la hermana de ésta—Blanche DuBois—quien los visita temporalmente.)

It is six o'clock the following evening. Blanche is bathing. Stella is completing her toilette. Blanche's dress, a flowered print, is laid out on Stella's bed.

Stanley enters the kitchen from outside, leaving the door open on the perpetual "blue piano" around the corner.

STANLEY: What's all this monkey doings?

STELLA: Oh, Stan! (*She jumps up and kisses him, which he accepts with lordly composure.*) I'm taking Blanche to Galatoire's for supper and then to a show, because it's your poker night.

STANLEY: How about my supper, huh? I'm not going to no Galatoire's for supper!

STELLA: I put you a cold plate on ice.

STANLEY: Well, isn't that just dandy!

STELLA: I'm going to try to keep Blanche out till the party breaks up because I don't know how she would take it. So we'll go to one of the little places in the Quarter afterwards and you'd better give me some money.

STANLEY: Where is she?

STELLA: She's soaking in a hot tub to quiet her nerves. She's terribly upset.

STANLEY: Over what?

STELLA: She's been through such an ordeal.

STANLEY: Yeah?

STELLA: Stan, we've—lost Belle Reve!

STANLEY: The place in the country?

STELLA: Yes.

STANLEY: How?

STELLA: (*vaguely*) Oh, it had to be—sacrificed or something. (*There is a pause while Stanley considers. Stella is changing into her dress.*) When she comes in be sure to say something nice about her appearance. And, oh! Don't mention the baby. I haven't said anything yet, I'm waiting until she gets in a quieter condition.

STANLEY: (*ominously*) So?

STELLA: And try to understand her and be nice to her, Stan.

BLANCHE: (*singing in the bathroom*) "From the land of the sky blue water, they brought a captive maid!"

STELLA: She wasn't expecting to find us in such a small place. You see I'd tried to gloss things over a little in my letters.

STANLEY: So?

STELLA: And admire her dress and tell her she's looking wonderful. That's important with Blanche. Her little weakness!

STANLEY: Yeah. I get the idea. Now let's skip back a little to where you said the country place was disposed of.

STELLA: Oh!—yes . . .

STANLEY: How about that? Let's have a few more details on that subjeck.

STELLA: It's best not to talk much about it until she's calmed down.

STANLEY: So that's the deal, huh? Sister Blanche cannot be annoyed with business details right now!

STELLA: You saw how she was last night.

STANLEY: Uh-hum, I saw how she was. Now let's have a gander at the bill of sale.

STELLA: I haven't seen any.

STANLEY: She didn't show you no papers, no deed of sale or nothing like that, huh?

STELLA: It seems like it wasn't sold.

STANLEY: Well, what in hell was it then, give away? To charity?

STELLA: Shhh! She'll hear you.

STANLEY: I don't care if she hears me. Let's see the papers!

STELLA: There weren't any papers, she didn't show any papers, I don't care about papers.

STANLEY: Have you ever heard of the Napoleonic code?

STELLA: No, Stanley, I haven't heard of the Napoleonic code and if I have, I don't see what it—

STANLEY: Let me enlighten you on a point or two, baby.

STELLA: Yes?

STANLEY: In the state of Louisiana we have the Napoleonic code according to which what belongs to the wife belongs to the husband and vice versa. For instance if I had a piece of property, or you had a piece of property—

STELLA: My head is swimming!

STANLEY: All right. I'll wait till she gets through soaking in a hot tub and then I'll inquire if *she* is acquainted with the Napoleonic code. It looks to me like you have been swindled, baby, and when you're swindled under the Napoleonic code I'm swindled *too*. And I don't like to be *swindled*.

c. (La siguiente escena de *En la ardiente oscuridad*, 1950, del dramaturgo español Antonio Buero Vallejo ocurre en un instituto para ciegos. Los estudiantes del instituto viven cómoda y confiadamente hasta la llegada de Carlos, un ciego poco dispuesto a aislarse del mundo de los videntes. Se nota cierta competencia entre Carlos e Ignacio, otro estudiante, representante del *status quo*. Todos los que hablan en este trozo del segundo acto son estudiantes ciegos.)

ANDRÉS: (*Reservado*.) Yo he pensado también mucho en esas cosas. Y creo que con la ceguera no sólo carecemos de un poder a distancia, sino de un placer también. Un placer maravilloso, seguramente. ¿Cómo supones tú que será?

. . .

IGNACIO: (*Accionando para él solo con sus manos llenas de anhelo y violencia, subraya inconscientemente la calidad táctil que sus presunciones ofrecen.*) Pienso que es como si por los ojos entrase continuamente un cosquilleo[1] que fuese removiendo nuestros nervios y nuestras vísceras... y haciéndonos sentir más tranquilos y mejores.

ANDRÉS: (*Con un suspiro.*) Así debe ser.

MIGUEL: ¡Hola, chicos!

PEDRO: Hola, Miguelín.

ANDRÉS: Llegas a tiempo para decirnos cómo crees tú que es el placer de ver.

MIGUEL: ¡Ah! Pues de un modo muy distinto a como lo ha explicado Ignacio. Pero nada de eso importa, porque a mí se me ha ocurrido hoy una idea genial—¡no os riáis!—, y es la siguiente: Nosotros no vemos. Bien. ¿Concebimos la vista? No. Luego la vista es inconcebible. Luego los videntes no ven tampoco.

(*Salvo* IGNACIO, *el grupo ríe a carcajadas.*)

PEDRO: ¿Pues qué hacen, si no ven?

MIGUEL: No os riáis, idiotas. ¿Qué hacen? Padecen una alucinación colectiva. ¡La locura de la visión! Los únicos seres normales en este mundo de locos somos nosotros.

(*Estallan otra vez las risas.* MIGUEL *ríe también*).

IGNACIO: (*Cuya voz profunda y melancólica acalla las risas de los otros.*) Miguelín ha encontrado una solución, pero absurda. Nos permitiría vivir tranquilos si no supiéramos demasiado bien que la vista existe. (*Suspira.*) Por eso tu hallazgo no nos sirve.

MIGUEL: (*Con repentina melancolía en la voz.*) Pero, ¿verdad que es gracioso?

IGNACIO: (*Sonriente.*) Sí. Tú has sabido ocultar entre risas, como siempre, lo irreparable de tu desgracia.

. . .

CARLOS: (*Con tono mesurado.*) No entiendo bien algunas cosas. Sabéis que soy un hombre práctico. ¿A qué fin razonable os llevaban vuestras palabras? Eso es lo que no comprendo. Sobre todo cuando no encuentro en ellas otra cosa que inquietud y tristeza.

MIGUEL: ¡Alto! También había risas... (*De nuevo con involuntaria melancolía.*) provocadas por la irreparable desgracia de este humilde servidor.

(*Risas.*)

CARLOS: (*Con tono de creciente decisión.*) Siento decirte, Miguelín, que a veces no eres nada divertido. Pero dejemos eso. (*Vibrante.*) A ti, Ignacio (*Este se estremece ante el tono de* CARLOS), a ti, es a quien quiero preguntar algo: ¿Quieres decir con lo que nos has dicho que los invidentes formamos un mundo aparte de los videntes?

IGNACIO: (*Que parece asustado, carraspea.*[2]) Pues... yo he querido decir...

CARLOS: (*Tajante.*[3]) No, por favor. ¿Lo has querido decir, sí o no?

IGNACIO: Pues..., sí. Un mundo aparte... y más desgraciado.

CARLOS: ¡Pues no es cierto! Nuestro mundo y el de ellos es el mismo. ¿Acaso no estudiamos como ellos? ¿Es que no somos socialmente útiles como ellos? ¿No tenemos también nuestras distracciones? ¿No hacemos deportes? (*Pausa breve.*) ¿No amamos, no nos casamos?

IGNACIO: (*Suave.*) ¿No vemos?

CARLOS: (*Violento.*) ¡No, no vemos! Pero ellos son mancos, cojos, paralíticos; están enfermos de los nervios, del corazón o del riñón; se mueren a los veinte años de tuberculosis o los asesinan en las guerras... O se mueren de hambre.

ALBERTO: Eso es cierto.

[1] *tickling*
[2] *clears his throat*
[3] *cutting*

CARLOS: ¡Claro que es cierto! La desgracia está muy repartida entre los hombres, pero nosotros no formamos rancho[4] aparte en el mundo. ¿Quieres una prueba definitiva? Los matrimonios entre nosotros y los videntes. Hoy son muchos; mañana serán la regla... Hace tiempo que habríamos conseguido mejores resultados si nos hubiésemos atrevido a pensar así en lugar de salmodiar[5] lloronamente el «no hay prenda como la vista», de que hablabas antes. (*Severo, a los otros.*) Y me extraña mucho que vosotros, viejos ya en la institución, podáis dudarlo ni por un momento. (*Pausa breve.*) Se comprende que dude Ignacio... No sabe aún lo grande, lo libre y hermosa que es nuestra vida. No ha adquirido confianza; tiene miedo a dejar su bastón... ¡Sois vosotros quienes debéis ayudarle a confiar!

4gang
5singsong

B. Analícense las oraciones siguientes, tomándose en cuenta:
1. La revelación del carácter del que habla
2. Los elementos lingüísticos
3. Los elementos temáticos
4. Los aspectos emotivos o intelectuales (pensando en la presencia de un público)

   a.   GEORGE: When I was sixteen and going to prep school, during the Punic Wars, a bunch of us used to go into New York on the first day of vacations, before we fanned out to our homes, and in the evening this bunch of us used to go to this gin mill owned by the gangster-father of one of us—for this was during the Great Experiment, or Prohibition, as it is more frequently called, and it was a bad time for the liquor lobby, but a fine time for the crooks and the cops—and we would go to this gin mill, and we would drink with the grown-ups and listen to the jazz. And one time, in the bunch of us, there was this boy who was fifteen, and he had killed his mother with a shotgun some years before—accidentally, completely accidentally, without even an unconscious motivation, I have no doubt, no doubt at all—and this one evening this boy went with us, and we ordered our drinks, and when it came his turn he said, I'll have bergin . . . give me some bergin, please . . . bergin and water. Well, we all laughed . . . he was blond and he had the face of a cherub, and we all laughed, and his cheeks went red and the color rose in his neck, and the assistant crook who had taken our order told people at the next table what the boy had said, and then they laughed, and then more people were told and the laughter grew, and more people and more laughter, and no one was laughing more than us, and none of us more than the boy who had shot his mother. And soon, everyone in the gin mill knew what the laughter was about, and everyone started ordering bergin, and laughing when they ordered it. And soon, of course, the laughter became less general, but it did not subside, entirely, for a very long time, for always at this table or that someone would order bergin and a new area of laughter would rise. We drank free that night, and we were bought champagne by the management, by the gangster-father of one of us. And, of course, we suffered the next day, each of us, alone, on his train, away from New York, each of us with a grown-up's hangover . . . but it was the grandest day of my . . . youth.

   (Edward Albee, *Who's Afraid of Virginia Woolf?*, 1962)

   b.   (Este es un fragmento de la versión romántica de *Don Juan Tenorio*—el famoso seductor de mujeres—en donde él mismo explica el programa típico de sus seducciones.)

[1] *caught*
[2] *sobreviviendo*
[3] *has let himself get walked over*
[4] *trick*

D. JUAN: Partid los días del año
entre las que ahí encontráis.
Uno para enamorarlas,
otro para conseguirlas,
otro para abandonarlas,
dos para sustituirlas
y una hora para olvidarlas.

(José Zorrilla,
Don Juan Tenorio, 1844)

c.   (Isabel—protagonista de *Rosas de otoño*—reacciona aquí frente a la desigualdad de la mujer ante el hombre.)

ISABEL: ...es mi orgullo de mujer, que en nuestra desigual condición ante el hombre admite todas las desigualdades, todas las humillaciones, menos la de que nunca tengan el derecho de decirnos: «¿Con qué razón me acusas?» ¡Ah! Eso no; son más penosos nuestros deberes, pues más fuertes nosotras para cumplirlos... Y así no podrán decir que somos iguales; pero nosotras también podemos decirles: «¿Iguales no? Decís bien, somos mejores.»

(Jacinto Benavente, Rosas de otoño, 1905)

d.   (Un padre habla con su hijo, que todavía está en la cuna.)

PADRE: (*Al* HIJO *en la cuna.*) Sí, serás feliz. Tendrás que serlo. Así mi sacrificio no será en vano. Por ahora no comprendes lo que es la vida, ni las humillaciones por las que tiene que pasar un padre para sacar los suyos adelante. Pero no importa. Al final veré en ti lo que yo no he podido ser. ¡Lo que no me han dejado ser!... Sí, yo las he pasado negras, todavía las estoy pasando. Pero tendré la recompensa algún día. Tú serás mi sueño, mi inalcanzable sueño hecho realidad en ti... Serás mi prolongación ideal. Yo no he podido ser lo que he querido, sino lo que me han dejado ser. Para mí fueron los restos, los desperdicios de la vida. ¡Un asco! Bueno, de todos modos he llegado a ser alguien. Otros son todavía menos que yo, pese a que tu madre no lo quiere reconocer. Ella dice que soy un fracasado. Dice que la cacé[1] dormida. Que ella no se ha separado de mí por compasión. Constantemente me dice que no me quiere. Que yo soy un peso muerto en su vida. Cuando se pone a decir esas cosas me dan ganas de matarla, pero pienso en ti, hijo mío. Si ella no te cuida mientras voy al trabajo, ¿quién va a cuidarte? Yo, pese a mis esfuerzos, gano escasamente lo indispensable para ir tirando.[2] No he tenido suerte. Siempre otros más fuertes que yo me han echado a la cuneta. ¡Así! (*Hace un gesto y se cae, pero no quiere enterarse que se ha caído.*) No he tenido suerte. ¡La suerte no se puede fabricar! Tu madre dice que soy tonto. Yo no digo tanto. Simplemente (*justificándose*) creo que soy demasiado bueno. Eso debió ser. Un hombre demasiado bueno que se ha dejado pisar.[3] Te pisan una vez y después ya se establece la costumbre. Te usan de estribo o de peldaño para otros trepar. Eso es lo que pasa. Cuando te das cuenta y quieres reaccionar, ya es tarde. (*Como guiando al* HIJO.) ¡Cuidado! ¡No te dejes pisotear! ¡Dale, dale un codazo! ¡Que se te adelanta aquel otro! ¡Venga, hazle la zancadilla![4] ¿Es que no me oyes? ¡Eso, eso! ¡Muy bien! (*Estrepitosas carcajadas.*) Ser bueno es peligroso. Tu madre hubiera preferido que yo fuera un caníbal, pero que supiera buscarme la suerte. Yo tengo que callarme cuando ella me dice esas cosas. Pienso en ti y me río por dentro. Algún día sé que vengarás las ofensas y las humillaciones que tu padre ha sufrido para sacarte adelante. Por ahora eres muy pequeño y de todo esto que te digo no comprendes ni una palabra.

(José Ruibal, «El padre», 1969)

e. (Don Diego—un caballero de unos sesenta años—piensa casarse con una jovencita, doña Paquita. En este trozo, habla con ella y con su madre.)

DON DIEGO: ¡Mandar, hija mía!... En estas materias tan delicadas los padres que tienen juicio no mandan. Insinúan, proponen, aconsejan; eso, sí; todo eso sí; ¡pero mandar!... ¿Y quién ha de evitar después las resultas funestas de lo que mandaron?... Pues ¿cuántas veces vemos matrimonios infelices, uniones monstruosas verificadas solamente porque un padre tonto se metió a mandar lo que no debiera?... ¡Eh! No, señor; eso no va bien... Mire usted, doña Paquita, yo no soy de aquellos hombres que se disimulan los defectos. Yo sé que ni mi figura ni mi edad son para enamorar perdidamente a nadie, pero tampoco he creído imposible que una muchacha de juicio y bien criada llegase a quererme con aquel amor tranquilo y constante que tanto se parece a la amistad, y es el único que puede hacer los matrimonios felices. Para conseguirlo no he ido a buscar a ninguna hija de familia[1] de estas que viven en una decente libertad... Decente, que yo no culpo lo que no se opone al ejercicio de la virtud. Pero ¿cuál sería entre todas ellas la que no estuviese ya prevenida en favor de otro amante más apetecible que yo? Y en Madrid. ¡Figúrese usted en un Madrid!...[2] Lleno de estas ideas, me pareció que tal vez hallaría en usted todo cuanto deseaba. Yo soy ingenuo; mi corazón y mi lengua no se contradicen jamás. Esto mismo la pido a usted, Paquita: sinceridad. El cariño que a usted la tengo no la debe hacer infeliz... Su madre de usted no es capaz de querer una injusticia, y sabe muy bien que a nadie se le hace dichoso por fuerza. Si usted no halla en mí prendas que la inclinen, si siente algún otro cuidadillo en su corazón, créame usted, la menor disimulación en esto nos daría a todos muchísimo que sentir.

(Leandro Fernández de Moratín,
El sí de las niñas, 1801)

(Este es el famoso soliloquio de Segismundo en el segundo acto de *La vida es sueño*. El protagonista se refiere a la imposibilidad de distinguir entre realidad y sueño. El trozo tiene que ver con la acción misma de la obra y con el concepto metafórico de la vida como sueño. En términos teológicos, el **despertar** representa la entrada a la vida eterna.)

SEGISMUNDO: ...pues estamos
en mundo tan singular,
que el vivir sólo es soñar;
y la experiencia me enseña
que el hombre que vive, sueña
lo que es, hasta despertar.

Sueña el rey que es rey, y vive
con este engaño mandando,
disponiendo y gobernando;
y este aplauso, que recibe
prestado, en el viento escribe,
y en cenizas le convierte
la muerte (¡desdicha fuerte!):
¿que hay quien intente reinar,
viendo que ha de despertar
en el sueño de la muerte?

Sueña el rico en su riqueza,
que más cuidados le ofrece;
sueña el pobre que padece
su miseria y su pobreza;

sueña el que a medrar empieza,
sueña el que afana y pretende,
sueña el que agravia y ofende,
y en el mundo, en conclusión,
todos sueñan lo que son,
aunque ninguno lo entiende.

Yo sueño que estoy aquí
destas prisiones cargado,
y soñé que en otro estado
más lisonjero me vi.
¿Qué es la vida?, un frenesí;
¿qué es la vida?, una ilusión,
una sombra, una ficción,
y el mayor bien es pequeño;
que toda la vida es sueño,
y los sueños, sueños son.
(Pedro Calderón de la Barca,
La vida es sueño, 1635)

Panorama histórico y categorías fundamentales

La palabra *drama* viene del griego «drao» (δράω) que quiere decir **hacer**, así que *drama* (δράμα) viene a significar *acción*. Por lo tanto, se podría definir el drama como «la representación artística de una acción interesante de la vida humana». Sin embargo, en contraste con la narrativa que relata la acción o la poesía lírica que expresa los sentimientos del autor, la obra dramática coloca en un espacio determinado a unos *actores* que presentan de nuevo o *representan* la acción que el dramaturgo ha creado. El teatro es, pues, arte y como toda obra de arte es comunicación. La historia del género dramático comienza con sus dos formas principales: la *tragedia* y la *comedia* cuyas raíces se examinarán a continuación.

La tragedia es de origen griego. No nació de una manera espontánea, sino como resultado de una evolución. La tragedia griega se originó de la lírica coral de carácter sagrado. Entre las múltiples ceremonias del pueblo griego estaban los cultos a Dionisio, dios del vino—el dios Baco de los romanos—símbolo de la alegría y de la fertilidad, pero también representación del ciclo *nacimiento, muerte* y *regeneración* de la naturaleza. En estas fiestas, mientras que el coro cantaba en honor de su dios, se sacrificaba un macho cabrío (*male goat*). De ahí que se denominara «canto del macho cabrío» (*goat song*) a aquel aspecto de la ceremonia que celebraba el lado más serio de Dionisio, que es lo que significa la palabra *tragedia*.

Lo interesante es que más tarde se fueron introduciendo algunos cambios. Primero se dividió el coro en dos partes, una formada por el coro mismo y la otra por un solo cantante que respondía al coro, quedando así constituido el personaje principal, el héroe, que más tarde se denominaría *protagonista* de la tragedia. Al establecerse esta división se dio el paso más importante, pues surgió el *diálogo* que es el elemento esencial de la poesía dramática. Luego se introdujo un segundo actor y más tarde un tercero. En realidad, el teatro griego no necesitaba más personajes porque, a excepción del protagonista, los otros podían representar varios papeles simplemente cambiándose de máscara. Hoy día el teatro ha vuelto a emplear esa técnica, y ha denominado a ese personaje múltiple *personaje comodín*. Este funciona casi como el *joker*, carta que en el juego de naipes se usa para realizar varias jugadas. El dramaturgo Osvaldo Dragún emplea el *comodín* en la obra *El hombre que se convirtió en perro* (p. 235).

Es preciso mencionar que en Grecia el teatro no era pura diversión, sino un acto patriótico-cultural. Sólo había teatro en las fiestas dionisíacas. El coro, que significa el pueblo, conservó en las representaciones dramáticas griegas un papel importante porque era un intermediario entre los actores y el público y al mismo tiempo representaba el punto de vista del dramaturgo quien a través del coro dirigía las emociones del público. Las interpretaciones del coro eran, por consiguiente, muy poéticas. El contenido de la obra no era lo que atraía al espectador, ya que lo que se representaba eran leyendas o mitos de todos conocidos. Lo importante era el arte de que se valía el dramaturgo para presentar una historia determinada. Es decir, el público sabía más que el protagonista y esta ironía dramática o trágica producía una gran emoción en el auditorio al ver cómo el héroe se encaminaba ciegamente hacia la catástrofe.

Cabe añadir que la tragedia es la forma más antigua del teatro y que los mayores autores clásicos son los griegos Esquilo, Eurípides, Sófocles y el romano Séneca. *Edipo Rey* de Sófocles es un gran ejemplo de tragedia; sin embargo, Shakespeare tiene obras a las que muy bien se pudiera llamar tragedias, como *Julius Caesar* y *Macbeth*. Hasta en nuestro propio tiempo existen dramas como *Death of a Salesman* de Arthur Miller o *Bodas de Sangre* de Federico García Lorca, que también podrían alcanzar la altura de la tragedia.

La comedia nació de las alegres canciones que el pueblo griego cantaba en las fiestas y orgías que tenían lugar durante la vendimia (*grape harvest*). La palabra *comedia* se deriva del griego «comos» (κωμος) que quiere decir **festín.** El carácter sexual y grosero de las primeras representaciones, cuyos temas giraban en torno a los ritos dionisíacos de la fertilidad, se perdió en gran parte al crearse la *comedia antigua*. Aquí el elemento que vino a predominar fue la *sátira*. Esta condujo con el tiempo a un nuevo y refinado tipo de representación, la *comedia nueva*, forma más convencional que fue luego imitada y perfeccionada por los grandes comediógrafos romanos Plauto y Terencio.

Pero, ¿qué se entiende por **tono cómico,** tanto en las representaciones clásicas como en las contemporáneas? Se podría afirmar que se refiere a la manera alegre y divertida de presentar situaciones de la vida real, mostrando cuánto hay de ridículo en los seres humanos y en la vida misma. Por lo tanto, así como la tragedia presenta la parte dolorosa de la vida, la comedia muestra la parte cómica.

Hay que hacer una distinción entre la comedia propiamente dicha y la *farsa*. En primer lugar, así como la comedia tiene un propósito ético o político, la farsa carece de todo mensaje; su único propósito es hacer reír. Por otra parte, la diferencia entre la comedia y la farsa está en el tipo de cosa que produce la risa. En la comedia la risa es provocada por las personas ridículas y así es reflexiva. Al contrario, en la farsa la risa es causada por situaciones ridículas y, por lo tanto, resulta explosiva.

En la Europa medieval, con su gran fervor religioso, las obras dramáticas se construyeron alrededor de temas litúrgicos, por ejemplo el Nacimiento y la Resurrección de Cristo. En España, el teatro medieval produjo dos categorías de obras: una de tipo religioso o sagrado, otra de carácter burlesco, profano o secular. Dentro del teatro sagrado se encuentran los *autos* o *misterios*, breves piezas que se representaron, primero en latín, luego en lenguaje popular, en las iglesias. La más antigua obra dramática de que se tiene conocimiento es el anónimo *Auto de los Reyes Magos* de fines del siglo XII o principios del XIII. Compuesto para celebrar la fiesta de la Epifanía (6 de enero), es decir, la adoración de los Reyes Magos a Jesús, el fragmento que se conserva dramatiza en verso el dilema de Gaspar, Melchor y Baltasar, quienes debaten entre ellos si deben seguir o no la estrella maravillosa.

Si los fragmentos que se conservan de este auto testimonian la existencia de un temprano teatro sagrado en España, la primera noticia histórica que se conoce de la representación de una pieza la proporciona el estreno de la *Representación del Nacimiento de Nuestro Señor* de Gómez Manrique a mediados del siglo XV.

De las primitivas representaciones burlescas poco se sabe, excepto que se llamaban *farsas* o *juegos de escarnio*—piezas cómicas con fin paródico en idioma vulgar que se representaban tanto dentro como fuera de las iglesias. Su importancia consiste en que iniciaron el drama secular destinado simplemente a entretener.

El primer dramaturgo hispano y secularizador del drama español es Juan del Encina. En sus piezas se notan las dos vertientes del teatro tradicional: la religiosa (las *Representaciones sagradas*) y la profana (*Auto del Repelón*). Las obras más representativas de Encina son sus *Églogas*, piezas en verso de tipo pastoril o bucólico, en las que se representan los conflictos amorosos de los protagonistas, que son pastores. En estas composiciones se nota por lo tanto la evolución del drama litúrgico medieval hacia la nueva actitud renacentista con su énfasis en las pasiones humanas.

Una obra dramática de relieve en el desarrollo del teatro español es la *Celestina* o *Comedia de Calisto y Melibea* (1499) de Fernando de Rojas. La acción, a la vez poética y violenta, versa sobre los desdichados amores de dos jóvenes de noble familia, Calisto y Melibea, que se conocen por casualidad en la huerta de ésta. Mediante la intervención de Celestina, una vieja alcahueta (*go-between*) contratada por los criados de

Calisto, el ingenuo joven logra subir con una escalera de cuerda a las habitaciones de su amada. La obra termina trágicamente con la caída accidental y fatal de Calisto, con el suicidio de Melibea que se arroja desde lo alto de una torre, con el asesinato de Celestina y la pena de muerte a que están sometidos los criados culpables de homicidio.

A pesar de no ser representable por su extensión—ha sido denominada también novela dramática—la obra contiene varios elementos que la colocan dentro del género teatral. En verdad, su estructura es la de una obra de teatro. Lo confirman principalmente su forma dialogada, su división en actos (veintiuno) y el título que se le dio en la edición definitiva de Sevilla: *Tragicomedia de Calisto y Melibea* (1502). Literariamente, la *Celestina*, por su espíritu humanista evidente en la autonomía o libre albedrío concedido a los personajes y en la fusión de risa y llanto, de amor y odio, de dulzura y extremada violencia, abre caminos para la *comedia* o drama español del Siglo de Oro y, a la postre, para el drama romántico del siglo XIX.

Antes de considerar el extraordinario fenómeno que fue el arte dramático español renacentista, hay que señalar que se acostumbra a dividir su desarrollo en dos etapas. A la primera corresponden aquellas obras que ponen las bases para un teatro nacional. La segunda fase, la que representa la plenitud de la *comedia* del Siglo de Oro, es el período que comienza con Lope de Vega. Dentro del drama anterior a Lope se encuentran: Gil Vicente que escribió tanto en castellano, como en portugués; Bartolomé de Torres Naharro, el primer escritor que dio reglas sobre la composición de las obras de teatro; Lope de Rueda, creador de los *pasos* o breves escenas de la vida diaria que consolidaron el teatro popular; y Juan de la Cueva, quien enfatizó la tradición épica con sus piezas de temas nacionales. Cervantes, además de predominar en el campo de la narrativa, no deja de distinguirse también en el género dramático donde destacan sus *Ocho comedias y ocho entremeses* (1615). En los *entremeses*—breves cuadros populares al estilo de los *pasos*—Cervantes satiriza las malas costumbres y los vicios de su tiempo. En *El viejo celoso* (p. 203), por ejemplo, Cervantes satiriza uno de los tipos sociales, el marido burlado.

Así como Cervantes es considerado el padre de la narrativa, tal como se pone de manifiesto en el *Quijote*, así también se puede decir que la comedia o drama español del Siglo de Oro—siglo XVII, el más fértil de la literatura peninsular—debe su mayor tributo a Lope de Vega. En su *Arte nuevo de hacer comedias* (1609), Lope sugiere una serie de medidas destinadas a enfatizar la autonomía y el individualismo del dramaturgo español. Sus preceptos están magistralmente aplicados a sus propias comedias, las más destacadas y típicas de la época. Rompiendo con la tradición clásica y volviendo la mirada hacia la Edad Media, pero sin olvidar las tendencias humanistas, Lope propuso un teatro original, popular, basado en la tradición ideológica y artística de su país. Ante todo, según decía Lope, el drama debía satisfacer totalmente al público que pagaba para ser entretenido. Por consiguiente, las nuevas normas de Lope favorecen la espontaneidad, el énfasis en la acción en vez de la caracterización y abogan por la fidelidad en el lenguaje. Este lenguaje debía reproducir el habla de las distintas categorías sociales. Luego, para mantener viva la atención del auditorio, Lope optaba por prolongar el suspenso de la comedia hasta mediados del último acto—el tercero. Lope también sugiere que se alterne regularmente lo trágico con lo cómico, una convención manifestada también en la presentación de una pieza corta y liviana entre una acción dramática y otra—de allí viene el entremés, cuyo nombre significa intermedio (*interlude*). Queda consolidado así el papel del *gracioso*, personaje cuya función era la de representar el elemento cómico y contrastante dentro de la estructura total de la obra. Las comedias más conocidas de Lope son las que tratan del tema de la *honra* o del honor. En esta categoría figuran obras como *Peribáñez y el comendador de Ocaña* (1613), *El mejor alcalde el rey* (1614) y *Fuenteovejuna* (1619). También de gran éxito e influencia en la dramaturgia del siglo XVII son las *comedias de capa y espada* (*cloak-and-dagger plays*), en donde miembros de las altas clases sociales luchan por conquistar el amor o defender el honor de una dama, casi siempre con la complicidad de sus fieles servidores, los *graciosos*. Típica de esta clase es la comedia *Amar sin saber a quien* (1630) de Lope de Vega.

Entre los seguidores de la tradición dramática establecida por Lope de Vega, los escritores más distinguidos del Siglo de Oro son: Tirso de Molina, Juan Ruiz de Alarcón y Pedro Calderón de la Barca, cada uno con características ideológicas y estilísticas propias. Tirso ha contribuido con *El burlador de Sevilla* (1630), no sólo a las letras españolas sino a la literatura mundial, creando el famoso personaje de Don Juan Tenorio, el legendario libertino y seductor de mujeres. El papel de Juan Ruiz de Alarcón es algo singular. A saber, Alarcón nació en México, lo que le calificaría como el primer dramaturgo hispanoamericano. Sin embargo, habiéndose trasladado permanentemente a Madrid, cultivó allí las letras y ha de considerarse ante todo escritor español. Efectivamente, el teatro de Alarcón retrata con fidelidad y con un fuerte espíritu moralizador a ciertos *tipos* de la sociedad española de su época. Su mejor comedia es *La verdad sospechosa* (1630), en la que se estudia con destreza al personaje del mentiroso.

Es importantísimo el papel de Pedro Calderón de la Barca en el desarrollo del arte dramático hispánico. Para evaluar su obra hay que tener presente que por su formación jesuita, Calderón siente de modo especial la inquietud espiritual y el ambiente de introspección que predomina en España durante la Contrarreforma (reforma católica destinada a combatir la reforma protestante) y que pertenece a la corriente artística del Barroco. Como artista sigue dos caminos: uno le lleva a enriquecer con efectos escénicos, simbolismo y poesía la forma dramática tradicional—el auto sacramental. El otro conduce a Calderón a abandonar o a alterar los temas nacionales y populares observando el mundo subjetivamente, desde adentro. El resultado es un teatro que se desvía de la simplicidad y espontaneidad tradicionales y pone su énfasis en la profundidad de las ideas y la perfecta composición y forma del drama. Estos cambios son evidentes en ciertas piezas históricas como *El alcalde de Zalamea* (*c.* 1642), en donde el dramaturgo usa marginalmente los eventos sobre los cuales gira el drama, para crear en cambio, una serie de personajes verosímiles y complejos. En las tragedias de honor (*El médico de su honra*, 1635), en que se plantea el tema del honor conyugal, se defiende el derecho del marido de matar a su esposa tras la menor sospecha de infidelidad. *La vida es sueño* (1635) muestra la distancia que separa el arte dramático barroco con su énfasis en la educación moral y en los efectos sensoriales y llamativos, del teatro realista anterior cuyo único fin era entretener.

El arte dramático colonial cuenta en la América Hispana con dos figuras de relieve. El primer dramaturgo es el español Fernán González de Eslava, cuyos *entremeses* de carácter picaresco y popular son lo mejor que hay en la dramaturgia del siglo XVI. No existen dramaturgos nativos de América hasta la época barroca en que aparece Sor Juana Inés de la Cruz. Inspirada por el drama de Calderón de la Barca, la monja mexicana introduce en su teatro (*Los empeños de una casa, El Divino Narciso*, 1689) elementos locales, tales como un *gracioso* mexicano, bailes y canciones folklóricos y hasta unas referencias a ritos aztecas.

En la época neoclásica atraviesan el teatro peninsular español dos corrientes distintas: el Neoclasicismo francés, de poco éxito, representado por Vicente García de la Huerta (*Raquel*, 1778), Leandro Fernández de Moratín (*El sí de las niñas*, 1806) y el teatro popular de Ramón de la Cruz. Sus *sainetes* o breves piezas algo parecidas a los entremeses, pero en verso, son la forma favorita de la época. Se trata de cuadros satíricos llenos de realismo que retratan las clases media y baja— su lenguaje, sus costumbres y el comportamiento de los varios y distintos tipos sociales.

El teatro neoclásico produce sólo una obra de mérito artístico en Hispanoamérica—*Ollantay*, pieza auténticamente indígena que contiene valiosos elementos históricos y artísticos, por lo cual se han hecho de ella traducciones y adaptaciones en varios idiomas. Fue descubierta—o posiblemente escrita—por el padre Antonio Valdez en el Perú y difundida en 1827.

El Romanticismo, con su espíritu de renovación artística y su énfasis en la autonomía del escritor, no deja de afectar al género dramático. El dramaturgo español no se ve obligado a buscar el ambiente romántico fuera de su casa, sino que siguiendo el camino que le habían trazado los *comediantes* del Siglo de Oro y luego Ramón de la Cruz, vuelve con renovado ardor a su propia tradición y se inspira en su rico pasado literario. Sobresale entre ellos Angel de Saavedra, Duque de Rivas, cuyo drama *Don Alvaro o la fuerza del sino* (1813) inspiró la ópera *La forza del destino* del italiano Giuseppe Verdi (1813–1901), y ejemplifica el melodrama *romántico* con sus amantes virtuosos, víctimas de un destino cruel. El color local, los efectos escénicos, la gran cantidad de personajes, todo esto comprimido en cinco actos que pueden abarcar muchos años y ocurrir en distintos lugares, son características del drama romántico.

Otros logros del teatro romántico español son *El trovador* (1836) de García Gutiérrez, fuente de otra gran ópera de Verdi (*Il trovatore*) y *Don*

Juan Tenorio (1844) de José Zorrilla. Esta obra, basada en *El burlador de Sevilla* de Tirso de Molina, resultó aun más popular que la comedia original y fue fuente de inspiración de muchos escritos y composiciones musicales.

El dramaturgo más importante del Romanticismo hispanoamericano es Manuel Ascencio Segura y su obra de mayor relieve es *Ña Catita* (1856), comedia reconocida como obra clásica del teatro peruano. El mérito de esta obra se deriva de la diestra caracterización de Ña (Doña) Catita, especie de *Celestina* y de los pintorescos cuadros de costumbres limeñas.

La influencia del teatro social con fin reformista del dramaturgo noruego Henrik Ibsen (1828–1906) se hace sentir por toda Europa en la segunda mitad del siglo XIX. En contraste con los efectos emocionales que buscaba el teatro romántico, las piezas de carácter social o realista contienen una *tesis* que es su razón de ser. Como tal, el propósito del drama ya no es entretener. El dramaturgo, igual que el novelista o el cuentista, siente la necesidad de retratar con fidelidad la realidad física y psicológica de su gente, con la esperanza de mejorar sus condiciones sociales. Es lo que se proponen hacer en España autores como Manuel Tamayo y Baus (*Un drama nuevo,* 1867) y José Echegaray (*El gran galeoto,* 1881). Echegaray fue el primer escritor hispánico en recibir el Premio Nóbel de Literatura (1904).

El realismo hispanoamericano tenía sus propios motivos para poner sus obras al servicio de una causa social, según se vio al discutir la narrativa. En verdad, el dramaturgo del Nuevo Mundo hispánico encontró que su forma artística presentaba una excelente oportunidad de crear un teatro auténtico en el que figurarían temas americanos, un lenguaje genuino y técnicas creadas para este tipo novedoso de obra dramática: el teatro *criollista.*

Los primeros intentos dramáticos son de tipo gauchesco, en su mayor parte refundiciones y adaptaciones de obras maestras como el *Santos Vega* (1872) de Hilario Ascasubi y el *Martín Fierro* de José Hernández. A pesar de varios otros esfuerzos por originar un teatro realista fuera de la Argentina, el único dramaturgo criollista de fama internacional es el uruguayo Florencio Sánchez. En su teatro Sánchez abandona la fórmula gauchesca de tipo sentimentalista y costumbrista para examinar no tanto los problemas sociales de un Río de la Plata en transición, sino los hondos conflictos psicológicos y morales de sus habitantes. Esto es lo que se percibe en la obra más celebrada de Sánchez, *La gringa* (1904). Aquí se dramatiza simbólicamente la problemática social y humana con la que se enfrentan el emigrante europeo y el descendiente del gaucho—conflicto del que surgirán un nuevo país y un nuevo tipo de gente.

La Generación del 98 con su fervor regenerativo también deja sus huellas en el género dramático y España gana otro Premio Nóbel (1922). Esta vez el honor le corresponde a Jacinto Benavente, quien renovó el teatro nacional modernizándolo y acercándolo al teatro de otros países europeos. Su producción podría dividirse en varias clases: las piezas cosmopolitas (*La noche del sábado,* 1903); la comedia al estilo de la farsa italiana de la *commedia dell'arte* (*Los intereses creados*, 1907); los dramas pasionales y trágicos (*Más fuerte que el amor*, 1906) y los dramas rurales (*La malquerida*, 1913). *El nietecito* (1909) pertenece al teatro infantil madrileño y demuestra la simpatía de Benavente por los niños. (p. 214).

Figura cumbre de la poesía de la Generación del 27, Federico García Lorca se distingue también como dramaturgo. El suyo es un teatro eminentemente poético cuya fuente de inspiración es la tradición literaria y folklórica de su tierra. El Siglo de Oro influyó en Lorca más que ningún otro período artístico. Sus obras de teatro se inscriben en dos vertientes: la vertiente puramente lírica y la dramática. En la primera categoría se destacan piezas como *La zapatera prodigiosa* (1930) y *Amor de don Perlimplín con Belisa en su jardín* (1931). La obra dramática lorquiana mejor conocida es *Bodas de sangre* (1933). En ella se encuentran los temas y las técnicas tan gratos al autor de los *romances gitanos:* el amor concebido como una fuerza vital, mágica, que domina completamente al ser humano.

Tres figuras importantes del teatro moderno español son Alejandro Casona, Antonio Buero Vallejo y Alfonso Sastre. Las obras de Casona, influenciadas por el elemento psicológico del teatro de Benavente y por el mundo poético de Lorca, giran alrededor de la muerte, enfocando de modo particular el choque de la realidad con la fantasía (*La dama del alba*, 1940). Buero Vallejo, en cambio, se vale de la realidad física—los personajes y el ambiente de sus piezas—y reviste esa realidad de significaciones simbólicas destinadas a representar la realidad metafísica. Dentro del teatro psicológico y existencial más reciente, uno de los representantes de mayor relieve es Sastre. En sus obras, la muerte violenta que persigue a los personajes sirve como vehículo para la visión trágica de la vida que caracteriza al autor. Típica del teatro de Sastre es la pieza *La cornada* (1960).

El teatro contemporáneo de Hispanoamérica cuenta con una serie de autores que siguen en cierto sentido el camino trazado por Florencio Sánchez. Sin embargo, el impacto de las dos guerras mundiales, particularmente la segunda, da un ímpetu extraordinario al género dramático. Se abrevian como nunca las distancias intercontinentales. El teatro experimental europeo irrumpe en el Nuevo Mundo con aportes, primero del irlandés George Bernard Shaw (1856–1950), del italiano Luigi Pirandello (1867–1936), del francés Jean Giraudoux (1882–1944) y de Lorca; y luego, en tiempos más recientes, con la contribución, entre otros, del alemán Bertolt Brecht (1898–1956) y de los norteamericanos Tennessee Williams (1914–1983) y Arthur Miller (1915-   ). Nace así en Hispanoamérica un teatro híbrido donde se funden lo americano con lo universal, lo poético con lo filosófico e ideológico, lo real con lo irreal y así sucesivamente. La influencia de las obras existencialistas, del teatro del absurdo y de concientización (*consciousness-raising*) se hace patente en un número considerable de dramaturgos que se esfuerzan sinceramente por utilizar temas y recursos artísticos propios para crear un teatro genuinamente hispanoamericano. Entre los nombres más destacados cabe señalar los de los mexicanos Xavier Villaurrutia,

Rodolfo Usigli y Emilio Carballido, los de los argentinos Samuel Eichenbaum, Conrado Nalé Roxlo y Roberto Arlt y el del guatemalteco Carlos Solórzano.

El drama: Guía general para el lector

1. ¿Cuál es el marco escénico de la obra? ¿Se explica en detalle o no?
2. ¿Quiénes son los personajes y cuáles son las relaciones entre ellos? ¿Cuáles son actores y cuáles son actantes?
3. ¿Qué situación dramática se presenta en la obra? ¿Cómo progresa la acción de la obra? ¿Cuáles son las etapas de esa acción?
4. ¿Cuáles son las divisiones formales del texto?
5. ¿Cómo se puede clasificar el diálogo de la obra? ¿Cuáles son los elementos lingüísticos más significativos? ¿Son breves o largas las oraciones? ¿Se identifican los personajes a través de lo que dicen?
6. ¿Qué importancia tienen las acotaciones escénicas?
7. ¿Cuál es el tema principal de la obra? ¿Cuáles son los temas secundarios? ¿Tiene la obra un fin didáctico o comprometido?
8. En esta obra, ¿se pone más énfasis en la creación de una empatía entre actor y espectador (lector) o en una separación sentimental y un acercamiento intelectual a la situación dramática? ¿Hay ejemplos de metateatro?
9. ¿Cuáles son los aspectos visuales sobresalientes de la obra?
10. Si usted fuera director, ¿cómo montaría la obra en el escenario?

Lecturas

Miguel de Cervantes Saavedra

Miguel de Cervantes Saavedra (1547–1616), nació en Alcalá de Henares (Madrid). Su fecundidad literaria, su profundo don de observación, su hondo concepto de la vida, la riqueza de sus descripciones hacen de su obra una joya de la literatura de todos los tiempos y de todos los pueblos. Sería imposible dar una idea de su obra gigantesca. Don Quijote, *su creación máxima, es el libro más leído y más traducido a otras lenguas después de la Biblia. Poeta, dramaturgo y novelista, escribió las* Novelas ejemplares *(1613), llenas de vida y color;* La Galatea *(1585), que es una especie de novela pastoril; y otras muchas obras. Entre sus comedias podemos mencionar* El cerco de Numancia *y* El trato de Argel, *además de sus encantadores* Entremeses.

Entremés de
El viejo celoso

(Salen Doña Lorenza y Cristina, su criada, y Hortigosa, su vecina)

DOÑA LORENZA: Milagro ha sido éste, señora Hortigosa, el no haber dado la vuelta a la llave mi duelo, mi yugo y mi desesperación.[a] Éste es el primer día, después que me casé con él, que hablo con persona fuera de casa. ¡Que fuera le vea yo de esta vida a él y a quien con él me casó!

HORTIGOSA: Ande, mi señora doña Lorenza, no se queje tanto, que con una caldera vieja se compra otra nueva.[b]

DOÑA LORENZA: Y aun con esos y otros semejantes villancicos o refranes me engañaron a mí. ¡Que malditos sean sus dineros, fuera de las cruces;[1] malditas sus joyas, malditas sus galas y maldito todo cuanto me da y promete! ¿De qué me sirve a mí todo aquesto,[2] si en mitad de la riqueza estoy pobre, y en medio de la abundancia con hambre?

CRISTINA: En verdad, señora tía, que tienes razón: que más quisiera yo andar con un trapo[3] atrás y otro adelante, y tener un marido mozo, que verme casada y enlodada[4] con ese viejo podrido[5] que tomaste por esposo.

[1] fuera... excepto las cruces que llevaban grabadas las monedas
[2] forma arcaica de *esto*
[3] pedazo de tela
[4] *bogged down*
[5] *rotten*

---

[a] Milagro... Ha sido un milagro el que mi marido no haya cerrado la puerta. (Es importante notar cómo la esposa llama al marido duelo (*grief*), yugo (*yoke, oppressive authority*) y desesperación para indicar su característica de viejo celoso.

[b] con... Al morir el viejo, con su dinero podría conseguir un marido joven.

DOÑA LORENZA: ¿Yo lo tomé, sobrina? A la fe, diómele quien pudo y yo, como muchacha, fui más presta al obedecer que al contradecir. Pero si yo tuviera tanta experiencia de estas cosas, antes me tarazara la lengua[c] con los dientes que pronunciar aquel sí, que se pronuncia con dos letras y da por llorar dos mil años. Pero yo imagino que no fue otra cosa sino que había de ser ésta, y que las que han de suceder forzosamente no hay prevención ni diligencia humana que las prevenga.

CRISTINA: ¡Jesús y del mal viejo! Toda la noche: «Daca el orinal,[6] toma el orinal; levántate, Cristinica, y caliéntame unos paños, que me muero de la ijada;[7] dame aquellos juncos,[8] que me fatiga la piedra.»[9] Con más ungüentos y medicinas en el aposento que si fuera una botica. Y yo, que apenas sé vestirme, tengo que servirle de enfermera. ¡Pux, pux, pux! ¡Viejo clueco,[d] tan potroso[10] como celoso, y el más celoso del mundo!

DOÑA LORENZA: Dice la verdad mi sobrina.

CRISTINA: ¡Pluguiera[11] a Dios que nunca yo la dijera en esto!

HORTIGOSA: Ahora bien, señora doña Lorenza: vuesa merced[12] haya lo que le tengo aconsejado, y verá cómo se halla muy bien con mi consejo. El mozo es como un jinjo[13] verde: quiere bien, sabe callar y agradecer lo que por él se hace; y pues los celos y el recato[14] del viejo no nos dan lugar a demandas ni a respuestas, resolución y buen ánimo, que, por la orden que hemos dado, yo le pondré al galán en su aposento de vuesa merced y le sacaré si bien[15] tuviese el viejo más ojos que Argos[e] y viese más que un zahorí,[f] que dicen que ve siete estados debajo de la tierra.

DOÑA LORENZA: Como soy primeriza,[16] estoy temerosa, y no querría, a trueco del gusto, poner a riesgo la honra.

CRISTINA: Eso me parece, señora tía, a lo del cantar de Gómez Arias:[17]

Señor Gómez Arias,
doleos de mí:
soy niña y muchacha;
nunca en tal me vi.

DOÑA LORENZA: Algún espíritu malo debe de haber en ti, sobrina, según las cosas que dices.

CRISTINA: Yo no sé quién habla; pero yo sé que haría todo aquello que la señora Hortigosa ha dicho, sin faltar punto.

DOÑA LORENZA: ¿Y la honra, sobrina?

CRISTINA: ¿Y el holgarnos,[18] tía?

DOÑA LORENZA: ¿Y si se sabe?

CRISTINA: ¿Y si no se sabe?

DOÑA LORENZA: ¿Y quién me asegurará a mí que no se sepa?

HORTIGOSA: ¿Quién? La buena diligencia, la sagacidad, la industria y, sobre todo, el buen ánimo y mis trazas.[19]

[6] Dame el orinal (*chamber-pot*)
[7] me... el costado me duele
[8] planta medicinal
[9] *kidney stone*
[10] *afflicted with a hernia*
[11] placiera, quisiera (imperfecto del subjuntivo del verbo *placer*)
[12] vuesa... vuestra merced (*usted*)
[13] *jujube-tree*
[14] circunspección
[15] si... aunque
[16] sin experiencia
[17] personaje proverbial de un cantar popular
[18] divertirnos
[19] planes

---

[c] antes... antes me mordiera la lengua para no pronunciar el sí en la boda
[d] viejo... decrépito como una gallina clueca (*hatching hen*)
[e] gigante mitológico que tenía cien ojos y, por ello, símbolo de la vigilancia
[f] persona de la que se dice que ve lo oculto, incluso lo que está bajo tierra

CRISTINA: Mire, señora Hortigosa: trayanosle[20] galán, limpio, desenvuelto, un poco atrevido y, sobre todo, mozo.

HORTIGOSA: Todas estas partes tiene el que he propuesto, y otras dos más: que es rico y liberal.

DOÑA LORENZA: Que no quiero riquezas, señora Hortigosa; que me sobran las joyas, y me ponen en confusión las diferencias de colores de mis muchos vestidos. Hasta eso no tengo que desear, que Dios le dé salud a Cañizares: más vestida me tiene que un palmito,[21] y con más joyas que la vidriera[22] de un platero rico. No me clavara él las ventanas, cerrara las puertas, visitara a todas horas la casa, desterrara de ella los gatos y los perros, solamente porque tienen nombre de varón: que, a trueco[23] de que no hiciera esto y otras cosas no vistas en materia de recato, yo le perdonara sus dádivas y mercedes.

HORTIGOSA: ¿Qué, tan celoso es?

DOÑA LORENZA: Digo que le vendían el otro día una tapicería[24] a bonísimo precio, y por ser de figuras[25] no la quiso, y compró otra de verduras[26] por mayor precio, aunque no era tan buena. Siete puertas hay antes que se llegue a mi aposento, fuera de la puerta de la calle, y todas se cierran con llave, y las llaves no me ha sido posible averiguar dónde las esconde de noche.

CRISTINA: Tía, la llave de loba[27] creo que se la pone entre las faldas de la camisa.[28]

DOÑA LORENZA: No lo creas, sobrina: que yo duermo con él y jamás le he visto ni sentido que tenga llave alguna.

CRISTINA: Y más, que toda la noche anda como trasgo[29] por toda la casa, y si acaso dan alguna música en la calle, les tira de pedradas porque se vayan. Es un malo, es un brujo, es un viejo: que no tengo más que decir.

DOÑA LORENZA: Señora Hortigosa, váyase, no venga el gruñidor[30] y la halle conmigo, que sería echarlo a perder todo. Y lo que ha de hacer, hágalo luego: que estoy tan aburrida, que no me falta sino echarme una soga al cuello[31] por salir de tan mala vida.

HORTIGOSA: Quizá con esta que ahora se comenzará se le quitará toda esa mala gana y le vendrá otra más saludable y que más le contente.

CRISTINA: Así suceda, aunque me costase a mí un dedo de la mano: que quiero mucho a mi señora tía, y me muero de verla tan pensativa y angustiada en poder de este viejo y reviejo, y más que viejo, y no me puedo hartar de decirle viejo.

DOÑA LORENZA: Pues en verdad que te quiere bien, Cristina.

CRISTINA: ¿Deja por eso de ser viejo? Cuanto más que yo he oído decir que siempre los viejos son amigos de niñas.

HORTIGOSA: Así es la verdad, Cristina. Y adiós, que en acabando de comer doy la vuelta.[32] Vuesa merced esté muy en lo que dejamos concertado, y verá cómo salimos y entramos bien en ello.

CRISTINA: Señora Hortigosa, hágame merced de traerme a mí un frailecico pequeñico[33] con quien yo me huelgue.[34]

HORTIGOSA: Yo se lo traeré a la niña pintado.

CRISTINA: Que no lo quiero pintado, sino vivo, vivo, chiquito, como unas perlas.

[20] forma arcaica de *traíganosle*
[21] (fig.) como un palmito (*dwarf fan-palm*): bien vestido
[22] vitrina
[23] a cambio
[24] *tapestry*
[25] personajes históricos o mitológicos
[26] escenas de la naturaleza
[27] la... *master-key*
[28] las... *flaps*
[29] fantasma
[30] *grumbler*
[31] echarme... *to hang me*
[32] doy... me voy
[33] un... un fraile jovencito
[34] me divierta

DOÑA LORENZA: ¿Y si lo ve tío?

CRISTINA: Diréle yo que es un duende,[35] y tendrá dél miedo, y holgaréme[36] yo.

HORTIGOSA: Digo que yo le traeré, y adiós. (*Vase.*)

CRISTINA: Mira, tía: si Hortigosa trae al galán y a mi frailecico, y si señor[37] los viere no tenemos más que hacer sino cogerle entre todos y ahogarle, y echarle en el pozo o enterrarle en la caballeriza.

DOÑA LORENZA: Tal eres tú, que creo lo harías mejor que lo dices.

CRISTINA: Pues no sea el viejo celoso, y déjenos vivir en paz, pues no le hacemos mal alguno, y vivimos como unas santas. (*Entranse.*)

(Salen CAÑIZARES, viejo, y un COMPADRE suyo)

CAÑIZARES: Señor compadre, señor compadre: el setentón que se casa con quince,[g] o carece de entendimiento, o tiene gana de visitar el otro mundo lo más presto que le sea posible. Apenas me casé con doña Lorencica, pensando tener en ella compañía y regalo y persona que se hallase en mi cabecera y me cerrase los ojos al tiempo de mi muerte, cuando me embistieron una turbamulta de trabajos y desasosiegos: tenía casa, y busqué casar; estaba posado, y desposéme.[38]

COMPADRE: Compadre, error fue, pero no muy grande; porque, según el dicho del Apóstol, mejor es casarse que abrasarse.[39]

CAÑIZARES: Que no había qué abrasar en mí, señor compadre, que con la menor llamarada quedara hecho ceniza. Compañía quise, compañía busqué, compañía hallé; pero Dios lo remedie, por quien El es.

COMPADRE: ¿Tiene celos, señor compadre?

CAÑIZARES: Del sol que mira a Lorencica, del aire que le toca, de las faldas que la vapulan.[40]

COMPADRE: ¿Dale ocasión?

CAÑIZARES: ¡Ni por pienso![41] No tiene por qué, ni cómo, ni cuándo, ni adónde. Las ventanas, amén de estar con llave, las guarnecen rejas y celosías;[42] las puertas jamás se abren; vecina no atraviesa mis umbrales,[43] ni le atravesará mientras Dios me diere vida. Mirad, compadre: no les vienen los malos aires a las mujeres de ir a los jubileos,[44] ni a las procesiones, ni a todos los actos de regocijos públicos; donde ellas se mancan,[45] donde ellas se estropean y a donde ellas se dañan, es en casa de las vecinas y de las amigas. Más maldades encubre una mala amiga que la capa de la noche; más conciertos se hacen en su casa y más se concluyen que en una asamblea.

COMPADRE: Yo así lo creo. Pero si la señora doña Lorenza no sale de casa, ni nadie entra en la suya, ¿de qué vive descontento mi compadre?

CAÑIZARES: De que no pasará mucho tiempo en que no caiga Lorencica en lo que le falta, que será un mal caso, y tan malo, que en sólo pensarlo le temo, y de temerle me desespero, y de desesperarme vivo con disgusto.

[35] diablillo
[36] me divertiré
[37] si... si el señor
[38] estaba... estaba tranquilo y perdí mi tranquilidad
[39] quemarse
[40] que la golpean
[41] Ni... *Don't even think of it!*
[42] las... *are surrounded by railings and lattices*
[43] *thresholds*
[44] *ecclesiastical solemnities*
[45] se dañan

---

[g] setentón... hombre de setenta años que se casa con una muchacha muy joven

[46] dos veces
[47] verbosidad
[48] *frame jamb of a door*
[49] Mejor
[50] salga (futuro de subjuntivo)

COMPADRE: Y con razón se puede tener ese temor, porque las mujeres querrían gozar enteros los frutos del matrimonio.

CAÑIZARES: La mía los goza doblados.[46]

COMPADRE: Ahí está el daño, señor compadre.

CAÑIZARES: No, no, ni por pienso; porque es más simple Lorencica que una paloma, y hasta ahora no entiende nada de esas filaterías.[47] Y adiós, señor compadre, que me quiero entrar en casa.

COMPADRE: Yo quiero entrar allá y ver a mi señora Lorenza.

CAÑIZARES: Habéis de saber, compadre, que los antiguos latinos usaban de un refrán que decía: *Amicus usque ad aras*, que quiere decir: «El amigo, hasta el altar»; infiriendo que el amigo ha de hacer por su amigo todo aquello que no fuere contra Dios. Y yo digo que mi amigo, *usque ad portam*, hasta la puerta: que ninguno ha de pasar mis quicios.[48] Y adiós, señor compadre, y perdóneme. (*Entrase.*)

COMPADRE: En mi vida he visto hombre más recatado, ni más celoso, ni más impertinente. Pero éste es de aquellos que traen la soga arrastrando[h] y de los que siempre vienen a morir del mal que temen. (*Entrase el* COMPADRE.)

DOÑA LORENZA Y CRISTINA

CRISTINA: Tía, mucho tarda tío, y más tarda Hortigosa.

DOÑA LORENZA: Más[49] que nunca él acá viniese, ella tampoco; porque él me enfada, y ella me tiene confusa.

CRISTINA: Todo es probar, señora tía, y cuando no saliere[50] bien, darle del codo.

DOÑA LORENZA: ¡Ay sobrina! Que estas cosas, o yo sé poco, o sé que todo el daño está en probarlas.

CRISTINA: A fe, señora tía, que tiene poco ánimo, y que si yo fuera de su edad, que no me espantarían hombres armados.

DOÑA LORENZA: Otra vez torno a decir y diré cien mil veces, que Satanás habla en tu boca. Mas ¡ay!, ¿cómo se ha entrado señor?

CRISTINA: Debe de haber abierto con la llave maestra.

DOÑA LORENZA: ¡Encomiendo yo al diablo sus maestrías y sus llaves!

(*Sale* CAÑIZARES)

CAÑIZARES: ¿Con quién hablabais, doña Lorenza?

DOÑA LORENZA: Con Cristinica hablaba.

CAÑIZARES: Miradlo bien, doña Lorenza.

DOÑA LORENZA: Digo que hablaba con Cristinica. ¿Con quién había de hablar? ¿Tengo yo, por ventura, con quién?

CAÑIZARES: No querría que tuvieseis algún soliloquio con vos misma, que redundase en mi perjuicio.

DOÑA LORENZA: Ni entiendo esos circunloquios que decís, ni aun los quiero entender; y tengamos la fiesta en paz.

---

[h] traen... que siempre piensan en lo malo que les puede ocurrir

CAÑIZARES: Ni aun las vísperas no querría yo tener una guerra con vos.[i] Pero ¿quién llama a aquella puerta con tanta prisa? Mira, Cristina, quién es, y si es pobre, dale limosna y despídele.

CRISTINA: ¿Quién está ahí?

HORTIGOSA: La vecina Hortigosa es, señora Cristina.

CAÑIZARES: ¿Hortigosa y vecina? ¡Dios sea conmigo! Pregúntale, Cristina, lo que quiere, y dáselo, con condición que no atraviese esos umbrales.

CRISTINA: Y ¿qué quiere, señora vecina?

CAÑIZARES: El nombre de vecina me turba y sobresalta. Llámala por su propio nombre, Cristina.

CRISTINA: Responda. Y ¿qué quiere, señora Hortigosa?

HORTIGOSA: Al señor Cañizares quiero suplicar un poco,[51] en que me va la honra, la vida y el alma.

CAÑIZARES: Decidle, sobrina, a esa señora que a mí me va todo eso y más en que no entre acá dentro.

DOÑA LORENZA: ¡Jesús, y qué condición tan extravagante! ¿Aquí no estoy delante de vos? ¿Hanme de comer de ojo?[j] ¿Hanme de llevar por los aires?

CAÑIZARES: ¡Entre con cien mil Bercebuyes,[52] pues vos lo queréis!

CRISTINA: Entre, señora vecina.

CAÑIZARES: ¡Nombre fatal para mí es el de vecina!

(Sale HORTIGOSA y trae un guadamecí;[53] y en las pieles de las cuatro esquinas han de venir pintados Rodamonte, Mandricardo, Rugero y Gradoso,[54] y Rodamonte venga pintado como arrebozado.[55])

HORTIGOSA: Señor mío de mi alma, movida y incitada de la buena fama de vuesa merced, de su gran caridad y de sus muchas limosnas, me he atrevido de venir a suplicar a vuesa merced me haga tanta merced, caridad y limosna y buena obra de comprarme este guadamecí, porque tengo un hijo preso por unas heridas que dio a un tundidor,[56] y ha mandado la Justicia que declare el cirujano, y no tengo con qué pagarle, y corro peligro no le echen otros embargos,[57] que podrían ser muchos, a causa que es muy travieso mi hijo, y querría echarle hoy o mañana, si fuese posible, de la cárcel. La obra es buena; es guadamecí, nuevo, y, con todo eso, le daré por lo que vuesa merced quisiere darme por él: que en más está la monta,[58] y como esas cosas[59] he perdido yo en esta vida. Tenga vuesa merced de esta punta,[60] señora mía, y descojámosle,[61] porque no vea el señor Cañizares que hay engaño en mis palabras. Alce más, señora mía, y mire cómo es bueno de caída.[62] Y las pinturas de los cuadros parecen que están vivas. (Al alzar y mostrar el guadamecí entra por detrás de él un galán, y como CAÑIZARES ve los retratos, dice:)

[51] un pequeño favor
[52] cien mil diablos
[53] cuero adornado con pinturas
[54] personajes de la literatura caballeresca
[55] cubierto para no ser visto
[56] shearer of cloth
[57] offenses
[58] el valor
[59] como... cosas como ésas
[60] de... de este extremo
[61] spread open
[62] de... the effect of falling

---

[i] Ni... Como Lorenza en la línea anterior dice que desea tener la fiesta en paz, Cañizares responde que no sólo la fiesta sino que ni siquiera las vísperas (holiday eve) quiere tener una guerra con ella.

[j] Hanme... Are they going to stare fixedly at me?

CAÑIZARES: ¡Oh, qué lindo Rodamonte! Y ¿qué quiere el señor rebozadito[63] en mi casa? Aun si supiese que tan amigo soy yo de estas cosas y de estos rebocitos,[64] espantaríase.[65]

CRISTINA: Señor tío, yo no sé nada de rebozados, y si él ha entrado en casa, la señora Hortigosa tiene la culpa: que a mí el diablo me lleve si dije ni hice nada para que él entrase. No, en mi conciencia; aun el diablo sería si mi señor tío me echase a mí la culpa de su entrada.

CAÑIZARES: Yo ya lo veo, sobrina, que la señora Hortigosa tiene la culpa; pero no hay de qué maravillarse, porque ella no sabe mi condición, ni cuán enemigo soy de aquestas pinturas.

DOÑA LORENZA: Por las pinturas lo dice Cristinica, y no por otra cosa.

CRISTINA: Pues por ésas digo yo. ¡Ay, Dios sea conmigo! Vuelto se me ha el ánima al cuerpo, que ya andaba por los aires.[66]

DOÑA LORENZA: ¡Quemado vea yo ese pico de once varas! En fin: quien con muchachos se acuesta,[k] etcétera, etcétera.

CRISTINA: ¡Ay desgraciada, y en qué peligro pudiera haber puesto toda la baraja![67]

CAÑIZARES: Señora Hortigosa, yo no soy amigo de figuras rebozadas ni por rebozar. Tome este doblón,[68] con el cual podrá remediar su necesidad, y váyase de mi casa lo más presto que pudiere;[69] y ha de ser luego, y llévese su guadamecí.

HORTIGOSA: Viva vuesa merced más años que Matusalén, en vida de mi señora doña..., no sé cómo se llama, a quien suplico me mande, que la serviré de noche y de día, con la vida y con el alma, que la debe de tener ella como la de una tortolina simple.

CAÑIZARES: Señora Hortigosa, abrevie[70] y váyase, y no se esté ahora juzgando almas ajenas.

HORTIGOSA: Si vuesa merced hubiere menester algún pegadillo[71] para la madre, téngolos milagrosos, y si para mal de muelas, sé unas palabras que quitan el dolor como por la mano.

CAÑIZARES: Abrevie, Señora Hortigosa, que doña Lorenza ni tiene madre, ni dolor de muelas; que todas las tiene sanas y enteras, que en su vida se ha sacado muela alguna.

HORTIGOSA: Ella se las sacará, placiendo al Cielo, porque le dará muchos años de vida, y la vejez es la total destrucción de la dentadura.

CAÑIZARES: ¡Aquí de Dios, que no será posible que me deje esta vecina! ¡Hortigosa, o diablo, o vecina, o lo que eres, vete con Dios y déjame en mi casa!

HORTIGOSA: Justa es la demanda, y vuesa merced no se enoje, que ya me voy. (*Vase.*)

CAÑIZARES: ¡Oh vecinas, vecinas! Escaldado quedo aún de las buenas palabras de esta vecina,[72] por haber salido por boca de vecina.

DOÑA LORENZA: Digo que tenéis condición de bárbaro y de salvaje. Y ¿qué ha dicho esta vecina para que quedéis con la ojeriza[73] contra ella?

[63] cubierto
[64] hipocresías
[65] se asustaría
[66] Vuelto... *I have recovered*
[67] toda... todo este plan
[68] moneda antigua de oro
[69] pueda (futuro de subjuntivo)
[70] resuma
[71] Si... Si Ud. necesita algún emplasto (*plaster*)
[72] Escaldado... me torturan aún
[73] *ill-will*

---

[k] quien... proverbio que quiere decir que no se debe confiar en gente de poca edad y seso.

Todas vuestras buenas obras las hacéis en pecado mortal. Dístele dos docenas de reales, acompañados con otras dos docenas de injurias, ¡boca de lobo, lengua de escorpión y silo de malicias!

CAÑIZARES: No, no; a mal viento va esta parva.[74] No me parece bien que volváis[75] tanto por vuestra vecina.

CRISTINA: Señora tía, éntrese allá dentro y desenójese, y deja a tío, que parece que está enojado.

DOÑA LORENZA: Así lo haré, sobrina, y aun quizá no me verá la cara en estas dos horas; y a fe que yo se la dé a beber, por más que la rehuse. (*Entrase.*)

CRISTINA: Tío, ¿no ve cómo ha cerrado de golpe? Y creo que va a buscar una tranca[76] para asegurar la puerta.

DOÑA LORENZA: (*Dentro.*) ¡Cristinica, Cristinica!

CRISTINA: ¿Qué quiere, tía?

DOÑA LORENZA: ¡Si supieses qué galán me ha deparado[77] la buena suerte! Mozo, bien dispuesto, pelinegro, y que le huele la boca a mil azahares.[78]

CRISTINA: ¡Jesús, y qué locuras, y qué niñerías! ¿Está loca, tía?

DOÑA LORENZA: No estoy sino en todo mi juicio;[79] y en verdad que, si le vieses, que se te alegrase el alma.

CRISTINA: ¡Jesús, y qué locuras, y qué niñerías! Ríñala,[80] tío, porque no se atreva, ni aun burlando, a decir deshonestidades.

CAÑIZARES: ¡Bobear, Lorenza! Pues ¡a fe que no estoy yo de gracia para sufrir esas burlas!

DOÑA LORENZA: Que no son sino veras, y tan veras, que en este género no pueden ser mayores.

CRISTINA: ¡Jesús, y qué locuras, y qué niñerías! ¡Y dígame, tía: ¿está ahí también mi frailecito?

DOÑA LORENZA: No, sobrina; pero otra vez vendrá, si quiere Hortigosa, la vecina.

CAÑIZARES: Lorenza, di lo que quisieres; pero no tomes en tu boca el nombre de vecina, que me tiemblan las carnes en oírle.

DOÑA LORENZA: También me tiemblan a mi por amor de la vecina.

CRISTINA: ¡Jesús, y qué locuras, y qué niñerías!

DOÑA LORENZA: ¡Ahora echo de ver quién eres, viejo maldito; que hasta aquí he vivido engañada contigo!

CRISTINA: ¡Ríñala, tío; ríñala, tío; que se desvergüenza mucho!

DOÑA LORENZA: Lavar quiero a un galán las pocas barbas que tiene en una bacía[81] llena de agua de ángeles, porque su cara es como la de un ángel pintado.

CRISTINA: ¡Jesús, y qué locuras, y qué niñerías! ¡Despedácela, tío!

CAÑIZARES: No la despedazaré yo a ella, sino a la puerta que la encubre.

DOÑA LORENZA: No hay para qué: vela aquí abierta. Entre, y verá cómo es verdad cuanto le he dicho.

CAÑIZARES: Aunque sé que te burlas, sí entraré, para desenojarte. (*Al entrar Cañizares, danle con una bacía de agua en los ojos; él vase a limpiar; acuden sobre él Cristina y Doña Lorenza, y en este ínterin sale el*

74 a... esto se pone mal
75 que... que defiendas
76 *bar across a door to prevent entrance*
77 me ha dado
78 *orange blossoms*
79 *I am perfectly sound in mind*
80 *scold her*
81 recipiente en donde ponen el agua los barberos

galán y vase.) ¡Por Dios, que por poco me cegaras, Lorenza! ¡Al diablo se dan las burlas que se arremeten a los ojos!

DOÑA LORENZA: ¡Mirad con quién me casó mi suerte sino con el hombre más malicioso del mundo! ¡Mirad cómo dio crédito a mis mentiras, por su... fundadas en materia de celos, que menoscaban,[82] y asendereada sea mi ventura![83] ¡Pagad vosotros, cabellos, las deudas de este viejo! ¡Llorad vosotros, ojos, las culpas de este maldito! ¡Mirad en lo que tiene mi honra y mi crédito, pues de las sospechas hace certezas; de las mentiras, verdades; de las burlas, veras, y de los entretenimientos, maldiciones! ¡Ay, que se me arranca el alma!

CRISTINA: Tía, no dé tantas voces, que se juntará la vecindad.

JUSTICIA: (*Dentro.*) ¡Abran esas puertas! ¡Abran luego! ¡Si no, echarélas en el suelo!

DOÑA LORENZA: Abre, Cristinica, y sepa todo el mundo mi inocencia y la maldad de este viejo.

CAÑIZARES: ¡Vive Dios, que creí que te burlabas! ¡Lorenza, calla!

(*Entran el* ALGUACIL, *y los* MÚSICOS, *y el* BAILARÍN *y* HORTIGOSA.)

ALGUACIL: ¿Qué es esto? ¿Qué pendencia[84] es ésta? ¿Quién daba aquí voces?

CAÑIZARES: Señor, no es nada; pendencias son entre marido y mujer, que luego se pasan.

MÚSICOS: Por Dios, que estábamos mis compañeros y yo, que somos músicos, aquí, pared y medio,[85] en un desposorio,[86] y a las voces hemos acudido con no pequeño sobresalto, pensando que era otra cosa.

HORTIGOSA: Y yo también, en mi ánima pecadora.

CAÑIZARES: Pues, en verdad, señora Hortigosa, que si no fuera por ella que no hubiera sucedido nada de lo sucedido.

HORTIGOSA: Mis pecados lo habrán hecho: que soy tan desdichada, que, sin saber por dónde ni por dónde no, se me echan a mí las culpas que otros cometen.

CAÑIZARES: Señores, vuesas mercedes todos se vuelvan norabuena,[87] que yo les agradezco su buen deseo; que ya yo y mi esposa quedamos en paz.

DOÑA LORENZA: Sí quedaré, como le pida primero perdón a la vecina, si alguna cosa mala pensó contra ella.

CAÑIZARES: Si a todas las vecinas de quien yo pienso mal hubiese de pedir perdón, sería nunca acabar; pero, con todo eso, yo se lo pido a la señora Hortigosa.

HORTIGOSA: Y yo le otorgo, para aquí y para delante de Pero García.[1]

MÚSICOS: Pues en verdad que no habemos de haber venido en balde; toquen mis compañeros, y baile el bailarín, y regocíjense las paces con esta canción.

CAÑIZARES: Señores, no quiero música; yo la doy por recibida.

MÚSICOS: Pues aunque no la quiera (*Cantan.*)

---

[82] deterioran

[83] asendereada... desgraciada sea mi suerte

[84] *quarrel*

[85] pared... en el vecindario

[86] boda

[87] en hora buena

---

[1] Y... Y yo se lo doy ahora y siempre. (Pero García es una figura del *folklore* español.)

El agua de por San Juan
quita vino y no da pan;[88]
las riñas de por San Juan
todo el año paz nos dan.

Llover el trigo en las eras,[89]
las viñas estando en cierne,[90]
no hay labrador que gobierne
bien sus cubas y paneras;[91]
mas las riñas más de veras
si suceden por San Juan
todo el año paz nos dan.

(Baila.)

Por la canícula ardiente[92]
está la cólera a punto;
pero pasado aquel punto
menos activa se siente.
Y así el que dice no miente
que las riñas por San Juan
todo el año paz nos dan.

(Baila.)

Las riñas de los casados
como aquésta siempre sean
para que después se vean
sin pensar regocijados.
Sol que sale tras nublados
es contento tras afán;
las riñas de por San Juan
todo el año paz nos dan.

88 quita... no favorece las cosechas de la uva y del trigo
89 *threshing-floors*
90 las... *the vines being in their infancy*
91 cubas... recipientes para el vino y para el pan
92 Por... período del año en el que el calor es más fuerte

CAÑIZARES: Porque vean vuesas mercedes las revueltas y vueltas en que me ha puesto una vecina, y si tengo razón de estar mal con las vecinas.

DOÑA LORENZA: Aunque mi esposo está mal con las vecinas, yo beso a vuesas mercedes las manos, señoras vecinas.

CRISTINA: Y yo también. Mas si mi vecina me hubiera traído mi frailecito, yo la tuviera por mi mejor vecina. Y adiós, señoras vecinas.

FIN DEL ENTREMÉS
«EL VIEJO CELOSO»

Cuestionario

1. ¿Qué tipo de matrimonio se presenta en «El viejo celoso»?
2. ¿Cuál es la situación de doña Lorenza?
3. ¿Cómo se podría caracterizar al celoso?
4. ¿De qué imágenes se sirve Cañizares para explicar al compadre sus celos?
5. ¿Qué significa el juego de palabras «tenía casa y busqué casar; estaba posado y desposéme» pronunciadas por Cañizares?
6. Según Cañizares, ¿de dónde les vienen los «malos aires», es decir, las malas costumbres a las mujeres?

7. ¿Por qué no quería Cañizares que Hortigosa entrara en su casa?
8. ¿Cuál es el motivo de la visita de Hortigosa?
9. ¿Qué oculta la vecina detrás del guadamecí? ¿Cuál es la ironía de la frase dicha por Cañizares, «¡Oh, qué lindo Rodamonte!»?
10. ¿Compra Cañizares el guadamecí? ¿Cómo ayuda Cañizares a la vecina a remediar su situación?
11. ¿Tiene razón Cañizares para desconfiar de las vecinas?
12. ¿Cuál es el desenlace de «El viejo celoso»? ¿Por qué está Lorenza tan agradecida con su vecina?

Identificaciones
1. «Y yo, que apenas sé vestirme, tengo que servirle de enfermera»
2. la llave de loba
3. «frailecico»
4. Rodamonte, Mandricardo, Rugero y Gradoso
5. el galán
6. «Las riñas de por San Juan / todo el año paz nos dan»

Temas
1. Explicación de la validez de la cita siguiente, según se deduce de la lectura del entremés: «el sentletón que se casa con quince, o carece de entendimiento, o tiene gana de visitar el otro mundo lo más presto que le sea posible».
2. La organización de la materia dramática en «El viejo celoso».
3. El ingenio de Cervantes a través de la obra: creación dramática, lingüística y satírica.
4. Hacia una interpretación temática de «El viejo celoso».
5. «El viejo celoso», ¿tragedia o comedia?

Jacinto Benavente
Jacinto Benavente (1866–1954) es uno de los autores más trascendentes del teatro español de la primera mitad del siglo XX. Su obra ha sido objeto de crítica muy apasionada a favor y en contra; pero la verdad es que él, que poseía un ingenio muy fino, infundió nueva vida al drama español al crear una comedia de signo realista, casi costumbrista, en la que se satirizaba los defectos y los vicios de la alta burguesía española. Fue un escritor muy fecundo; entre lo mejor de su producción podemos citar La noche del sábado *(1903),* Los malhechores del bien *(1905),* Los intereses creados *(1907),* Señora ama *(1908) y* La malquerida *(1913). Escribió también un teatro lírico formado en su mayor parte por cuentos fantásticos. Ganó el premio Nóbel de Literatura en 1922.*

El nietecito

Comedia en un acto inspirada en un cuento de los hermanos Grimm

Reparto

Personajes: MARTINA, JUAN, EL ABUELO, TÍO SATURIO, EL NIETO

Acto único

Casa pobre

Escena primera

MARTINA Y JUAN

MARTINA: Te digo que no hay paciencia...

JUAN: Pero mujer... Y ¿qué quieres que yo le haga? Es mi padre...

MARTINA: ¡Tu padre! ¡Tu padre! Razón para que no anduviera murmurando[1] de mí por todo el pueblo. Ayer tuve una muy gorda[2] en el arroyo[3] con la Patro, la de Matías el sordo..., hoy he tenido otra en la plaza con la del tío Piporro... Y es tu padre, que va diciendo por ahí[4] que aquí le tratamos como a un perro, después de haberle gastado la hacienda...[5] ¡Buena cuenta hubiera dado de todo![a] Ya veíamos el paso que llevaba...[6] Si nosotros no nos hubiéramos hecho el cargo...[7] Y de mí, ¿qué motivos tiene para quejarse?... El es quien me trata como a una cualquier cosa, y siempre está gruñendo[8] por todo... Yo, ¿en qué le falto?[9] Dilo tú... ¿Le falto yo en algo a tu padre? Dilo, hombre... Que parece que le quieres dar la razón todavía... Esto me faltaba... Seré yo la que está de más en esta casa...[10] ¿No es eso?

JUAN: ¡Calla, mujer! Si yo no digo nada... Lo que te digo es que a las personas, en llegando a cierta edad, hay que dispensarlas[11] más de cuatro cosas. Padre va para los ochenta... Pero él quiere hacerse la ilusión de que todavía puede valerse[b] y de que es muy nuevo...[12] Y como está hecho a[13] mandar siempre en todos y a que todos le obedezcamos, no se hace a verse arrinconado...[14]

MARTINA: Para lo que le conviene ya sabe valerse, ya. En casa, mucho lloriquear y mucho quejarse de achaques...,[15] pero para andar por ahí de corro en corro[16] a despellejarnos[17] bien terne[18] está. Ahora mismo estará en la solana[19] con todos los holgazanes y cuchareteras[20] del pueblo, contándoles si le damos de comer en un rincón y si duerme en el suelo sobre un montón de paja... Como si estuviera para dormir en una cama... Para caerse como la otra noche y que nos dé un susto, ni se le pudiera poner a la mesa, para romperlo todo, que me ha dejado sin platos y sin vasos... Hasta la cazuela de barro[21] me ha roto esta mañana... Así es que le tengo esta escudilla[22] de madera para que coma...

JUAN: ¡Mujer! ¡La del perro!

[1] *gossiping*
[2] tuve... me peleé
[3] río muy pequeño
[4] por todas partes
[5] haberle... haber gastado el dinero de él
[6] el... rápidamente iba gastando todo lo que tenía
[7] nos... nos hubiéramos encargado
[8] *grumbling*
[9] ¿en... ¿qué daño le hago?
[10] la... *I'm the fifth wheel around here.*
[11] perdonarlas
[12] muy joven
[13] está acostumbrado a
[14] No... *He doesn't like to be pushed into a corner.*
[15] *old-age aches and pains*
[16] de grupo en grupo
[17] hablar muy mal de nosotros
[18] fuerte
[19] lugar para tomar el sol y charlar con la gente
[20] *busybodies*
[21] cazuela... *earthen pan*
[22] plato para tomar sopa

---

[a] Buena... *He would have blown the whole bundle.*

[b] puede... es capaz de hacer las cosas sin ayuda de otra persona

MARTINA: La he fregao[c] muy bien... Nos dejaría sin cazuelas... Está too[23] temblón... Y que yo creo que lo hace adrede[24] pa[25] desesperarme.

JUAN: ¡Mujer! Eso, no.

MARTINA: Todos los viejos tienen muy mala intención... Y tu padre la ha tenido siempre conmigo pa ver de[26] que tú y yo tengamos cuestiones. Se goza en eso.

JUAN: ¡Mujer!

MARTINA: Mira ande[27] viene Antolín... Se lleva el chico pa que le oiga hablar mal de nosotros... A bien que me lo cuenta too...

Escena II
DICHOS,[d] el ABUELO y el NIETO

ABUELO: No corras, demonio... Me trae a la rastra...[28] Condenao de chico...[29]

NIETO: Pa qué está usté[30] tan viejo...

ABUELO: ¡A ver si te doy! ¿Es éste el respeto que ties[31] a tu abuelo? Por supuesto, así te enseñan. No ties tú la culpa, no.

MARTINA: Eso, eso. Soliviante[32] usté también al chico.

ABUELO: ¿Os parece decente cómo me trata? Delante de todos me ha levantado la mano.[33]

JUAN: ¡Antolín!

ABUELO: Si uno de mis hijos se hubiera atrevío[34] a tanto con mi padre... la mano le corto... Ya lo creo.

MARTINA: Como vuelvas a ir con el abuelo a parte ninguna... ¿Qué te tengo dicho?

NIETO: Si es él que quiere llevarme siempre consigo... y no quiere que me aparte de su lao...,[35] y yo me canso...; no quiere más que estar sentao.

ABUELO: Y él no quiere más que hacer barrabasadas...[36] Con todos tiene que meterse...[37] Anda, anda, que buena crianza[38] te están dando. Ya verás cuando tengas que ir a servir a un amo o servir al rey,[39] ya aprenderás, ya...

NIETO: ¡Ay madre!

MARTINA: ¿Qué te pasa?

NIETO: Que el abuelo siempre me está diciendo que me van a pegar mucho cuando sea grande.

MARTINA: No sabe más que atemorizar al muchacho. ¡Se goza en eso!

ABUELO: Le digo lo que tie[40] que pasar, pa que lo sepa, que no es hijo de rico.

MARTINA: Pasará lo que pasamos toos..., pero no sé qué saca usté[41] con decírselo. Calla, mi rey... Que el abuelo no sabe lo que se dice...

ABUELO: Así, así..., pa que me respete... Anda, pégame, hijo..., pa dar gusto a tu madre..., que quisiera verme muerto...

JUAN: Vamos, padre.

[23] todo (habla popular)
[24] lo... lo hace a propósito
[25] para (habla popular)
[26] pa... para hacer
[27] por donde (habla popular)
[28] Me... Me hace andar más de prisa de lo que puedo.
[29] (Condenado) maldito
[30] usted (habla popular)
[31] tienes (habla popular)
[32] haga que tenga una actitud rebelde
[33] me... ha intentado pegarme
[34] atrevido
[35] lado
[36] acciones perversas
[37] Con... Molesta a todo el mundo
[38] educación
[39] servir... ser soldado
[40] tiene
[41] no... no sé qué gana usted

---

[c] fregado, lavado (El habla popular suprime la letra *d* intervocálica en las terminaciones *-ado* e *-ido*.)
[d] Se refiere a los personajes que ya estaban en el escenario durante la Escena I.

ABUELO: Y hace bien. Si mi hijo se lo consiente... Pa que tu madre, que en gloria esté,[e] delante de mí le hubiera faltao a mi padre,[42] que Dios perdone... Pue que del primer zurrío...[f]

MARTINA: Los viejos no se acuerdan ustedes de naa.[43] Siempre creen ustedes que en su tiempo eran otras cosas.

ABUELO: En mi tiempo había más respeto a los padres y más temor de Dios.

MARTINA: Tampoco los viejos serían tan casquivanos,[44] ni querrían presumir de mozos.[45]

ABUELO: Mi padre murió de noventa años, y, mientras vivió, en nuestra casa no se oyó más voz que la suya...

MARTINA: Claro está. Como que le dejaron ustedes solo y así murió, con el perro al lao por toda compañía...

ABUELO: ¡Mientes, deslenguada,[46] mientes!

MARTINA: El deslenguado y el escandaloso es usted, que nos anda desacreditando con too el pueblo... A mí y a su hijo...

ABUELO: Lo que hago es no decirle a nadie lo que yo paso..., cuando toos me dicen que no debiera pasar por ello.

MARTINA: Los que quisieran gobernar en la casa de uno, como si en la del que más y el que menos no hubiera que poner orden...

JUAN: Bueno. ¿Queréis dejarlo ya? Calla tú, y usté, padre... Vamos a comer, que es la hora...

MARTINA: Too está listo.

JUAN: Pues a comer.

ABUELO: Yo, a mi rincón.

MARTINA: Aquí tie usted.

NIETO: La cazuela del perro.

MARTINA: ¿Te pues[47] callar, condenao?

ABUELO: Esta no se rompe; ya pues estar tranquila.

MARTINA: Así nos quitamos de disgustos. ¿No te gusta?

JUAN: Es que no tengo gana. Almorcé mucho.

NIETO: Póngame usted más, madre.

MARTINA: Toma... ¿Lo ve usté? Si hubiera sío[48] de barro... Luego dirán...

ABUELO: Es que hoy estoy más temblón que nunca... No sé qué tengo.

MARTINA: ¿Qué ha de tener usté? Lo que tendremos todos si Dios no se acuerda antes de nosotros...[49] Años...

ABUELO: Años y penas..., que es lo mismo, cuando a la vejez no hay el consuelo de los hijos...

MARTINA: Quéjese usted. ¿Quiere usted más?

ABUELO: No..., no quiero más... Toma..., no se caiga otra vez...

JUAN: ¡Ea!..., yo voy pa la herrería,[50] que dejé un pico[51] a afilar...[52]

MARTINA: ¿No quieres la ensalada?

JUAN: No.

[42] le... se hubiera portado mal con mi padre
[43] nada
[44] irresponsables
[45] presumir... querer pasar por jóvenes
[46] *bigmouth*
[47] *puedes*
[48] *sido*
[49] si... si no nos morimos antes
[50] *blacksmith shop*
[51] *pick*
[52] *to sharpen*

---

[e] que... expresión que se usa al mencionar a una persona que ya está muerta (*May she rest in peace.*)
[f] Pue... Puede ser que de la primera paliza (*spanking*).

MARTINA: No has comío[53] nada. ¿Qué tienes?

JUAN: ¿Qué he de tener? (*Sale.*)

MARTINA: ¿Qué ha de tener? Que usté ha de desazonarnos[54] a todos...

ABUELO: Yo tenía que ser... ¡Ay, si los hombres supieran ser hombres! Cría hijos con las fatigas del mundo, pa que cualquier mujer los gobierne luego..., que le pegarían a uno si ello se lo mandaran...[55]

MARTINA: Así me paga usté más de cuatro cuestiones que yo le evito con su hijo. A usté hay que dejarle...

ABUELO: Más dejao que estoy...[56]

NIETO: Déme usté otro cacho pan,[57] madre.

MARTINA: Toma... Y ahí te dejo con el abuelo... A ver si no tenemos pelea...

NIETO: Yo voy con usté, madre...

MARTINA: Que no vienes..., que voy a llegarme a casa[58] de una vecina que está muy mala[59] y no hacen falta chicos...

NIETO: Yo no me quedo con el abuelo.

MARTINA: ¡Mira que te doy![60]

NIETO: Ya le diré a padre que me ha pegao[61] usté por culpa del abuelo.

ABUELO: Sí, sí... Contra mí todos... Toda mi sangre...

MARTINA: Ahí se queda usté. (*Sale.*)

Escena III
El ABUELO y el NIETO

ABUELO: ¿No me das un cacho de pan?

NIETO: Si usté ya ha comío.

ABUELO: Anda, anda, que era por probarte la voluntad... y por si podía comer en esta casa un cacho de pan que no fuera amargo...

NIETO: Que no me haga usted miedos, abuelo.

ABUELO: ¿Yo?... ¡Pobre de mí! (*Asoma a la puerta[62] el* TÍO SATURIO. *Sale el* NIETO.)

Escena IV
El ABUELO y el TÍO SATURIO

SATURIO: La paz de Dios. Ave María...

ABUELO: Sin pecado...[g] ¡Ah! Que eres tú, Saturio.

SATURIO: Yo mesmo.

ABUELO: ¿De ánde vienes?

SATURIO: De ande mismo siempre... ¡Qué! ¿No está la Martina?

ABUELO: Mismo ahora[63] salió... ¿Cómo te pinta?[64]

SATURIO: Viviendo vamos... ¿Y usté?

ABUELO: No tan bien como tú. Que tú al fin y a la postre...[65] te bandeas solo...[66]

[53] comido
[54] ponernos nerviosos
[55] si... si les mandaran hacerlo
[56] Más... Más abandonado que estoy
[57] cacho... pedazo de pan
[58] llegarme... ir a casa
[59] está enferma
[60] Mira... *You're going to get it!*
[61] pegado
[62] Asoma... Llega
[63] Mismo... Ahora mismo
[64] ¿Cómo... ¿Cómo te va?
[65] al... *after all*
[66] te... *you can look out for yourself*

---

[g] Sin... respuesta a la salutación anterior «Ave María» y que se refiere a la Virgen María

SATURIO: ¡Tan solo!

ABUELO: ¿Supiste de tus hijos?

SATURIO: De denguno[67] de ellos sé, va pa tres años... ¡Siete hijos escarriados[68] por el mundo! De alguno sé que vive muy regularcitamente... Le escribí por si en algo quería valerme...[69]

ABUELO: Y no tuviste respuesta... ¿Y tus hijas?

SATURIO: Esas son peores..., que aún tienen valor para pedirme a mí..., sabiendo cómo vivo, de las buenas almas...,[70] que van faltando más cada día...

ABUELO: Ese es el consuelo... Que a mí aún me dolería más hallar caridad en los extraños, cuando no la tienen mis hijos... No habiéndola en parte denguna, señal será de que no la hay en el mundo...

SATURIO: Mala cosa es llegar a viejo; pero nunca creí recibir este pago.

ABUELO: ¿De los hijos, dices? No esperes otro. Muchas veces, de mozuelos...,[71] andábamos a nidos,[h] y nos traíamos pa casa las nidadas de pájaros... y los poníamos en jaulas..., y era de ver cómo los padres venían de muy lejos para dar de comer a sus hijos... y no les asustaban nuestras voces ni nuestros cantazos...[72] Pero una vez que cazamos a los padres y dejamos en el nido a los hijos que ya volaban... denguno vino a ver a los padres... Entonces no tenía uno capacidá...[73] Pero bien había que aprender..., bien... Que si en el mundo tuviera que ser que los hijos fueran los que cuidaran a los padres, y no los padres a los hijos, ya se hubiera acabao[74] el mundo, tío Saturio...

SATURIO: ¡Qué razón tie usté! Vaya..., conservarse,[75] que cuando Dios no se acuerda de nosotros, por algo será... Luego daré la vuelta por si tien[76] voluntad de dejarme algo... que usté ya sé que no puede...

ABUELO: ¿Qué voy a darte yo? Que te mires en mí, que peor que tú lo paso... en casa de mis hijos.

SATURIO: Con Dios, abuelo.

ABUELO: Anda con Dios, Saturio...

Escena V

El ABUELO, MARTINA y JUAN; luego, el NIETO

JUAN: Entra pa casa y no me sofoques...[77]

MARTINA: Pero ¿no lo ves tú? ¿No lo estás viendo? ¡Que en todas partes tengan que decirme algo por culpa de tu padre!...

JUAN: Si no fueras ande no te llaman...

MARTINA: ¿Qué le ha ido usté contando a la de Críspulo?[78]

ABUELO: Yo, na.[79] ¿Tú crees que no se sabe too en el pueblo? Yo nada digo, no por ti, por mi hijo..., que más vergüenza pasaría yo de contarlo que vosotros de hacerlo y él de consentirlo...

MARTINA: Pero ¿tú oyes?...

JUAN: Calla, que... (*Entra el* NIETO *con unos pedazos de madera, un martillo y clavos.*)

[67] ninguno (habla popular)
[68] descarriados, perdidos (habla popular)
[69] por... por si podía ayudarme un poco
[70] Vivo... vivo de caridad
[71] de... cuando éramos muchachos
[72] golpes de piedra
[73] capacidad (habla popular)
[74] acabado
[75] cuidarse
[76] tienen
[77] no me enojes
[78] a... a la mujer de Críspulo
[79] nada

---

[h] andábamos... íbamos a coger nidos (*nests*) de pájaros

NIETO: Padre... Déme usté unos clavos pa apañar[80] esto.

JUAN: Déjame ahora... ¿Qué andas haciendo ahí?

NIETO: Esto...

JUAN: ¿Qué es eso?

NIETO: Una escudilla como la del perro...

JUAN: ¿Eh? Y ¿quién te ha mandao a ti...? ¿Pa qué haces eso?

NIETO: Pa daros de comer cuando seáis viejos, como el abuelo...

ABUELO: ¡Ah! ¡Los hijos!

JUAN: ¿Eh? ¿Qué dice este hijo?

MARTINA: ¡Jesús!...

JUAN: Ya lo oyes...

MARTINA: ¡Señor!

JUAN: Nos está merecío[81] nos está merecío... Ven acá... ¡Padre!
¡Perdóneme usté, perdóneme usté!

MARTINA: Sí, señor... ¡Perdónenos usté!

ABUELO: Ya lo veis..., ya lo veis... Todo se paga. Hijo eres, padre
serás; cual hiciste, tal tendrás...

JUAN: Ven a pedir perdón al abuelo y a quererle mucho y a respe-
tarle mucho... como yo...

ABUELO: Como tú me respetes, eso es..., no como tú le digas...

MARTINA: Se sentará usted a la mesa... aunque lo rompa usté too, y
tendrá usté su buena cama; y tú..., ya estás tirando eso...[82]

JUAN: No... Aquí siempre..., siempre delante... como en un altar...

NIETO: Yo no creí hacer mal alguno.

ABUELO: No, hijo mío..., al contrario... Mucho bien, mucho bien has
hecho... Ven que te dé un beso. Ahora, sí; ahora eres mi nietecito...
¡Bendito seas! (*Telón.*)

[80] hacer, arreglar
[81] merecido
[82] ya... tira eso
inmediatamente

FIN DE

«EL NIETECITO»

Cuestionario

1. ¿Quiénes son los personajes, y cómo la actitud de cada uno afecta al
espectador/lector?
2. ¿Cuál es la actitud de Martina hacia el abuelo? ¿la del nieto?
3. ¿Cuál es la filosofía del abuelo respecto al comportamiento del
nieto?
4. ¿Cuál es la situación familiar del tío Saturio?
5. ¿Cuál es el ejemplo (la analogía) que presenta el abuelo al discutir la
situación de los viejos con el tío Saturio?
6. ¿Cuál es el punto decisivo de la obra? ¿el desenlace?

Identificaciones

1. «En casa mucho lloriquear y mucho quejarse de achaques.»
2. la escudilla
3. Antolín

4. «un cacho de pan»
5. la de Críspulo
6. «cual hiciste, tal tendrás»

Temas
1. La tensión dramática en «El nietecito».
2. El realismo dramático de la obra.
3. El ambiente social de «El nietecito».
4. La universalidad temática de «El nietecito».
5. T. S. Eliot llama **correlato objetivo** (*objective correlative*) a un objeto, evento o situación que, a base de elementos impersonales u objetivos, produce—según el contexto específico—una reacción emotiva o subjetiva. Señálese el uso de un correlato objetivo en «El nietecito».

José Ruibal

José Ruibal (1925–   ), nació en Pontevedra, España. Educado en Santiago de Compostela, comenzó a publicar su poesía a los veinte años. Se trasladó a Madrid en 1948, y en 1951 viajó a la América del Sur, dedicándose durante unos diez años al periodismo. Ha viajado extensamente por Europa, lo cual le ha dado la oportunidad de entrar en contacto con las más avanzadas corrientes dramáticas de la época. Desde 1967 se ha dedicado totalmente al teatro, y su producción dramática es copiosa. Entre sus obras más conocidas figuran El asno (1962), El hombre y la mosca (1968), La máquina de pedir (1969) y las obras cortas—manifestaciones por excelencia del arte de Ruibal—«El rabo», «El padre» y «Los ojos» (1968). Las comedias de Ruibal se han divulgado principalmente en los Estados Unidos, en donde han sido traducidas al inglés y representadas.

Los ojos

Personajes: MADRE, NIÑO

Luz matinal. Habitación de niño, pulcra[1] y arregladísima. Juguetes y libros de cuentos colocados muy ordenadamente en estantes y repisas.[2] Bicicletas y coches de distintos tamaños colocados en batería.[3] Patines. Balones y pelotas de colores. Globos. Muñecos y animales de trapo,[4] terciopelo[5] y plástico. Un buró de colores donde estudia y trabaja el NIÑO. *Un tocadiscos abierto. Un puñal clavado en un lugar visible. Un biombo[6] detrás del cual se supone que hay una cama para el* NIÑO. *Pero nada de esto es esencial. Basta saber que están ahí.* MADRE *entra con un aspirador[7] y un disco. Corre la cortina y entra el sol. Enchufa[8] el aspirador y coloca el disco. Mecánicamente sigue el ritmo de la conversación del disco, acompañando su voz con algunas expresiones de su cara, pero sin abrir la boca. Incansablemente arregla lo ya arreglado, limpia lo ya limpio.*

[1] nítida
[2] estantes... *bookshelves*
[3] en serie
[4] animales... *stuffed animals*
[5] *velvet*
[6] *screen*
[7] *vacuum cleaner*
[8] *plugs*

DISCO: «Despiértate, bichito mío, despiértate... ¡Es horrible cómo has dejado el cuarto! Dentro de nada está quí el coche del colegio y tendrás que salir pitando.[9] Anda, rico, levántate. Papá no quiere que salgas sin desayunar.

(*Toma unos cuadernos del buró.*)

¿Y eso? ¡No has hecho los deberes![10] Papá quiere que comas mucho para que seas un fuertote. Así nadie se meterá contigo.[11] ¡A veces eres un bruto con tus compañeros! Eso me disgusta, ya lo sabes. Quiero que te respeten, pero que seas bueno y generoso. Levántate, cariño. ¡El desayuno se está enfriando! No te olvides de tomar el zumo[12] de naranja. Necesitas vitaminas. ¡Cómo! ¿Otra vez has roto el osito?

(*Coge el oso, la da un beso y le cose la tripa.*[13])

¡Pobre osito lindo! ¡Eres un animal! Despiértate, bichito mío, despiértate. Los juguetes no son para romper ¡tontísimo! No debes seguir haciendo disparates.[14] No importa que te ocultes para hacer el mal: mis ojos te ven en todas partes, son ojos de madre. Pero tienes suerte. Si tu padre supiera todos los disparates que haces en un solo día, ¡qué sé yo qué te haría! Te he preparado un desayuno riquísimo. ¿Adivinas qué[15] te he puesto en el pan tostado?

(*Se queda escuchando una respuesta que no llega.*)

Pero no hagas lo que todos los días: comer el pan y dejar lo otro. ¡Eso es comer como los perros! Ya estás en edad de comprender lo que debe o no debe hacerse. Prométeme que no lo vas a hacer más. Pero sin ocultaciones, porque al final mis ojos todo lo ven. Eres un niño monísimo.[16] Papá y yo estamos muy orgullosos de ti. ¡Da asco[17] cómo has puesto el cuarto! Cuando salimos te dejé arropado.[18] ¿Por qué te levantaste? Sabes que te lo tengo prohibido. Y sabes que siempre me entero. A mis ojos no se les escapa nada. Para mis ojos, las paredes son transparentes. Cualquier día, al regresar del teatro o del cine, te encontramos muerto. Y todo por tu estupidez. Por hacer diabluras.[19] Por revolverlo todo y poner el cuarto hecho un asco. ¡Pero despiértate, amor mío! Ya sabes lo que dice Papá: quien no sea ordenado de pequeño, de mayor será un desastre. Eso te espera, pese a mis consejos. El orden es un hábito, una costumbre que se mezcla con la sangre. ¡Pichoncito,[20] arriba! ¡Vete a desayunar!»

MADRE: (*Escucha un ruido de coche en la calle.*) Sí, es el coche. (*Suena un claxon.*) Ya está ahí, dormiloncete. ¡Sal pitando! Otra vez sin desayunar. ¡Si tu padre se entera! Voy a prepararte un bocadillo para que lo comas durante el viaje. Sal corriendo, querido.

(*Sale la* MADRE *y deja el aspirador en marcha. El* NIÑO *sale apresuradamente, coge sus cosas del buró, las mete de un manotazo en la cartera, vuelve a destripar el oso y saca un revólver de juguete, hace unos*

---

[9] corriendo
[10] tareas escolares
[11] se... te atacará
[12] jugo
[13] *belly*
[14] atrocidades
[15] ¿Adivinas... *Guess what?*
[16] muy lindo
[17] Da... Da náuseas
[18] cubierto con ropa
[19] cosas malas
[20] expresión cariñosa (*little pigeon*)

disparos[21] *hacia la puerta y vuelve a meter el revólver en el oso. Apaga el aspirador y sale arreglándose la ropa.* MADRE *entra con un bocadillo.)*

¿Para qué disparas? Las armas son para jugar pacíficamente. No a lo bestia. ¡Ay, si lo sabe tu padre! Toma el bocadillo, querido.

(*Comprende que ya no está.*)

¡Pero si ya se ha ido! Todos los días igual. ¡Qué pesadilla! (*Lloriqueando.*) ¡Oh, qué desgraciada soy! (*Se sienta en el buró. Sin darse cuenta va comiendo el bocadillo. Cuando termina, se calma. Ve el oso destripado de nuevo.*)
¡Qué horror! Otra vez te ha roto ese bruto.

(*Coge el oso con ternura.*)

Te coseré muy fuerte. ¿Quieres su bocadillo? (*Lo busca.*) Está riquísimo.

(*Se da cuenta de que se lo ha comido ella. Como atragantándose*[22].)

¡Por eso estoy engordando como una idiota!

(*Gime. Oscuro.* MADRE, *vestida para salir de noche, arregla constantemente cosas.*) Ya sabes, sé bueno. Te he dejado ahí el vaso de agua con azúcar. Duérmete pronto y sueña cosas hermosas y buenas. Ya sabes que yo también veo tus sueños. A veces no me gusta lo que sueñas, son groserías. Papá y yo vamos al teatro. Hasta mañana, cariño. No te muevas, que estás muy bien arropadito. Hijo, no debes darle tanto la lata[23] a tu padre cuando vuelve del trabajo. El necesita descansar. Hoy estaba tan cansado que se quedó dormido mientras veía el programa deportivo. ¡Con lo que a él le gusta el programa deportivo! Pero se durmió. Seguramente también se dormirá en el teatro. Pero a mí hay que sacarme de casa, si no me pudriré aquí,[24] entre estas paredes de cristal. Tu padre es buenísimo. Eres cruel con él, le acuchillas a preguntas.[25] Luego, claro, él se aburre y te dice a todo que sí, o a todo que no. Y soy yo quien paga las consecuencias. Tu padre dice que yo te maleduco.[26] No sabe que estoy todo el santo día con mis ojos fijos en ti.

(*Como si lo tuviera delante.*)

«Hijo, haz esto..., hijo, hazme esto otro..., no te metas el dedo en la nariz, marrano...; cariño, átate los zapatos...; ¡no juegues con las armas como un asesino!...; amor, no te olvides del bocadillo...; bestia, no rompas los libros...; has sido buenísimo, toma para lo que tú quieras comprarte...; cochino, límpiate los zapatos al entrar en casa...; cuidado con las chicas, son peligrosas...» Bueno, que sueñes con los angelitos. Y no te levantes. A ver cómo cumples por una vez tu palabra. Dejo todo arreglado, ya veremos mañana. Mis ojos todo lo descubren. Si te levantas, esta vez se lo

[21] tiros
[22] choking
[23] darle... *annoying him so much*
[24] me... me consumiré aquí
[25] acuchillas... haces muchísimas preguntas
[26] *I am spoiling you*

digo a papá, aunque se disguste. No voy a tragármelo[27] yo todo. Pero papá es un santo. Y necesita todo nuestro cariño. Cariño y tranquilidad, le dijo el médico. Si quieres ser un hijo modelo, ofrécele tu buen comportamiento. Te será fácil: basta que no le acoses[28] cuando regresa del trabajo. Al llegar le das un besito, le dices que le quieres y te vienes al cuarto a estudiar. Así dormirá tranquilo mientras mira la televisión. Le distrae muchísimo el programa deportivo. De este modo, además de ser un buen hijo, serás un excelente estudiante. Estaremos muy orgullosos de ti. La gente cree que ya lo estamos, pero la gente no ve las cosas desagradables que ven mis ojos. No debes escaparte a la salida del colegio, sino venir para casa a estudiar. Aquí también puedes divertirte, no te falta de nada. Vamos a regalarte un proyector de cine. Así no tendrás necesidad de escaparte para ver una película. ¡No me gusta que vuelvas a ir con chicas al cine! Por ahora eres un mocoso.[29] Tu padre está muy preocupado. Teme que hieras a alguna con tu nuevo rifle. Sé bueno. Papá se lo merece todo. Ahora está cansado y, sin embargo, sale. Lo hace por mí. Claro, yo no me voy a pudrir en esta casa. Sigue mis indicaciones y ya verás qué fácil es ser bueno. Hasta mañana, niñito lindo.

(*Apaga la luz y sale. Después de un rato de silencio, el* HIJO *se levanta a oscuras, tropieza y tira algo que cae ruidosamente al suelo. Asustado, vuelve a la cama. El sol se filtra por las cortinas. Entra la* MADRE *con los discos. Duda cuál poner. Se decide por uno.*)

DISCO: Cariño, la hora de levantarse.

(*Al ver los objetos tirados por el suelo.*)

¡Oh, no! ¡Esto es demasiado! ¡Mis ojos estallan![30] Creí que te habías corregido. ¡Estúpido de niño! ¡Ay, si tu padre se entera de esto! Seguro que te echa de casa.

(*Comienza a arreglar con energía.*)

Lo estoy viendo: te levantaste a fumar. Te he visto. Hace dos días encontré cigarrillos en tus bolsillos. No dije nada porque pensé que a lo mejor no eran tuyos. Ya sabes que mis ojos todo lo descubren. No hay rendija de este cuarto que mis ojos no escudriñen.[31]

(*Coge una foto de una revista.*)

¡Qué asco, una mujer desnuda! Estás perdido. Eres un vicioso. Un degenerado. Te he visto con una chica por la calle. Ya sé quién es. ¡Bonita fresca la niña! Prométeme que serás bueno. Yo te quiero, ya lo sabes. Y tu padre también.

(*Ve, por primera vez, el cuchillo clavado.*)

[27] callármelo
[28] no le molestes
[29] niño
[30] explotan
[31] miren cuidadosamente

¡Socorro, un cuchillo espantoso! ¡Esto es un arma de delincuentes! ¡Se lo diré a tu padre!

(Va a salir, pero da vuelta.)

Se disgustaría muchísimo. No está bien, por eso todavía no ha salido para el trabajo. Irá más tarde. No sé si me habrá oído chillar.[32] No quisiera disgustarle. Está afeitándose. Levántate, querido, y desayunas con nosotros.

(Termina de arreglar.)

Tienes que prometerme no volver a hacer de tu cuarto una cuadra.[33] Ven, dame un beso y vamos a ver a papá.

(Sale el NIÑO *a medio vestir. Coge el cuchillo y va hacia su* MADRE. *Ella se queda paralizada. Quiere gritar, pero no encuentra su voz; el* HIJO, *brutalmente, le apuñala[34] los ojos. La* MADRE *se derrumba[35].)*

MADRE: ¡Mis ojos! ¡Mis ojos! ¡Ay, mis ojos!
(Después de un silencio, en actitud para ella inexplicable.)
Pero..., ¿qué le dije? Sí. Le dije..., le dije que tenía que ser bueno..., bueno..., bueno...
HIJO: Ten cuidado, mamá. Arrópate bien, mamá. Come tu bocadillo, mamá. Tus ojos ya no lo verán todo..., todo..., todo...

OSCURO

Cuestionario
1.   ¿Cómo presenta el dramaturgo el espacio escénico?
2.   ¿Cuántos personajes hay? ¿Cómo son presentados?
3.   ¿Habla y actúa la madre espontánea o mecánicamente? ¿Cómo se podría comprobar?
4.   ¿Cuál es el papel del disco en el drama?
5.   ¿Cuáles son las imágenes más repetidas de los monólogos?
6.   ¿Es el rifle un correlato objetivo en esta obra? ¿Hay otros ejemplos?
7.   ¿Cuál es el desenlace de la obra?

Identificaciones
1.   el osito
2.   «A mis ojos no se les escapa nada»
3.   el programa deportivo
4.   «¡Qué asco, una mujer desnuda!»

Temas
1.   Ruibal distingue entre escribir *para* el público y escribir *contra* el público. Analice si el propósito de esta obra ha sido escribir *para* o *contra* el público. Considere el fin estético en uno y otro caso.

[32] gritar
[33] un establo
[34] le... le clava el puñal
[35] se... cae violentamente

2. Los diferentes niveles de interpretación de «Los ojos».
3. La reacción del lector (espectador) ante el desenlace de la obra.
4. Los aspectos visuales de la obra.

Emilio Carballido

Emilio Carballido (1925–   ), mexicano, es una de las figuras más destacadas del teatro contemporáneo de Hispanoamérica. Agudo observador de las innovaciones dramáticas llevadas a cabo en Europa y en los Estados Unidos, Carballido ha logrado enriquecer la escena con originales orientaciones. En sus piezas La hebra de oro *(1956) y* Un pequeño día de ira *(1962), experimenta con nuevas concepciones relativas al tiempo, al hombre y a la realidad que le circunda. Aquí los temas principales giran alrededor de los conflictos entre el paso del tiempo y los sueños y entre el individuo y su compleja sociedad. La obra maestra de Carballido es* La medusa *(1958). El dramaturgo basa esta obra en la tragedia clásica y adapta los antiguos mitos a las inquietudes del mundo contemporáneo.* El censo, *que aparece en esta antología, pertenece a una colección de piezas cortas que presentan, con humorismo y punzante sentido crítico, las costumbres de la época moderna.*

El censo
Comedia

Personajes: REMEDIOS, DORA, HERLINDA, CONCHA, EL EMPADRONADOR, PACO
*Una vivienda en el rumbo de La
Lagunilla. 1945.*

(DORA *es gorda y* HERLINDA *flaca.* CONCHA *está rapada[1] y trae un pañuelo cubriéndole el cuero cabelludo.[2]* EL EMPADRONADOR *es flaco y usa lentes; tiene cara y maneras de estudiante genial.*

Habitación de una vivienda pobre, convertida en taller de costura. Es también recámara. Tiene una cama de latón al fondo, muy dorada y muy desvencijada, con colcha tejida y cojines bordados.[a] Un altarcito sobre ella, con veladoras[3] y Virgen de Guadalupe. Cuatro máquinas de coser. Ropero con lunas[4] baratas, que deforman al que se mire en ellas. El reloj (grande, de doble alarma) está en el buró.

REMEDIOS *está probándose un vestido. Es una señora generosamente desproporcionada por delante y por detrás.* DORA *la ayuda;* HERLINDA *corta telas sobre la cama;* CONCHA *cose en una de las máquinas. La ropa anteriormente usada por doña* REMEDIOS *cuelga de una silla.*)

REMEDIOS: Pues... Me veo un poco buchona,[5] ¿no?
DORA: (*Angustiada.*) No, doña Remedios. Le queda muy bien, muy elegante.

[1] con el pelo afeitado
[2] cuero... piel del cráneo
[3] velas
[4] espejos
[5] voluminosa

---

[a] Tiene... *In the background there is a brass bed, bright gold and rickety, with a knitted coverlet and embroidered cushions.*

HERLINDA: Ese espejo deforma mucho. Tenemos que comprar otro.
REMEDIOS: ¿No se me respinga[6] de atrás?
CONCHA: Sí.
REMEDIOS: ¿Verdad?
HERLINDA: No se le respinga nada. Esta Concha no sabe de modas.
REMEDIOS: Pues yo me veo un respingo...

(HERLINDA *va y da a la falda un feroz tirón[7] hacia abajo.*)

HERLINDA: Ahora sí. Muy bonito. Realmente nos quedó muy bonito.
DORA: Es un modelo francés.

(*Tocan el timbre.* DORA *va a abrir.*)

REMEDIOS: Pues creo que sí está bien. ¿Cuánto falta darles?
HERLINDA: Doce pesos.
REMEDIOS: Me lo voy a llevar puesto.

(*Vuelve* DORA, *aterrada.*)

DORA: ¡Ahí está un hombre del gobierno!
HERLINDA: ¿Qué quiere?
DORA: No sé.
HERLINDA: Pues pregúntale.
DORA: ¿Le pregunto?
HERLINDA: Claro.

(*Sale* DORA.)

HERLINDA: ¿Cuándo se manda hacer otro?
REMEDIOS: Pues anda pobre la patria.[8] A ver.
HERLINDA: Doña Remedios, nos llegaron unas telas preciosas. No tiene idea.
REMEDIOS: ¿Sí?
HERLINDA: Preciosas. Hay un brocado amarillo... (*Abre el ropero.*) Mire, palpe.[9] Pura seda.
REMEDIOS: Hay, qué chula[10] está. ¿Y ésa guinda?[11]
HERLINDA: Es charmés[12] de seda. Me las trajeron de Estados Unidos. A nadie se las he enseñado todavía.

(CONCHA *dice por señas[13] que no es cierto. «Qué va, son de aquí.»* REMEDIOS *la ve, sorprendidísima.*)

REMEDIOS: ¿De Estados Unidos?

(CONCHA *insiste: «No, no de aquí.»*)

HERLINDA: Sí. Me las trae un sobrino, de contrabando.

---

[6] se me sube
[7] acción de tirar fuertemente
[8] Pues... No tengo dinero.
[9] toque
[10] bonita
[11] ¿Y... ¿Y esa color guinda (*cherry-color*)?
[12] una clase de tela (*fabric*)
[13] *sign language*

14 imagínese
15 Golpe con el codo
16 está... *is "out of it"*
17 *huge fine*
18 *foul words*
19 *sign*
20 ¿Se... *May I come in?*

(*Entra* DORA, *enloquecida.*)

DORA: ¡Que lo manda la Secretaría de Economía, y ya averiguó que cosemos! ¡Esconde esas telas!

HERLINDA: ¡Cómo!

DORA: Trae muchos papeles.

REMEDIOS: ¡Papeles! Ay, Dios, lo que se les viene encima. ¿Ustedes no están registradas?

DORA: ¿En dónde? Ah, no, doña Remedios, figúrese.[14]

HERLINDA: (*Codazo.*[15]) Claro que sí, sólo que Dora no sabe nada, siempre está en la luna.[16]

DORA: Ah, sí, sí estamos.

REMEDIOS: Leí que ahora se han vuelto muy estrictos. Pobres de ustedes. Ya me voy, no me vayan a comprometer en algo. Adiós ¿eh? ¡Qué multota[17] se les espera!

(*Sale. Se lleva su otro vestido al brazo.*)

HERLINDA: Qué tienes que informarle a esta mujer...

DORA: Virgen, qué hacemos.

HERLINDA: ¿Lo dejaste allá afuera?

DORA: Sí, pero le cerré la puerta.

HERLINDA: Tú eres nuestra sobrina, ¿lo oyes?

CONCHA: Yo no, qué.

HERLINDA: Las groserías[18] para después. Tú eres nuestra sobrina, y aquí no hacemos más ropa que la nuestra...

DORA: ¿Y el letrero[19] de la calle?

HERLINDA: ... Y la de nuestras amistades. Y ya.

DORA: Ay, yo no creo que...

HERLINDA: ¡Esconde ese vestido! (*El de la cama.*)

(*Toquidos en la puerta.*)

EL EMPADRONADOR: (*Fuera.*) ¿Se puede?[20]

DORA: (*Grita casi.*) ¡Ya se metió! (*Y se deja caer en una silla.*)

(HERLINDA *duda un instante. Abre.*)

HERLINDA: (*Enérgica.*) ¿Qué se le ofrece, señor?

EL EMPADRONADOR: (*Avanza un paso.*) Buenas tardes. Vengo de la...

HERLINDA: ¿Puede saberse quién lo invitó a pasar?

EL EMPADRONADOR: La señora que salía me dijo que...

HERLINDA: Porque ésta es una casa privada y entrar así es un... ama-a-llamamiento[b] de morada.

EL EMPADRONADOR: La señora que salía me dijo que pasara y...

HERLINDA: ¡Salga usted de aquí!

---

[b] ama-a-llamamiento... Herlinda, asustada, no puede pronunciar la palabra **allanamiento** (*breaking and entering*).

EL EMPADRONADOR: Oiga usted...

DORA: ¡Ay, Dios mío!

HERLINDA: (*Gran ademán.*[21]) ¡Salga!

EL EMPADRONADOR: (*Cobra ánimos.*) Un momento, ¿echa usted de su casa a un empadronador[22] de la Secretaría de Economía? ¿Y enfrente de testigos?

HERLINDA: No, tanto come echarlo, no. Pero..., ¡yo no lo autoricé a entrar!

EL EMPADRONADOR: Mire: estoy harto.[23] El sastre me amenazó con las tijeras, en la tortillería me insultaron. ¿Ve usted estas hojas? Son actas de consignación.[24] Si usted se niega a recibirme, doy parte.[25]

HERLINDA: ¿Pero qué es lo que quiere?

EL EMPADRONADOR: Empadronarlas.[26] ¿Qué horas son? (*Busca el reloj.*) ¡Es tardísimo! (*De memoria, muy aprisa.*) En estos momentos se está levantando en toda la República el censo industrial, comercial y de transportes. Yo soy uno de los encargados de empadronar esta zona. Aquí en la boleta dice (*Se apodera de una mesa, saca sus papeles.*) que todos los datos son confidenciales y no podrán usarse come prueba fiscal[27] o...

HERLINDA: Entonces esto es del Fisco.[28]

EL EMPADRONADOR: ¡No señora! ¡Todo lo contrario! (*Aprisa.*) La Dirección General de Estadística y el Fisco no tienen nada que ver. Un censo sirve para hacer...

HERLINDA: Pero usted habló del Fisco.

EL EMPADRONADOR: Para explicarle que nada tienen que ver...

HERLINDA: (*Amable, femenina.*) Pues esto no es un taller, ni... Mire, la jovencita es mi sobrina... (*Por lo bajo, a* DORA.) Dame cinco pesos. (*Alto.*) Es mi sobrina, y la señora es mi cuñada, y yo...

DORA: ¿Qué te dé qué?

HERLINDA: (*Con los dedos hace «cinco».*) Somos una familia, nada más.

(CONCHA *niega con la cabeza.* EL EMPADRONADOR *no la ve.*)

EL EMPADRONADOR: (*Preparando papeles y pluma.*) Un tallercito familiar.

HERLINDA: (*Menos, por lo bajo.*) ¡Cinco pesos!

DORA: Ah. (*Va al ropero.*)

HERLINDA: No, taller no... ¡Dora! (*Se interpone entre Dora y el ropero.*) Si ni vale la pena que pierda el tiempo...

DORA: (*Horrorizada de lo que iba a hacer.*) Ay, de veras. Pero... (*Azorada,*[29] *ve a todos.*) Concha, ¿no tienes...? ¿Para qué quieres cinco pesos?

HERLINDA: (*Furiosa.*) ¡Para nada!

DORA: A ver si Paco... (*Sale.*)

HERLINDA: Es muy tonta, pobrecita. Perdóneme un instante.

(*Sale tras la otra.* CONCHA *corre con* EL EMPADRONADOR.)

[21] Gran... *Strong gesture*
[22] el que toma el censo
[23] estoy... *I am fed up*
[24] actas... *certificates of report*
[25] doy... *I will report you*
[26] escribir su nombre en el censo
[27] prueba... documento sobre el estado financiero
[28] *Internal Revenue Service*
[29] Asustada

[30] le... *winks*
[31] *bribe*
[32] levantara... *to make a
complaint*

CONCHA: Sí es un taller, cosemos mucho. Y aquí, mire, esto está lleno de telas, y las venden. Dicen que son telas gringas, pero las compran en la Lagunilla. Me pagan remal,[c] y no me dejan entrar al Sindicato. ¿Usted me puede inscribir en el Sindicato?

EL EMPADRONADOR: No, yo no puedo, y... No sé. ¿Qué sindicato?

CONCHA: Pues..., no sé. Si supiera me inscribiría yo sola. ¿Hay muchos sindicatos?

EL EMPADRONADOR: Sí, muchos. De músicos, de barrenderos, de... choferes, de... Hay muchos.

CONCHA: Pues no. En esos no...

EL EMPADRONADOR: (*Confidencial.*) A usted le ha de tocar el de costureras.

CONCHA: Ah, ¿sí? Déjeme apuntarlo. Nomás entro y me pongo en huelga. Esa flaca es mala. Ayer corrió a Petrita, porque su novio la... (*Ademán en el vientre.*) Y ya no podía coser. Le quedaba muy lejos la máquina. Y a mí me obligó a raparme. Figúrese, dizque tenía yo piojos. Mentiras, ni uno. Pero me echó D.D.T., ¡y arde!

EL EMPADRONADOR: Ah, ¿y no tenía? (*Retrocede, se rasca nerviosamente.*)

CONCHA: Ni uno. (*Entra* HERLINDA.)

HERLINDA: ¿Qué estás haciendo ahí?

CONCHA: Yo, nada. Le decía que aquí no es taller.

HERLINDA: Bueno, joven (*Le da la mano.*), pues ya ve que ésta es una casa decente y que... (*Le sonríe como cómplice, le guiña un ojo.*[30]) Que todo está bien.

EL EMPADRONADOR: ¿Y esto? (*Herlinda le puso en la mano un billete.*) ¿Diez pesos?

HERLINDA: Por la molestia. Adiós. Lo acompaño.

EL EMPADRONADOR: Oiga, señora...

HERLINDA: Señorita, aunque sea más largo.

EL EMPADRONADOR: Señorita, esto se llama soborno.[31] ¿Qué se ha creído? Tenga. Con esto bastaba para que levantara un acta[32] y la encerraran en la cárcel. Voy a hacer como que no pasó nada, pero usted me va a dar sus datos, ya. Y aprisa, por favor. (*Ve el reloj, se sienta, saca pluma.*)

(A HERLINDA *le tiemblan las piernas; se sienta en una silla. Ahora sí está aterrada.*)

EL EMPADRONADOR: ¿Razón social?

HERLINDA: ¿Cómo?

EL EMPADRONADOR: ¿A nombre de quién está esto?

HERLINDA: No está a nombre de nadie.

EL EMPADRONADOR: ¿Quién es el dueño de todo esto?

HERLINDA: El jefe de la casa es Francisco Ríos.

---

[c] muy mal (La partícula *re* se usa para dar más énfasis a la palabra que le sigue.)

EL EMPADRONADOR: (*Escribe.*) ¿Cuánta materia prima[33] consumen al año?

HERLINDA: (*Horrorizada.*) ¡Materia prima!

EL EMPADRONADOR: Sí. Telas, hilos, botones. Al año, ¿cuántos carretes de hilo usarán?

HERLINDA: Dos, o tres.

EL EMPADRONADOR: ¡Cómo es posible! (*Entra* DORA, *ve los diez pesos sobre la mesa. Desfallece.*[34])

DORA: ¡Jesús!

EL EMPADRONADOR: (*Mueve la cabeza.*) Habrá que calcular... ¿Hacen trabajos de maquila?[d]

HERLINDA: No, señor. Cosemos.

EL EMPADRONADOR: Eso es. Pero, ¿con telas ajenas? ¿O venden telas?

DORA: (*Ofendida, calumniada.*) Ay, no. ¿Cómo vamos a vender telas?

HERLINDA: No vendemos.

EL EMPADRONADOR: ¿Podría ver lo que hay en ese ropero?

HERLINDA: ¿Ahí?

EL EMPADRONADOR: (*Feroz.*) Sí, ahí.

HERLINDA: Nuestras cosas: ropa, vestidos...

DORA: (*Pudorosa.*) Ropa interior.

HERLINDA: Comida.

EL EMPADRONADOR: ¿Comida?

HERLINDA: Cosas privadas.

EL EMPADRONADOR: Bueno, pues déjeme verlas. (*Truculento.*[35]) Eso está lleno de telas, ¿verdad?

(DORA *grita. Pausa.*)

HERLINDA: (*Ve a* CONCHA.) ¡Judas!

(CONCHA *se sonríe, baja la vista.* DORA *empieza a llorar en silencio.* HERLINDA *se pasa la mano por la frente.*)

HERLINDA: Está bien. (*Va y abre.*) Aquí hay unas telas, pero son nuestras, de nuestro uso. Y no las vendemos. Son puro vestidos nuestros.

(CONCHA *hace señas de «mentiras».*)

EL EMPADRONADOR: ¿Cuántos cortes.[e] (*Va y cuenta.*) ¿Treinta y siete vestidos van a hacerse?

HERLINDA: ¡Nos encanta la ropa!

(DORA *empieza a sollozar, cada vez más alto.*)

---

[d] ¿Hacen... ¿Trabajan Uds. con telas de otros?

[e] *cuts of material long enough to make a dress*

[33] materia... *raw material*
[34] *Faints*
[35] Cruel

36 *Howls*
37 *taxes*
38 *trouser cuffs*
39 *me despidan*

DORA: Ay, Herlinda, este señor parece un ser humano. ¡Dile, explícale! Señor, somos solas, mi marido está enfermo, no puede trabajar.

CONCHA: Se emborracha.

DORA: Mi cuñada y yo trabajamos. Empezamos cosiendo a mano, y ve usted que tenemos buen gusto, a las vecinas les parecieron bien nuestros trabajitos. Ay, señor, nos sangraban los dedos, ni dedal teníamos. Mire estas máquinas, estas telas, así las ganamos, con sangre. ¿Cómo puede usted? (*Se arrodilla.*) Yo le suplico, por su madre, por lo que más quiera... (*Aúlla.*[36]) ¡No nos hunda usted! ¡No podemos pagar contribuciones![37] ¡Si casi no ganamos nada! ¡No podemos! ¡Acepte los diez pesos!

HERLINDA: ¡Dora! ¡Cállate ya!

DORA: ¡Acéptelos! ¡No tenemos más! ¡Se los damos de buena voluntad! ¡Pero váyase, váyase! (*Va de rodillas a la cama y ahí sigue sollozando.*)

EL EMPADRONADOR: (*Gritando.*) ¡Pero señora, no entiende! ¡Esto es para Estadística, de Economía! Los impuestos son de Hacienda. Esto es confidencial, es secreto. Nadie lo sabrá. ¿Qué horas son? ¿Dónde pusieron el reloj? ¡Van a dar las dos y no hemos hecho nada! ¡A ver! ¡Contésteme!

(*Más aullidos de* DORA, HERLINDA *se seca dignamente dos lágrimas.*)

HERLINDA: Pregunte lo que quiera.

EL EMPADRONADOR: Por favor, entienda. ¿Cómo cree que les iba a hacer un daño? ¡Pero debo entregar veinte boletas cada día y llevo seis! ¡Seis boletas! ¡Y ayer entregué nada más quince! Yo estudio, necesito libros, necesito ropa. Mire mis pantalones. ¿Ve qué valencianas?[38] Mire mi suéter, los codos. Y no quiero que me corran[39] antes de cobrar mi primera quincena.

CONCHA: (*Coqueta.*) ¿No tiene un cigarro?

EL EMPADRONADOR: ¡No tengo nada!

(*Una pausa. Sollozos de* DORA. EL EMPADRONADOR *saca un cigarro y lo enciende, inconscientemente.*)

EL EMPADRONADOR: El censo es... Ya le expliqué, es un... ¡No tiene nada que ver con los impuestos! ¡No les va a pasar nada!

(*Entra* PACO, *adormilado, con leves huellas alcohólicas en su apariencia y voz.*)

PACO: ¿Qué sucede? ¿Por qué lloran?

EL EMPADRONADOR: Señor. ¿Usted es el jefe de la casa?

PACO: (*Solemne.*) A sus órdenes.

EL EMPADRONADOR: Mire usted, sus esposas no han entendido.

HERLINDA: No es harén, señor. Yo soy su hermana.

EL EMPADRONADOR: Eso. Perdón. Mire... ¿Usted sabe lo que es un censo?

PACO: Claro, el periódico lo ha dicho. Un recuento de población. ⁴⁰ᵐᵃⁱᵈ
Todos los grandes países lo hacen.

EL EMPADRONADOR: (*Ve el cielo abierto.*) Eso es. Y un censo de industria, comercio y transporte, es un recuento de... Eso mismo.

PACO: Sí, claro. Muy bien. ¿Y por eso lloran? No se fije. Son tontas. Concha, tráeme una cerveza.

CONCHA: No soy su gata.⁴⁰

PACO: (*Ruge.*) ¡Cómo que no! (*La arrastra por el brazo.*) Toma, y no te tardes. (*Le aprieta una nalga. Intenso:*) Una Dos Equis, fría. (*De mala gana.*) Usted toma una, ¿verdad?

EL EMPADRONADOR: No puedo, trabajando...

PACO: Me imaginé. (*Ruge.*) ¡Anda!

(CONCHA *sale, muerta de risa.*)

EL EMPADRONADOR: Los datos del censo son confidenciales. La Dirección General de Estadística es una tumba, y yo otra. Nadie sabrá lo que aquí se escriba.

PACO: ¿Y para qué lo escriben, entonces?

EL EMPADRONADOR: Quiero decir... Lo saben en Estadística.

PACO: Como pura información.

EL EMPADRONADOR: Sí.

PACO: Nada personal.

EL EMPADRONADOR: Nada. Todo se convierte en números.

PACO: Archivan los datos.

EL EMPADRONADOR: Sí.

PACO: Y se los mandan al Fisco.

EL EMPADRONADOR: Sí. ¡No! Pero... usted entendía. (*Azota los papeles.*) Usted sabe lo que es un censo... Es..., es ser patriota, engrandecer a México, es... ¿No lo leyó en el periódico?

PACO: (*Malicioso, bien informado.*) Los periódicos dicen puras mentiras. Vamos a ver, si no es para ganar más con los impuestos, ¿para qué van a gastar en sueldo de usted, papel muy fino, imprenta... ?

EL EMPADRONADOR: (*Desesperado.*) Es como... Mire, la Nación se pregunta: ¿Cuáles son mis riquezas? Y hace la cuenta. Como usted, ¿no le importa saber cuánto dinero hay en su casa?

PACO: No.

EL EMPADRONADOR: Pero... tiene que contar cuánto gastan, cuánto ganarán...

PACO: Nunca.

EL EMPADRONADOR: ¡Pero cómo no! Bueno, ustedes no, pero un país debe saber... cuánta riqueza tiene, debe publicarlo...

PACO: ¿Para que cuando lo sepan los demás países le caigan encima? ¡Yo no voy a ayudar a la ruina de mi Patria!

EL EMPADRONADOR: Es que... ¡Es que ya son casi las dos! ¡A las dos y media debo entregar mi trabajo!

PACO: Ah, pues vaya usted. Ya no le quito el tiempo.

41 crimen
42 Despejen... *Clear the table*
43 *see a great opportunity*
44 *snack*

EL EMPADRONADOR: (*Grita.*) ¿Y qué voy a entregar? Nadie me da datos, todo el mundo llora. Me van a correr, hoy no llevo más que seis boletas. Usted, deme los datos. De lo contrario, es delito,[41] ocultación de datos. Puedo levantar un acta y consignarla.

(*Nuevos aullidos de* DORA.)

HERLINDA: Consígneme. Se verá muy bien arrastrándome a la cárcel. Muy varonil.

PACO: No se exalte, no se exalte. Nadie le oculta nada. ¿Pero usted cree que vale la pena hacer llorar a estas mujeres por esos datos?

EL EMPADRONADOR: ¡Pero si no les va a pasar nada!

PACO: Les pasa, mire. (*Patético.*) ¡Sufren! (*Tierno.*) Ya no llores, mujer, ya no llores, hermana. (*Las muestra.*) Aquí tiene, siguen llorando.

EL EMPADRONADOR: (*A punto de llorar.*) Tengo que llenar veinte boletas, y llevo seis.

PACO: Pues llene aprisa las que le faltan, yo le ayudo. ¿Qué hay que poner?

EL EMPADRONADOR: (*Escandalizado.*) ¿Pero quiere que inventemos los datos?

PACO: Yo no. Usted. (*Le da un codazo.*) Ande. Primero es uno, después los papeles.

(*Entra* CONCHA.)

CONCHA: Tenga. (*Le da la cerveza.*)

PACO: ¿Una poca? ¿Un vasito? ¿O algo más fuerte? ¿Un tequilita?

EL EMPADRONADOR: ¿Qué horas son? (*Duda.*) ¿Usted me ayuda?

PACO: ¡Claro, hombre!

EL EMPADRONADOR: Pues aprisa. Despejen la mesa.[42] Sólo así. Señora, señorita... Ya no voy a llenar la boleta de ustedes, pero... ¿Pueden ayudarme, con unos datos?

PACO: A ver, viejas, ayúdennos. Hay que ayudar a mi señor censor. ¿Un tequilita, mi censor?

EL EMPADRONADOR: Muy chico.

(*Las mujeres ven el cielo abierto,[43] corren a servirlo.*)

PACO: Y una botanita.[44] A ver. ¿Se puede con lápiz?

EL EMPADRONADOR: Con lápiz tinta, nada más.

DORA: (*Tímida.*) ¿Los ayudamos?

EL EMPADRONADOR: Pues... A ver si pueden. Si no, yo las corrijo.

HERLINDA: (*Cauta, sonríe.*) ¿Rompemos ésta?

EL EMPADRONADOR: ¿La de ustedes? Póngale una cruz grande y «Nulificada». Ahora imagínese que tiene un taller con... 15 máquinas. Y vaya escribiendo: cuántos vestidos haría al año, cuánto material gastaría... Haga la cuenta por separado. Y usted... imagínese un taller

Emilio Carballido   233

más chico, con ocho máquinas. Las preguntas que no entiendan, sáltenlas.[45] Yo las lleno despúes.

(*Se sientan con él. Trabajan velozmente.*)

HERLINDA: Mi taller va a ser precioso. Se va a llamar «Alta Costura», S. en C. de R.H.[f]

DORA: ¿Qué dirección le pongo a mi taller?

EL EMPADRONADOR: Cualquiera de esta manzana. Salud. (*Bebe.*)

DORA: (*Se ríe.*) Le voy a poner la dirección de doña Remedios.

PACO: Yo preferiría un taller mecánico. Eso voy a hacer. «La Autógena», S.A.[46] (*Pellizca a Concha.*)

CONCHA: ¡Ay!

HERLINDA: Cállate, Judas.

EL EMPADRONADOR: Con esos diez pesos... podrían mandar a Judas a comprar unas tortas. Para todos, ¿no?

TELON

Cuestionario

1. ¿Cómo se podría caracterizar a cada uno de los personajes femeninos?
2. ¿Qué rasgos particulares reflejan los personajes masculinos?
3. ¿Por qué las mujeres tienen miedo del empadronador?
4. ¿Cuál es la función dramática del censo?
5. ¿Cuál es el desarrollo—la progresión lineal—de la obra?
6. ¿Qué tipo de ritmo tiene la obra? ¿Hay fluctuaciones?
7. ¿Cuál es el desenlace de la obra? ¿Esperaba el espectador ese desenlace?

Identificaciones

1. el Fisco
2. sindicato
3. «¡No nos hunda usted!»
4. Paco
5. «Nulificada»
6. «Alta Costura», S. en C. de R.H.

Temas

1. La burocracia como tema literario: el ejemplo de «El censo».
2. El tema principal y los temas secundarios de «El censo».
3. Los elementos humorísticos y satíricos de la obra.
4. Los elementos metateatrales en esta obra dramática.
5. Clasificación de «El censo» dentro de las categorías teatrales, a saber: tragedia, comedia, pieza de **humor negro,** teatro del absurdo, etc.

[45] *skip them*
[46] Sociedad Anónima (*Incorporated*)

---

[f] Sociedad en Comandita de Responsabilidad Hipotecaria Limitada (*a silent partnership in which the individual does not have legal responsibility*)

Osvaldo Dragún

Osvaldo Dragún (1929–   ), nació en Entre Ríos, Argentina. Es uno de los renovadores de la dramaturgia argentina. Estrenó su primera obra, La Peste viene de Melos, *en 1956. Preocupado por la problemática de la deshumanización del hombre contemporáneo, en su obra se deja traslucir no sólo la influencia del existencialismo sino también el compromiso político. Además de las célebres* Historias para ser contadas, *es autor de* Heroica de Buenos Aires, *(1966), obra ganadora del premio Casa de las Américas,* Túpac Amaru, Historia de mi esquina, El jardín del infierno, Nos dijeron que éramos inmortales, Milagro en el Mercado Viejo *y otras. Su producción dramática es conocida en toda la América Latina y Europa.*

Historia del hombre que se convirtió en perro

Personajes: ACTRIZ, ACTOR 1.°, ACTOR 2.°, ACTOR 3.°

ACTOR 2.°:   Amigos, la tercera historia vamos a contarla así...

ACTOR 3.°:   Así como nos la contaron esta tarde a nosotros.

ACTRIZ: Es la «Historia del hombre que se convirtió en perro».

ACTOR 3.°:   Empezó hace dos años, en el banco de una plaza. Allí, señor..., donde usted trataba hoy de adivinar[1] el secreto de una hoja.

ACTRIZ: Allí, donde extendiendo los brazos apretamos[2] al mundo por la cabeza y los pies y le decimos: «¡suena, acordeón, suena!»

ACTOR 2.°:   Allí le conocimos. (*Entra el* ACTOR 1.°) Era... (*Lo señala.*) así como lo ven, nada más. Y estaba muy triste.

ACTRIZ: Fue nuestro amigo. El buscaba trabajo, y nosotros éramos actores.

ACTOR 3.°:   El debía mantener a su mujer, y nosotros éramos actores.

ACTOR 2.°:   El soñaba con la vida, y despertaba gritando por la noche. Y nosotros éramos actores.

ACTRIZ: Fue nuestro gran amigo, claro. Así como lo ven... (*Lo señala.*) Nada más.

TODOS: ¡Y estaba muy triste!

ACTOR 3.°:   Pasó el tiempo. El otoño...

ACTOR 2.°:   El verano...

ACTRIZ: El invierno...

ACTOR 3.°:   La primavera...

ACTOR 1.°:   ¡Mentira! Nunca tuve primavera.

ACTOR 2.°:   El otoño...

ACTRIZ: El invierno...

ACTOR 3.°:   El verano. Y volvimos. Y fuimos a visitarlo, porque era nuestro amigo.

ACTOR 2.°:   Y preguntamos: «¿Está bien?» Y su mujer nos dijo...

[1] *to guess*
[2] estrechamos con fuerza

ACTRIZ: No sé.

ACTOR 3.°:   ¿Está mal?

ACTRIZ: No sé.

ACTORES 2.° Y 3.°:   ¿Dónde está?

ACTRIZ: En la perrera.[3] (ACTOR 1.° *en cuatro patas.*)

ACTORES 2.° Y 3.°:   ¡Uhhh!

ACTOR 3.°:   (*Observándolo.*)

> Soy el director de la perrera,
> y esto me parece fenomenal.
> Llegó ladrando[4] como un perro
> (requisito principal);
> y si bien[5] conserva el traje,[6]
> es un perro, a no dudar.

ACTOR 2.°:   (*Tartamudeando.*[7])

S–s–soy el v–veter–r–inario.
y esto–to–to es c–claro p–para mí.
Aun–que p–parezca un ho–hombre,
es un p–pe–perro el q–que está aquí.

ACTOR 1.°:   (*Al público.*) Y yo, ¿qué les puedo decir? No sé si soy hombre o perro. Y creo que ni siquiera ustedes podrán decírmelo al final. Porque todo empezó de la manera más corriente.[8] Fui a una fábrica a buscar trabajo. Hacía tres meses que no conseguía nada, y fui a buscar trabajo.

ACTOR 3.°:   ¿No leyó el letrero? «NO HAY VACANTES».[9]

ACTOR 1.°:   Sí, lo leí. ¿No tiene nada para mí?

ACTOR 3.°:   Si dice «No hay vacantes», no hay.

ACTOR 1.°:   Claro. ¿No tiene nada para mí?

ACTOR 3.°:   ¡Ni para usted, ni para el ministro!

ACTOR 1.°:   ¡Ahá! ¿No tiene nada para mí?

ACTOR 3.°:   ¡NO!

ACTOR 1.°:   Tornero...[10]

ACTOR 3.°:   ¡NO!

ACTOR 1.°:   Mecánico...

ACTOR 3.°:   ¡NO!

ACTOR 1.°:   S...[a]

ACTOR 3.°:   N...[11]

ACTOR 1.°:   R...

ACTOR 3.°:   N...

ACTOR 1.°:   F...

ACTOR 3.°:   N...

ACTOR 1.°:   ¡Sereno![12] ¡Sereno! ¡Aunque sea de sereno!

ACTRIZ: (*Como si tocara un clarín.*[13]) ¡Tutú, tu-tu-tú! ¡El patrón![14]

(LOS ACTORES 2.° y 3.° *hablan por señas.*[15])

ACTOR 3.°:   (*Al público*) El perro del sereno, señores, había muerto la noche anterior, luego de[16] veinticinco años de lealtad.

---

[a] Se refiere a otros trabajos que no se mencionan; lo mismo las iniciales R y F.

[3] casita para el perro
[4] *barking*
[5] aunque
[6] conserva... va vestido como un hombre
[7] *stuttering*
[8] común
[9] *No Vacancies*
[10] *Lathe operator*
[11] No
[12] *Night-watchman*
[13] *bugle*
[14] dueño, jefe
[15] por medio de signos
[16] después de

ACTOR 2.º: Era un perro muy viejo.

ACTRIZ: Amén.

ACTOR 2.º: (*Al* ACTOR 1.º) ¿Sabe ladrar?

ACTOR 1.º: Tornero.

ACTOR 2.º: ¿Sabe ladrar?

ACTOR 1.º: Mecánico...

ACTOR 2.º: ¿Sabe ladrar?

ACTOR 1.º: Albañil...[17]

ACTORES 2.º Y 3.º: ¡NO HAY VACANTES!

ACTOR 1.º: (*Pausa.*) ¡Guau..., guau!...[18]

ACTOR 2.º: Muy bien, lo felicito...

ACTOR 3.º: Le asignamos diez pesos diarios de sueldo, la casilla y la comida.

ACTOR 2.º: Como ven, ganaba diez pesos más que el perro verdadero.

ACTRIZ: Cuando volvió a casa me contó del empleo conseguido. Estaba borracho.

ACTOR 1.º: (*A su mujer.*) Pero me prometieron que apenas un obrero se jubilara,[19] muriera o fuera despedido me darían su puesto. ¡Divertite,[b] María, divertite! ¡Guau..., guau!... ¡Divertite, María, divertite!

ACTORES 2.º Y 3.º: ¡Guau..., guau!... ¡Divertite, María, divertite!

ACTRIZ: Estaba borracho, pobre...

ACTOR 1.º: Y a la otra noche empecé a trabajar... (*Se agacha*[20] *en cuatro patas.*)

ACTOR 2.º: ¿Tan chica le queda la casilla?

ACTOR 1.º: No puedo agacharme tanto.

ACTOR 3.º: ¿Le aprieta aquí?[21]

ACTOR 1.º: Sí.

ACTOR 3.º: Bueno, pero vea, no me diga «sí». Tiene que empezar a acostumbrarse. Dígame: «¡Guau..., guau!»

ACTOR 2.º: ¿Le aprieta aquí? (*El* ACTOR 1.º *no responde.*) ¿Le aprieta aquí?

ACTOR 1.º: ¡Guau..., guau!...

ACTOR 2.º: Y bueno... (*Sale.*)

ACTOR 1.º: Pero esa noche llovió, y tuve que meterme en la casilla.

ACTOR 2.º: (*Al* ACTOR 3.º) Ya no le aprieta...

ACTOR 3.º: Y está en la casilla.

ACTOR 2.º: (*Al* ACTOR 1.º) ¿Vio cómo uno se acostumbra a todo?

ACTRIZ: Uno se acostumbra a todo...

ACTORES 2.º Y 3.º: Amén...

ACTRIZ: Y él empezó a acostumbrarse.

ACTOR 3.º: Entonces, cuando vea que alguien entra, me grita: «¡Guau..., guau!» A ver...

ACTOR 1.º: (*El* ACTOR 2.º *pasa corriendo.*) ¡Guau..., guau!... (*El* ACTOR 2.º *pasa sigilosamente*)[22] ¡Guau..., guau!... (*El* ACTOR 2.º *pasa agachado.*) ¡Guau..., guau..., guau!... (*Sale.*)

---

[b] Diviértete (Modo peculiar llamado *voseo* prevalente en Centro América y la Argentina. Consiste en usar la partícula *vos* y las terminaciones verbales correspondientes en lugar de *tú.*)

237

[17] *Bricklayer*

[18] *Bow-wow...bow-wow!*

[19] se retirara del trabajo

[20] *Squats*

[21] ¿Le... ¿Siente presión aquí?

[22] en silencio

ACTOR 3.°:   (*Al* ACTOR 2.°) Son diez pesos por día extras en nuestro presupuesto...[23]

ACTOR 2.°:   ¡Mmm!

ACTOR 3.°:   ... pero la aplicación que pone el pobre, los merece...

ACTOR 2.°:   ¡Mmm!

ACTOR 3.°:   Además, no come más que el muerto...[24]

ACTOR 2.°:   ¡Mmm!

ACTOR 3.°:   ¡Debemos ayudar a su familia!

ACTOR 2.°:   ¡Mmm! ¡Mmm! ¡Mmm! (*Salen.*)

ACTRIZ: Sin embargo, yo lo veía muy triste, y trataba de consolarlo cuando él volvía a casa. (*Entra* ACTOR 1.°) ¡Hoy vinieron visitas!...

ACTOR 1.°:   ¿Sí?

ACTRIZ: Y de los bailes en el club, ¿te acordás?[25]

ACTOR 1.°:   Sí.

ACTRIZ: ¿Cuál era nuestro tango?

ACTOR 1.°:   No sé.

ACTRIZ: ¡Cómo que no! «Percanta que me amuraste...»[26] (*El* AC-TOR 1.° *está en cuatro patas.*) Y un día me trajiste un clavel... (*Lo mira, y queda horrorizada.*) ¿Qué estás haciendo?

ACTOR 1.°:   ¿Qué?

ACTRIZ: Estás en cuatro patas... (*Sale.*)

ACTOR 1.°:   ¡Esto no lo aguanto[27] más! ¡Voy a hablar con el patrón!

(*Entran los* ACTORES 2.° Y 3.°)

ACTOR 3.°:   Es que no hay otra cosa...

ACTOR 1.°:   Me dijeron que un viejo se murió.

ACTOR 3.°:   Sí, pero estamos de economía.[28] Espere un tiempo más, ¿eh?

ACTRIZ: Y esperó. Volvió a los tres meses.

ACTOR 1.°:   (*Al* ACTOR 2.°) Me dijeron que uno se jubiló...

ACTOR 2.°:   Sí, pero pensamos cerrar esa sección. Espere un tiempito más, ¿eh?

ACTRIZ: Y esperó. Volvió a los dos meses.

ACTOR 1.°:   (*Al* ACTOR 3.°) Deme el empleo de uno de los que echaron[29] por la huelga...[30]

ACTOR 3.°:   Imposible. Sus puestos quedarán vacantes...

ACTORES 2.° Y 3°:   ¡Como castigo! (*Salen.*)

ACTOR 1.°:   Entonces no pude aguantar más... ¡y planté![31]

ACTRIZ: ¡Fue nuestra noche más feliz en mucho tiempo! (*Lo toma del brazo.*) ¿Cómo se llama esta flor?

ACTOR 1.°:   Flor...

ACTRIZ: ¿Y cómo se llama esa estrella?

ACTOR 1.°:   María.

ACTRIZ: (*Ríe.*) ¡María me llamo yo!

ACTOR 1.°:   ¡Ella también..., ella también! (*Le toma una mano y la besa.*)

ACTRIZ: (*Retira la mano.*) ¡No me muerdas![32]

[23] *budget*
[24] se refiere al perro que se había muerto.
[25] ¿te acuerdas? (**voseo**)
[26] «Percanta... «Mujer que me abandonaste...»
[27] resisto
[28] estamos... tenemos que economizar
[29] fired
[30] *strike*
[31] ¡y abandoné el trabajo!
[32] *bite*

ACTOR 1.°:   No te iba a morder... Te iba a besar, María...

ACTRIZ: ¡Ah!, yo creía que me ibas a morder... (*Sale. Entran los* ACTORES 2° Y 3°)

ACTOR 2.°:   Por supuesto...

ACTOR 3.°:   ... a la mañana siguiente...

ACTORES 2.° Y 3.°:   Debió volver a buscar trabajo.

ACTOR 1.°:   Recorrí varias partes, hasta que en una...

ACTOR 3.°:   Vea, éste... No tenemos nada. Salvo que...[33]

ACTOR 1.°:   ¿Qué?

ACTOR 3.°:   Anoche murió el perro del sereno.

ACTOR 2.°:   Tenía treinta y cinco años, el pobre...

ACTORES 2.° Y 3.°:   ¡El pobre!...

ACTOR 1.°:   Y tuve que volver a aceptar.

ACTOR 2.°:   Eso sí, le pagábamos quince pesos por día. (*Los* ACTORES 2.° *Y* 3.° *dan vueltas.*) ¡Hmm!... ¡Hmmm!... ¡Hmmm!...

ACTORES 2.° Y 3.°:   ¡Aceptado! ¡Que sean quince! (*Salen.*)

ACTRIZ: (*Entra.*) Claro que 450 pesos no nos alcanza[34] para pagar el alquiler...[35]

ACTOR 1.°:   Mirá,[36] como yo tengo la casilla, mudáte vos[37] a una pieza[38] con cuatro o cinco muchachas más, ¿eh?

ACTRIZ: No hay otra solución. Y como no nos alcanza tampoco para comer...

ACTOR 1.°:   Mirá, como yo me acostumbré al hueso, te voy a traer la carne a vos,[39] ¿eh?

ACTORES 2.° Y 3.°:   (*Entrando.*) ¡El directorio accedió!

ACTOR 1.° Y ACTRIZ: El directorio accedió... ¡Loado sea![40]

(*Salen los* ACTORES 2.° Y 3.°)

ACTOR 1.°:   Yo ya me había acostumbrado. La casilla me parecía más grande. Andar en cuatro patas no era muy diferente de andar en dos. Con María nos veíamos en la plaza... (*Va hacia ella.*) Porque vos no podéis entrar en mi casilla; y como yo no puedo entrar en tu pieza... Hasta que una noche...

ACTRIZ: Paseábamos. Y de repente me sentí mal...

ACTOR 1.°:   ¿Qué te pasa?

ACTRIZ: Tengo mareos.

ACTOR 1.°:   ¿Por qué?

ACTRIZ: (*Llorando.*) Me parece... que voy a tener, un hijo...

ACTOR 1.°:   ¿Y por eso llorás?[41]

ACTRIZ: ¡Tengo miedo..., tengo miedo!

ACTOR 1.°:   Pero ¿por qué?

ACTRIZ: ¡Tengo miedo..., tengo miedo! ¡No quiero tener un hijo!

ACTOR 1.°:   ¿Por qué, María? ¿Por qué?

ACTRIZ: Tengo miedo... que sea... (*Musita[42]* «perro». *El* ACTOR 1.° *la mira aterrado,[43] y sale corriendo y ladrando. Cae al suelo. Ella se pone de pie.*) ¡Se fue..., se fue corriendo! A veces se paraba, y a veces corría en cuatro patas...

[33] Salvo... Con la excepción de

[34] no... no es suficiente

[35] *rent*

[36] Mira (*voseo*)

[37] múdate tú (*voseo*)

[38] cuarto

[39] ti

[40] Loado... *Blessed be*

[41] lloras (*voseo*)

[42] *mutters*

[43] con terror

ACTOR 1.°:   ¡No es cierto, no me paraba! ¡No podía pararme! ¡Me dolía la cintura si me paraba! ¡Guau!... Los coches se me venían encima...[44] La gente me miraba... (*Entran los* ACTORES 2.° Y 3.°) ¡Váyanse! ¿Nunca vieron un perro?

ACTOR 2.°:   ¡Está loco! ¡Llamen a un médico! (*Sale.*)

ACTOR 3.°:   ¡Está borracho! ¡Llamen a un policía! (*Sale.*)

ACTRIZ: Después me dijeron que un hombre se apiadó[45] de él, y se le acercó cariñosamente.[46]

ACTOR 2.°:   (*Entra.*) ¿Se siente mal, amigo? No puede quedarse en cuatro patas. ¿Sabe cuántas cosas hermosas hay para ver, de pie, con los ojos hacia arriba? A ver, párese...[47] Yo lo ayudo... Vamos, párese...

ACTOR 1.°:   (*Comienza a pararse, y de repente:*) ¡Guau..., guau!... (*Lo muerde.*) ¡Guau..., guau!... (*Sale.*)

ACTOR 3.°:   (*Entra.*) En fin, que cuando, después de dos años sin verlo, le preguntamos a su mujer: «Cómo está?», nos contestó...

ACTRIZ: No sé.

ACTOR 2.°:   ¿Está bien?

ACTRIZ: No sé.

ACTOR 3.°:   ¿Está mal?

ACTRIZ: No sé.

ACTORES 2.° Y 3.°:   ¿Dónde está?

ACTRIZ: En la perrera.

ACTOR 3.°:   Y cuando veníamos para acá, pasó al lado nuestro un boxeador...

ACTOR 2.°:   Y nos dijeron que no sabía leer, pero que eso no importaba porque era boxeador.

ACTOR 3.°:   Y pasó un conscripto...[48]

ACTRIZ: Y pasó un policía...

ACTOR 2.°:   Y pasaron..., y pasaron..., y pasaron ustedes. Y pensamos que tal vez podría importarles la historia de nuestro amigo...

ACTRIZ: Porque tal vez entre ustedes haya ahora una mujer que piense: «¿No tendré..., no tendré...?» (*Musita:* «perro».)

ACTOR 3.°:   O alguien a quien le hayan ofrecido el empleo del perro del sereno...

ACTRIZ: Si no es así, nos alegramos.

ACTOR 2.°:   Pero si es así, si entre ustedes hay alguno a quien quieran convertir en perro, como a nuestro amigo, entonces... Pero, bueno, entonces esa..., ¡esa es otra historia! (*Telón.*)

[44] se... *were running over me*
[45] se... tuvo compasión
[46] con mucho afecto
[47] póngase de pie
[48] soldado

FIN

Cuestionario

1.   ¿Cómo se presentan los personajes a sí mismos?
2.   ¿Cuál es el conflicto del protagonista?
3.   ¿Por qué razón no puede conseguir trabajo el protagonista?
4.   ¿Qué tipo de trabajo consigue por fin?
5.   ¿En qué sentido es un «conformista» el protagonista?
6.   ¿Cuáles son las manifestaciones específicas de ese conformismo?

7. ¿Cómo reacciona la mujer frente al nuevo estado de su marido?
8. ¿Cómo se presenta el hombre convertido en perro al final de la obra?

Identificaciones
1. El perro del sereno
2. «¡No hay vacantes!»
3. María
4. «Percanta que me amuraste»
5. «No te iba a morder... te iba a besar»
6. El boxeador, el conscripto, el policía, usted, nosotros

Temas
1. Los personajes de la obra: actores, actantes, el personaje comodín.
2. La transformación progresiva del protagonista.
3. El tema de la sociedad versus el individuo: ¿integración o enajenación?
4. Los elementos del humor en la obra.
5. La ironía y la parodia en esta pieza de Dragún.
6. El lenguaje de la obra: función y variación.
7. Los aspectos simbólicos de la «Historia del hombre que se convirtió en perro».

Lucía Quintero

Lucía Quintero nació en San Juan de Puerto Rico de padres venezolanos y cursó sus primeros estudios en los Estados Unidos; reside actualmente en Venezuela. Como escritora, es conocida principalmente por su variada y singular producción dramática que ella ha denominado «teatro oblicuo». Efectivamente, en dicho teatro nada es convencional o directo. Las piezas son breves y giran en torno a una sola idea que se repite continuamente en el diálogo. Como no hay conclusión en ninguna de ellas, las piezas de Quintero se caracterizan por su ambigüedad. La acción se desarrolla en ambientes que varían desde la humilde tienda de una ciega hasta un misterioso convento, o, según se ve en la obra escogida para esta antología, un sanatorio. En las obras teatrales de Quintero el lenguaje es muy particular y de intenso poder comunicativo. A través de este lenguaje, tan espontáneo e irracional como los personajes que lo usan, la escritora expresa, con una especie de humor negro, su visión absurda, trágica de la vida. Entre sus obras publicadas figuran La brea y las plumas *(1963),* Viejo con corbata colorada *(1963) y* Verde angustiario *(1968).*

1 × 1 = 1, pero 1 + 1 = 2

Personajes: UN HOMBRE, UNA MUJER, ENFERMERA, DOCTOR

Escena I

(Dividida por un tabique, que separa celdas contiguas de un sanatorio. Hay puertas con cerrojos; y ventanas altas con tela metálica.

El mobiliario de las celdas es idéntico: camita de hierro, mesita y bacinilla.[1] En una celda, está un HOMBRE *joven tocando la obertura de Guillermo Tell con los dedos sobre la mesita. La tararea[2] con alegría.*

La MUJER *entra cabizbaja con la* ENFERMERA. *Al oír el cerrojo, el* HOMBRE *deja de tocar y se arrima a la pared para oír lo que dicen.)*

[1] *chamber-pot*
[2] imita un ritmo
[3] *whistles*

ENFERMERA: *(Abriendo la puerta)* Espero que esté cómoda aquí en su cuarto. Está elaborado para su comodidad y para la seguridad personal y comunal de los pacientes. Permanecerá cerrada hasta que se decida su estado de gravedad. Si algo necesita, me grita.

MUJER: ¿Gritar? ¡Qué primitivo!

ENFERMERA: No importa lo que le parezca. Es la costumbre.

MUJER: ¿Llaman cuarto a esta celda? *(Busca agua)* ¡Ni hay agua! ¿Grito cuando tenga sed? ¿Y lo mismo para ir al baño? ¿Qué hago si usted está ocupada y no llega a tiempo?

ENFERMERA: Tiene una bacinilla. *(Se la muestra)* Es la costumbre.

MUJER: Una barbaridad. Nada de esto me dijo el Doctor. Quiero hablarle.

(Va hacia la puerta y la ENFERMERA *la impide.)*

ENFERMERA: Le aconsejo que si quiere estar bien, no se queje. Si quiere ir al baño, la llevaré ahora. Pero hay horas fijas para todo. Ya se acostumbrará. Usted está en reposo dirigido y hasta la comida se le servirá aquí. ¿Quiere ir al baño o no?

MUJER: ¡No! Quiero salir de aquí.

ENFERMERA: Por ahora no puede. Pórtese bien y bien pronto saldrá. Los demás van al comedor y pasean y hacen sus vidas. *(Sale)* ¡Hasta que me necesite!

MUJER: *(Se sienta en la camita, agotada)* ¡Encarcelada! ¡Cómo me han engañado!

HOMBRE: *(Se acerca a la pared y silba[3] la obertura)* Espero que esté cómoda aquí porque aquí permanecerá hasta que se decida su estado de gravedad, si me necesita grite —y demás ¡blah! *(En tono jovial)* ¡Bienvenida! Me alegra tener compañía otra vez. Hacía meses...

MUJER: *(Se levanta, asustada)* ¡Enfermera! ¡Enfermera!

HOMBRE: No se asuste. Soy yo.

MUJER: ¿Quién es ese yo? Parece que estuviera en el cuarto, digo celda.

HOMBRE: Soy su vecino de la celda contigua. *(Silba)*

MUJER: ¿Para qué silba?

HOMBRE: Para no aburrirme. También canto. *(Le canta)*

MUJER: ¡Enfermera!

HOMBRE: No llame a esa burra. Va a creer que está usted peor de lo que está.

MUJER: ¿Qué sabe usted cómo estoy yo?

HOMBRE: Se le nota que está asustada; eso es todo. No vaya a dudar de sí misma. Yo le ayudaré.

MUJER: ¿En qué puede usted ayudarme?

HOMBRE: En divertirla. La ayudaré a pasar el tiempo alegre.

MUJER: ¿Cómo es posible estar alegre en esto? Estará usted loco... Creía este era un sanatorio de mujeres...

HOMBRE: Es mixto; pero separan sexos. Sólo estas dos celdas están contiguas.

MUJER: (*Toca la pared que los separa*) Pero la división es frágil ¡de cartón piedra...[4] tenía que tocarme a mí! ¿Es verdad que usted no grita?

HOMBRE: Hace bien en dudar. Dude de todo, menos de sí misma porque la pondrán en prueba. Todo es una hipocresía.

MUJER: Me doy cuenta que la celda no está de acuerdo con la entrada y el recibo lujoso...

HOMBRE: Para engañar a los familiares—a quienes se les prohibe la entrada a los llamados cuartos.

MUJER: ¡Ojalá usted fuera prohibido también!

HOMBRE: Estamos muy separados. Golpearé la pared para que se dé cuenta que no es tan frágil. Yo la llamo mi lienzo fuerte. Oiga. (*Da unos golpes fuertes con los puños*)

MUJER: Se va a lastimar las manos.

HOMBRE: Ya no hay nada que me lastime.

MUJER: Me ha convencido. La pared no es frágil. Pero nuestra separación sí lo es. Me va a fastidiar[5] usted con esta... intimidad.

HOMBRE: Una vez intenté derribar la pared...

MUJER: ¿Con los puños? (*Asustada*) ¿Le dan rabias a usted?[6]

HOMBRE: Me dio esa vez por el tratamiento que suministraban a su predecesora... estaba enamorado de ella...

MUJER: Si estuviera usted cuerdo,[7] no le darían rabietas.[8]

HOMBRE: Cuando doy golpes es porque estoy fastidiado. El fastidio produce reacciones curiosas... ya verá. Prefiero conversar...

MUJER: La conversación cansa. Yo vine aquí y que a descansar.

HOMBRE: Con ese pretexto, nos encarcelan a todos.

MUJER: ¿Hay muchos?

HOMBRE: No los he contado.

MUJER: Estoy cansada de hablar.

HOMBRE: No tiene que contestarme. Al principio, todos preferimos estar solos con nuestros pensamientos. Queremos disfrutar del uno por uno...

MUJER: ¿El uno por uno?

HOMBRE: El aislamiento total...[9] después es insoportable. También dibujo...

MUJER: ¿Con qué? Parece que se distrae...

HOMBRE: ¿No quería descansar? No tiene que contestarme. Estoy acostumbrado a hablar solo...

MUJER: A hablar solo... ¿Con qué dibuja? ¿Lo permiten?

HOMBRE: Ni se dan cuenta. Lo único que limpian es el piso. Tengo un carboncillo[10] escondido. Lo encontré en la cocina.

MUJER: ¿Cuándo le dejaron entrar en la cocina?

HOMBRE: Yo ya tengo derecho a paseos y a comer afuera.

[4] cartón... *cardboard*
[5] molestar
[6] ¿Le... *Are you mad?*
[7] Si... *If you were in your senses*
[8] *temper tantrums*
[9] aislamiento... *total confinement*
[10] *black crayon*

MUJER: ¿Cuándo dan ese derecho?

HOMBRE: Después de las dos semanas del encerramiento inicial.

MUJER: ¿Dos semanas de esto con usted a mi costado?

HOMBRE: Es el reglamento del sanatorio que debe servir[11] (*En tono burlón*) de medida[11] para ajustar las acciones y los pensamientos del paciente...

MUJER: ¡Se burla usted de ellos!...

HOMBRE: ¡Detesto la ineptitud e hipocresía encubierta!

MUJER: (*Reflexionando*) Las celdas y cerrojos[12] no se usan en la práctica moderna...

HOMBRE: ¿Quién le dijo a usted que estábamos en ambiente moderno? ¡El que salga cuerdo después de este encerramiento, bien cuerdo está!

MUJER: ¡Calle! Si no me asusta con sus acciones, lo hará con sus palabras.

(*Callan los dos y se apartan de la pared.*)

Escena II

(*Después de una pausa silenciosa, la* MUJER *habla.*)

MUJER: Hay que hacer ruido para sentirse uno vivo...

(*El* HOMBRE *permanece silencioso, tarareando.*[13])

MUJER: ¡Dije que hay que hacer ruido para sentirse uno vivo! (*En voz alta*) Que hay que hacer ruido...

HOMBRE: (*Sin dejar la tonada*[14]) ¡Ya la oí!

MUJER: ¿Por qué no me contestaba?

HOMBRE: ¿No quería sentirse sola?

MUJER: ¡No se burle de mí... nunca he estado en una celda sola!

HOMBRE: Ya se acostumbrará. ¿Qué más puede hacer uno?

MUJER: No quiero llegar a silbar[15] y a cantar... ¿Cuánto tiempo hace que está usted aquí?

HOMBRE: Un año cumplido.

MUJER: ¡Qué horror! Un año en una celda como ésta. ¿Es igual?

HOMBRE: Igual. Y la prefiero al pelotón.[16] Dejan la luz encendida toda la noche... entre luz, quejas y gritos no se puede dormir. Me trajeron por insomnio...

MUJER: ¿Lo trajeron?

HOMBRE: Mi familia quería deshacerse de mi presencia noctambular.[17]

MUJER: Lo dice sin rencor.

HOMBRE: Superé la etapa. La dibujaré si me describe sus rasgos. (*Dibuja largos trazos en la pared*) Imaginar es alucinante.[18] Quiero saber cómo es...

[11] servir... *to serve as a standard*
[12] *bolts*
[13] imitando un ritmo
[14] *tune*
[15] *to whistle*
[16] montón
[17] durante la noche
[18] fascinante

MUJER: ¿Cómo es que no se dan cuenta de sus dibujos? Eso de dibujar en paredes es anormal...

HOMBRE: Yo mismo borro lo que dibujo. Además es terapia...

MUJER: ¡Qué asco! Si mi ventana no estuviera tan alta, diría que está cubierta de vómitos...

HOMBRE: La celda la han ocupado algunas desenfrenadas.[19] Cuando no les gustaba la comida, là tiraban. Fíjese en los golpes en la pared, y en la puerta...

MUJER: ¿Usted me ve por alguna rendija?[20] ¿O está acostumbrado a seguirle los pasos a uno? ¡Qué inconveniente!

HOMBRE: No se preocupe. Uno oye lo que quiere y nada más. Ni las voces se oyen si uno no habla en voz alta. ¿No se ha dado cuenta de que hemos estado hablando en voz alta?

MUJER: (*En voz más baja*) ¿Me oye ahora? He perdido todo el derecho a la vida privada... me siento acorralada...[21] usted medirá mis pasos...

HOMBRE: Quítese los zapatos. ¿Le desagrada mi voz?

MUJER: Francamente no; es agradable; es... bueno, ¿qué importa?

HOMBRE: ¿Y sus rasgos?[22] Por su voz, diría es encantadora. Me alegro haya venido.

MUJER: ¡Pues yo no! ¿Cómo es usted?

HOMBRE: Soy joven, alto, delgado, rubio, de facciones finas.[23]

MUJER: Ajá, así soy yo.

HOMBRE: (*Deja de dibujar*) ¡Mentira! Su voz es de morena.

MUJER: Me aburre su deseo de intimidad. ¿No puede respetar nuestra división?

HOMBRE: Yo la respeté. Estábamos callados. Uno por uno; usted allá y yo acá... y usted me habló.

MUJER: Si le hablo no me doy tanta cuenta del ambiente. Me agrada más sumar el uno y uno porque la suma es dos... dos seres distintos y separados.

HOMBRE: Al aburrirse, no existe la distinción entre suma y multiplicación... (*Canta una canción disparatada*[24])

MUJER: ¿Por qué canta? Me dijo hacía ruido cuando estaba aburrido. (*Canta al mismo son.*)

HOMBRE: ¡Qué voz más bella! (*Pausa en silencio*)

MUJER: ¿Por qué el silencio repentino?

HOMBRE: ¿No lo dijo usted antes, que cansaba el hablar?

MUJER: Si deja de hablar, creo está haciendo algo...

HOMBRE: ¿Malo? Estoy dibujándola...

MUJER: Si no me ha visto...

HOMBRE: Tengo que imaginármela...

MUJER: Soy alta, esbelta, de piernas y brazos largos —de adolescente— como para inspirar una caricatura. ¿De veras que dibuja?

HOMBRE: ¿Por qué lo duda? ¿Y las facciones son regulares?

MUJER: Boca larga y nariz no tan larga; ojos largos y cejas...

HOMBRE: Largas también, sin duda. (*Murmura*) ¿No quedó el dibujo

[19] muy locas
[20] abertura estrecha y larga
[21] *cornered*
[22] ¿Y... *And your features?*
[23] facciones... *delicate features*
[24] absurda

que la pincelada oscura de tu ceja escribió velozmente en la pared con su punto decisivo?

MUJER: ¿Qué murmura? ¿No me cree?

HOMBRE: Murmuro unas palabras del poeta alemán Rilke.[a] ¿No lo conoce?

MUJER: Sí, y me gusta mucho. ¿Puede recitar algo de él?

HOMBRE: Ahora no. Prefiero delinear su retrato.

MUJER: ¡Me imagino la pared llena de borrones[25] y una gran línea!

HOMBRE: ¡La ceja larga!

(*Ríen los dos.*)

Escena III

(*La* ENFERMERA *entra, cuaderno en mano.*)

ENFERMERA: Estoy de guardia. Al pasar, me pareció la oí hablando y cantando. ¿Acostumbra hablar sola? (*Sin esperar contestación*) Mala señal. (*Escribe en el cuaderno*) Habla y canta a solas.

MUJER: Hablaba con el vecino uno por uno.

ENFERMERA: (*La mira con angustia*) Con él... (*Escribe*) Se imagina tiene compañía en el cuarto...

MUJER: Escriba celda, no cuarto.

ENFERMERA: (*Dice en voz alta y escribe*) Se imagina que está en una cárcel... no se ha dado cuenta en dónde está...

MUJER: ¡Yo no he dicho eso!

HOMBRE: (*En voz baja*) No pierda su voz explicándole a la Enfermera; la atormentará... es una (*en voz alta*) ¡burra!

ENFERMERA: (*A la* MUJER) ¿A quién ha llamado burra?

MUJER: Al vecino.

ENFERMERA: Su vecin–o es hombre, burr–o, por consiguiente; y yo oí que me llamaba burr–a. ¿Desde cuándo habla usted sola?

MUJER: (*Impaciente*) Hablo con el vecino.

ENFERMERA: Nada me gustan esos ademanes[26] conmigo, señorita. (*Untuosa, con superioridad*) Algunos se imaginan personas, otros animales... alucinaciones comunes (*escribe*)... lo suyo es una burra en femenino de vecino masculino...

MUJER: ¡Usted sí que está equivocada!

ENFERMERA: (*Oficiosa*) Es común creerse que es la otra persona quien anda mal. Procure calmarse. Le traeré la receta que le dejó el doctor... por si acaso...

HOMBRE: (*En voz alta y fuerte*) ...¡por si acaso no está uno tieso y mudo, que es lo normal aquí! ¡Burra!

ENFERMERA: No crea me va a asustar con esa voz de hombre...

[25] manchas de tinta
[26] gestos con las manos

---

[a] poeta neo-romántico alemán. Su poesía lírica casi mística demuestra gran facilidad en la rima, el metro y el ritmo. Sus poemas *Das Stundenbuch* (*Poems from the Book of Hours*) son un buen ejemplo. Otras obras como *Neue Gedichte* (*New Poems*) se caracterizan por su corte impresionista y simbólico.

[27]La… *This matter does not look well*
[28]*mess*

MUJER: Soy ventrílocua.

ENFERMERA: (*Escribiendo*) Tengo que darle un reporte completo al Doctor... dice usted que lo quieren a uno mudo y tieso...

MUJER: Y le piden a uno que grite para llamar...

HOMBRE: (*Ríe, divertido*) Nada tiene sentido. ¡Es una abstracción de lo absurdo o un absurdo de abstracción!

ENFERMERA: ¿Cuántas voces tiene usted? Y se ríe como... La cosa se pone fea;[27] ya le noto la agresividad.

MUJER: (*Agresiva*) ¿Qué agresividad?

HOMBRE: (*En tono más bajo*) Hay que disimular toda emoción...

ENFERMERA: La palabra emoción la oí perfectamente. Su emoción es excitación que puede resultar en depresión con síntomas de agresividad peligrosa. Voy por la receta, hay que calmarla.

HOMBRE: ¡Aunque la maten para hacerlo... la van a desesperar!

ENFERMERA: Me dice en una de sus voces que cree la van a matar, que está desesperada...

MUJER: (*A la pared*) Cállese para que esta mujer no crea que soy ventrílocua de veras... cree que estoy desesperada...

ENFERMERA: Desesperación y depresión son la misma cosa... ¡qué mal está! ¡Hablándole a la pared... se dará golpes contra ella!

MUJER: (*Se calma*) Mire, apelo a su sentido común... soy actriz y me gusta cambiar de voz cuando ensayo... cambiar de voz no tiene nada de particular para una actriz, ¿comprende?

HOMBRE: ¿De veras que es actriz? Por eso tiene la voz... no le explique nada a la burra...

MUJER: ¡Por favor, cállese!

ENFERMERA: Si no he dicho palabra... voy a buscar al Doctor. (*Sale de prisa*).

Escena IV

(*La* MUJER *se dirige a la pared.*)

MUJER: Le ruego, que no hable cuando regrese con el Doctor. Ya me ha comprometido como para no salirme de este lío.[28] Ojalá él tenga más sentido común... ¡Yo no quiero estar aquí un año junto a usted!

HOMBRE: ¡Seríamos tan felices!

MUJER: ¡Qué locura!

HOMBRE: ¡Una actriz! ¡Cómo nos divertiremos!

(*Entran la* ENFERMERA *y el* DOCTOR, *abriendo y cerrando el cerrojo.*)

ENFERMERA: (*Excitada*) Ya ve, Doctor, está agresiva, excitada y depresiva.

DOCTOR: No le noto ningún síntoma. Exagera usted.

ENFERMERA: Doctor, ¿me desautoriza usted ante la enfermo, enferma? Ya no sé lo que digo...

DOCTOR: Me parece usted es la excitada. Hablaremos afuera.

HOMBRE: (*Entonando*) La burra se excitó, la burra...

ENFERMERA: ¿Oye eso, doctor? Me llama burra en otra voz y dice que es ventrílocua... cambia de voz para insultarme... ¿y usted no llama a eso excitación?

DOCTOR: (*Atento*) Efectivamente, oí otra voz... puede ser... (*A la* MUJER) ¿Es o no es usted ventrílocua?

MUJER: (*Ríe*) No lo soy.

ENFERMERA: Miente. Me lo dijo... y esas voces... usted mismo oyó el cambio cuando me llamó burra...

DOCTOR: (*A la* ENFERMERA) Le dije que hablaríamos afuera...

HOMBRE: (*En voz más baja*) ¿Está usted junto a la pared? ¿Se da cuenta por qué la quería derribar una vez? Son unos burros...

(*La* MUJER *ríe, el* HOMBRE *también.*)

DOCTOR: Oí claramente la palabra burros... y una doble risa...

ENFERMERA: Doctor, ¿traigo la inyectadora?

DOCTOR: (*A la* MUJER) ¿Entonces es usted ventrílocua?

MUJER: (*Disimulando*) Estaba bromeando... será el eco.

DOCTOR: El eco (*Sonreído*) no va a decir cosas diferentes. Tenga la bondad de darme una demostración... en su caso es importante...

HOMBRE: ¿Por qué es importante en su caso?

MUJER: ¡Cállese!

DOCTOR: ¿Me dice que me calle? Um–m, esto es interesante.

HOMBRE: Interesante es ella...

DOCTOR: (*Fascinado*) Sumamente interesante... lo que no comprendo es cómo puede emitir sonidos de la pared... parecen golpes... y no la ha tocado... podría ser...

HOMBRE: ¡Soy yo, burro, yo golpeo la pared!

ENFERMERA: Otra vez con el burro y la burra. ¿No oye, doctor?

DOCTOR: (*Ignorando la* ENFERMERA) Ese yo a quien usted se refiere es su *id*, su *ego*. ¿Quién representa para usted?

HOMBRE: ¿Qué va a saber ella?

ENFERMERA: Me dice que no sé nada, doctor... ¡Supongo ya ha oído lo suficiente para darse cuenta que se trata de un caso de agresión perturbadora!

HOMBRE: ¡Perturbadora!

MUJER: ¡Cállese!

DOCTOR: (*A la* ENFERMERA) ¡Cállese!

ENFERMERA: Doctor, ¿me manda a callar? ¡Es el colmo de los colmos![29] Ya no soporto más... (*Sale y deja la puerta abierta.*)

MUJER: (*Se asoma*) Hay un pasillo muy largo...

HOMBRE: ¿Esperaba encontrar salida?

DOCTOR: ¿Esperaba encontrar salida? Ahora me tiene usted repitiendo... Interesante su poder...

HOMBRE: (*Fingiendo agresividad*[30]) ¡Voy a derribar la pared! (*Da golpes.*)

DOCTOR: ¿Es su íntimo deseo... derribar[31] la pared? ¿Qué espera encontrar al otro lado?

[29] Es... *This is the last straw*
[30] Fingiendo... *Pretending aggressiveness*
[31] destruir

HOMBRE: ¡A mí!

DOCTOR: Está buscando su *alter ego*... quizás tenía razón la Enfermera... es un caso... curioso... en dos semanas, ya veremos...

MUJER: (*A la pared, furiosa*) ¡Es su culpa! ¡Dos semanas en esta celda asquerosa![32]

HOMBRE: (*Silba la obertura y se acompaña con ritmo tamboril*) No se desespere, tenemos confundido al doctor...

DOCTOR: Señorita, yo no estoy confundido, estoy intrigado...

(*Entra la* ENFERMERA *con una inyectadora.*)

ENFERMERA: ¿Se ha decidido, doctor? Supongo que ya no le queden dudas.

DOCTOR: (*A la* ENFERMERA) No me apresure... que usted está más excitada que la paciente.

ENFERMERA: ¿Yo excitada? (*Ríe exageradamente.*)

DOCTOR: (*Reflexionando*) Estoy sospechando... es mucha ventriloquía cantar, silbar, hablar en doble voz y producir sonidos en la pared... ¡Vaya a ver (*a la* ENFERMERA) si el paciente del 545 está en su cuarto ahora mismo!

ENFERMERA: Eso le toca a un enfermero... yo no entro sola al cuarto de ese loco...

DOCTOR: ¡Ya le he dicho que esa apelación no se usa! Los pacientes son enfermos, no locos... ¡Vaya en seguida y traiga aquí al señor Márquez! (*Se acerca a la pared*) Señor Márquez, ¿me oye?

ENFERMERA: ¡Ahora sí que he visto y oído todo! Ya no se sabe quién está enfermo o enferma... ¡Me voy a buscar al director! (*Sale.*)

DOCTOR: (*A la* MUJER) Tengo que seguirla. Creo está peor que usted... de paso, le abriré al señor Márquez —sospecho que la ventriloquía es un entredós[33]—(*Sale y deja la puerta abierta. Se oye el cerrojo de otra celda.*)

HOMBRE: Va a darse cuenta de todo...

MUJER: Dejó la puerta abierta.

HOMBRE: No se entusiasme, que el pasillo conduce al consultorio del director. Ciérrelo aquí conmigo, y no le hable en absoluto... todavía podemos vencerlo.

MUJER: (*Sale al pasillo y cierra la puerta del* HOMBRE.) ¡Que se diviertan!

DOCTOR: Señorita, ¿me oye? Abra la puerta, o le irá muy mal.

(*La* MUJER *no contesta.*)

HOMBRE: ¿A qué debo su visita, doctor?

DOCTOR: Quería comprobar si ha estado usted hablando con la paciente del 546... si nos han estado engañando.[34] ¿Y ese dibujo en la pared? Bonita mujer... se parece a su vecina. ¿La ha visto usted ya?

HOMBRE: Jamás.

DOCTOR: ¿Y no la conoce?

HOMBRE: No.

DOCTOR: Es impresionante el parecido. Llámela usted, a ver si contesta...

HOMBRE: (*A la pared*) Señorita... ¡Señorita!

(*La* MUJER *no contesta y sale por el pasillo.*)

DOCTOR: Entonces, ¿no se puede oír a través de la pared?

HOMBRE: Yo no sé, doctor.

DOCTOR: ¿Quién habrá cerrado este cuarto? Me parece que al salir del 546, pasé el cerrojo, ¿sería la burra de Enfermera? Ahora hay que esperar.

TELON

Cuestionario

1. ¿A quién representan los personajes? ¿Por qué razón el autor no les ha dado un nombre determinado?
2. ¿Dónde tiene lugar la acción de esta obra dramática?
3. ¿Quién es el *yo* a quien la mujer oye hablar?
4. ¿Cómo podría ser descrito el Hombre?
5. ¿Qué se sabe acerca de la Mujer?
6. ¿Cuál es el ambiente de la obra? ¿De qué recursos se vale el autor para crear dicho ambiente?
7. ¿Quiénes son los personajes secundarios y cuál es su papel en la obra?
8. ¿Cuál es el conflicto del drama y cómo se desarrolla?
9. ¿Cuál es el desenlace de la obra?
10. ¿Cómo se divide la pieza estructuralmente? ¿Cómo se justifica técnicamente esa división?
11. ¿Cómo podría Ud. explicar el título de la pieza?

Identificaciones

1. la pared
2. el insomnio
3. «su voz es de morena»
4. burra
5. ventrílocua
6. «Hay que disimular toda emoción»

Temas

1. El valor temático de las citas siguientes:
   a. «Todo es una hipocresía»
   b. «Ya no se sabe quién está enfermo o enferma» (La Enfermera)
2. La obra de Lucía Quintero como ejemplo del tema del aislamiento en la vida humana
3. El diálogo entre el Hombre y la Mujer: lo que dicho diálogo pone de manifiesto
4. El simbolismo de esta obra

El Ensayo

Introducción al ensayo

I.   El ensayo como género literario

A diferencia de otro tipo de escritos con metas prácticas—manuales, libros de texto, etcétera—que hacen simplemente reflexionar, la obra literaria, al igual que cualquier otra creación de valor estético, conduce a la *contemplación*. En este sentido, se podría decir que el poema es el escrito literario más obvio, ya que su forma revela explícitamente su finalidad artística o estética. Sin embargo, existen ciertas obras de arte cuyo fin es utilitario. En las bellas artes, la arquitectura proporciona un buen ejemplo: el hecho de que un edificio tenga que ser cómodo y funcional no impide al arquitecto la creación de una obra de gran valor artístico. El mismo criterio se puede aplicar a aquellas obras creadas con un fin docente, es decir, para mejorar la condición humana mediante una *enseñanza:* moral, filosófica, religiosa, política, y así sucesivamente, o a través de la *«invitación a la acción»*, el arte comprometido.

En la literatura el género que mejor corresponde a esta categoría es el ensayo. En verdad, éste se presenta a menudo más como obra práctica, utilitaria, que bella o estética. No obstante dicha característica, el ensayista es capaz, como el arquitecto, de trascender la finalidad inmediata de su composición para hacer de ella una obra de suma belleza.

Por consiguiente, existen dentro del género ensayístico dos especies de composiciones: 1) las que, aunque posean valor estético, son meras transformaciones del escrito utilitario, y 2) aquéllas que deliberadamente se alejan de la forma ensayística, docente, e imitan las otras modalidades literarias: la narrativa, el teatro, la poesía. Ambas serán estudiadas siguiendo en parte el modelo que presentan Robert Scholes y Carl M. Klaus en *Elements of the Essay* (1969).

II. El ensayo: Definición y categorías fundamentales

El ensayo es una composición literaria generalmente breve y en prosa discursiva, es decir, en lenguaje lógico, directo, el empleado en el habla diaria. El ensayista en su composición expone ideas con el fin de persuadir al lector a aceptar su criterio acerca de un asunto importante para él mismo y que refleje, además, el *«Zeitgeist»*, o sea, la actitud intelectual, moral y cultural de una determinada época. Aunque se pudiera decir que, comparado con otras modalidades literarias, el ensayo es la forma más directamente interesada en buscar la verdad, hay que considerar un factor muy importante: que el ensayista, por genial que sea, es a final de cuentas un individuo como cualquier otro; así pues, lo que se percibe en su obra es su propia versión de la realidad, que puede o no puede estar de acuerdo con la del lector. De ahí que la capacidad del ensayista de persuadir a ese lector a compartir su opinión depende en gran parte de sus habilidades de escritor. Es decir, que el ensayista, al igual que el poeta, el novelista o el dramaturgo, debe estructurar su obra de tal manera que presente para quien la lea una verdadera experiencia artística.

El ensayo en relación con las demás formas literarias

Al tratar de relacionar el ensayo con las demás expresiones del arte literario es necesario señalar cuatro puntos importantes dentro de una línea que represente un continuo de posibilidades:

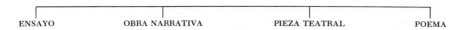

| ENSAYO | OBRA NARRATIVA | PIEZA TEATRAL | POEMA |

Según se ha podido ver a lo largo de este libro, lo que distingue una modalidad de otra son sus características referenciales, o sea, el modo en que cada forma se dirige al lector. De acuerdo con dichas características, el esquema anterior demuestra que el continuo de posibilidades comienza con el ensayo—la forma literaria más directa y pragmática—y termina con la composición poética, la más indirecta y estética de todas. No obstante, hay que tener presente que en cada una de las cuatro modalidades o formas literarias se pueden encontrar las técnicas o los rasgos distintivos de las otras formas: un poema puede ser narrativo, poético o dramático; una pieza teatral es capaz de ser poética, narrativa y así sucesivamente. Por consiguiente, conviene que aquí se analicen brevemente las diversas posibilidades que se presentan en el escrito ensayístico.

El ensayo: Su clasificación

Se dice que un ensayo es *poético* si en vez de dirigirse a otros, el autor da la impresión de estar hablándose a sí mismo, como si meditara. En este caso, el lector hace el papel de quien oye una meditación como *por casualidad*. En el escrito ensayístico de tipo *dramático* el autor participa implícitamente en la composición; se sabe que está en ella porque desempeña el papel de director de escena; es decir, dirige lo que ocurre en ella e identifica a los personajes que dan vida a la misma. En otros casos asume una personalidad ficticia, convirtiéndose él mismo en «*dramatis personae*». En un ensayo *narrativo* el autor concibe su asunto en términos de un determinado período temporal y estructura su mensaje de acuerdo con una historia. La cuarta y última categoría, la más propia del ensayo, es aquélla en la que la tesis se presenta en forma de argumento. O sea, el ensayo es más *ensayístico* cuando representa un intento explícito de persuadir al lector a aceptar la tesis propuesta hablándole directamente como haría un orador al dirigirse a su auditorio.

A pesar de estas consideraciones que pudieran llevar a la falsa conclusión de que sólo la última categoría, la ensayística, es persuasiva, hay que señalar que todo tipo de ensayo tiene como meta final el *per-*

suadir. La razón es que el ensayo es un escrito que no resuelve ninguna cuestión por sí mismo, sino que presenta diversos criterios o modos de juzgar las cuestiones que trata. Por eso y teniendo en cuenta que lo que más importa es inducir al lector a aceptar su punto de vista acerca de cierto asunto, el ensayista pone de relieve tan sólo lo que *él mismo* ve desde su propia perspectiva espacial y temporal. Esto se debe a que el autor puede describir los hechos solamente conforme a su criterio personal y no al de otros. Sin embargo, todo ensayista exige que el lector acepte esta subjetividad en la presentación de un determinado asunto o de una escena. Lo mismo ocurre cuando el autor desempeña el papel de cronista o comentarista de acontecimientos o eventos; su intención es hacer que el lector confíe en lo que él le dice. No obstante, en los ensayos *persuasivos* o *ensayísticos*, el autor intenta llevar a cabo su plan directa y explícitamente. En otras clases de composición, el autor esconde o, mejor dicho, disfraza sus métodos de persuasión. Es el caso de los ensayos compuestos según otras formas literarias—el drama, la narrativa y la poesía.

III. La oratoria como ensayo: Sus características

Al igual que los demás escritos literarios, el ensayo tiene sus raíces en la *oratoria* o arte de hablar en público con el propósito de persuadir o convencer a los oyentes o mover su ánimo. Sin embargo, en la lectura del ensayo, el receptor del discurso ya no es el oyente pasivo que escuchaba en silencio al orador, sino un lector que contempla el texto y, por consiguiente, que participa de la experiencia estética con el autor en un proceso de interacción. De este último factor se deduce que el ensayo, en calidad de obra de arte, seguirá estimulando al lector indefinidamente por medio de los valores estéticos que hacen resaltar a su vez los valores éticos, morales, filosóficos y políticos del mismo. Si se examina el caso de algunos grandes discursos que han llegado a ser memorables ensayos literarios, se verá que el «Gettysburg Address» de Abraham Lincoln, el «Discurso en el Politeama» de Manuel González Prada o el más reciente, «I Have A Dream» de Martin Luther King, Jr., comparten ciertos denominadores comunes. Ante todo, cada uno es un ejemplo del arte de la persuasión, pues los tres lograron en su respectiva época exaltar los ánimos e incitar a la acción a su pueblo.

No obstante, como textos, dichos discursos son fuentes de significación que trascienden el mensaje central entendido por cada autor: Lincoln subrayó la urgencia de unificar y consolidar la República Federal estadounidense frente a la fragmentación ocasionada por la Guerra Civil; González Prada abogó por la reivindicación de la juventud peruana reprimida y agobiada por una decrépita e inútil estructura social; finalmente, King grabó en el espíritu de sus oyentes la idea fundamental de su «sueño dorado»: el rescate de la raza negra en Norte América.

Esos discursos, aunque pronunciados hace tiempo, producen todavía y seguirán produciendo, con cada lectura, nuevas experiencias estéticas. Su mensaje originariamente limitado a una circunstancia y a un pueblo, se revestirá de nuevas significaciones para el lector de otras épocas y otros países. Esto se debe principalmente a la estructura lingüística del texto—al poder evocativo de las palabras, a su cuidadosa selección y organización. Gracias a esa misma estructura lingüística, el momento y el lugar adquieren *permanencia* y *universalidad* en la forma literaria del ensayo.

IV. *Estrategias de persuasión: La lógica formal y la informal*

Un ensayista puede presentar un mensaje de dos maneras: en forma de *exposición* o en forma de *argumento*. En el primer caso—la exposición—el autor se vale de la lógica formal (lógica del pensamiento, discursiva o simbólica); en el segundo—el argumento—utiliza la lógica informal (lógica de la sensibilidad, no-discursiva o poética).

En la exposición el autor se limita a proporcionar determinada información, pidiendo sólo que el lector entienda lo que dice en base a sus *razonamientos*. Por lo tanto, el ensayista se esfuerza por exponer los hechos con *claridad, exactitud* y *organización cuidadosa*. Para apreciar el análisis lógico o *razonamiento* mediante el cual el autor apela al raciocinio de sus lectores, se deben distinguir dos elementos: el punto de partida que es la *hipótesis* y la conclusión que es la *tesis*. Hay que entender también que los razonamientos o *proposiciones* se pueden descomponer, a su vez, en otros razonamientos más simples llamados silogismos, como el siguiente:

Hipótesis o *premisas:*	a) Todos los hombres son mortales.	$a = b$
	b) Juan es un hombre.	$c = a$
Tesis o *conclusión:*	c) Juan es mortal.	$c = b$

Además de los silogismos un ensayista puede servirse, entre los muchos procesos de la lógica simbólica, de los *teoremas* y de los *axiomas*. Los teoremas son expresiones que encierran una verdad que tiene que ser demostrada. A saber, se dice en geometría que la suma de los tres ángulos de un triángulo vale 180°. Esto no es por sí mismo evidente hasta que se demuestra. Por el contrario, los axiomas expresan un concepto claro que no necesita demostración. Volviendo nuevamente a la geometría, se verá que cuando se dice que por un punto exterior a una línea recta puede pasar solamente una línea paralela a ella, se expresa una verdad axiomática, evidente. En ambos casos, el autor cuenta con la inteligencia del lector a fin de que éste comprenda la tesis planteada.

En cambio, si la intención del ensayista es persuadir al lector a adoptar su punto de vista y, además, a tomar determinadas medidas frente a cierta cuestión, el autor apelará a las emociones de ese lector. En este caso el mensaje será presentado en forma de *argumento*—forma en la que se contará con las facultades intuitivas del receptor del discurso y en la que el ensayista se valdrá de la lógica informal, haciendo uso del lenguaje literario o figurado.

Ahora bien, teniendo presente las dos categorías fundamentales del género ensayístico—el ensayo personal o informal y el ensayo impersonal o desapasionado—se verá que aquél, el personal y *subjetivo*, es presentado en forma *argumentativa*, mientras que éste, el ensayo desapasionado y *objetivo*, se destaca por su forma *expositiva*. Sin embargo, en los mejores ensayos el hábil autor no vacila en emplear armoniosamente exposición y argumento, así como cualquier otro recurso no-literario—datos historiográficos y estadísticos, testimonios oculares, cálculos matemáticos y otros elementos similares.

V. Diferentes tipos de ensayo

El ensayo persuasivo

Desde el punto de vista formal, el ensayo denominado «persuasivo» es el más sencillo. Plantea una cuestión o tesis y presenta en seguida unos cuantos argumentos que la apoyan. Este es, por lo general, el orden en el que se estructura ese tipo de escrito donde el autor intenta explícitamente persuadir al lector a compartir con él cierto punto de vista.

Surge de ahí la importancia de leer el texto analíticamente para determinar si este intento persuasivo nace de la genuina comprensión del autor del tópico que trata o si por el contrario se ha valido de métodos fraudulentos para inducir al lector a adoptar sus ideas.

La analogía proporciona al lector la pauta a emplearse en la lectura de este tipo de ensayo. Por ser la analogía una forma de razonamiento en la que una cosa se compara con otra basándose en una semejanza implícita, es el recurso clave de todo ensayo, especialmente el de tipo persuasivo. Por la persuasión se apela a la experiencia del lector, experiencia que luego se usa para establecer una especie de puente mental que relaciona el tópico que se discute con circunstancias similares experimentadas por el lector. «La educación del indio» (p. 286) de Manuel González Prada ilustrará este tipo de ensayo.

El ensayo dialogado o dramático

Se ha dicho que todo ensayo contiene ciertos elementos del debate. Esto ocurre porque el ensayista entabla una especie de diálogo con el lector sobre un tema en el que los dos no están perfectamente de acuerdo.

Se hace necesario así que el ensayista imponga su punto de vista de la manera más sutil—más indirecta—que se le ocurra. Por consiguiente, ciertos ensayos se alejan deliberadamente de la forma ensayística, doctrinal, para adoptar, en cambio, las de otros géneros literarios. El modo dramático, o más específicamente, el ensayo dialogado, representa uno de los primeros intentos de disfrazar la figura autorial del ensayista.

De hecho, en el ensayo dialogado, cuyos orígenes se remontan a la antigüedad greco-romana, las ideas del autor no vienen expuestas por él mismo, sino por dos o más portavoces—personajes que, como se verá a continuación en «Diálogo sobre el arte nuevo» de José Ortega y Gasset (p. 281), funcionan dentro de una situación ficticia. Sin embargo, hay que precisar una cosa: a diferencia de la obra teatral que utiliza el diálogo mayormente con el fin de caracterizar a los personajes y adelantar la acción dramática, el ensayo en forma de diálogo se vale del discurso casi exclusivamente para expresar una determinada tesis propuesta por el autor.

El ensayo narrativo

Dentro de esta categoría de escrito que obviamente imita la narración ficticia, el ensayista se convierte en narrador. Como tal, adquiere las mismas características que el narrador de un cuento o de una novela. Mejor dicho, el narrador del ensayo asume el derecho de ser fidedigno o indigno de confianza, en cuyo caso le costará más trabajo al lector fijar bien la perspectiva autorial. Efectivamente, el autor de un ensayo narrativo desempeña una función parecida a la del *periodista* o del *historiador*. Obrando, entonces, como narrador cronista, el ensayista va interpretando lo que narra. Esta interpretación editorial es precisamente el elemento persuasivo del ensayo estructurado al estilo de una obra de ficción, pues el autor se vale de los personajes y de la circunstancia de su historia para presentar valores que él considera positivos o negativos. Analizando esos personajes y esa circunstancia a través de la *historia* y su *forma* o *discurso*, el ensayista comunica el deseado mensaje—su perspectiva autorial—intentado convencer al lector de la verdad que encierra dicha perspectiva.

Existe, no obstante, una diferencia básica entre la ficción propiamente dicha y la ensayística de tipo narrativo. En efecto, mientras que el ensayo narrativo representa por lo general una especie de documento de una circunstancia específica—posiblemente un acontecimiento que ocurrió alguna vez en uno que otro lugar—un cuento, en cambio, es una creación original, una invención del autor.

Examinando la estructura del típico ensayo narrativo, se notará que la historia que se cuenta presenta dos posibilidades para el narrador: éste puede efectuar dicha narración en forma personal o autobiográfica (lo que conferiría más intimidad y de ahí credibilidad, a los argumentos del autor); o puede mantenerse neutral, objetivo, para que la narración adquiera la impersonalidad de un relato periodístico.

«El castellano viejo» de Mariano José de Larra (p. 271) representa un artículo de costumbres. La ventaja de leer críticamente esta obra consiste en que, además de analizar un escrito que ilustra los rasgos distintivos del ensayo de tipo narrativo, le permite al lector observar muy de cerca un género típicamente español que manifiesta características propias.

El ensayo poético o meditativo

El autor de un ensayo poético *medita* y, por lo tanto, no pretende que el lector extraiga de sus meditaciones alguna declaración conclusiva. Si bien parece, por otra parte, que el autor enfatiza algo, es más por casualidad que de propósito. Asimismo, aunque el autor se sirva abundantemente de las imágenes, como podría hacerlo el autor de cualquier ensayo que tenga como meta fundamental persuadir, el ensayista meditativo no abusa de su rica y variada imaginería con fines doctrinales limitados. Por el contrario, las imágenes del ensayo poético son creadas para que autor y lector participen juntos en una especie de juego particular en el que los dos construyen sobre esas imágenes muchísimas otras, gracias al poder creativo de la mente humana.

En consecuencia, el placer que ocasiona la lectura de un texto ensayístico donde prevalezca la poética, se deriva no tanto de la estructura total, sino de la *textura* de la composición, es decir, de los detalles particulares de la misma. Más específicamente, da gusto observar cómo las imágenes del texto meditativo se unen para determinar la estructura del ensayo. Por consiguiente, si se lee dicho ensayo teniendo en cuenta el efecto emotivo engendrado por el juego que su autor mantiene con el lector y consigo mismo mediante el discurso, si se capta su lógica poética, nadie echará de menos la falta de un fuerte mensaje político, filosófico o social. La reacción del lector será positiva, puesto que la experiencia estética producida por la estructura lingüística del texto enriquecerá al lector por sus propios méritos.

Práctica

1. Indíquese la estrategia de persuasión empleada en los trozos siguientes, identificando la forma *expositiva* o *argumentativa* en que cada ensayista presenta su mensaje.

   a. It is rather for us to be here dedicated to the great task remaining before us—that from these honored dead we take increased devotion to that cause for which they gave the last full measure of devotion—that we here highly resolve that the dead shall not have died in vain—that this nation, under God, shall have a new birth of freedom—and that government of the people, by the people, for the people, shall not perish from the earth.

   (Abraham Lincoln, «The Gettysburg Address», 1863)

   b. La población del Imperio, conforme a cálculos prudentes, no era menor de diez millones. La Conquista fue, ante todo, una tremenda carnicería. Los conquistadores españoles, por su escaso número, no podían imponer su dominio, sino aterrorizando a la población indígena, en la cual produjeron una impresión supersticiosa las armas y los caballos de los invasores, mirados como seres sobrenaturales.

   (José Carlos Mariátegui, *Siete ensayos de interpretacion de la realidad peruana*, 1928)

c. Presumption is our natural and original malady. The most vulnerable and frail of all creatures is man, and at the same time the most arrogant. He feels and sees himself lodged here, amid the mire and dung of the world, nailed and riveted to the worst, the deadest, and the most stagnant part of the universe, on the lowest story of the house and the farthest from the vault of heaven with the animals of the worst condition of the tree; and in his imagination he goes planting himself above the circle of the moon, and bringing the sky down beneath his feet. It is by the vanity of this same imagination that he equals himself to God, attributes to himself divine characteristics, picks himself out and separates himself from the horde of other creatures, carves out their shares to his fellows and companions the animals, and distributes among them such portions of faculties and powers as he sees fit.

(Michel de Montaigne, «Apology for Raymond Sebond», 1580)

d. Unmarried men are best friends, best masters, best servants; but not always best subjects; for they are light to run away and almost all fugitives are of that condition. A single life doth well with churchmen; for charity will hardly water the ground, where it must first fill a pool. It is indifferent for judges and magistrates; for if they be facile and corrupt, you shall have a servant, five times worse than your wife.

(Francis Bacon, «Of Marriage and Single Life», 1597)

e. La inmensa mayoría de las mujeres de América ha dejado escritos sus nombres en los repliegues íntimos de la vida, que el viento de la muerte va borrando. Palabras escritas en el agua . . . Pero las doce mujeres, que surgen aquí como ejemplo, tuvieron virtudes y pasiones que son comunes a todas las demás. Sólo que el heroísmo de la mujer no ha sido siempre de plaza pública. Quizá la historia, cuando calla sus nombres, los calla, si es noble, por pudor. Es demasiada hermosura la de ciertos espíritus selectos para ser arrollada por la corriente tumultuosa de los anales políticos, para ser llevada a la gran representación de la publicidad. Hasta hoy, la vida de la mujer se ha recordado en sordina. Nada de clarines. Nada de flamante biografía.

(Germán Arciniegas, *América mágica*, 1961)

f. Entre las nuevas emociones suscitadas por el cinematógrafo, hay una que hubiera entusiasmado a Goethe. Me refiero a esas películas que condensan en breves momentos todo el proceso generativo de una planta. Entre la semilla que germina y la flor que se abre sobre el tallo, como corona de la perfección vegetal, transcurre en la Naturaleza demasiado tiempo. No vemos emanar la una de la otra: los estadios del crecimiento se nos presentan como una serie de formas inmóviles, encerrada y cristalizada cada cual en sí misma y sin hacer la menor referencia a la anterior ni subsecuente. No obstante sospechamos que la verdadera realidad de la vida vegetal no es esa serie de perfiles estáticos y rígidos, sino el movimiento latente en que van saliendo unos de otros, transformándose unos en otros.

(José Ortega y Gasset, *España invertebrada*, 1921)

g. Las escaleras se suben de frente, pues hacia atrás o de costado resultan particularmente incómodas. La actitud natural consiste en mantenerse en pie, los brazos colgando sin esfuerzo, la cabeza erguida aunque no tanto que los ojos dejen de ver los peldaños inmediatamente superiores al que se pisa, y respirando lenta y regularmente. Para subir una escalera se comienza por levantar esa parte del cuerpo situada a la derecha abajo, envuelta casi siempre en cuero o gamuza, y que salvo excepciones cabe exactamente en el escalón.

(Julio Cortázar, «Manual de instrucciones»,
de *Historias de cronopios y famas*, 1962)

2. Señálense los varios recursos de la lógica simbólica o formal (silogismos, analogías, axiomas, aforismos y otros medios no puramente literarios) empleados en los siguientes trozos para convencer al lector de la validez del tema expuesto.

a. *Aestimes judicia, non numeres*, decía Séneca. El valor de las opiniones se ha de computar por el peso, no por el número de las almas. Los ignorantes, por ser muchos, no dejan de ser ignorantes. ¿Qué acierto, pues, se puede esperar de sus resoluciones? . . . Siempre alcanzará más un discreto solo que una gran turba de necios; como verá mejor al sol un águila sola que un ejército de lechuzas.

(Fray Benito Jerónimo Feijoo, *Teatro crítico universal*, 1726–1739)

b. Alguien podrá ver un fondo de contradicción en todo cuanto voy diciendo, anhelando unas veces la vida inacabable, y diciendo otras que esta vida no tiene el valor que se la da. ¿Contradicción? ¡Ya lo creo! ¡La de mi corazón, que dice sí, y mi cabeza, que dice no! Contradicción naturalmente. ¿Quién no recuerda aquellas palabras del Evangelio: «¡Señor, creo; ayuda a mi incredulidad!» ¡Contradicción!, ¡naturalmente! Como que sólo vivimos de contradicciones, y por ellas; como que la vida es tragedia, y la tragedia es perpetua lucha, sin victoria ni esperanza de ella; es contradicción . . .

(Miguel de Unamuno, *Del sentimiento trágico de la vida*, 1913)

c. El hecho más importante de la historia es el mismo de la biología, es que el hombre se muere como todos los demás seres vivos.

(Arturo Uslar Pietri, *Veinticinco ensayos*, 1945)

d. Mientras la prosa española peninsular es romántica, costumbrista o académica, la prosa española continental (la nuestra) deja ver, en Sarmiento, la innovación constante, espoleada por «el ritmo urgente del pensamiento » (P. Henríquez Ureña); y en Montalvo, recuerda el tono de Quevedo, entonces insólito en España. Llegando ya a los modernistas, aparecen, en Martí, la sentencia corta y eléctrica al modo de Gracián; en Gutiérrez Nájera, la sentencia etérea y saltarina, cuyo secreto murió con él. Ambas contrastan con el fraseo largo y movedizo del español Valera, o con los amplios períodos oratorios del español Castelar.

(Alfonso Reyes, «De poesía hispanoamericana», 1941)

e. Meanwhile B.A.'s grow so common that employers who once demanded them now demand M.A.'s, and the Master's requirement in some fields (not just the academic) has been upgraded to the Ph.D. In the years since Robert M. Hutchins sardonically proposed that we achieve our desires with less trouble by granting every American citizen a B.A. at birth, we have moved closer and closer to a utopia in which everyone receives it at 21, in return for doing classroom time. One already hears talk of attendance being compulsory through age 20. In California, where problems tend to surface before New England need worry about them, the state population rose 50 percent in one decade, and the college population 82 percent. It grows easy to foresee the day when 50 percent of the population of California (and, after a suitable time lag, of Massachusetts, of New York, of Illinois and, yes, of Montana) will be employed at teaching the other 50 percent, perhaps changing ends at the half.

(Hugh Kenner, «Don't Send Johnny to College», 1964)

3. Muéstrese los recursos de la lógica informal o poética en los textos que siguen.

a. Por eso el libro importado ha sido vencido en América por el hombre natural. Los hombres naturales han vencido a los letrados artificiales. El mestizo autóctono ha vencido al criollo exótico. No hay batalla entre la civilización y la barbarie, sino entre la falsa erudición y la naturaleza.

    (José Martí, «Nuestra América», 1891)

b. Es así como, no bien la eficacia de un ideal ha muerto, la humanidad viste otra vez sus galas nupciales para esperar la realidad del ideal soñado con nueva fe, con tenaz y conmovedora locura. Provocar esa renovación, inalterable como un ritmo de la Naturaleza, es en todos los tiempos la función y la obra de la juventud. De las almas de cada primavera humana está tejido aquel tocado de novia.

    (José Enrique Rodó, *Ariel*, 1900)

c. In that mysterious dimension where the body meets the soul the stereotype is born and has her being. She is more body than soul, more soul than mind. To her belongs all that is beautiful, even the very word beauty itself. All that exists, exists to beautify her . . . The sun shines only to burnish her skin and gild her hair; the wind blows only to whip up the color in her cheeks; the sea strives to bathe her; flowers die gladly so that her skin may luxuriate in their essence. She is the crown of creation, the masterpiece.

    (Germaine Greer, *The Female Eunuch*, 1970)

d. ¿Hemos de cerrar voluntariamente la puerta a la inmigración europea, que llama con golpes repetidos para poblar nuestros desiertos y hacernos, a la sombra de nuestro pabellón, pueblo innumerable como arenas del mar? ¿Hemos de dejar ilusorios y vanos los sueños de desenvolvimiento, de poder y de gloria, con que nos han mecido desde la infancia los pronósticos que con envidia nos dirigen los que en Europa estudian las necesidades de la humanidad?

    (Domingo Faustino Sarmiento, «Introducción» de *Vida de Juan Facundo Quiroga*, 1845)

Panorama histórico y categorías fundamentales

Aunque el género ensayístico ha existido en diversas formas desde la antigüedad greco-romana (la *Poética* de Aristóteles, los *Diálogos* de Platón, las *Epístolas* de Plinio y muchos otros), el término *ensayo* se debe exclusivamente al humanista francés Michel de Montaigne que lo usó por primera vez en sus *Essais* (1580). El término *essais* asignado por Montaigne a sus creaciones, explica la característica básica que tradicionalmente ha diferenciado el ensayo de otras formas o modalidades literarias. En efecto, la palabra *ensayo* proviene del latín *exagium*, o acción de pesar y, más directamente del francés *essayer* (español *ensayar*) que significa intentar o experimentar. De ahí se deduce que el ensayo se creó originalmente no para demostrar una verdad con la que todo el mundo estaría de acuerdo, sino como una composición tentativa, abierta a la polémica y, por consiguiente, incompleta. Este término volvió a aparecer unos años más tarde en los *Essays* del inglés Francis Bacon, quien lo aplicó a sus escritos del mismo tipo.

A pesar de sus diferencias en cuanto a la temática y al estilo, estas dos obras ayudan a entender las principales categorías del ensayo moderno. De hecho, los escritos de Montaigne—comentarios de tipo íntimo, al estilo de una confesión y con tono de conversación—representan el modelo original del cual se deriva hoy día el ensayo *personal* e *informal*. Aquí es donde se encontrará el escrito subjetivo bajo la forma de artículo humorístico, esbozo o «sketch», caricatura, artículo impresionista en el que el autor comunica sus propias impresiones de la realidad, o cualquier otro artículo de tipo imaginativo.

Los *Essays* de Bacon, en cambio, breves, moralizantes, dogmáticos y aforísticos—es decir que expresan pensamientos generalmente aceptados como verdades—constituyen el primer ejemplo del ensayo *desapasionado* e *impersonal*, que como su nombre lo indica, no pretende transmitir impresión o emoción alguna y no se dirige a nadie en particular. Dentro de esta categoría cabrían el tratado o la monografía, tal como el estudio erudito y profundo de un determinado asunto, el ensayo biográfico, histórico o científico, el artículo crítico, el de fondo o editorial y otros tantos de carácter objetivo.

Aunque algunos ensayos entretienen más por su valor estético o expresivo que por la información que proporcionan, según lo demuestran los ensayos de este libro, el denominador común a todos es sin duda el procedimiento lógico mediante el cual los respectivos autores presentan su punto de vista o argumento invitando al lector a aceptarlo.

Ya que en el fondo del ensayo existe, de una manera u otra, la intención de persuadir, conviene repasar brevemente la tradición de la *oratoria* y del debate de donde el ensayo proviene. Los antiguos oradores griegos y romanos—políticos en su mayor parte—estaban conscientes de la importancia de la opinión pública y de la necesidad de influir en ella modificándola a su voluntad mediante sus discursos y debates. Nació así la retórica (del griego ῥήτωρ, rétor u orador), parte integrante de la oratoria o arte de dirigirse a las masas y que Aristóteles define como «el poder de ver todas las posibilidades de persuadir a la gente acerca de cualquier asunto». Efectivamente, los oradores de la antigüedad manipularon varios recursos que los convirtieron en verdaderos maestros del arte de la persuasión: sabían cuándo y cómo usar la lógica y cuándo apelar a su propia autoridad o a las emociones de los oyentes; acompañaron la oratoria con gestos y timbre de voz apropiados y hasta desarrollaron ciertas técnicas para memorizar largos discursos. Estudiaron escrupulosamente la estructura de las oraciones (*speeches; orations*) y manejaron con maestría la elocución (del latín *elocutio* que significa *estilo*).

En España la vertiente desapasionada e impersonal del género ensayístico toma la forma de prosa didáctica, o sea, prosa con un fin docente y moralizador. Este tipo de escrito produce en la Edad Media las crónicas e historias de los varios reinados, así como los tratados que prescriben leyes sobre la conducta del ciudadano ante su rey, ante la sociedad y ante Dios. Dentro de esta última categoría figura la obra más importante del Medioevo español: *Las siete partidas* (siglo XIII), colección de leyes y costumbres de gran importancia histórica, compilada por orden del rey Alfonso X, el Sabio.

Esta misma vertiente produce en los siglos XV y XVI obras de valor tanto educativo como artístico. Cabe mencionar aquí el *Corbacho* o *Reprobación del amor mundano*, tratado de moral satírica, compuesto en un estilo pintoresco por Alfonso Martínez de Toledo, Arcipreste de Talavera; y el *Arte de la lengua castellana* (1492) de Antonio de Nebrija, la primera obra preceptiva sobre un idioma moderno.

Dentro de la ensayística de carácter informal y personal se componen varias obras de mérito artístico. Entre ellas está el ensayo dramático *Diálogo de la lengua* (c. 1535) de Juan de Valdés, en el que el autor estudia el origen de la lengua castellana, su vocabulario y las obras principales escritas en este idioma; la prosa religiosa de Fray Luis de León (*De los nombres de Cristo*, 1583), explicación del sentido místico de las varias maneras empleadas en la Biblia para referirse a la figura de Jesús; y la de Santa Teresa de Jesús (*Las moradas*, 1588), obra mística en la que se compara el alma a un castillo cuyas siete habitaciones conducen a Dios.

Uno de los fenómenos más significativos en el desarrollo del ensayo hispánico es la conquista del Nuevo Mundo, acontecimiento que da principio al género de la *carta de relación* o *crónica de las Indias*. Esta nueva forma, debido a las circunstancias extraordinarias en que nace y al carácter mismo del escritor, es una combinación de documento histórico, experiencia personal y fantasía. Se pueden señalar brevemente algunas de las más destacadas: las *Cartas* y *Relaciones* (1519–1526) del conquistador Hernán Cortés—modelo original del género—y la cruda pero franca y vívida *Verdadera historia de la conquista de la Nueva España* (1632) del capitán Bernal Díaz del Castillo. De importancia particular resultan los *Comentarios reales* (1609) del Inca Garcilaso de la Vega, obra en la que el arte ensayístico produce una visión más real que fantástica de los incas y de su pintoresca civilización.

La figura cumbre de la prosa filosófica y didáctica del Barroco hispánico es Baltasar Gracián. Su obra maestra dentro del género ensayístico es *Agudeza y arte de ingenio* (1642), tratado en el que el autor expone sus ideas sobre las técnicas estilísticas a seguir en la época.

Entre lo mejor de la ensayística barroca de Hispanoamérica hay que señalar, por su singularidad, la *Respuesta a Sor Filotea de la Cruz* (1691) de Sor Juana Inés de la Cruz. La importancia de este escrito radica tanto en la multitud de detalles biográficos como en la genial prosa conceptista a través de la cual la monja mexicana defiende sus derechos de mujer y de intelectual.

Según era de esperarse, la Ilustración y el Neoclasicismo del siglo XVIII produjeron, tanto en Europa como en América, el florecimiento de obras con fin docente. El escrito ensayístico es la forma más popular de este período y se desarrolla de acuerdo con sus dos ramas—el ensayo formal u objetivo y el ensayo informal y subjetivo. La *Poética* (1737) de

Ignacio Luzán ejemplifica el escrito desapasionado, didáctico, pues Luzán se limita a exponer una serie de normas basadas en la tradición clásica de Aristóteles y Horacio destinadas, según él, a salvar el arte literario español de los excesos del Barroco. En esta misma categoría de ensayo hay que incluir el importante *Teatro crítico universal* (1726–1739) del monje benedictino Benito Jerónimo Feijoo. En este libro controversial, Feijoo se sirve de su extraordinaria erudición para ilustrar las supersticiones, prejuicios e ignorancia de sus compatriotas, exhortándolos a combatir estos males mediante la razón y la experiencia.

Al tipo de ensayo personal e informal pertenecen ante todo obras en forma de correspondencia que representan la prosa *epistolar:* las *Cartas eruditas* (1742–1760) de Feijoo y las *Cartas marruecas* (1789) de José Cadalso. En sus *Cartas* Feijoo se defiende de la polémica de sus enemigos, tanto con razonamientos puramente objetivos como con argumentos emocionales. Cadalso emplea tres personajes ficticios—un africano y dos españoles—para debatir y criticar, a través de su correspondencia, las condiciones políticas y sociales del país.

Otro aspecto del ensayo informal español lo presenta la prosa *autobiográfica* de *Vida, ascendencia, nacimiento, crianza y aventuras del doctor don Diego de Torres Villarroel* (1743–1759). En este libro el autor utiliza la fórmula picaresca y toma su propia persona como protagonista y narrador para censurar con una mezcla de humor y resentimiento la sociedad contemporánea.

El espíritu racionalista de la Ilustración creó en Hispanoamérica, como lo había hecho en los países europeos, una nueva mentalidad que renovó las ciencias y desarrolló el pensamiento crítico. Con esto, se comenzó a desconfiar seriamente de todas las instituciones tradicionales: las sociales, las políticas, las religiosas, etcétera, con sus prejuicios y dogmas heredados de España. Dos escritos ensayísticos de relieve que abogan por la reivindicación de los derechos humanos y que reflejan las ideas revolucionarias de las colonias son *Apología y relación de su vida* (1817), obra autobiográfica de carácter picaresco de Fray Servando Teresa de Mier (México) y «Carta de Jamaica» (1815) del venezolano Simón Bolívar. Este último ensayo es particularmente significativo tanto por su valor histórico, ya que traza los antecedentes de la Guerra de Independencia, como por la visión profética del autor, visión en la que figura el futuro político de Hispanoamérica.

Un lugar especial le corresponde a Andrés Bello, humanista venezolano considerado como el padre de la independencia política y cultural de la América Hispana. Su contribución a la ensayística incluye numerosos artículos y tratados sobre leyes, política, filosofía, historia, literatura y lenguaje (*Gramática de la lengua castellana*, 1835). Uno de sus ensayos más famosos es «La independencia cultural de América», publicado como muchos otros en el periódico chileno *El Arauco*.

A principios del siglo XIX el género ensayístico español produce el Costumbrismo. Este término se aplica a la tendencia de un grupo de escritores de presentar en sus obras cuadros de la vida y de las costumbres de la época. Los mayores representantes de la corriente costumbrista son Ramón de Mesonero Romanos (*Escenas matritenses*, 1832–1842), Seratín Estébanez Calderón (*Escenas andaluzas*, 1847) y Mariano José de Larra (*Artículos de costumbres*, 1832–1837). Larra, el periodista más destacado de su tiempo, es también el más singular de los *costumbristas*. En realidad, en contraste con Mesonero que retrata de una manera pintoresca la vida madrileña y con Estébanez Calderón cuyo mérito se debe especialmente a los artículos donde capta con colorido y nostalgia el folklore de Andalucía, Larra penetra en la mente y en el corazón de sus compatriotas para buscar las raíces de las condiciones sociales y políticas del país. Artículos como «El castellano viejo» muestran el carácter romántico—inconformista y temperamental—del autor, así como la punzante ironía que ejemplifica su sátira (p. 271).

Si el romanticismo español de Larra encuentra en la forma del artículo de costumbres un vehículo ideal para manifestar el descontento personal ante la vida, el llamado «mal del siglo»—en Hispanoamérica el movimiento romántico logra mucho más. Proporciona a un gran número de pensadores la ocasión de difundir, a través de la polémica literaria, sus ideas respecto a los complejos problemas de un entero continente en estado de formación y en busca de una identidad propia. Entre los ensayistas más significativos se destaca la figura del argentino Domingo Faustino Sarmiento, autor del célebre y singular *Facundo* o *Civilización y barbarie* (1845). Parte ensayo geográfico-político-histórico-sociológico, parte biografía del *caudillo* o bárbaro déspota Juan Facundo Quiroga, el libro de Sarmiento plantea una tesis todavía válida: el conflicto del hispanoamericano dividido por su doble herencia, la nativa y la ancestral, conflicto que al parecer de Sarmiento se debía resolver combatiendo la naturaleza salvaje—simbolizada en el libro por Facundo y su pampa—y asimilando los mejores elementos culturales extranjeros.

El ecuatoriano Juan Montalvo (*Siete tratados*, 1882) continúa la tradición de Sarmiento y se une a una serie de ensayistas que luchan por los derechos del hombre violados por un creciente número de caudillos. A esta misma vertiente pertenecen aquellos escritores que temen la tiranía de las potencias extranjeras. Aquí hay que mencionar al puertorriqueño Eugenio María de Hostos (*Moral social*, 1888) y al cubano José Martí. Igual que Hostos, Martí quiere independizarse de España pero teme la posible intervención y subsecuente dominación política y cultural de Norteamérica. Dichas inquietudes están puestas de manifiesto, con la lógica pasional del romántico y con el fervor del patriota, en los discursos «Nuestra América» (1891) y «Mi raza» (1893).

Una de las figuras más polémicas del ensayo hispanoamericano de fines del siglo XIX es el peruano Manuel González Prada (p. 286), considerado como el precursor de los movimientos reaccionarios de tipo socialista o marxista. En *Pájinas libres* (1894) y *Horas de lucha* (1908), escritos caracterizados por una prosa combativa, directa, convincente, resalta la defensa de los valores locales: el indio y la juventud americana. En cambio, valiéndose, entre otros recursos, de lemas o "slogans" acuñados por él mismo («Los viejos a la tumba, los jóvenes a la obra»), González Prada ataca con audacia y violencia las instituciones «arcaicas» de su país—la Iglesia y las clases conservadoras gobernantes que se derivan del sistema colonial español.

Angel Ganivet es tal vez el precursor más destacado del movimiento regenerativo asociado con la Generación del 98 en España. Su obra maestra *Idearium español* (1897), excelente ejemplo de presentación expositiva y argumentativa, examina, ya con profundidad y cuidadosa organización, ya con agudeza verbal, la tradición histórica y cultural española. Al final, Ganivet propone la modernización de España, conservando intacto, frente al influjo extranjero, el carácter distintivo de su raza.

Del sentimiento trágico de la vida (1913) es uno de los ensayos filosóficos más importantes de la literatura española y la obra más famosa de Miguel de Unamuno, figura cumbre de la Generación del 98. La tesis central del libro es el conflicto entre la razón y el deseo de ser inmortal. Según Unamuno, la voluntad debe ayudar al hombre a luchar contra la lógica para creer en Dios y en la vida eterna. Esta actitud filosófica suya se percibe en obras no ensayísticas, como la novela *San Manuel Bueno, mártir* (p. 62).

Otro gran ensayista de la Generación del 98 es José Martínez Ruiz («Azorín»). Hombre de temperamento sensible y delicado, Azorín es, en cambio, un agudo y metódico observador de la realidad de su tiempo. Sus mejores ensayos incluyen *La voluntad* (1902) y *Antonio Azorín* (1903) donde el autor retrata con sentido crítico la vida española. Resaltan asimismo *Confesiones de un pequeño filósofo* (1904) y *Al margen de los clásicos* (1915), obra de crítica literaria.

A raíz de la llamada Guerra Hispanoamericana de 1898, se realizan las profecías de pensadores como Hostos y Martí. Después de derrotar a España, los Estados Unidos invaden Cuba, anexan Puerto Rico y las Islas Filipinas y establecen su predominio económico y político en la América Central, Suramérica y México, gracias a una serie de tratados y concesiones realizados con el apoyo de las pequeñas oligarquías gobernantes. Ante estos sucesos surge un sentimiento de solidaridad entre los países hispanoamericanos. Se busca un denominador común que aúne espiritualmente estos pueblos contra los Estados Unidos. Dos ensayos responden con gran resonancia a las exigencias del momento: *Ariel* (1900) del uruguayo José Enrique Rodó y *La raza cósmica* (1925) del mexicano José Vasconcelos. La tesis de Rodó sostiene que la raza sajona, representada por los yanquis, dio al mundo el sentido de *libertad*, mientras que la civilización greco-romana, heredada del mundo hispánico, produjo la *cultura*. *Ariel* propone reconciliar estos dos elementos que, según Rodó, han sido perjudicados por el materialismo de los Estados Unidos y por la falta de orden en Hispanoamérica. Vasconcelos, por otra parte, pone toda su confianza en el desarrollo de un nuevo tipo de gente: una raza impura, totalmente mestiza, al estilo de aquélla creada en el Brasil.

En esta misma clase de escrito que busca una solución humanista y americana al dilema de un continente en proceso de autodefinición hay que destacar al dominicano Pedro Henríquez Ureña (*Seis ensayos en busca de nuestra expresión*, 1928) y al mexicano Alfonso Reyes. Este último es tal vez la figura más sobresaliente de la ensayística hispánica del siglo XX. Su fama se debe por una parte a la alta calidad estilística de su prosa y por otra al hecho de que sus ensayos comprenden todas las categorías del género. En realidad, Reyes combina magistralmente los temas nacionales con los universales y la erudición con la meditación poética en las obras más variadas. Esto queda de relieve en su visión evocativa del paisaje mexicano (*Visión de Anahuac*, 1917), en su detenido tratado de teoría literaria (*El deslinde*, 1944), en sus consideraciones históricas y filosóficas en torno al fenómeno que es América (*Ultima Tule*, 1942), y en sus divagaciones líricas en obras como *El cazador* (1921).

Dentro de la década de los años 1920, tras la Revolución Soviética (1917), los intelectuales de Hispanoamérica se unen a los europeos en buscar una solución política radical a los graves problemas sociales y económicos de la época. El artista siente más que nunca la necesidad de poner su obra al servicio de una causa y el ensayo se presenta de nuevo como el género más apropiado para exaltar los ánimos y promover esa causa. José Carlos Mariátegui, fundador del partido socialista peruano, es uno de los primeros y más distinguidos escritores comprometidos de la América Hispana. *Siete ensayos de interpretación de la realidad peruana* (1927), su obra cumbre, continúa la tradición de González Prada, en el sentido de que representa la defensa del indio y de la cultura nativa. La tesis del libro que tanto influyó en la formación y divulgación del pensamiento revolucionario de tipo marxista en Hispanoamérica, sostiene que el indígena perdió su identidad cuando los conquistadores españoles le quitaron una parte vital de su modo de ser: el sistema de gobierno «colectivista» o comunista.

España produce en José Ortega y Gasset (p. 281) a uno de los grandes pensadores del siglo XX. Su fama internacional se debe en gran parte a obras como *El tema de nuestro tiempo* (1923). En ella, Ortega rechaza la teoría según la cual hay una lógica pura que lleva a todos los seres humanos a ver la realidad del mismo modo o desde el mismo ángulo. Por el contrario, afirma la tesis del libro, cada individuo es guiado por una lógica personal que el autor llama «razón vital». De esta teoría el filósofo español deriva que dos personas verán la misma cosa de una manera distinta, desde un punto de vista determinado por sus circunstancias particulares. Otro escrito de resonancia internacional, *La deshumanización del arte* (1925), propone un arte de minorías que sea un juego de la imaginación y que no retrate la realidad humana de acuerdo con un criterio que todos acepten. La misma actitud multiperspectivista e inconformista ante la vida y ante el arte se refleja en otra obra de considerable impacto, *La rebelión de las masas* (1930). Aquí Ortega critica la cultura burguesa que él considera utilitaria y de ahí, mediocre.

En la América Española, el optimismo que había caracterizado al ensayo en las primeras dos décadas del siglo XX—optimismo fundado en la tradición hispánica y en las soluciones culturales que ésta ofrecía a los pueblos americanos—cede el paso a un marcado escepticismo, o sea, a la desconfianza en dicha tradición y sus soluciones. Por lo tanto, en los años 1930 surge toda una nueva generación de pensadores que rechaza el pasado y que mira con recelo hacia un futuro incierto. Sus obras muestran un carácter meditativo, crítico y una temática filosófica que gira en torno a la angustia del hombre moderno, víctima del progreso que le ha quitado su identidad y todo sentido de dirección. El ensayo argentino de esta época se distingue por cierta constante fundamental: el autor identifica su propia vida y sus inquietudes espirituales con la historia de su país para luego determinar los males que afligen a su sociedad y a su cultura. Los representantes más sobresalientes de esta tendencia son Ezequiel Martínez Estrada (*Radiografía de la pampa*, 1933; *La cabeza de Goliath*, 1940) (p. 294), Eduardo Mallea (*Historia de una pasión argentina*, 1932; *La guerra interior*, 1963), Victoria Ocampo (*Testimonios*, 1935–1963), y Ernesto Sábato (*Uno y el universo*, 1945; *El escritor y sus fantasmas*, 1963).

Un lugar de relieve le corresponde a otro argentino, Jorge Luis Borges, cuya fama internacional se debe a la singularidad de su visión del mundo, así como a la forma genial—una especie de juego intelectual—con la que expresa dicha visión. A saber, Borges opina que la realidad material no tiene ninguna importancia: la vida es un espejo en el que se reflejan hasta lo infinito las imágenes de los seres y de las cosas. Por consiguiente, los hombres y sus acciones son apenas la repetición de otros hombres y de otras acciones. En cambio, sostiene la tesis fundamental borgiana, la única realidad tangible es la verdad inventada por la fantasía humana. De acuerdo con este principio, el autor crea en obras como *Otras inquisiciones* (1952), *Historia de la eternidad* (1953) y *El hacedor* (1960) un nuevo tipo de escrito, parte relato o ficción, parte ensayo. El valor literario de los ensayos borgianos consiste en su eminente capacidad de falsificar la historia, las ciencias, las matemáticas y las demás convenciones humanas—incluso la propia estructura del escrito ensayístico—para inventar una realidad autónoma que convierte lo imposible en algo verosímil y de ahí creíble.

Una tendencia parecida, en el sentido de que el ensayo se aleja de su forma doctrinaria para convertirse en una visión poética o en la reconstrucción mítica de la historia, la constituyen los escritos del colombiano Germán Arciniegas (*América mágica*, 1961; *El continente de siete colores*, 1965) y del venezolano Arturo Uslar Pietri (*Las nubes*, 1956; *En busca del nuevo mundo*, 1969). De particular importancia en este mismo sentido son los ensayos del mexicano Octavio Paz (p. 172). Dos de sus obras más representativas, *El laberinto de la soledad* (1950) y *El arco y la lira* (1956), proponen que el ser humano vive alienado de sus semejantes y en constante lucha con ellos desde que la filosofía y la historia dictaron su conducta y trazaron su camino. Por lo tanto, opina Paz, le toca ahora al poeta reemplazar al filósofo y al historiador, interpretar los mitos de la antigüedad, permitiendo así al hombre reconstruir su pasado, redescubrir el amor y volver a encontrar su identidad cultural e individual.

El mismo afán del hispanoamericano por buscar sus raíces humanas y culturales que se manifiesta en el ensayo personal, afecta también la ensayística formal de tipo docente. En realidad, aparecen en el Nuevo Mundo español un gran número de críticos, los cuales, guiados por un profundo conocimiento de la literatura universal y de las nuevas teorías literarias, emprenden el estudio analítico de las letras de su propio continente, en busca de los valores intrínsecos de las mismas. Entre los mayores representantes de la crítica literaria hispanoamericana de los últimos cincuenta años, se podría señalar al peruano Luis Alberto Sánchez, al chileno Arturo Torres Rioseco, al uruguayo Emir Rodríguez Monegal, a los argentinos Raimundo Lida y Enrique Anderson Imbert, a los cubanos Juan José Arrom y Raimundo Lazo y a los mexicanos Carlos Fuentes, Ramón Xirau y Luis Leal.

En España, a raíz de la Guerra Civil (1936–39), el ensayo sigue dos caminos. Por una parte, hay un grupo de escritores que busca en el pasado cultural una respuesta a las preguntas que plantea el futuro del país. Por otro lado hay quien intenta integrar la tradición católica nativa con las varias corrientes vigentes en los demás países europeos. A esta vertiente conciliadora pertenecen figuras como Pedro Laín Entralgo (*La generación del 98*, 1945; *Teoría y realidad del otro*, 1961), Julián Marías (*Miguel de Unamuno*, 1942; *Ortega, circunstancia y vocación*, 1960; *Los españoles*, 1962), José Ferrater Mora (*El Hombre en la encrucijada*, 1952; *La filosofía en el mundo de hoy*, 1959) y María Zambrano (*Pensamiento y poesía en la vida española*, 1945). Dignos de mención por su labor en el campo de la crítica literaria son Dámaso Alonso, Carlos Bousoño, José María Castellet, Eugenio de Nora y Gonzalo Torrente Ballester.

Las últimas promociones ensayísticas de Hispanoamérica muestran a un escritor más consciente que nunca de sus responsabilidades de ciudadano y de activista. Sin embargo, lo que salta a la vista en sus obras no son tanto sus convicciones sociales o políticas, como la singularidad de su estilo en el que se ha notado la frecuente presencia de la ironía, de la sátira y de las hipótesis más variadas e ingeniosas. Dentro de esta categoría sobresalen los mexicanos Rosario Castellanos (*Mujer que sabe latín*, 1973) y Carlos Monsiváis (*Días de guardar*, 1970), así como el argentino Julio Cortázar (*La vuelta al día en ochenta mundos*, 1972).

Otra tendencia del ensayo actual es aquélla que, adoptando posturas psicológicas e ideológicas—particularmente la marxista—intenta trazar la evolución temática de la literatura hispanoamericana, identificar sus constantes y definir su carácter. A esta categoría pertenecen dos obras muy importantes, las dos de autores chilenos: *Imaginación y violencia en América* de Ariel Dorfman y *Literatura y revolución* de Fernando Alegría. En la primera, Dorfman plantea la tesis de que los temas más frecuentes en las letras de la América Española son la violencia y la muerte—elementos que reflejan la historia del continente y las obsesiones del pueblo mismo. Alegría, en cambio, sostiene en su libro que la actividad literaria representa en sí misma un acto, que dado a las ideas y a la estructura lingüística de la obra literaria en Hispanoamérica, es una acción revolucionaria que revela el papel comprometido del autor.

El ensayo: Guía general para el lector

1. ¿Cuál es la forma del ensayo? ¿A qué época pertenece? ¿Cuál es el papel del ensayista en su obra?
2. ¿Cuáles son las tesis o premisas principales del ensayo? ¿Se presentan desde el principio dichas tesis? ¿Hay casos de premisas falsas, o sea, hay contradicciones intencionales a través de la lectura del ensayo?
3. ¿Cuáles son las estrategias empleadas por el ensayista para intensificar las tesis? ¿Se nota un énfasis en la persuasión? ¿De qué manera intenta el ensayista convencer al lector de la validez de su tesis?
4. ¿Cuál es el tono del ensayo?
5. ¿Cuáles son los elementos lingüísticos más significativos del ensayo? ¿De qué recursos de la lógica formal se sirve el ensayista para *razonar* con el lector? ¿Hay figuras retóricas y tropos?
6. ¿Refleja el ensayo un determinado *Zeitgeist*? ¿Tiene además una significación comprensiva o universal?
7. Si usted tuviera que escribir sobre el mismo tema, ¿usaría el mismo tipo de presentación o adoptaría otra forma del ensayo?

Lecturas

Mariano José de Larra

Mariano José de Larra (1809–1837), producto de una educación francesa, nació y se suicidó en Madrid, ciudad que a veces retrató con fina observación e ironía, y a veces criticó triste y amargamente. Su obra más significativa consiste en sus escenas y artículos *sobre la vida y las costumbres contemporáneas, que escribió para varios periódicos madrileños, la mayoría de ellos con el pseudónimo de «Fígaro». Larra es considerado un escritor* costumbrista, *y es la figura más representativa de las primeras décadas del siglo XIX, tanto por su temperamento romántico como por su visión crítica de la vida española. Fue también dramaturgo (*Macías, 1834) *y novelista (*El doncel de don Enrique el doliente, 1834) *de importancia secundaria.*

El castellano viejo[a]

Ya en mi edad pocas veces gusto de alterar[1] el orden que en mi manera de vivir tengo hace tiempo establecido, y fundo esta repugnancia en que[2] no he abandonado mis lares[3] ni un solo día para quebrantar[4] mi sistema, sin que haya sucedido[5] el arrepentimiento más sincero al desvanecimiento[6] de mis engañadas esperanzas. Un resto,[7] con todo eso, del antiguo ceremonial que en su trato[8] tenían adoptado nuestros padres, me obliga a aceptar a veces ciertos convites[9] a que parecería el negarse grosería[10] o, por lo menos, ridícula afectación de delicadeza.

Andábame días pasados[11] por esas calles a buscar materiales para mis artículos. Embebido[12] en mis pensamientos, me sorprendí varias veces a mí mismo riendo como un pobre hombre de mis propias ideas y moviendo maquinalmente los labios; algún tropezón[13] me recordaba de cuando en cuando que para andar por el empedrado[14] de Madrid no es la mejor circunstancia la de ser poeta ni filósofo; más de una sonrisa ma-

[1] gusto... me gusta cambiar
[2] fundo... mi disgusto se debe a que
[3] hogar
[4] romper
[5] seguido
[6] pérdida
[7] residuo
[8] conducta social
[9] invitaciones a comer
[10] descortesía
[11] días... hace algunos días
[12] absorto
[13] (del verbo *tropezar*) to stumble
[14] pavimento de piedra de una calle

[a] El título, «The Old-Fashioned Castilian», alude a cierto tipo de español, superconservador, fiel a las antiguas costumbres del país.

ligna, más de un gesto de admiración de los que a mi lado pasaban, me hacía reflexionar que los soliloquios no se deben hacer en público; y no pocos encontrones que al volver las esquinas di con quien[15] tan distraída y rápidamente como yo las doblaba,[16] me hicieron conocer que los distraídos no entran en el número de los cuerpos elásticos, y mucho menos de los seres gloriosos e impasibles. En semejante situación de espíritu, ¿qué sensación no debería producirme una horrible palmada[b] que una gran mano, pegada (a lo que por entonces entendí) a un grandísimo brazo, vino a descargar sobre uno de mis dos hombros, que por desgracia no tienen punto alguno de semejanza con los de Atlante?[17]

No queriendo dar a entender que desconocía este enérgico modo de anunciarse, ni desairar el agasajo de quien[c] sin duda había creído hacérmele más que mediano, dejándome torcido para todo el día, traté sólo de volverme por conocer quién fuese[18] tan mi amigo para tratarme tan mal; pero mi castellano viejo es hombre que cuando está de gracias no se ha de dejar ninguna en el tintero.[d] ¿Cómo dirá el lector que siguió dándome pruebas de confianza y cariño? Echóme[19] las manos a los ojos, y sujetándome[20] por detrás: «¿Quién soy?», gritaba, alborozado[21] con el buen éxito de su delicada travesura.[22] «¿Quién soy?» «Un animal», iba a responderle; pero me acordé de repente de quién podría ser, y sustituyendo cantidades iguales:[23] «Braulio eres», le dije.

Al oírme, suelta[24] sus manos, ríe, se aprieta los ijares,[25] alborota la calle, y pónenos a entrambos en escena.[e]

—¡Bien, mi amigo! ¿Pues en qué me has conocido?

—¿Quién pudiera si no tú... ?

—¿Has venido ya de tu Vizcaya?[f]

—No, Braulio, no he venido.

—Siempre el mismo genio. ¿Qué quieres?[g] —es la pregunta del español—. ¡Cuánto me alegro de que estés aquí! ¿Sabes que mañana son mis días?[26]

—Te los deseo muy felices.

—Déjate de cumplimientos[27] entre nosotros; ya sabes que yo soy franco y castellano viejo: el pan pan y el vino vino,[28] por consiguiente, exijo[29] de ti que no vayas a dármelos,[30] pero estás convidado.

—¿A qué?

—A comer conmigo.

—No es posible.

—No hay remedio.

—No puedo —insisto temblando.

—¿No puedes?

—Gracias.

[15] di... encontré a una persona que
[16] las... turned them
[17] Atlas
[18] era
[19] Me echó
[20] cogiéndome con fuerza
[21] exhilarated
[22] broma de mal gusto
[23] sustituyendo... paying him in kind
[24] frees
[25] se... holds his sides
[26] son... es mi cumpleaños
[27] Déjate... No need to offer congratulations.
[28] pan... I call a spade a spade
[29] demando
[30] que... que no me hagas los cumplimientos

---

[b] ¿qué... Imagínese Ud. lo que sentí al recibir un horrible golpe dado con la palma de la mano.

[c] ni... ni rechazar la muestra de afecto de la persona que

[d] cuando... when he is in a joking mood, he doesn't know when to stop

[e] pónenos... makes a spectacle of both of us

[f] provincia de España (El autor probablemente acaba de regresar de un viaje a esa provincia.)

[g] Siempre... Sigues siendo el mismo bromista. ¿No es cierto?

—¿Gracias? Vete a paseo,[31] amigo, como no soy el duque de F., ni el conde de P.[h]

¿Quién se resiste a una sorpresa de esta especie? ¿Quién quiere parecer vano?

—No es eso, sino que...

—Pues si no es eso —me interrumpe—, te espero a las dos: en casa se come a la española:[i] temprano. Tengo mucha gente; tendremos al famoso X., que nos improvisará de lo lindo;[32] T. nos cantará de sobremesa[33] una rondeña[34] con su gracia natural, y por la noche J. cantará y tocará alguna cosilla.

Esto me consoló algún tanto, y fue preciso ceder; un día malo, dije para mí, cualquiera lo pasa;[35] en este mundo para conservar amigos es preciso tener el valor de aguantar sus obsequios.[36]

—No faltarás,[37] si no quieres que riñamos.[38]

—No faltaré —dije con voz exánime[39] y ánimo decaído, como el zorro[40] que se revuelve inútilmente dentro de la trampa donde se ha dejado coger.

—Pues hasta mañana —y me dio un tornáscón[41] por despedida.

Vile[42] marchar como el labrador ve alejarse la nube de su sembrado,[43] y quedéme discurriendo[44] cómo podían entenderse estas amistades tan hostiles y tan funestas.

Ya habrá conocido el lector, siendo tan perspicaz como yo le imagino, que mi amigo Braulio está muy lejos de pertenecer a lo que se llama gran mundo y sociedad de buen tono;[45] pero no es tampoco un hombre de la clase inferior, puesto que es un empleado de los de segundo orden[46] que reúne entre su sueldo[47] y su hacienda[48] cuarenta mil reales[j] de renta,[49] que tiene una cintita atada al ojal,[50] y una cruccecita a la sombra de la solapa;[k] que es persona, en fin, cuya clase, familia y comodidades de ninguna manera se oponen a que tuviese una educación más escogida y modales más suaves e insinuantes. Mas la vanidad le ha sorprendido por donde ha sorprendido casi siempre a toda o a la mayor parte de nuestra clase media, y a toda nuestra clase baja. Es tal su patriotismo, que dará todas las lindezas del extranjero[51] por un dedo de su país. Esta ceguedad le hace adoptar todas las responsabilidades de tan inconsiderado cariño; de paso que[52] defiende que no hay vinos como los españoles, en lo cual bien puede tener razón, defiende que no hay educación como la española, en lo cual bien pudiera no tenerla; a trueque de[53] defender que el cielo de Madrid es purísimo, defenderá que nuestras manolas[54] son las más encantadoras de todas las mujeres; es un hombre, en fin, que vive de exclusivas,[55] a quien le sucede poco más o menos lo que a una parienta mía, que se muere por las jorobas[56] sólo porque tuvo un querido que llevaba una excrecencia[57] bastante visible sobre entrambos omoplatos.[58]

[31] Vete... *Get out of here*
[32] de... maravillosamente
[33] de... después de la comida
[34] música popular de la ciudad de Ronda, Andalucía
[35] Un... *Anybody, I said to myself, can get through one bad day.*
[36] atenciones
[37] No... *You will make it*
[38] (del verbo: *reñir*) disputemos
[39] sumamente débil
[40] *fox*
[41] *hard pinch*
[42] Le vi
[43] *sown land*
[44] pensando
[45] gran... alta y refinada sociedad
[46] de... de segunda clase
[47] salario o paga
[48] *estate*
[49] *income*
[50] *buttonhole*
[51] lindezas... cosas lindas de otras naciones
[52] de... de modo que
[53] a... en vez de
[54] moza del pueblo bajo de Madrid
[55] vive... *goes from one extreme to the other*
[56] se... *is crazy about humps*
[57] *growth*
[58] *shoulder blades*

[h] como... No quieres aceptar mi invitación porque no soy un aristócrata
[i] a... antigua costumbre de tomar las principales comidas del día al mediodía y al anochecer
[j] antigua moneda española equivalente a unos diez centavos
[k] *lapel* (La cinta y la cruz indican que Braulio había sido condecorado por alguna orden menor de las muchas que había en España en aquel entonces.)

No hay que hablarle, pues, de estos usos sociales, de estos respetos mutuos, de estas reticencias urbanas, de esa delicadeza de trato que establece entre los hombres una preciosa armonía, diciendo sólo lo que debe agradar y callando siempre lo que puede ofender. El se muere por plantarle una fresca al lucero del alba,[l] como suele decir, y cuando tiene un resentimiento, se lo espeta a uno cara a cara.[59] Como tiene trocados todos los frenos, dice de los cumplimientos que ya se sabe lo que quiere decir cumplo y miento;[m] llama a la urbanidad hipocresía, y a la decencia, monadas;[60] a toda cosa buena le aplica un mal apodo; el lenguaje de la finura es para él poco más que griego: cree que toda la crianza está reducida a decir Dios guarde a ustedes al entrar en una sala, y añadir con permiso de usted cada vez que se mueve; a preguntar a cada uno por toda su familia, y a despedirse de todo el mundo; cosas todas que así se guardará él de olvidarlas como de tener pacto con franceses.[n] En conclusión, hombres de estos que no saben levantarse para despedirse sino en corporación con alguno o algunos otros, que han de dejar humildemente debajo de una mesa su sombrero, que llaman *su cabeza*, y que cuando se hallan en sociedad, por desgracia, sin un socorrido bastón, darían cualquier cosa por no tener manos ni brazos, porque en realidad no saben dónde ponerlos ni qué cosa se puede hacer con los brazos en una sociedad.

Llegaron las dos, y como yo conocía ya a mi Braulio, no me pareció conveniente acicalarme[61] demasiado para ir a comer; estoy seguro de que se hubiera picado:[62] no quise, sin embargo, excusar un frac[63] de color y un pañuelo blanco, cosa indispensable en un día de días y en semejantes casas. Vestíme sobre todo lo más despacio que me fué posible, como se reconcilia al pie del suplicio el infeliz reo,[o] que quisiera tener cien pecados más cometidos que contar para ganar tiempo; era citado [64] a las dos, y entré en la sala a las dos y media.

No quiero hablar de las infinitas visitas[65] ceremoniosas que antes de la hora de comer entraron y salieron en aquella casa, entre los cuales no eran de despreciar[66] todos los empleados de su oficina, con sus señoras y sus niños, y sus capas, y sus paraguas, y sus chanclos,[67] y sus perritos; déjome en blanco[68] los necios cumplimientos que dijeron al señor de los días; no hablo del inmenso círculo con que guarnecía[69] la sala el concurso[70] de tantas personas heterogéneas, que hablaron de que el tiempo iba a mudar y de que en invierno suele hacer más frío que en verano. Vengamos al caso: dieron las cuatro, y nos hallamos solos los convidados.[71] Desgraciadamente para mí, el señor de X., que debía divertirnos tanto, gran conocedor de esta clase de convites, había tenido la habilidad de ponerse malo aquella mañana; el famoso T. se hallaba oportunamente comprometido para otro convite; y la señorita que tan bien había de cantar y tocar estaba ronca[72] en tal disposición, que se

[59] se... se lo dice directamente
[60] afectaciones ridículas
[61] vestirme con elegancia
[62] ofendido
[63] excusar... dejar de ponerme un frac [*tails (coat)*]
[64] era... tenía que ir
[65] visitantes
[66] no... no eran pocos
[67] zapatos de goma para protegerse de la lluvia
[68] déjome... *I won't go into; I won't even mention*
[69] adornaba
[70] reunión de diferentes personas
[71] invitados a comer
[72] *hoarse*

[l] por... decirle la verdad más humillante al individuo más orgulloso.
[m] Como... *Since he has thrown aside all restraints, he says that, as everyone knows, formalities are just what the word itself means:* **cumplo** (*I do*) *and* **miento** (*I lie*).
[n] cosas... *all of which he would no more forget than he would a pact with the (treacherous) French.*
[o] como... despacio, como dice su última oración un pobre condenado a muerte antes de ser ejecutado

asombraba ella misma de que se le entendiese una sola palabra,[p] y tenía un panadizo en un dedo. ¡Cuántas esperanzas desvanecidas![73]

—Supuesto que estamos los que hemos de comer —exclamó don Braulio—, vamos a la mesa, querida mía.

—Espera un momento —le contestó su esposa casi al oído—; con tanta visita yo he faltado algunos momentos de allá dentro, y...

—Bien, pero mira que son las cuatro...

—Al instante comeremos.

Las cinco eran cuando nos sentábamos a la mesa.

—Señores —dijo el anfitrión[q] al vernos titubear[74] en nuestras respectivas colocaciones[75]—, exijo la mayor franqueza; en mi casa no se usan cumplimientos. ¡Ah, Fígaro!, quiero que estés con toda comodidad; eres poeta, y además estos señores, que saben nuestras íntimas relaciones, no se ofenderán si te prefiero; quítate el frac, no sea que le manches.[76]

—¿Qué tengo de manchar?[77] —le respondí, mordiéndome los labios.

—No importa; te daré una chaqueta mía; siento que no haya para todos.

—No hay necesidad.

—¡Oh, sí, sí! ¡Mi chaqueta! Toma, mírala; un poco ancha te vendrá.[78]

—Pero, Braulio...

—No hay remedio; no te andes con etiquetas.[79]

Y en esto me quita él mismo el frac, *velis, nolis*,[80] y quedo sepultado en una cumplida chaqueta rayada,[81] por la cual sólo asomaba los pies y la cabeza, y cuyas mangas no me permitirían comer, probablemente. Dile las gracias: ¡al fin el hombre creía hacerme un obsequio!

Los días en que mi amigo no tiene convidados se contenta con una mesa baja, poco más que banqueta de zapatero, porque él y su mujer, como dice, ¿para qué quieren más? Desde la tal mesita, y como se sube el agua del pozo, hace subir la comida hasta la boca, adonde llega goteando después de una larga travesía;[82] porque pensar que estas gentes han de tener una mesa regular, y estar cómodas todos los días del año, es pensar en lo excusado.[83] Ya se concibe, pues, que la instalación de una gran mesa de convite era un acontecimiento en aquella casa; así que se había creído capaz de contener catorce personas que éramos una mesa donde apenas podrían comer ocho cómodamente. Hubimos de sentarnos de medio lado,[84] como quien va a arrimar[85] el hombro a la comida, y entablaron[86] los codos de los convidados íntimas relaciones entre sí con la más fraternal inteligencia del mundo. Colocáronme, por mucha distinción, entre un niño de cinco años, encaramado[87] en unas almohadas[88] que era preciso enderezar[89] a cada momento porque las ladeaba[90] la natural turbulencia de mi joven adlátere,[91] y entre uno de esos hombres que ocupan en el mundo el espacio y sitio de tres, cuya corpulencia por todos lados se salía de madre[92] de la única silla en que se hallaba sentado, digámoslo así, como en la punta de una aguja. Desdobláronse[93] silenciosamente las servilletas, nuevas a la verdad,

73 desaparecidas rápida y misteriosamente
74 dudar
75 asientos
76 no... es posible que lo ensucies, lo pongas sucio
77 ¿Qué... ¿Por qué voy a mancharlo?
78 Un... *It's probably too big for you*
79 no... *no need to stand on ceremony*
80 (lat.) quieras o no quieras
81 *striped*
82 viaje, generalmente por mar
83 imposible
84 de... *sideways*
85 *to lean over*
86 establecieron
87 *propped up*
88 *pillows*
89 poner derecho lo que está torcido
90 movía o inclinaba hacia un lado
91 (lat.) vecino
92 se... *overflowed*
93 *were unfolded*

p que... que se le pudiera comprender una sola palabra de lo que decía.
q persona que tiene convidados a su mesa y los trata espléndidamente (*host*). Larra usa aquí la palabra irónicamente.

porque tampoco eran muebles en uso para todos los días, y fueron izadas[94] por todos aquellos buenos señores a los ojales de sus fraques como cuerpos intermedios entre las salsas y las solapas.

—Ustedes harán penitencia,[95] señores —exclamó el anfitrión una vez sentado—; pero hay que hacerse cargo[96] que no estamos en Genieys—[r] frase que creyó preciso decir. Necia[97] afectación es ésta, si es mentira dije yo para mí; y si verdad, gran torpeza[98] convidar a los amigos a hacer penitencia.

Desgraciadamente no tardé mucho en conocer que había en aquella expresión más verdad de la que mi buen Braulio se figuraba. Interminables y de mal gusto fueron los cumplimientos con que, para dar y recibir cada plato, nos aburrimos unos a otros.

—Sírvase usted.

—Hágame usted el favor.

—De ninguna manera.

—No lo recibiré.

—Páselo usted a la señora.

—Está bien ahí.

—Perdone usted.

—Gracias.

—Sin etiqueta, señores —exclamó Braulio.

Y se echó el primero[99] con su propia cuchara. Sucedió a la sopa un cocido[s] surtido de[100] todas las sabrosas impertinencias[101] de este engorrosísimo,[102] aunque buen plato: cruza[103] por aquí la carne; por allá la verdura; acá los garbanzos; allá el jamón; la gallina por derecha; por medio el tocino; por izquierda los embuchados de Extremadura.[t] Siguióle un plato de ternera mechada,[104] que Dios maldiga, y a éste otro, y otros, y otros, mitad traídos de la fonda,[105] que esto basta para que excusemos hacer su elogio, mitad hechos en casa por la criada de todos los días, por una vizcaína auxiliar tomada al intento para aquella festividad y por el ama de la casa, que en semejantes ocasiones debe estar en todo, y por consiguiente suele no estar en nada.

—Este plato hay que disimularlo[106] —decía ésta de unos pichones—;[107] están un poco quemados.

—Pero, mujer...

—Hombre, me aparté un momento, y ya sabes lo que son las criadas.

—¡Qué lástima que este pavo no haya estado media hora más al fuego! Se puso algo tarde.

—¿No les parece a ustedes que está algo ahumado[108] este estofado?[109]

—¿Qué quieres? Una no puede estar en todo.

—¡Oh, está excelente! —exclamábamos todos dejándonoslo en el plato— ¡excelente!

—Este pescado está pasado.[110]

[94] levantadas
[95] harán... ayunarán, no comerán (en este caso)
[96] hacerse... recordar
[97] tonta
[98] *clumsiness*
[99] *dipped in first*
[100] surtido... *supplied with*
[101] sabrosas... ingredientes deliciosos
[102] *troublesome*
[103] (se) pasa
[104] *veal hash*
[105] *inn*
[106] *overlook*
[107] *pigeons*
[108] lleno de humo
[109] guiso con arroz
[110] *spoiled*

---

[r] el restaurante madrileño más elegante de la época

[s] guiso (*stew*) típico de España que sigue siendo aún en muchas partes de ese país la comida diaria

[t] embuchados... chorizos (*sausages*) hechos en Extremadura, provincia de España.

—Pues en el despacho de la diligencia del fresco[111] dijeron que acababa de llegar; ¡el criado es tan bruto!

—¿De dónde se ha traído este vino?

—En eso no tienes razón, porque es...

—Es malísimo.

Estos diálogos cortos iban exornados[112] con una infinidad de miradas furtivas del marido para advertirle continuamente a su mujer alguna negligencia, queriendo darnos a entender entrambos a dos que estaban muy al corriente[113] de todas las fórmulas que en semejantes casos se reputan en finura,[114] y que todas las torpezas eran hijas de los criados, que nunca han de aprender a servir. Pero estas negligencias se repetían tan a menudo, servían tan poco ya las miradas, que le fue preciso al marido recurrir a los pellizcos y a los pisotones;[115] y ya la señora, que a duras penas había podido hacerse superior hasta entonces a las persecuciones de su esposo, tenía la faz encendida y los ojos llorosos.

—Señora, no se incomode usted por eso —le dijo el que a su lado tenía.

—¡Ah! Les aseguro a ustedes que no vuelvo a hacer estas cosas en casa; ustedes no saben lo que es esto: otra vez, Braulio, iremos a la fonda y no tendrás...

—Usted, señora mía, hará lo que...

—¡Braulio! ¡Braulio!

Una tormenta espantosa estaba a punto de estallar;[116] empero[117] todos los convidados a porfía[118] probamos a aplacar[119] aquellas disputas, hijas del deseo de dar a entender la mayor delicadeza, para lo cual no fue poca parte la manía de Braulio y la expresión concluyente que dirigió de nuevo a la concurrencia acerca de la inutilidad de los cumplimientos, que así llama él al estar bien servido y al saber comer. ¿Hay nada más ridículo que estas gentes que quieren pasar por finas en medio de la más crasa[120] ignorancia de los usos sociales, que para obsequiarle le obligan a usted a comer y beber por fuerza y no le dejan medio de hacer su gusto? ¿Por qué habrá gentes que sólo quieren comer con alguna más limpieza[121] los días de días?[122]

A todo esto[u] el niño que a mi izquierda tenía hacía saltar las aceitunas a un plato de magras[123] con tomate, y una vino a parar[124] a uno de mis ojos, que no volvió a ver claro[125] en todo el día; y el señor gordo de mi derecha había tenido la precaución de ir dejando en el mantel,[126] al lado de mi pan, los huesos de las suyas,[127] y los de las aves que había roído;[128] el convidado de enfrente, que se preciaba de trinchador,[129] se había encargado de hacer la autopsia de un capón, o sea gallo, que esto nunca se supo: fuese por la edad avanzada de la víctima, fuese por los ningunos conocimientos anatómicos del victimario,[130] jamás parecieron las coyunturas.[131] «Este capón no tiene coyunturas», exclamaba el infeliz sudando y forcejeando, más como quien cava[132] que como quien trincha. «¡Cosa más rara!» En una de las embestidas[133] resbaló[134] el tenedor sobre el animal como si tuviera escama,[135] y el capón, violentamente des-

[111] la oficina de las diligencias (*stagecoaches*) que traían el pescado fresco
[112] acompañados
[113] al... informados
[114] se... se consideran refinados
[115] recurrir... *to resort to pinching and pushing*
[116] *to break out*
[117] aunque
[118] a... compitiendo con otro
[119] calmar
[120] gruesa
[121] con... más decentemente
[122] los... *on their birthdays*
[123] lonjas (*slices*) de jamón
[124] *vino... landed*
[125] *no... couldn't see a thing*
[126] *tablecloth*
[127] las... sus propias aceitunas
[128] *gnawed*
[129] se... decía con orgullo que sabía trinchar (*to carve*)
[130] matador, asesino
[131] *joints*
[132] *digs*
[133] ataques
[134] se deslizó (*slipped*)
[135] *scales*

---

[u] A... Como si esto no fuera suficiente para crear un desastre

pedido, pareció querer tomar su vuelo como en sus tiempos más felices, y se posó[136] en el mantel tranquilamente como pudiera en un palo[137] de un gallinero.[138]

El susto fue general y la alarma llegó a su colmo[139] cuando un surtidor de caldo,[140] impulsado por el animal furioso, saltó a inundar mi limpísima camisa: levántase rápidamente a este punto el trinchador con ánimo de cazar el ave prófuga,[v] y al precipitarse sobre ella, una botella que tiene a la derecha, con la que tropieza su brazo, abandonando su posición perpendicular, derrama un abundante caño de Valdepeñas[141] sobre el capón y el mantel; corre el vino, auméntase la algazara,[142] llueve la sal[w] sobre el vino para salvar el mantel; para salvar la mesa se ingiere[143] por debajo de él una servilleta, y una eminencia se levanta sobre el teatro[144] de tantas ruinas. Una criada toda azorada[145] retira el capón en el plato de su salsa; al pasar sobre mí hace una pequeña inclinación, y una lluvia maléfica de grasa desciende, como el rocío[146] sobre los prados, a dejar eternas huellas en mi pantalón color de perla; la angustia y el aturdimiento[147] de la criada no conocen término; retírase atolondrada[148] sin acertar con las excusas;[x] al volverse tropieza con el criado que traía una docena de platos limpios y una salvilla[149] con las copas para los vinos generosos, y toda aquella máquina viene al suelo con el más horroroso estruendo[150] y confusión.

—¡Por San Pedro!—exclama dando una voz[151] Braulio, difundida ya sobre sus facciones[152] una palidez mortal, al paso que brota fuego el rostro de su esposa—.[y] Pero sigamos, señores; no ha sido nada —añade volviendo en sí.[153]

¡Oh honradas casas donde un modesto cocido y un principio final constituyen la felicidad diaria de una familia; huid del tumulto de un convite de día de días! Sólo la costumbre de comer y servirse bien diariamente puede evitar semejantes destrozos.[154]

¿Hay más desgracias?[155] ¡Santo cielo! Sí, las hay para mí, ¡infeliz! Doña Juana, la de los dientes negros y amarillos, me alarga de su plato y con su propio tenedor una fineza,[156] que es indispensable aceptar y tragar; el niño se divierte en despedir a los ojos de los concurrentes los huesos disparados de las cerezas; don Leandro me hace probar el manzanilla[157] exquisito, que he rehusado, en su misma copa, que conserva las indelebles señales de sus labios grasientos;[158] mi gordo[159] fuma ya sin cesar y me hace cañón de su chimenea[z] por fin ¡oh última de las desgracias! crece el alboroto[160] y la conversación; roncas ya las voces, piden versos y décimas[161] y no hay más poeta que Fígaro.

—Es preciso. Tiene usted que decir algo —claman[162] todos.

—Désele pie forzado;[aa] que diga una copla[163] a cada uno.

—Yo le daré el pie: A don Braulio en este día.

[136]	se... vino a descansar
[137]	*perch*
[138]	*henhouse*
[139]	grado máximo a que se puede llegar en una cosa
[140]	surtidor... recipiente de donde se sirve el caldo (*broth*)
[141]	caño... chorro (*stream*) de vino de Valdepeñas
[142]	ruido de muchas voces juntas
[143]	se inserta
[144]	el lugar
[145]	alarmada
[146]	*dew*
[147]	*bewilderment*
[148]	conturbada
[149]	*tray*
[150]	*crash*
[151]	dando... gritando
[152]	*features*
[153]	volviendo... recobrando su postura
[154]	*havoc*
[155]	accidentes causados por la mala suerte
[156]	pequeño regalo
[157]	*pale dry sherry*
[158]	*greasy*
[159]	mi... mi vecino gordo
[160]	desorden
[161]	tipo de composición poética
[162]	piden en voz alta
[163]	*couplet*

[v] con... determinado a dar caza (*hunt down*) al pollo fugitivo

[w] llueve... Se refiere a la sal que se derrama sobre el vino para impedir que se manche el mantel.

[x] acertar... encontrar un medio apropiado para disculparse

[y] al... mientras que la cara de su esposa se pone tan roja que parece estar en llamas

[z] me... me usa como cañón (*flue*) para su chimenea

[aa] Désele... Désele un verso que le ayude a comenzar

—¡Señores, por Dios!

—No hay remedio.

—En mi vida[164] he improvisado.

—No se haga usted el chiquito.[165]

—Me marcharé.

—Cerrar[166] la puerta.

—No se sale de aquí sin decir algo.

Y digo versos por fin, y vomito disparates, y los celebran,[167] y crece la bulla,[168] y el humo, y el infierno.

A Dios gracias, logro escaparme de aquel nuevo *pandemonio.* Por fin, ya respiro el aire fresco y desembarazado de la calle, ya no hay necios, ya no hay castellanos viejos a mi alrededor.

—¡Santo Dios, yo te doy gracias! —exclamo respirando, como el ciervo[169] que acaba de escaparse de una docena de perros y que oye ya apenas sus ladridos—; para de aquí en adelante no te pido riquezas, no te pido empleos, no honores; líbrame de los convites caseros y de días de días; líbrame de estas casas en que es un convite un acontecimiento, en que sólo se pone la mesa decentemente para los convidados, en que creen hacer obsequios cuando dan mortificaciones, en que se hacen finezas, en que se dicen versos, en que hay niños, en que hay gordos, en que reina, en fin, la brutal franqueza de los castellanos viejos. Quiero que, si caigo de nuevo en tentaciones semejantes, me falte un rosbif,[bb] desaparezca del mundo el bistec, se anonaden[170] los timbales de macarrones,[171] no haya pavos en Perigueux[cc] ni pasteles en Perigord, se sequen los viñedos de Burdeos, y beban, en fin, todos menos yo la deliciosa espuma[172] del champaña.

Concluída mi deprecación[173] mental, corro a mi habitación a despojarme de mi camisa y de mi pantalón, reflexionando en mi interior que no son unos todos[174] los hombres, puesto que los de un mismo país, acaso de un mismo entendimiento, no tienen las mismas costumbres, ni la misma delicadeza, cuando ven las cosas de tan distinta manera. Vístome y vuelo a olvidar tan funesto día entre el corto número de gentes que piensan, que viven sujetas al provechoso[175] yugo[176] de una buena educación libre y desembarazada,[177] y que fingen acaso estimarse y respetarse mutuamente para no incomodarse, al paso que las otras hacen ostentación de incomodarse, y se ofenden y se maltratan, queriéndose y estimándose tal vez verdaderamente.

Cuestionario

1. ¿Quién es el narrador del ensayo?
2. ¿Qué llega a saber el lector acerca de su ocupación, aspecto físico y carácter?
3. ¿Presenta el autor esa información directa o indirectamente?
4. ¿Cuál es el tono que emplea el narrador para retratarse a sí mismo,

[164] Nunca
[165] No... No sea usted tan tímido.
[166] Cerrad
[167] aplauden
[168] voces altas y ruidosas
[169] *deer*
[170] se eliminen
[171] timbales... *macaroon tarts*
[172] *foam*
[173] súplica
[174] unos... parecidos
[175] beneficioso
[176] *yoke*
[177] extensa

[bb]me... ojalá nunca vuelva yo a comer otro *roast beef*
[cc]ciudad de Francia conocida por sus trufas (*truffles*) y pasteles

comentar las costumbres de sus padres y describir las calles de Madrid?

5. ¿Qué actitud hacia la vida en general y hacia la sociedad en particular expresan las palabras siguientes: «traté sólo de volverme por conocer quién fuese tan mi amigo para tratarme tan mal»?

6. ¿Cuál es la función estructural de la escena en la que el narrador y Braulio se encuentran por primera vez?

7. ¿Qué simboliza Braulio y qué simboliza Fígaro?

8. En esta historia, ¿en qué consiste el conflicto entre el narrador y su antagonista?

9. ¿Por qué razón identifica el narrador a ciertos personajes por medio de una sola inicial?

10. ¿Qué aspecto simbólico cobra la imagen del capón queriendo «tomar su vuelo como en sus tiempos más felices»?

11. ¿De qué recursos narrativos se sirve el autor para crear el suspenso?

12. ¿Cuál es el clímax del cuento?

13. ¿Qué aspectos de la conclusión completan los argumentos y la técnica narrativa de la introducción?

Identificaciones

1. «el pan pan y el vino vino»
2. «Vile marchar como el labrador ve alejarse la nube de su sembrado.»
3. el señor de X
4. anfitrión
5. «mi joven *adlátere*»
6. «llueve la sal»

Temas

1. La estructura narrativa de este artículo de costumbres de Larra: organización de la materia e ideas principales.
2. El uso de la caricatura en el ensayo.
3. El elemento del humor en el ensayo: tipos, tono, efectos.
4. La figura del «castellano viejo» como símbolo.
5. El autorretrato de Fígaro.

José Ortega y Gasset

*José Ortega y Gasset (1883–1955), filósofo y ensayista español de fama interna-
cional. Influenciado por las doctrinas de pensadores alemanes como Immanuel
Kant y Arthur Schopenhauer, Ortega formuló una filosofía existencialista que
afectó tanto el pensamiento social contemporáneo como la nueva estética. Según
dicha filosofía, expresada sucintamente en la frase «yo soy yo y mi circunstancia»,
el ser humano es el producto de su propia voluntad, así como del momento y del
lugar en que vive. De acuerdo con esta premisa, cada persona posee una lógica
distinta—denominada la «razón vital»—y debe valerse de ella para triunfar sobre
su situación particular, controlando así su destino. Ortega cita a la España
decadente de su época como ejemplo de una sociedad homogénea, burguesa,
guiada por la mentalidad de masa y de ahí incapaz de determinar qué ruta seguir
como nación y qué rumbo dar a su cultura. Esta misma actitud intelectual, elitista,
la muestra Ortega ante el arte. Para él el objeto artístico sólo es artístico en la
medida que no es verosímil e interpretado del mismo modo por todos. En cambio
opta por un arte de minorías que sea un juego de la imaginación—algo abierto a la
interpretación personal y a la polémica. Estas ideas están expuestas en obras de
gran alcance y controversia como* España invertebrada *(1921),* El tema de nuestro
tiempo *(1923),* La deshumanización del arte *(1925) y* La rebelión de las masas
(1930).

Diálogo sobre el arte nuevo

A principios de este verano se encontraron un día
Baroja[a] y Azorín[b] en una librería de Bayona.[1]
Azorín venía de San Sabastián, Pío Baroja de su casa
de Vera.[2] Baroja, temperamento siempre fron-
terizo,[3] habita un viejo solar[4] que es la última habitación de la Península
en su linde con Francia. Azorín traspone ésta con frecuencia y va a San
Juan de Luz,[c] Biarritz[5] o Bayona. Dondequiera que vaya se le ve reca-
lar[6] en alguna librería porque Azorín sólo va donde las hay. Viaja para
ver libros. Baroja se desplaza[7] con mayor facilidad, y aunque fondea[8] también en las librerías que le salen al paso, su propósito es más bien el de
ver gente.

Azorín cultiva cada vez más la soledad. Tanto, que esta su soledad no
consiste ya simplemente en que se halle sin nadie al lado, sino que se ha
convertido en una realidad, en un cuerpo trasparente y sólido, en un
caparazón[9] cristalino que llevase en torno de su persona. Cuando alguien
le habla se sorprende e inquieta como si de súbito le hubieran quebrado
la vidriera de soledad circundante, o mejor, como si viviendo en una
dimensión inusitada,[10] sintiese que de pronto algún ser de nuestro mundo
habitual se filtrara mágicamente en el suyo exclusivo. Ello es que nuestro

[1] ciudad del sur de Francia
[2] pueblo español
[3] de frontera
[4] casa ancestral
[5] ciudad del departamento
de Bayona
[6] pararse
[7] viaja
[8] entrar
[9] *armor*
[10] a la que no está
acostumbrado

[a] Novelista español (1873–1956) de la llamada Generación del 98; se destaca por su espíritu anárquico e inconformista, así como por
su visión crítica y pesimista de la sociedad de su época.

[b] pseudónimo de José Martínez Ruiz (1873–1967), novelista, ensayista, poeta y dramaturgo español de la Generación del 98. Se
le conoce por su sensibilidad y por su carácter introspectivo.

[c] San... Saint-Jean-de-Luz, pueblo francés del departamento de Bayona

Azorín emerge ante el interlocutor asombrado y trémulo como el pez extraído de su «acuarium». La persona de este admirable y perdurable escritor, que encantó con sus violetas literarias nuestra mocedad,[11] va tomando un exquisito aspecto de ausencia y lejanía, de espectral inexistencia, y recuerda esos maravillosos cuadros de China que el tiempo ha cubierto con un velo fluido al través del cual sus paisajes, sus pabellones, sus mandarines nos aparecen como sumergidos en el fondo en un mar misterioso y profundo.

De este mágico abismo hizo ascender Baroja a Azorín, dándole suavemente un golpe sobre el hombro. De la conversación que tuvieron nos interesa lo siguiente:

—Acabo de leer en el tren—dijo Baroja—su artículo «El campo del arte», donde define usted su actitud frente al arte nuevo.

—Y qué, ¿no está usted de acuerdo?

—No puedo decir que no esté de acuerdo. Lo que me pasa es que no lo entiendo.

—¿No está claro lo que digo?

—Claro lo es usted siempre, Azorín. Mejor dicho, es usted la claridad misma. Pero éste es el inconveniente. Cuando no se trata de cosas y personas concretas, cuando se plantea usted temas generales y en vez de manejar colores, imágenes, sentimientos, camina usted entre ideas, envuelve usted las cuestiones en una claridad tal que quedan ocultas por ella. Vemos la claridad de usted; pero no conseguimos ver claras las cosas. Es usted pura luz, y para que se vea algo hace falta siempre alguna sombra.

—Antes no hablaba usted así, Baroja. Esta manera eutrapélica[12] de producirse[13] la ha adquirido usted practicando a las duquesas.

—Es posible que me haya quedado esa adherencia de mi fugaz trato con las duquesas. Pero mi impresión es más bien contraria. Las duquesas, que son, a veces, capaces de impertinencia, se hallan casi siempre exentas de ironía. Hoy no existe ironía en el mundo. Y se comprende. La ironía consiste en tener una personalidad efectiva, sobre la cual se da uno el lujo[14] de armar otra ficticia, inventada por uno mismo. Esto sólo puede permitírselo quien sienta muy segura socialmente su personalidad real, ¿y hay quien esté seguro de lo que es socialmente? Las duquesas menos que nadie. No saben qué hacer, las más discretas: si tomarse en serio como duquesas o comportarse como si no lo fueran. Les pasa como a nosotros, los escritores. Empezamos a sentir que la literatura no es ya un poder social, una magistratura; pero la gente todavía se pone a mirarnos, como a las jirafas del jardín zoológico. Esta duda radical que cada cual siente hoy sobre lo que es dentro de la arquitectura social, constituye una de las enfermedades de la época.

Sería un error creer que esta vacilación respecto al significado social de nuestra persona sólo perturba al vanidoso. Cada gesto que hagamos, cada palabra que pronunciemos, parte de un punto del volumen social—aquel que ocupamos—, y va a parar a otros. Cuando desconocemos el punto en que nos hallamos, no nos es posible determinar si nuestro gesto debe ir hacia arriba o hacia abajo, a la derecha o a la izquierda, ni si el público que nos escucha está lejos o está cerca y debemos gritar o

[11]juventud
[12]burlona
[13]expresarse
[14]se da... permitirse

musitar.[15] En otros tiempos, el coeficiente social[d] de cada hombre era cosa inequívoca que adquiría, inclusive, plástica evidencia en el uniforme adscrito a cada clase y oficio. ¡Vaya usted a saber cuál es hoy el papel de un escritor en la arquitectura social! No sabe uno si adoptar el gesto crispado de las gárgolas[16] o poner la sonrisa estúpida de una cariátide,[e] o, en fin, contentarse con ser un baldosín.[17] ¿Cómo quiere usted que se entretenga en ironizar nadie cuando está expuesto a verse convertido en baldosín del prójimo? Todas las energías, y más que hubiera, las gasta cada cual en afirmar y defender su personalidad efectiva.

—Con todo esto, se ha olvidado usted de mi artículo.

—Aquí lo tengo. Dice usted:

«La humanidad es muy vieja. No sé lo que se entiende por arte nuevo. La estética es tan vieja como la humanidad. De cuando en cuando se habla de renovación del arte. En realidad, las tales renovaciones son cosas superficiales. La esencia del arte no cambia. Como un artista no puede dejar de hacer lo que ya ha hecho, la humanidad no puede tampoco darse formas de arte distintas de las que ya se ha dado. Un pintor podrá, por ejemplo, esforzarse en encontrar una pintura nueva; cien pintores en todo el mundo podrán luchar para pintar de modo distinto a como han pintado sus antecesores. Los esfuerzos de todos serán inútiles. Tendrán que dibujar y emplear el color. No harán otra cosa que lo que hicieron, en las paredes de las cavernas, milenarios antecesores de esos artistas de ahora. La humanidad es vieja y ha hecho todo cuanto tenía que hacer. De cuando en cuando, a lo largo del tiempo, artistas y literatos imaginan que van a poder salir del círculo inflexible en que están encerrados. Ese círculo son las leyes de la materia y las normas perdurables del espíritu. Intentan esos literatos y artistas escribir y pintar como antes no se había escrito ni pintado. Y sus esfuerzos son inútiles. Al traspasar las fronteras de la experiencia secular y de las leyes de la materia, caen fuera de los términos del arte mismo que desean renovar. El círculo en que la humanidad está encerrada es inflexible. Para hacer otro arte, para crear otra estética, sería necesario crear otro mundo, hacer otra cosa que no fuera la materia y otra cosa que no fuera el espíritu.»

—¿No le parece a usted claro?

—Ya le he dicho que me parece demasiado claro. Dice usted que las «renovaciones del arte son cosas superficiales. La esencia del arte no cambia». Se me ocurre pensar que una de las cosas más esenciales en el arte es el estilo. Ahora bien: las renovaciones son cambios de estilo. ¿Cómo puede usted llamarlas superficiales? ¿Le parece a usted floja la diferencia entre una catedral gótica y el Partenón, o entre una pirámide y un pabellón Luis XV, o entre el dibujo geométrico de Creta[18] y «Las Meninas»?[f]

—Pero siempre el pintor tendrá que dibujar y emplear el color.

[15] hablar en voz baja
[16] gargoyles
[17] (fig.) persona de quien todo el mundo abusa (doormat)
[18] dibujo... diseño lineal

---

[d] coeficiente... la acción recíproca de un miembro de la sociedad con los otros
[e] estatua de mujer que generalmente sirve de columna o pilastra
[f] famoso cuadro del pintor español Diego Velázquez (1599–1660), ejemplo de la intensificación artística de la época barroca

—Pero ¿es eso la esencia del arte pictórico? Yo creía que eran dibujo y color más bien los medios, los materiales de la pintura. Para usted sólo habría una renovación no superficial del arte literario cuando dejase éste de usar vocablos. Me parece que se pasa[19] usted un poco, amigo Azorín.

—El arte es eterno.

—Un amigo mío de Vera, cuando oye que alguien dice palabras más sonoras que nutridas, suele exclamar: «¡Todo esto es carrocería!»[20] A mí esa eternidad del arte me parece también pura carrocería. Pongamos un poco menos que eterno. No sé quién preguntó una vez a Galileo si el Sol era eterno, y Galileo, supongo que sonriendo, respondió: *Eterno, no; ma ben antico.*[21]

—En el fondo, la literatura ha sido siempre lo mismo.

—¡Claro! En la primera mitad del siglo XIX hubo un poeta español, no recuerdo cuál, que compuso su «Oda al Sol»,[g] la cual empieza así:

¡Para y óyeme, oh Sol, yo te saludo!

En cambio, usted comienza uno de los capítulos de «La ruta de Don Quijote»: «Yo no he conocido jamás hombres más discretos, más amables, más sencillos que estos buenos hidalgos don Cándido, don Luis, don Francisco, don Juan Alfonso y don Carlos». Entre uno y otro comienzo, ¿no encuentra usted tampoco más que diferencias superficiales? Usa usted, amigo Azorín, de unas superficies muy gordas.

—¡Sutilezas! La materia y el espíritu serán siempre lo que han sido.

—Yo no sé muy bien qué sea materia ni qué sea espíritu; pero me parece que lo característico de la vida es la aparición súbita de especies nuevas. En mi huerta se plantaron hace años unas habichuelas:[22] cosecha[23] tras cosecha, venían siendo iguales. Pero hace un par de ellos aparecieron de pronto unas habichuelas punteadas que se han ido propagando a costa de las antiguas. ¿Por qué no pensar que las generaciones son cosechas humanas y que, de pronto, en una de ellas aparece una mutación?

—¡De Vries![h]

—En efecto, sería urgente un Hugo de Vries que botanizase en la historia. Debe usted leer las conferencias que dio hace dos años en las «Clifford Lectures» el gran biólogo norteamericano Lloyd Morgan sobre lo que él llama «evolución emergente», es decir, evolución con súbitas[24] y originales emergencias. Así se explicarían los cambios súbitos de gusto artístico. Usted y yo, habichuelas sin puntos, asistimos ahora al advenimiento de una literatura punteada.

—¡Guiso igual![25]

—No; el guiso no es igual; lo que será igual seguramente es la indigestión.

—El círculo en que la humanidad está encerrada es inflexible.

—Yo no veo ese círculo. ¡Cualquiera diría que la humanidad se ha

[19] se... exagera
[20] todo... *all this is a lot of hot air*
[21] *Eterno...* Eterno no, pero muy antiguo
[22] *beans*
[23] *crop*
[24] inesperadas
[25] Guiso... *"Six of one, half a dozen of the other."*

---

[g] poema del romántico español José de Espronceda
[h] Hugo De Vries (1848–1935), botánico holandés famoso por haber logrado producir nuevas plantas

muerto ya totalmente varias veces y ha vuelto a nacer para morir según idéntico programa! El círculo humano no se ha trazado aún. Este es el error capital que hallo en el libro de Spengler,[i] ahora tan en boga. Yo no lo he leído, pero lo he hojeado y me parece que esas semejanzas cíclicas encontradas por el autor en el desarrollo de diversas culturas, aun suponiendo que sean ciertas, no contradicen una evolución de la humanidad hacia estados siempre nuevos. Comete este alemán el mismo error que usted cuando supone que el arte siempre ha sido el mismo. ¡Claro está! Siempre es posible hallar en dos cosas alguna nota tan formal, tan abstracta o tan intrínseca que sea común a ambas, aunque, en rigor, se diferencien en todo lo demás. Los caballos y las ostras[26] se parecen en que no se suben a los árboles. La época del Imperio romano y la nuestra pueden parecerse en muchas cosas, y sin embargo, ser distintas, preparar un porvenir muy diverso. Lo importante no es hallar semejanzas, sino probar que no existen diferencias de monta.[27]

(El Sol, 26 de octubre de 1924)

Cuestionario

1. ¿Dónde y cuándo tiene lugar la conversación entre Baroja y Azorín?
2. Al principio del ensayo, ¿qué ejemplos da el autor para describir a los dos escritores? ¿Qué conclusiones se pueden sacar acerca de la personalidad de cada uno de ellos?
3. Explique la actitud del narrador ante Azorín, en el segundo párrafo. Específicamente, ¿de qué imagen o imágenes se sirve el texto para describir las características físicas de Azorín?
4. ¿Cuáles son los elementos más significativos de la descripción siguiente: «La persona de este admirable y perdurable escritor... va tomando un exquisito aspecto de ausencia y lejanía, de espectral existencia, y recuerda esos maravillosos cuadros de China que el tiempo ha cubierto con el velo flúido a través del cual sus paisajes, sus pabellones, sus mandarines nos aparecen como sumergidos en el fondo de un mar misterioso y profundo.»? ¿Qué efecto producen esos elementos en su conjunto?
5. ¿Cuál es la actitud de Azorín ante el arte nuevo? ¿Cuál es la de Baroja?
6. ¿Llegan a ponerse de acuerdo Baroja y Azorín?
7. ¿Quién usa las siguientes analogías y de qué modo se relacionan con la tesis que cada uno de los dos propone: «Usted y yo, habichuelas sin puntos, asistimos ahora al advenimiento de una literatura punteada» y «Los caballos y las ostras se parecen en que no se suben a los árboles»?

[26] *oysters*
[27] de... importantes

---

[i] Oswald Spengler (1880–1936), filósofo alemán, autor de *La decadencia de Occidente* (1920), obra en la que propone una «morfología de la historia». Según esta teoría, las civilizaciones del mundo, divididas por Spengler en cuatro categorías (la india, la antigua, la árabe y la occidental), evolucionarían asumiendo cuatro formas que corresponden a otras tantas etapas o «estaciones» de la historia: la fase intuitiva, la reformista y crítica, la filosófico-científica y la tecnológica, que es la que actualmente asume el mundo occidental. Según Spengler, el ser humano, al haber creado para sí un ambiente totalmente mecanizado, ha perdido todo su poder intuitivo y es incapaz de resolver los complejos problemas que le presenta su sociedad. De ahí la decadencia de los pueblos «superdesarrollados» del occidente y la promesa de un nuevo ciclo.

José Ortega y Gasset   285

Identificaciones

1. «El campo del arte»
2. «la gente se pone a mirarnos como a las jirafas del jardín zoológico»
3. «todo es carrocería»
4. «la materia y el espíritu serán siempre lo que han sido»
5. Spengler
6. «Comete este alemán el mismo error que usted»

Temas

1. La estructura dramática de «Diálogo sobre el arte nuevo».
2. Variaciones del tema de la «eternidad del arte» en el ensayo.
3. Las analogías del ensayo como técnica de persuasión.
4. El uso de figuras reales en circunstancias ficticias: su función dentro del ensayo.

Manuel González Prada

Manuel González Prada (1848–1918), poeta y prosista peruano, nació y falleció en Lima. Se le ha definido como el precursor del socialismo latinoamericano, lo que está comprobado en gran parte por haber sido toda su vida un escritor comprometido. De acuerdo con su ideología neo-marxista, González Prada se sintió obligado a abandonar la postura tradicional no-militante del artista y a llevar, en cambio, a la literatura y al lenguaje, la lucha por las reformas socio-políticas. Sus libros de ensayos más notorios, Pájinas libres (1894) y Horas de lucha (1908), dan testimonio de su inveterado activismo en pro de los derechos civiles y muestran a la vez cómo ese activismo se traduce en una prosa combativa y didáctica. De su producción poética cabe señalar, por sus innovaciones métricas en particular, Minúsculas *(1901) y* Exóticas *(1911).*

La educación del indio

P ara cohonestar[1] la incuria[2] del Gobierno y la inhumanidad de los expoliadores,[3] algunos pesimistas a lo[4] Le Bon[a] marcan en la frente del indio un estigma infamatorio: le acusan de refractario[5] a la civilización. Cualquiera se imaginaría que en todas nuestras poblaciones se levantan[6] espléndidas escuelas, donde bullen[7] eximios[8] profesores muy bien rentados[9] y que las aulas[10] permanecen vacías porque los niños,

[1] hacer pasar por buena una acción mala; racionalizar
[2] negligencia
[3] los que le quitan a uno con violencia lo que tiene
[4] a... al estilo de
[5] rebelde
[6] se... se construyen
[7] abundan
[8] ilustres
[9] muy... bien pagados
[10] salas de clase

---

[a] Gustave Le Bon (1841–1931), psicólogo social francés, autor de *Lois psychologiques de l'évolution des peuples* (*Psicología de las multitudes,* 1894). Según su tesis, muy popular en su época, la humanidad se dividiría en una jerarquía de razas superiores, encabezadas por los europeos, y de inferiores, a las que pertenecerían los demás pueblos. Lo que determina la «superioridad» o «inferioridad» de un pueblo, según Le Bon, es «el alma nacional», o sea, una cantidad de características psicológicas comunes que se transmiten por la herencia, igual que las anatómicas.

obedeciendo las órdenes de sus padres, no acuden[11] a recibir educación. Se imaginaría también que los indígenas no siguen los moralizadores ejemplos de las clases dirigentes o crucifican sin el menor escrúpulo a todos los predicadores de ideas levantadas[12] y generosas. El indio recibió lo que le dieron: fanatismo y aguardiente.[13]

Veamos ¿qué se entiende por civilización? Sobre la industria y el arte, sobre la erudición y la ciencia, brilla la moral como punto luminoso en el vértice de una gran pirámide. No la moral teológica fundada en una sanción póstuma,[b] sino la moral humana, que no busca sanción ni la buscaría lejos de la Tierra. El *summum*[14] de la moralidad, tanto para los individuos como para las sociedades, consiste en haber transformado la lucha de hombre contra hombre en el acuerdo mutuo para la vida. Donde no hay justicia, misericordia ni benevolencia, no hay civilización; donde se proclama ley social la *struggle for life,* reina la barbarie. ¿Qué vale adquirir el saber de un Aristóteles cuando se guarda el corazón de un tigre? ¿Qué importa poseer el don artístico de un Miguel Angel cuando se lleva el alma de un cerdo? Más que pasar por el mundo derramando la luz del arte o de la ciencia, vale ir destilando la miel de la bondad.[c] Sociedades altamente civilizadas merecerían llamarse aquellas donde practicar el bien ha pasado de obligación a costumbre, donde el acto bondadoso se ha convertido en arranque[15] instintivo. Los dominadores del Perú ¿han adquirido ese grado de moralización? ¿Tienen derecho de considerar al indio como un ser incapaz de civilizarse?

La organización politica y social del antiguo imperio incaico admira hoy a reformadores y revolucionarios europeos. Verdad, Atahualpa[d] no sabía el Padrenuestro ni Calcuchima[e] pensaba en el misterio de la Trinidad; pero el culto del Sol era quizá menos absurdo que la Religión católica, y el gran Sacerdote de Pachacamac[f] no vencía tal vez en ferocidad al padre Valverde.[g] Si el súbdito[16] de Huaina-Cápac[h] admitía la civilización, no encontramos motivo para que el indio de la República la rechace, salvo que toda la raza hubiera sufrido una irremediable decadencia fisiológica. Moralmente hablando, el indígena de la República se muestra inferior al indígena hallado por los conquistadores; mas depresión moral a causa de servidumbre política no equivale a imposibilidad absoluta para civilizarse por constitución orgánica. En todo caso ¿sobre quién gravitaría la culpa?

Los hechos desmienten[17] a los pesimistas. Siempre que el indio se instruye en colegios o se educa por el simple roce[18] con personas civilizadas, adquiere el mismo grado de moral y cultura que el descen-

[11] van
[12] sublimes
[13] bebida alcohólica muy fuerte (*fire-water*)
[14] (lat. *summum*) el máximo
[15] impulso
[16] subject
[17] (inf.: desmentir) contradicen
[18] trato

---

[b] sanción... premio o castigo divino que se recibe después de morir
[c] Más... *Rather than going around the world spilling the light of the arts and the sciences, it is better to distill the honey of kindness.*
[d] emperador del Perú a quien hizo dar muerte el conquistador Francisco Pizarro
[e] general del antiguo reino de Quito que en el siglo XVI luchó valientemente y obtuvo varias victorias sobre el inca Tupac Yupanqui
[f] dios de la mitología inca, creador y sustentador del universo, encargado de castigar al ser humano por sus transgresiones
[g] Fray Vicente de Valverde, capellán de Pizarro, culpable de la masacre de numerosos indios acusados de sacrilegio, incluso de la del mismo emperador Atahualpa
[h] emperador del Perú, conocido como «el Hijo del Sol»

diente del español. A cada momento nos rozamos con amarillos que visten, comen, viven y piensan como los melifluos[19] caballeros de Lima. Indios vemos en Cámaras, municipios,[20] magistraturas,[21] universidades y ateneos,[22] donde se manifiestan ni más venales[23] ni más ignorantes que los de otras razas. Imposible deslindar[24] responsabilidades en el *totum revolutis*[25] de la política nacional para decir qué mal ocasionaron[26] los mestizos, los mulatos y los blancos. Hay tal promiscuidad de sangres y colores, representa cada individuo tantas mezclas lícitas o ilícitas, que en presencia de muchísimos peruanos quedaríamos perplejos para determinar la dosis de negro y amarillo que encierran en sus organismos: nadie merece el calificativo[27] de blanco puro, aunque lleve azules los ojos y rubio el cabello. Sólo debemos recordar que el mandatario[28] con mayor amplitud de miras[29] perteneció a la raza indígena, se llamaba Santa Cruz. Lo fueron cien más, ya valientes hasta el heroísmo como Cahuide;[i] ya fieles hasta el martirio como Olaya.[j]

Tiene razón Novicow[k] al afirmar que las pretendidas incapacidades de los amarillos y los negros son quimeras[30] de espíritus enfermos. Efectivamente, no hay acción generosa que no pueda ser realizada por algún negro ni por algún amarillo, como no hay acto infame que no pueda ser cometido por algún blanco. Durante la invasión de China en 1900[l] los amarillos del Japón dieron lecciones de humanidad a los blancos de Rusia y Alemania. No recordamos si los negros de Africa las dieron alguna vez a los boers del Transvaal o a los ingleses del Cabo: sabemos sí que el anglosajón Kitchener[m] se muestra tan feroz en el Sudán como Behanzin[n] en el Dahomey. Si en vez de comparar una muchedumbre de piel blanca con otras muchedumbres de piel oscura, comparamos un individuo con otro individuo, veremos que en medio de la civilización blanca abundan cafres[31] y pieles rojas por dentro. Como flores de raza u hombres representativos, nombremos al Rey de Inglaterra y al Emperador de Alemania: Eduardo VII y Guillermo II[o] ¿merecen compararse con el indio Benito Juárez[p] y con el negro Booker Washington?[q] Los que antes de ocupar un trono vivieron en la taberna, el garito[32] y la mancebía,[33] los que

19 dulces en el modo de hablar y tratar
20 *town councils or halls*
21 conjunto o cuerpo de magistrados
22 sociedades literarias o científicas
23 que se dejan sobornar fácilmente
24 separar
25 *totum...* (lat.) *revolving door*
26 causaron
27 denominación
28 gobernante
29 amplitud... *for all intents and purposes*
30 ilusiones
31 bárbaros y crueles
32 casa de juego clandestina
33 *brothel*

i el último gran capitán de los incas. Pereció en el sitio de Cuzco. Viendo que sus soldados morían de sed y miedo, incapaces de luchar, mató a muchos de ellos por cobardes y luego se suicidó.

j José Olaya (1782–1823), mártir patriota torturado y fusilado por los españoles durante la Guerra de la Independencia

k Nicolai I. Novicov (1744–1818), editor y crítico social ruso. Sus ideas sobre reformas sociales en su tierra tuvieron gran repercusión durante el siglo XVIII. Dedicó su vida a luchar contra la esclavitud, la ignorancia y el fanatismo.

l El autor se refiere a la expedición internacional de tropas alemanas, japonesas, inglesas, italianas y norteamericanas enviadas a China para quebrar el sitio de Tien-Tsin y rescatar a los miembros de las legaciones extranjeras durante la rebelión de los «Boxers».

m Horatio H. Kitchener (1850–1916), ilustre líder militar inglés a quien se atribuyen las mayores victorias de las guerras de Sudán, Africa del Sur (Guerra de los Boers, 1899–1902) y Primera Guerra Mundial

n Monarca del reino de Dahomey (hoy República Popular de Benín, en el Africa Occidental) conocido por sus violentos asaltos contra los franceses en defensa de sus propios dominios

o Eduardo... el autor se vale de estos célebres monarcas para simbolizar el tipo de nobleza que se adquiere por herencia y no por esfuerzo y mérito propios.

p presidente y patriota mexicano (1806–1872) de sangre india, líder de la resistencia que liberó el país de los franceses. Estos habían convertido México (1863) en un imperio confiado a Maximiliano de Austria.

q Booker T. Washington (1856–1915), reformador y educador norteamericano, hijo de padre blanco y de una esclava mulata. Fundó en 1881 la primera escuela normal para los negros (Tuskegee Institute).

desde la cima de un imperio ordenan la matanza sin perdonar a niños, ancianos ni mujeres llevan lo blanco en la piel mas esconden lo negro en el alma.

¿De sólo la ignorancia depende el abatimiento[34] de la raza indígena? Cierto, la ignorancia nacional parece una fábula cuando se piensa que en muchos pueblos del interior no existe un solo hombre capaz de leer ni de escribir, que durante la Guerra del Pacífico[r] los indígenas miraban la lucha de las dos naciones como una contienda civil entre el general Chile y el general Perú, que no hace mucho los emisarios de Chucuito[s] se dirigieron a Tacna[t] figurándose encontrar ahí al Presidente de la República.

Algunos pedagogos (rivalizando con los vendedores de panaceas) se imaginan que sabiendo un hombre los afluentes[35] del Amazonas y la temperatura media de Berlín, ha recorrido la mitad del camino para resolver todas las cuestiones sociales. Si por un fenómeno sobrehumano, los analfabetos nacionales amanecieran mañana, no sólo sabiendo leer y escribir, sino con diplomas universitarios, el problema del indio no habría quedado resuelto: al proletariado de los ignorantes, sucedería el de los bachilleres y doctores. Médicos sin enfermos, abogados sin clientela, ingenieros sin obras, escritores sin público, artistas sin parroquianos, profesores sin discípulos, abundan en las naciones más civilizadas formando el innumerable ejército de cerebros con luz y estómagos sin pan. Donde las haciendas de las costas suman cuatro o cinco mil fanegadas,[36] donde las estancias[37] de la sierra miden treinta y hasta cincuenta leguas, la nación tiene que dividirse en señores y siervos.

Si la educación suele[38] convertir al bruto impulsivo en un ser razonable y magnánimo, la instrucción le enseña y le ilumina el sendero[39] que debe seguir para no extraviarse[40] en las encrucijadas[41] de la vida. Mas divisar[42] una senda no equivale a seguirla hasta el fin; se necesita firmeza en la voluntad y vigor en los pies. Se requiere también poseer un ánimo de altivez[43] y rebeldía, no de sumisión y respeto como el soldado y el monje.[44] La instrucción puede mantener al hombre en la bajeza y la servidumbre: instruidos fueron los eunucos y gramáticos de Bizancio.[u] Ocupar en la Tierra el puesto que le corresponde en vez de aceptar el que le designan: pedir y tomar su bocado;[45] reclamar[46] su techo y su pedazo de terruño,[47] es el derecho de todo ser racional.

Nada cambia más pronto ni más radicalmente la psicología del hombre que la propiedad: al sacudir[48] la esclavitud del vientre,[49] crece en cien palmos.[50] Con sólo adquirir algo, el individuo asciende algunos peldaños[51] en la escala social, porque las clases se reducen a grupos clasificados por el monto de la riqueza. A la inversa del globo aerostáti-

[34] depresión
[35] *tributaries*
[36] Una fanegada corresponde a 1.59 acres de tierra.
[37] haciendas destinadas al cultivo y a la ganadería
[38] acostumbra a
[39] (fig.) camino o medio para hacer algo
[40] perder el camino
[41] (fig.) situaciones difíciles
[42] ver a lo lejos
[43] arrogancia
[44] *monk*
[45] *morsel*
[46] *claim*
[47] tierra
[48] *shake off*
[49] cavidad del cuerpo que contiene el estómago y los intestinos
[50] medida de longitud que equivale a 8 pulgadas
[51] *steps*

---

[r] guerra... Después de esta guerra (1879–1883), en la que el Perú fue derrotado por Chile, González Prada que había peleado valientemente en ella, se encerró en su casa. Sólo salió a la calle cuando supo que los invasores chilenos se habían marchado.

[s] punto del lago Titicaca, cerca de la frontera de Bolivia

[t] ciudad y provincia que Perú tuvo que ceder a Chile tras la Guerra del Pacífico

[u] eunucos... referencia a los esclavos castrados (*eunuchs*) y a los entendidos en gramática (*grammarians*) que en la época del imperio otomano vivieron en lo que hoy es Constantinopla (Byzantium)

co[52] sube más el que más pesa. Al que diga: *la escuela*, respóndasele: *la escuela y el pan.*

La cuestión del indio, más que pedagógica, es económica, es social. ¿Cómo resolverla? No hace mucho que un alemán concibió la idea de restaurar el Imperio de los Incas:[v] aprendió el quechua,[w] se introdujo en las indiadas[53] del Cuzco, empezó a granjearse partidarios,[54] y tal vez habría intentado una sublevación,[55] si la muerte no le hubiera sorprendido al regreso de un viaje por Europa. Pero ¿cabe[56] hoy semejante restauración? Al intentarla, al querer realizarla, no se obtendría más que el empequeñecido remedo[57] de una grandeza pasada.

La condición del indígena puede mejorar de dos maneras: o el corazón de los opresores se conduele al extremo de reconocer el derecho de los oprimidos, o el ánimo de los oprimidos adquiere la virilidad suficiente para escarmentar[58] a los opresores. Si el indio aprovechara en rifles y cápsulas[59] todo el dinero que desperdicia[60] en alcohol y fiestas, si en un rincón de su choza[61] o en el agujero de una peña[62] escondiera un arma, cambiaría de condición, haría respetar su propiedad y su vida. A la violencia respondería con la violencia, escarmentando al patrón que le arrebata[63] las lanas, al soldado que le recluta en nombre del Gobierno, al montonero[x] que le roba ganado y bestias de carga.[64]

Al indio no se le predique humildad y resignación, sino orgullo y rebeldía. ¿Qué ha ganado con trescientos o cuatrocientos años de conformidad y paciencia? Mientras menos autoridades sufra, de mayores daños se liberta. Hay un hecho revelador: reina mayor bienestar en las comarcas[65] más distantes de las grandes haciendas, se disfruta[66] de más orden y tranquilidad en los pueblos menos frecuentados por las autoridades.

En resumen: el indio se redimirá[67] merced a[68] su esfuerzo propio, no por la humanización de sus opresores. Todo blanco es, más o menos, un Pizarro, un Valverde o un Areche.[y]   (*Horas de Lucha*, Lima, 1908)

[52] globo... *air balloon*
[53] muchedumbre de indios
[54] granjearse... ganarse seguidores que compartan las ideas de uno
[55] rebelión contra la autoridad constituida
[56] es posible
[57] mala imitación de una cosa
[58] *chastise*
[59] envoltura que en este caso encierra la pólvora de una bala o un proyectil
[60] *wastes*
[61] cabaña
[62] monte o pico de sierra montañosa
[63] quita con violencia
[64] bestias... *beasts of burden*
[65] territorios
[66] se goza
[67] se salvará de la esclavitud
[68] gracias a

Cuestionario

1. ¿Cuál es la tesis o idea central propuesta por el ensayista?
2. Según el primer párrafo, ¿qué reputación tiene el indio en el Perú? ¿Quién ha creado esa reputación y con qué motivo?
3. Al leer ese primer párrafo, ¿qué falsas conclusiones es posible sacar del sistema de educación peruano—las escuelas, el profesorado, la administración—y de las familias de los alumnos indígenas?
4. ¿Qué replica González Prada a los razonamientos de los que sostienen que el indio ha sido educado debidamente?

---

[v] alemán... Probablemente el autor alude a Ernst Wilhelm Middendorf (1830–1908), uno de los muchos extranjeros que dejaron su imprenta en el Perú. Este escribió la notable monografía *El Perú*, e hizo estudios sobre las lenguas aborígenes.

[w] idioma de los quechuas o quichuas, indios que habitaban en la región norte y oeste de Cuzco

[x] miembro de una «montonera» (grupo de gente de a caballo que guerreaba contra el gobierno)

[y] José de Areche, visitador (*inspector*) oficial español enviado al Perú por el rey Carlos III para inspeccionar el Virreinato y proponer reformas. (A pesar de la buena voluntad del rey y de sus emisarios, sus reformas o no se efectuaron o no alcanzaron a mejorar las condiciones del indio.)

5. El segundo párrafo hubiera podido comenzar simplemente con «Por civilización se entiende....» Sin embargo, se lee: «Veamos ¿qué se entiende por civilización?» ¿Cuál es el propósito del autor al formular la pregunta? ¿Qué relación quiere establecer con el lector?

6. ¿Qué entienden por civilización las clases dirigentes peruanas? ¿Por qué rechaza nuestro ensayista la definición de esas clases, y qué evidencias históricas presenta para justificar su propio punto de vista?

7. El poder de persuasión de un ensayo depende en gran parte de su valor estético. ¿Qué artificios literarios representan los siguientes ejemplos y qué efecto desea lograr el autor: 1) «Donde no hay justicia, misericordia ni benevolencia, no hay civilización; donde se proclama ley social la 'struggle for life', reina la barbarie»; 2) «¿Qué vale adquirir el saber de un Aristóteles cuando se guarda el corazón de un tigre?»; y 3) «Más que pasar por el mundo derramando la luz del arte o de la ciencia, vale ir destilando la miel de la bondad.»?

8. ¿Qué revela este ensayo sobre la estructura ética del Perú? ¿Muestra cierta parcialidad por alguna raza el autor?

9. ¿De qué manera se vale el autor del ejemplo de la Guerra del Pacífico para reforzar la tesis fundamental?

10. ¿Qué distinción se hace entre «educación» e «instrucción»? Por consiguiente, ¿qué implica el aforismo «Al que diga: *la escuela,* respóndasele: *la escuela y el pan*»?

Identificaciones
1. «fanatismo y aguardiente»
2. Atahualpa
3. Benito Juárez
4. «a la inversa del globo aerostático, sube más el que más pesa»
5. quechua
6. «vendedores de panaceas»

Temas
1. Los temas principales de «La educación del indio».
2. Las estrategias persuasivas de González Prada: la técnica retórica o la relación entre el ensayista y su público.
3. Los elementos lingüísticos más significativos del ensayo.
4. El uso de los ejemplos en el ensayo de González Prada: tipos y función.

Julio Camba

Julio Camba (1884–1962), periodista y ensayista español nacido en Galicia. Sus artículos, entretenidos y penetrantes bosquejos o «sketches», son en su mayor parte el resultado de los muchos viajes que el autor hizo por España, Europa y América. En dichos artículos Camba, uno de los más distinguidos humoristas españoles del siglo XX, caricaturiza la vida y las costumbres modernas, demostrando un extraordinario poder de observación y una admirable habilidad de captar el lado cómico de las cosas. El ensayo que sigue, «Una peluquería americana», proviene de Un año en el otro mundo (1917). Aquí Camba relata sus experiencias en los Estados Unidos, país que por su progreso social y tecnológico tenía entonces la reputación de ser una tierra milagrosa. Otros valores de la ensayística de Camba los representan obras tales como Alemania (1916), Londres (1916) y La rana viajera (1920).

Una peluquería americana

No hay nada tan americano como una peluquería[1] americana. No, ¡nada!... Ni los rascacielos americanos, ni las bebidas americanas, ni el reporterismo americano... Una peluquería americana es algo mucho más enérgico, mucho más complicado, mucho más mecánico, mucho más rápido, mucho más caro y mucho más americano que todo eso.

Uno entra, e inmediatamente se encuentra atacado por dos o tres boxeadores que le despojan del sombrero, de la chaqueta, del chaleco,[2] del cuello y de la corbata. El procedimiento es eficaz, pero demasiado violento.

—¿Por qué me boxean ustedes?—dicen que dijo una vez un extranjero—. No es necesario. Yo no hago resistencia ninguna...

Consumado el despojo, uno es conducido a una silla que en una fracción de segundo se convierte en cama de operaciones. Entonces un hombre, con una mano enorme, le coge a uno la cabeza como pudiera coger un melocotón,[3] y poniéndole con la otra mano una navaja cerca del cuello, le pregunta:

—¿Qué va a ser? ¿Afeitar? ¿Cortar el pelo? ¿Masaje facial? ¿Arreglar las uñas? ¿Limpiar las botas? ¿Masaje craneano?[4] ¿Champoing? ¿Quinina?...

Uno está completamente a la merced de aquel hombre y no puede negarle nada.

—Sí—va diciendo uno—. Lo que usted quiera...

El hombre da ciertas órdenes, que nosotros no percibimos porque previamente, y de un solo golpe de brocha,[5] nos ha tapado los ojos y los oídos con una capa de jabón. Notamos que alguien nos trabaja en las manos, y adivinamos que es una manicura. Algún negro debe también de estarnos limpiando las botas. Mientras tanto, el peluquero nos somete a

[1] barbería
[2] vest
[3] peach
[4] skull
[5] shaving brush

unos procedimientos científicos de tortura... Ya estamos afeitados, y a la capa de jabón ha sucedido una capa de pomada.[6] La mano enorme nos da masaje. Luego nos tapa la cara con una toalla caliente, que nos abrasa.[7] En seguida la toalla caliente es substituída por una toalla empapada en agua fría. No podemos ver, hablar ni respirar. ¿Cuál será la intención de este hombre al someternos a temperaturas alternas? ¿No es ése un procedimiento que se usa para matar cierta clase de microbios?

Libres de la última toalla, podemos ver a la manicura que arregla nuestras uñas, al peluquero y a los negros. Todas nuestras extremidades están en manos ajenas. Numerosas personas trabajan por nuestra cuenta, y no deja de haber cierta satisfacción en pensar que uno le da de vivir a tanta gente.

—¿No podría usted emplear conmigo a alguien más?—pregunta a veces un millonario.

En realidad, nosotros no hemos enumerado a todas las personas que nos sirven. Hay todavía un hombre, en un ángulo de la peluquería, dedicado a limpiar, planchar y cepillar nuestro sombrero. El sombrero también recibe su correspondiente masaje. Es nuestra sexta extremidad, como si dijéramos.

Y nuestro suplicio[8] continúa. Ahora estamos sometidos a una fuerte corriente eléctrica. El peluquero pasa por nuestra cara un aparato vibratorio, que nos hace el efecto de una máquina apisonadora.[9] Ya tenemos las botas limpias. La manicura abandona nuestra mano derecha y se nos apodera de la izquierda, mientras el peluquero comienza a cortarnos el pelo. Y, en medio de todo, estas torturas no carecen de voluptuosidad. Así, cuando el peluquero nos pasa por la nuca corrientes alternas de aire frío y caliente, a nosotros nos agrada el sentir nuestra mano entre las manos de la manicura.

Por fin, el suplicio termina. Es decir, todavía hay que pagar la cuenta... Sacamos un fajo de billetes[10] y los distribuimos entre la multitud.

Y todo esto, incluso el pago, que es lo que nos ha parecido más largo, no ha durado ni un cuarto de hora. Todo se ha hecho rápidamente y con mucha maquinaria. No hay duda de que una peluquería americana es la cosa más americana del mundo.

[6]cosmético
[7]quema
[8]tortura
[9]máquina... *steam roller*
[10]fajo... *roll of bills*

Cuestionario

1. ¿Qué tesis plantea Camba en el primer párrafo?
2. ¿Qué recursos literarios emplea el autor en ese párrafo para crear un efecto cómico?
3. ¿Cuál es la imagen de la «típica» peluquería americana que se crea al principio del ensayo para captar en seguida la atención del lector?
4. ¿Qué función desempeñan las primeras palabras del diálogo? ¿Qué tipo de psicología usa el ensayista para ganarse la simpatía del lector?
5. ¿Con qué compara el narrador la silla de la barbería donde colocan a los clientes?

6. ¿Cómo está caracterizada la figura del barbero? Es decir, ¿con qué tipo de individuo quiere el autor identificar al barbero?
7. ¿Por qué emplea el narrador las voces de *uno* («Uno entra...»/«uno es conducido a una silla...») y de *nosotros* («Ya estamos afeitados...»/«Notamos que alguien nos trabaja en las manos...»)? ¿Qué efecto logra con una y otra forma?
8. ¿Qué elemento cómico y a la vez patético contienen las siguientes expresiones: «Todas nuestras extremidades están en manos ajenas... »; «¿No podría emplear conmigo a alguien más?»; y «No deja de haber cierta satisfacción en pensar que uno le da de vivir a tanta gente.»?

Identificaciones
1. «lo que Vd. quiera»
2. «un hombre en un ángulo de la peluquería»
3. «una máquina apisonadora»
4. «Sacamos un fajo de billetes y lo distribuimos entre la multitud.»
5. «la cosa más americana del mundo»

Temas
1. La imagen de los Estados Unidos presentada en el ensayo.
2. El tono y el humorismo del ensayo.
3. La situación del hombre moderno según «Una peluquería americana».
4. La función de la hipérbole o exageración en el ensayo.

Ezequiel Martínez Estrada

Ezequiel Martínez Estrada (1895–1964), pensador, ensayista, novelista y poeta argentino. Alcanzó su mayor éxito en el género ensayístico, en el que se distinguió por sus extraordinarias dotes de intérprete y profeta de la realidad argentina. En sus ensayos literarios, compuestos apasionada y poéticamente, se perfila un ser introvertido, pesimista, agobiado por la angustia espiritual que caracteriza al existencialista moderno. La cabeza de Goliat, de donde está sacado el presente ensayo, es uno de sus escritos más representativos. En él, el autor realiza una microscopía, o sea, un profundo y detallado análisis de Buenos Aires que completa con Radiografía de la pampa *(1933), tal vez su obra maestra. Otras grandes obras de la ensayística de Martínez Estrada son* Muerte y transfiguración de Martín Fierro *(1948) y* Exhortaciones *(1957). Dentro de su poética y novelística sobresalen, respectivamente,* Oro y piedra *(1918) y* María Riquelme *(1956).*

Estaciones de descanso

uchas familias prefieren la vida de pensión a la vida de hogar. Centenares de ellas viven en hoteles. Eluden[1] las molestias del menaje[2] y esquivan[3] al mismo tiempo enfrentarse con la respon-

[1] Evaden
[2] muebles de una casa
[3] evitan

sabilidad de su existencia. Un pensionista[4] ha resuelto casi todos los problemas familiares. Ingresa[5] en una comunidad más amplia, donde la familia estricta es absorbida por la vida colectiva, como la vida de la pensión por la ciudad.

Esos son los habitantes lógicos de las ciudades. Pues una ciudad es el lugar donde se refugia el hombre mientras dispara del cumplimiento de sus deberes para con Dios,[6] la naturaleza y sus semejantes.

Los hoteles son indispensables en las ciudades, tanto como las mujeres públicas,[7] a las que se parecen también por múltiples analogías. El hombre necesita del hogar[8] y de la compañía; pero no siempre ni a todas horas. El hotel es el simulacro[9] del hogar, como la mujer pública es el simulacro de la esposa. Una esposa sin menaje. Los amantes que se suicidan en un hotel realizan un ciclo perfecto y completo de la vida de la ciudad. Se requiere un esfuerzo para no ver que el habitante de la ciudad es un transeúnte; que está de paso.[10] Morir en un hotel es lo más absurdo, dentro del orden natural de las cosas, pero lo más natural dentro del orden absurdo.

En Nueva York que es la ciudad por antonomasia,[11] donde el estilo de edificación ha hecho indispensable el divorcio, la vida de hotel ha reemplazado a la vida de hogar. Nosotros gustamos de vivir en el hotel como en nuestra casa; pero el neoyorquino[12] gusta de vivir en su casa como en el hotel. Para decirlo con mayor propiedad,[13] ha invertido las funciones: come, se divierte y procrea en los hoteles y duerme en la casa.

También vamos en camino de esa vida, porque vamos en camino de gobernarnos por el sentido de la economía y la comodidad. Puede ser muy arraigado[14] el sentimiento del hogar, del «sweet home», en el norteamericano; pero entre el norteamericano y el inglés hay el abismo[15] que entre el retrato y la caricatura. A veces la caricatura se parece más al ser viviente que él mismo, pero es otra cosa. Ese sentimiento nostálgico del hogar es propio del que ha renunciado a él (siquiera sea en su subsconsciencia) y caracteriza a los pueblos de navegantes.[16] Asimismo[17] el amor a la patria lejana es típico del que la ha abandonado.

Nosotros tenemos ya bares automáticos y restaurantes que nos economizan las molestias de la servidumbre cara y descortés. Se construyen departamentos[18] en previsión de evitar el servicio doméstico y esto es una resta[19] que al hogar hace el restaurante, porque el hogar se ha instituido también para templar[20] a los hombres. Poco a poco vamos acostumbrándonos a comer fuera de casa, a divertirnos fuera de casa, a encontrar hecho lo que se hacía personalmente o se presenciaba que se hacía. Es el camino del adulterio.

Hoteles, restaurantes, bares automáticos, casa de hospedaje[21] y de pensión, modifican nuestro sentido de la vida; porque ellos nacieron según los planes de la ciudad y nosotros según los planes de la embriología. Son comodidades de la ciudad que reemplazan a las incomodidades creadas por la ciudad. Primero nos aparece una incomodidad por la fricción de la vida con la ciudad, como una llaga en el pie por el roce[22] del zapato; después la ciudad nos ofrece una comodidad como una tira emplástica.[23] Más tarde nos acostumbramos y la costumbre es el

[4] persona que vive en una pensión o casa de huéspedes
[5] entra
[6] dispara... *flees his duties toward God*
[7] mujeres... prostitutas
[8] casa
[9] mala imitación de una cosa o persona
[10] está... está en un lugar temporalmente
[11] por... por excelencia
[12] habitante de Nueva York
[13] exactitud
[14] firme
[15] *abyss*
[16] los que navegan
[17] De este modo
[18] apartamentos
[19] daño
[20] formar
[21] casa... casa de huéspedes
[22] *rubbing*
[23] tira... *Band-aid*

callo.[24] Al final la comodidad nos roza y nos forma otra llaga.[25] Entonces la ciudad nos inventa otro lenitivo[26] y así, a medida que[27] nosotros nos hacemos más huéspedes, ella se hace más hospitalaria.[28]

[24] *corn, callus*
[25] *sore*
[26] remedio para calmar un dolor
[27] a... en cuanto; cuando
[28] que acoge en su casa a quien lo necesite

Cuestionario

1. El autor utiliza la primera persona plural, **nosotros,** como voz narrativa. ¿Por qué es más apropiada para este ensayo esa perspectiva que la primera o tercera persona singular?
2. ¿Cuál es la tesis o mensaje fundamental del ensayo?
3. ¿Cómo concibe el autor el problema del hombre moderno, a juzgar por su alusión a «las molestias del menaje» y «la responsabilidad de su existencia»?
4. Según el autor, ¿a quién debe dar cuenta de sus acciones el ser humano?
5. ¿De qué analogías se vale el autor en el párrafo tres para poner de relieve su tesis, y cuál es la importancia de esas analogías en el desarrollo del tema?
6. ¿Cuáles son los retruécanos (juegos de palabras) que aparecen en este ensayo y cuál es su función?
7. ¿Por qué usa el autor a Nueva York como símbolo?
8. ¿En qué consiste la analogía del retrato y de la caricatura, y cuál es su función en la estructura del ensayo?
9. ¿Se puede considerar apropiado el título «Estaciones de descanso» a las ideas expresadas en el párrafo final del ensayo?

Identificaciones

1. el «orden absurdo»
2. neoyorquino
3. «comodidades de la ciudad»

Temas

1. Las tesis principales de Martínez Estrada en este ensayo.
2. La imagen del hombre moderno en «Estaciones de descanso».
3. El tono y el humor del ensayo.

Rosario Castellanos

Rosario Castellanos (1925–1974), poetisa, novelista, cuentista, dramaturga, ensayista y crítica mexicana, pereció trágicamente en Israel donde desempeñaba el cargo de embajadora. Como poetisa es una de las más destacadas de México. Sus versos se caracterizan tanto por el pensamiento profundo como por su lirismo (Poemas, 1957; Al pie de la letra, 1959). La protesta social que atraviesa sus obras en prosa se hace sentir de modo particular en sus novelas (Balún-Canán, 1957; Oficio de tinieblas, 1962; y Rito de iniciación, 1965). En estas novelas Castellanos retrata el mundo fantástico lleno de supersticiones y brujerías en que el indio ha sido obligado a vivir por el blanco—mundo que todavía le impide integrarse a la sociedad moderna. Los ensayos de Castellanos, publicados en su mayor parte en suplementos literarios y en revistas (Excelsior, Novedades, etc.) y recogidos en obras como Juicios sumarios (1966), Mujer que sabe latín (1973) y El uso de la palabra (1974), establecen a la escritora como una de las voces más fuertes y elocuentes en la defensa de los derechos humanos, entre ellos los de la mujer. Según lo muestra «La liberación del amor», la autora se vale de un lenguaje expresivo, marcadamente irónico, para combatir el conformismo que impide a las minorías mexicanas progresar y realizar su potencial.

La liberación del amor

Usted, señora, abnegada[1] mujercita mexicana; o usted, abnegada mujercita mexicana en vías de emancipación: ¿qué ha hecho por su causa en los últimos meses? Me imagino la respuesta obvia: repasar el texto ya clásico de Simone de Beauvoir,[a] ya sea para disentir o para apoyar sus propios argumentos o simple y sencillamente para estar enterada. Mantenerse al tanto[2] de los libros que aparecen, uno tras otro, en los Estados Unidos: las exhaustivas descripciones de Betty Friedan, la agresividad de Kate Millet, la lúcida erudición de Germaine Greer.[b]

Y, claro, usted sigue de cerca los acontecimientos con los que manifiesta su existencia el Women's Lib. Se hizo la desentendida,[3] seguramente, cuando supo lo del acto simbólico de arrojar al fuego las prendas íntimas[4] porque eso se prestaba a muchos y muy buenos chistes. Se ajustó bien las suyas[5] recordando vagamente aquel grito de los españoles bajo el régimen de Fernando VII,[c] «¡Vivan las cadenas!», y no le pareció, en lo más mínimo, aplicable al caso que nos ocupa.

Quizá se sintió cómplice de las que secuestraron[6] al director de una revista pornográfica porque mostraba a las mujeres como un mero objeto sexual. Pero, de todas maneras, lamentó que el ejemplo de las norte-

[1] que se sacrifica por los otros
[2] al... informado, al corriente
[3] Se... Fingió que no entendía
[4] *underclothes*
[5] se... guardó bien su propia ropa
[6] *kidnap*

---

[a] escritora contemporánea francesa conocida por su activismo en favor de los derechos de la mujer; la autora se refiere aquí al libro *Le Deuxième Sexe* (*El segundo sexo*, 1947), que colocó a Beauvoir a la vanguardia del feminismo del siglo XX.

[b] Betty... feministas contemporáneas, autoras respectivamente de *The Feminine Mystique* (1963), *Sexual Politics* (1970) y *The Female Eunuch* (1970).

[c] Monarca absolutista español (1784–1833)

americanas sea imposible de seguir en México. ¡Nuestra idiosincrasia es tan diferente! Y también nuestra historia y nuestras tradiciones. El temor al ridículo nos paraliza y entendemos muy bien al poeta francés cuando confiesa que «por delicadeza, ha perdido su vida».

Por lo que le pueda servir (a veces es bueno entrar en la casa de la risa[7] y mirar nuestra imagen reflejada en los espejos deformantes) voy a pasarle al costo[8] una información que acaso usted ya posee pero que, para mí, fue una verdadera sorpresa: la actitud que han adoptado en Japón para enfrentarse al problema de la situación de la mujer en la sociedad y de los papeles que tiene que desempeñar. Esa actitud que cristaliza en un Movimiento de Women's Love para oponerse al Women's Lib.

Usted pudo enterarse porque a propósito del viaje presidencial al Lejano Oriente, las páginas de los periódicos y revistas mexicanas estuvieron llenas de datos sobre los diferentes aspectos de la vida en aquellas latitudes. Yo me enteré gracias a la visita que hizo a Israel[d] la señora Yachiyo Kasagi que es periodista, maestra, conferenciante, experta en la rehabilitación de los sordomudos y, en sus ratos de ocio, apasionada lideresa del Women's Love.

La señora Kasagi hizo la siguiente revelación: que una mujer graciosa, amable y, aparentemente, sumisa, puede conquistar al hombre, y, sin que él se entere, imponerle sus propios puntos de vista. Recuerde usted que las moscas se cazan con miel, no con vinagre, y que una mujer histérica y furiosa no alcanza a producir más que repugnancia entre los miembros del sexo opuesto y lástima o risa despiadada entre los miembros de su propio sexo.

Cedo la palabra a la señora Kasagi, quien afirma que el hecho de enarbolar[9] la bandera del amor y rechazar la militancia de las exigentes y violentas no hace más que reflejar su propia filosofía de la vida. Eso no quiere decir que no trabaje, y muy activamente, en la emancipación de la mujer japonesa, sólo que sus métodos son diferentes, más de acuerdo con la imagen femenina oriental en la que la mujer encarna los valores de la delicadeza y del encanto.

¿Por qué rechazar esta imagen para adoptar otra que les es profundamente extraña, como la que propone la actual cultura de occidente? Al contrario; la actividad de la señora Kasagi se dirige al rescate[10] de una serie de técnicas que estuvieron a punto de perderse a raíz de[11] la derrota japonesa al término de la Segunda Guerra Mundial.

En la familia japonesa de antaño[12] la madre transmitía a la hija los elementos para ser considerada una verdadera mujer. Es decir, le enseñaba a inclinarse de una manera correcta y graciosa en las reverencias debidas a sus mayores y superiores (que eran prácticamente todos); le mostraba la manera adecuada de lucir[13] el quimono y de arreglar flores. Así también no deja de instruirla sobre la manera de comportarse en la mesa (y en otros muebles más privados) y de llevar al cabo la refinada ceremonia del té.

[7] casa... *funhouse*
[8] pasar... sin hacer ninguna ganancia
[9] levantar
[10] acto de recuperar algo o alguien
[11] a... inmediatamente después
[12] de... antigua
[13] vestir bien

---

[d] La autora se refiere a su estancia en este país en donde desempeñó el cargo de embajadora de México.

¿Qué ocurrió al final de la Segunda Guerra? Que las mujeres se echaron a la calle a trabajar y a ganar dinero y ya no tuvieron tiempo ni para practicar lo que habían aprendido ni mucho menos para enseñar a sus hijas a comportarse como damas. Como es natural, las hijas fueron incapaces de transmitir a sus propias hijas una serie de conocimientos que ya no constituían su patrimonio.

La señora Kasagi se lanzó al rescate de tan importantes materias y ha abierto en Tokio algo que podría considerarse el equivalente de lo que entre nosotros es una «escuela de personalidad». Allí ese diamante en bruto[14] que es una muchacha adolescente se pule hasta convertirlo en un objeto de lujo: muestra la riqueza y el gusto refinado de quien lo posee y constituye una inversión segura y que no cesa nunca de rendir dividendos.

La formación que se adquiere en el plantel[15] de la señora Kasagi es de tal manera completa que una mujer educada allí puede ser inteligente sin dar el menor signo de ello; puede ser ambiciosa sin que ahuyente[16] a los hombres; puede, incluso, llegar a desempeñar puestos importantes, tanto privados como públicos, sin despertar ni el espíritu competitivo de sus oponentes sino más bien apelando a su espíritu caballeresco que ayuda y protege.

En estos asuntos, ya usted lo sabe, el hombre japonés (a semejanza de algunos congéneres suyos de origen latino) es muy quisquilloso.[17] Exige una subordinación absoluta y cuando algo se opone a su voluntad sabe castigar con mano dura. ¿No recuerda usted, por ejemplo, la confidencia hecha por la esposa del ex primer ministro Sato a un periodista en el sentido de que su marido acostumbraba pegarle? Esa confidencia no provocó ninguna crisis gubernamental ni deterioró la imagen pública del gobernante. Más bien habría que pensar lo contrario.

Hay, pues que reconocer los hechos dados y comportarse de la manera más conveniente. La señora Kasagi puede servir de ejemplo a sus discípulas. Ella ha obtenido el permiso de actuar y aun de viajar sola, como lo prueba su estancia en Israel. Tal hazaña habrá que atribuirla no a su técnica, sino, según ella misma confiesa, a la circunstancia de que su marido es un hombre muy progresista y de criterio amplio.

Tan amplio que la aguardaría hasta su regreso de una ausencia de cinco días en los que aprovechó una invitación de una compañía aérea para conocer un país del Medio Oriente. Y en cuanto a su hijo, que actualmente tiene 20 años, puede escoger entre las discípulas de su madre a la que obtenga la mejor calificación.   (Tel Aviv, 20 de julio, 1972)

[14]diamante... *diamond in the rough*
[15]establecimiento de educación
[16]espante
[17]*touchy*

Cuestionario

1. ¿Quién es el destinatario de este ensayo?
2. ¿Cómo es el tono del ensayo?
3. ¿Cuáles son las premisas principales de este escrito, según los tres primeros párrafos? ¿A qué conclusión llega la ensayista en el tercer párrafo?
4. ¿Qué significa la frase siguiente dentro del tema fundamental del

ensayo: «a veces es bueno entrar en la casa de la risa y mirar nuestra imagen en los espejos deformantes»?

5. En la familia japonesa, ¿cuál era el papel tradicional de la madre con respecto a la hija?

6. Según el ensayo, ¿qué concepto axiomático o verdad indiscutible acerca de la mujer destruyó la Segunda Guerra Mundial?

7. ¿Cómo está descrito el hombre japonés?

8. ¿En qué consiste la ironía del último párrafo?

Identificaciones

1. «Vivan las cadenas»
2. «entendemos muy bien al poeta francés cuando confiesa que ‹por delicadeza, ha perdido la vida› »
3. Movimiento de Woman's Love
4. el plantel de la señora Kasagi
5. Sato

Temas

1. Las ideas feministas de Rosario Castellanos.
2. Los elementos *expositivos* y *argumentativos* del ensayo.
3. El uso de ejemplos en el ensayo.
4. El uso de la ironía en el ensayo.
5. Las características lingüísticas más significativas del texto.

Apéndice 1: El ensayo crítico

El ensayo crítico

Los ensayos críticos pueden ayudarnos a comprender un texto literario. Cada ensayo tendrá un punto de enfoque, sea analítico, estructural, histórico o ideológico. A veces la crítica busca una manera de explicar una ambigüedad textual, mientras que otras veces pone énfasis precisamente en los elementos más problemáticos del texto, no para resolverlos sino para iluminarlos. La crítica más reciente—de base estructuralista y semiológica—se dedica a elaborar los factores que producen la significación textual y las múltiples posibilidades interpretativas. El lector del artículo crítico debe considerar de una manera *abierta* las ideas representadas y debe juzgar de una manera *crítica* estas ideas. Cualquier ensayo tiene el poder de hacernos ver más claramente un determinado texto. Tenemos que leer la crítica como *metacríticos*, es decir, con la visión de un crítico. Esto es necesario porque hace falta examinar no sólo el contenido sino también la validez del método empleado por el crítico. Así, el artículo puede revelarnos algo nuevo sobre una obra literaria, acentuando un aspecto del texto ignorado por el lector o provocando una confrontación entre las ideas del crítico y las nuestras.

Se presentan a continuación dos artículos (uno sobre «¡Inteligencia, dame!» de Juan Ramón Jiménez y el otro sobre «El castellano viejo» de Larra) y resúmenes breves de tres estudios más sobre otras selecciones de la antología. El estudiante puede encontrar referencias a otras obras críticas en las bibliografías anuales de la MLA (Modern Language Association) y en otras fuentes bibliográficas.

El ensayo crítico: Guía general para el lector

1. ¿Cuál es la tesis o el punto de enfoque central del artículo?
2. ¿Cuál es la aproximación del crítico? ¿Es una aproximación formalista o extratextual? ¿Define o explica el crítico su manera de acercarse al texto?
3. ¿Se puede defender la posición del crítico?
4. ¿Está Ud., como lector del texto, de acuerdo con la interpretación o análisis del crítico? ¿Tiene Ud. las mismas ideas o una visión crítica diferente o quizás contradictoria?
5. El artículo crítico presenta una perspectiva determinada sobre una obra literaria. ¿Cuáles serían otras maneras de estudiar esa obra?

1. OBRA: Juan Ramón Jiménez, «¡Inteligencia, dame!» ARTICULO: Howard T. Young, "The Exact Names," *MLN*, 96(1981), 312–23

Eternidades, una colección poética de Juan Ramón Jiménez, sirve de ejemplo del verso puro o desnudo abogado por el poeta. «¡Inteligencia, dame!» y «Vino, primero, pura» son metapoemas, o sea, poemas sobre la creación de la poesía misma. En «The Exact Names,» Howard T. Young pretende ubicar el primero de estos poemas dentro del contexto de los movimientos y tendencias poéticos de su época: a saber, énfasis en la palabra mediante el Simbolismo francés de Stéphane Mallarmé (1842–1898) y de Paul Verlaine (1844–1896), el Creacionismo del chileno Vicente Huidobro (1893–1948), la estética del español Ramón del Valle-Inclán (1866–1936); énfasis en la precisión mediante el imaginismo (Imagism) norteamericano; y énfasis en el control poético mediante las obras de Percy Bysshe Shelley (1792–1822), de Edgar Allan Poe (1809–1849) y de William Butler Yeats (1856–1939). En el artículo hay alusiones a Zenobia Camprubí, esposa y colaboradora de Jiménez, y a José Ortega y Gasset (1883–1955), filósofo español y explorador del multiperspectivismo en la vida y en la literatura. El ensayo crítico de Young examina, pues, no sólo un poema sino el arte de la creación poética, no sólo el producto final sino el proceso literario y personal, no sólo un poeta sino las metas de la poesía. Y así, «el nombre exacto de las cosas» se convierte en símbolo de la búsqueda de los medios más apropiados de la expresión poética.

The Exact Names*

Howard T. Young

The appearance on August 1, 1918, of *Eternidades*, a collection of *verso desnudo* from 1916–1917, fully justified the success of *El diario de un poeta recién casado* and validated Juan Ramón Jiménez's position as doyen of Spanish poetry. Even Rafael Cansinos-Asséns, chronicling the turmoil of *creacionismo*, acknowledged the renovating spirit behind the book from an author essentially at odds with the Spanish vanguard: "Tan sólo Juan Ramón Jiménez porfiaba por evadirse de los alvéolos de sus antiguas colmenas, llevando sus abejas a los nuevos claustros de rota arquitectura en *Eternidades*."[2]

Three of the first five pieces in *Eternidades* are metapoems: "Acción," "¡Inteligencia, dame," and "Vino, primero, pura."[3] Their presence initiates a period in Juan Ramón's work in which, like Mallarmé and Valéry, he will expend creative energy turning into poetry deliberations on the act of poetry.

The first metapoem is simply a healthful recognition of fluidity and apprenticeship, with possible overtones from romanticism about the weakness of words: "No sé con qué decirlo / porque no está hecha todavía mi palabra." The third poem's dance of the veils—"Vino, primero, pura"—enjoys the privilege of being a set piece in contemporary Spanish poetry. By contrast, "¡Inteligencia, dame" has received little comment even though it may be argued that it charters a principle as important and abiding in Juan Ramón as the concept of *verso desnudo*. Sharing romantic and symbolist ideas from readily identifiable Spanish, French, and English sources, "¡Inteligencia, dame," through structure and content, demonstrates that poetry is produced by a constant dialectic of instinct and intellect. To make this clear, Jiménez combines the symbolist belief in the metaphysical reach of words with the imagist call for clarity and exactness.

In what follows, I propose to situate "¡Inteligencia, dame" within the context of symbolism. Among the centrifugal forces from the symbolist tradition that converge upon this poem's concern with words, I shall consider Mallarmé, *creacionismo*, Valle-Inclán's *La lámpara maravillosa*; the notion of precision I set next to imagism; the insistence on the rigor of control I trace through Shelley, Poe, and Yeats.

i

First, the poem itself:

> ¡Inteligencia, dame
> el nombre exacto de las cosas!
> . . . Que mi palabra sea
> la cosa misma,
> creada por mi alma nuevamente.
> Que por mí vayan todos
> los que no las conocen, a las cosas;
> que por mí vayan todos
> los que ya las olvidan, a las cosas;
> que por mí vayan todos
> los mismos que las aman, a las cosas . . .
> ¡Inteligencia, dame
> el nombre exacto, y tuyo,
> y suyo, y mío, de las cosas!
>
> (LP, p. 553)

"Treat with a certain scorn the matter of picking and choosing words," runs the adage in Verlaine's 1884 "Art poétique." A dose of lexical disdain becomes palatable because, as everyone knows, the prime ingredient was sound; through music, word, and object were to take wing: "Que ton vers soit la chose envolée."

It remained for Mallarmé, after the deceptively sententious reminder to Degas that poetry was made with words not ideas, to insist that the selection of words could not be treated with the detachment Verlaine had in mind. In "Crise

---

*1 The imagist section of this paper was read in a revised form at the 1980 meeting of the Modern Language Association.

2 "Vicente Huidobro y el creacionismo: Un gran poeta chileno," in *Documents of the Spanish Vanguard*, ed. Paul Ilie. Univ. of North Carolina Romance Languages and Literatures, 78. (Chapel Hill: Univ. of North Carolina Press, 1969), p. 190.

3 *Libros de poesía*, ed. Agustín Caballero, 2nd ed. (Madrid: Aguilar, 1959), pp. 551–555. Hereafter LP.

de vers," Mallarmé posits the dual nature of words: "le double état de la parole, bruit ou immediat ici, lá essentiel [the double state of the word, noisy or immediate in one case, quintessential in the other]." It is not only that the noisy unreflective daily language of the tribe contrasts with the pure thoughtful diction of the poet. Mallarmé had this distinction in mind, but he also meant to indicate that words possessed special powers. When purified, they could endow an object with new and different halos of meaning: "Le vers qui de plusieurs vocables refait un mot total, neuf, étranger à la langue et comme incantatoire, achève cet isolement de la parole . . . la réminiscence de l'objet nommé baigne dans une neuve atmosphère [The verse which recreates from several words a total word, new, foreign to the language and with incantatory powers, achieves this isolation of the word . . . the reminiscence of the object named bathes in a new atmosphere.]."[4] One of symbolism's steadiest tenets is here proclaimed: words are magical, use them poetically and they will unlock new levels of insight and understanding about the world. "Creemos los nombres," wrote Juan Ramón in 1911, "luego derivarán las cosas."[5] It is this attachment of metaphysical value to words that J. Olivio Jiménez rightly isolates as one of the universal characteristics of symbolism.[6]

Vicente Huidobro, who arrived in Madrid the year *Eternidades* was published, constructed the edifice of *crea-cionismo* from familiar materials. Four years previous to his appearance on the Spanish scene he had spoken to the Santiago de Chile Ateneo on the creative powers and peculiar gifts of the poet. "Flora y fauna que sólo el poeta puede crear, por ese don especial que le dio la misma Madre Naturaleza a él y únicamente a él. . . . Yo tendré mis árboles que no serán como los tuyos, tendré mis montañas, tendré mis ríos y mis mares, tendré mi cielo y mis estrellas."[7] By stressing that the poet possesses a talent of creation on the par with nature, Huidobro plays on the Greek root *poiein*, to make, to create; by means of his adverb *únicamente*, he revives the notion of the poet as seer and restates the special privilege that romanticism and symbolism claimed for poets.

It follows that if the poet does indeed enjoy a special gift, his instrument of expression—the word—also partakes of unique attributes. For Huidobro, the word becomes the arbiter of all mysteries. In the process of explaining lexical supremacy, he turns to phrases that recall Mallarmé's duality: "En todas las cosas hay una palabra interna, una palabra latente y que está debajo de la palabra que debe descubrir el poeta."[8] In this blend of signified and signifier (*cosa* and *palabra*), one that Juan Ramón celebrated in his poem, we note that there is an inner (*essentiel*) word that it is the duty of the poet to discover and which will produce a new kind of reality. *Creacionismo*, it can be seen, therefore, treats very generously a major tenet of romanticism and symbolism: the distinction among concepts such as the poet as a "pequeño dios" in Huidobro's "Arte poética," a celestial lightening rod in Darío, and a chalice for divine spirits in Shelley is a matter of degree. Symbolist doctrine went on to insist that the priest's instrument for creation—his word—, has metaphysical characteristics; it can go beyond appearances, discover secret realities. If this is the case, the selection of words becomes vitally important and cannot be treated, pace Verlaine, with "quelque méprise."

La lámpara maravillosa,[9] published by Valle-Inclán in 1916, characteristically bestows metaphysical powers on *la palabra*. Sensations broil imperiously within the human breast, but their utterance, their verbal calibration comes up against the problem recognized by Bécquer and Wordsworth: the insufficiency of words. "¡Qué mezquino," says Valle, directly echoing Bécquer, "qué torpe, qué difícil balbuceo el nuestro para expresar este deleite de lo inefable que reposa en todas las cosas . . ."[10] Once again it is assumed that objects have special meanings that words must get at. Not for Valle, however, the exact word; he alludes instead to Verlaine's advice (p. 655). In addition, any ideological import that may be attached to words is of no significance (p. 651). The poet is foreseeably the chosen vessel: his task is divine, ". . . para sus ojos todas las cosas tienen una significación religiosa . . ." (p. 650). "El poeta ha de tener percepciones más allá del límite que marcan los sentidos . . ." (pp. 650–651).

---

[4] *Oeuvres complètes* (Paris: Gallimard, 1945), p. 368.

[5] *Tercera antolojía*, ed. Eugenio Florit (Madrid: Biblioteca Nueva, 1957), p. 254. Hereafter TA.

[6] *El simbolismo*, ed. J. Olivio Jiménez (Madrid: Taurus, 1979), p. 12.

[7] Q. in Gloria Videla, *El ultraísmo. Estudios sobre movimientos poéticos de vanguardia en España* (Madrid: Gredos, 1963), p. 205. In "The Decay of Lying" (1889), Oscar Wilde wittily stressed the subjective cast of our perception of nature: "Nature is no great mother who has borne us. She is our creation. It is in our brain that she quickens to life. Things are because we see them, and what we see, and how we see it, depends on the arts that have influenced us." *Intentions* (London: Osgood, 1891), p. 40. Huidobro converts Mother Nature into " una viejecita encantadora" (ibid., p. 204).

[8] "La poesía (manifiesto)," q. in Cecil G. Wood, *The Creacionismo of Vicente Huidobro* (Fredericton: York Press, 1978), p. 14.

[9] ". . . que no tiene aceite, da tanto hueco humo," said Juan Ramón unkindly. "Ramón del Valle-Inclán (Castillo de quema)" in *La corriente infinita* (Madrid: Aguilar, 1961), p. 99.

[10] *Obras escogidas* (Madrid: Aguilar, 1967), pp. 643–644. All quotations are from this edition.

If words unlock secrets, it follows that their use leads to a new way of knowledge. Thus, the splendid achievement of Mallarmé's "mot total" is to bathe the object in a new light. Epistemological urgency, as José Olivio Jiménez points out (p. 12), is the second abiding characteristic of symbolism. Juan Ramón Jiménez was fond of recalling that symbolism's origins stemmed from Spanish mysticism, and, indeed, San Juan de la Cruz's brief prologue to "El cántico espiritual," is the final part of our palimpsest of symbolist ideas. The metaphysical and epistemological are clearly present. San Juan's literary tropes spill forth "secretos y misterios" that allow the reader to understand "la sabiduría mística."[11]

We are now in a position to consider Juan Ramón's poem in relation to this tradition. The poem begins and ends with an invocation to intelligence, but lines three through eleven expand on the symbolist metaphysic and suggest a way of knowledge. ". . . Que mi palabra sea / la cosa misma" urges the abolition of the subject-object breech; the means to bring about this end are predictable: the poet's soul (his unique talent) will recreate the object. Juan Ramón cherished the romantic-symbolist belief that the poet possesses a special endowment for perceiving the world. "Mi alma ha de volver a hacer / el mundo como mi alma," concludes the brief verse that precedes our metapoem (LP, 552). "A mi alma," number forty of the *Sonetos espirituales*, is even more explicit: "Signo indeleble pones en las cosas" (LP, 56). Juan Ramón pleads now that the signifier, signified, and expresser meld into an alembic that will grant a new view of the world. Those who are seeking knowledge—the forgetful, the ignorant, the lovers—may through access offered by poetry arrive at a fresh understanding of *las cosas*.

ii

If undiluted symbolist doctrine characterizes the main body of Juan Ramón's *arte poética*, what, then, are we to make of the summons to intelligence and exactness that opens and closes the poem? Did not the symbolist technique, the method for drawing near to the arcane, consist of indirection, suggestion, and vagueness? Lexical selection's goal is to describe effects and sensations; the thing itself must go unnamed. To name is to prescribe, to suggest is orphic. Thus runs the familiar thinking of Mallarmé, and it would seem to be in opposition to what Juan Ramón is seeking.

In all likelihood, the strictures imposed by the framework of this *arte poética* derive from Juan Ramón's contact during his honeymoon in New York with what Amy Lowell called the "new manner" of poetry. In 1916, new poetry in America meant almost exclusively imagism, the school that, among other aims, proposed to banish vagueness. The leader was Amy Lowell, the imposing poetess of the famed New England family and distant relative of the *falso* James Russell Lowell (*Diario*, LP, p. 303). In the "año de gran expresión poética general en los E.U.," she had just brought out her second anthology of imagist poets.[12] Juan Ramón, eager with Zenobia to begin building his library of North American verse, bought a copy of her *Sword Blades and Poppy Seeds* (1914) during his honeymoon.

An inveterate reader of journals and newspapers, Juan Ramón, undoubtedly with Zenobia's help, took in the gist of articles appearing in the United States on the subject of imagism. It may be plausibly argued that Juan Ramón, on the point of undergoing a radical change in his own way of making poetry, found reinforcement in the imagist creed for certain nascent ideas and tendencies that had been taking shape in his own work as early as *Estío*.[13]

Growing out of a basically antiromantic frame of reference, imagism developed in England between 1908 and 1912 under the guidance of T. E. Hulme, who did all of the hard thinking, and whose associates were two Americans—Hilda Doolittle and Ezra Pound—and two Englishmen—Richard Aldington and F. S. Flint. Bothered by the vagueness of romantic and symbolist verse, Hulme worked out a program that cherished a "great exactness" for each word in order to achieve a goal of "cheerful, dry, sophisticated" lines. In 1913, Pound published some of the results in Harriet Monroe's new magazine *Poetry* to which Juan Ramón would soon subscribe.[14] Amy Lowell heard about the movement, went to England in the summer of 1914, and easily took charge of a loose predilection that meant little more, according to Hugh Kenner, than a means of designating short *vers libre* poems in English.[15] Boston's leading lady versifier escorted imagism

---

[11]*Obras*, ed. José Luis Aranguren (Barcelona: Vergara, 1965), pp. 639–641.

[12]*Some Imagist Poets* (Boston: Houghton Mifflin, 1916). Alongside the reference to James Russell Lowell in the *Diario*, Juan Ramón alludes to Amy Lowell. The fecundity of U. S. poetry is acknowledged in many places, but see "Dos formas de la lírica," *Vida*. Sala Puerto Rico.

[13]Vicente Gaos picks up the imagist reference in our poem in his edition of Juan Ramón: *Antología poética* (Salamanca: Anaya, 1965), p. 28, and Graciela Palau de Nemes in the first edition of her biography also remarks on the echo of the ". . . no siempre logrado . . . credo imaginista . . ." *Vida y obra de JRJ* (Madrid: Gredos, 1957), p. 202. Juan Ramón's library in Puerto Rico contains a book inscribed by John Gould Fletcher, one of the American imagists represented in Amy Lowell's anthologies. *Selected Poems* (New York: Farrar & Rinehart, 1938): "To Juan Ramón Jiménez / in friendship / John Gould Fletcher."

[14]Juan Ramón's extant collection of *Poetry* begins with the issue of January 1916 and continues, with gaps, until June 1935.

[15]*The Pound Era* (Berkeley: Univ. of California Press, 1971), p. 178.

into a second phase that Pound wryly dubbed "Amygism." It was this state of affairs that had aroused Boston and New York literati at the time of Juan Ramón's visit.

Two of the four original rules for making imagist poetry concern us here. Formulated by Pound and signed by F. S. Flint, they were revealed to American readers of *Poetry* in March 1913:

1. Direct treatment of the "thing," whether subjective or objective.
2. To use absolutely no word that does not contribute to the presentation.[16]

After Amy Lowell's palace coup, these rules, revised and augmented by Richard Aldington, appeared in the prologue of three successive editions of *Some Imagist Poets* (1915, 1916, 1917). Juan Ramón was in New York in the winter of 1916, and it is quite likely that in the February 24 issue of *The Nation* he saw the articles of faith as abridged by John Livingston Lowes:

1. To use the language of common speech, but to employ always the *exact* word. . . . [Italics in the original.]
2. To create new rhythms—as the expression of new moods—not to copy old rhythms, which merely echo old moods. . . .
3. To allow absolute freedom in the choice of subject. . . .
4. To present an image (hence the name: "Imagist"). . . .
5. To produce poetry that is hard and clear, never blurred nor indefinite.
6. Finally, most of us believe that concentration is the very essence of poetry.[17]

Concentration, precision, and a fortified enthusiasm for free verse: these are the tenets of imagist ideology that would have most likely appealed to Juan Ramón. Concentration, he believed, was the hallmark of a great poet, brevity he sought in his books from 1918 to 1923, and free verse, adapted as *verso desnudo*, replaced rigid verse patterns.

> ¡Concentrarme, concentrarme,
> hasta oírme el centro último,
> el centro que va a mi yo
> más lejano,
> el que me sume en el todo!
> (*Poesía*, LP, p. 848)

Such lines may be read as an endorsement of imagism's sixth principle that proclaims concentration as the essence of poetry. Close attention enhanced alertness, poetic consciousness converged upon a common center: the effect tended ultimately, in the case of Juan Ramón, toward a quasi-mystical experience. Yet concentration of mind flowed logically to a mold of compression. The symbolists knew their Poe; brevity was in the air. The year 1916, we remember, inaugurated Juan Ramón's campaign against *el ripio*; in this concern, he shared with the imagists a hostility toward the presence of words that do not contribute to the intention of the poem. "El adjetivo cuando no da vida, mata," said Huidobro that same year.[18] Certainly none of the imagists could have quarreled with the 1920 note in the *Segunda antolojía poética*: "Sencillo: —Lo conseguido con los menos elementos; es decir, lo neto, lo apuntado, lo sintético, lo justo" (TA, p. 627).

The winter reading with his bride of the imagist credo provided Juan Ramón with much grist for his mill, but the most direct echo is found in the invocation of our poem: "¡Intelijencia, dame / el nombre exacto de las cosas." Two pages later in his most celebrated metapoem, Juan Ramón bemoans the prolixity of word and emotion in his own past: "no sé qué ropajes." It is clear that the gift of the *nombre exacto* will help the poet strip his verse of excessive embellishment and lead him, in Shelley's phrase from a *Defence of Poetry*, to the naked essence underneath the veils.

In many respects, of course, imagism's articles of faith could not be shared by Juan Ramón, and it would be a mistake to push the parallels too far. T. E. Hulme, for example, insisted on an ever new series of images: "It [poetry] always endeavors to arrest you, to prevent you from gliding through an abstract process. It chooses fresh epithets and fresh metaphors . . ."[19] Juan Ramón, in contradiction to this observation, purposefully limited his epithets and metaphors, and, although he kept a series of physical things in front of the reader—rose, stone, star—their function was to point symbolically to ultimately abstract matters. Thus his dislike of *ultraísmo*'s sterile insistence on images for their

---

[16]Glen Hughes, *Imagism and the Imagists* (Palo Alto: Stanford Univ. Press, 1931), p. 26.

[17]"An Unacknowledged Imagist," *The Nation*, 24 February 1916, p. 217. The article, which deals with the controversial free verse aspect of imagism, questions the difference between imagist poems and poetic prose.

[18]"Arte poética," in Videla, p. 105.

[19]*Speculations* (New York: Harcourt Brace, 1924), pp. 134–135; quoted in Pratt, p. 28.

own sake, a superficial *sucesión*, in his opinion, bereft of the context of repetition, development and reworking that underlay his own symbolism.[20] The overall impression produced by the bulk of Juan Ramón's poetry written between 1916 and 1923 is not one of hardness and clarity. The technique benefited from imagist principles, but the content more nearly suggests the kind of rigorous enigma associated with Mallarmé.[21] Still it is difficult to believe that the following aphorism is not rhetorical: "¿No he concretado la vaguedad?"[22]

Luis Cernuda thought he saw in the prologue and throughout the *Diario* a crotchety reaction to *ultraísmo*.[23] No one can deny Juan Ramón's awareness of the activities of the Spanish vanguard, and in particular of Vicente Huidobro's *creacionismo*. Around the time of the publication of the *Diario* (April 20, 1917), he received a copy of *Horizon carré* (Paris, 1917), which carried this echo of Mallarmé: "Nada anecdótico ni descriptivo. . . . Hacer un poema como la naturaleza hace un árbol."[24] Juan Ramón's chief reservation about *creacionismo* is an enlightening one. Despite the fact that Huidobro admitted that "el rigor verdadero / Reside en la cabeza" ("Arte poética"), Juan Ramón was concerned about the problem of control: "Un poema," he told his class on *modernismo* in Puerto Rico, "puede brotar como una flor. Pero un poema nace de una conciencia, no de la tierra. Los creacionistas desearían en lo posible eliminar la conciencia . . ." (pp. 154–155). Mistaken or not, this evaluation of *creacionismo* presupposes the apostrophe of our poem.

iii

In his concern to reconcile the inner and outer world, a major preoccupation of symbolism, Juan Ramón never seriously doubted the strength and veracity of his subjective vision. Not for him the nightmares and turmoil of surrealism, its belief that abandonment of control could lead to new insight. Juan Ramón would do his best to suppress what Poe called the "demon-traps" lurking in the act of writing poetry,[25] and thus, as Paul Ilie clearly saw, his artistic beliefs would naturally lead him to eschew surrealism and resist as far as possible a deterioration into psychological confusion of the kind generally associated with surrealism.[26]

Among the theoretical pronouncements of romanticism and symbolism, three discussions of the part played by intellectual control in the creative act would have been familiar to Juan Ramón. The first of these is found in Shelley's *A Defence of Poetry*, which Juan Ramón read and underlined in a 1904 Spanish version. Shelley had translated *Phaedrus* and *Ion,* and he took a position regarding poetic inspiration that was essentially platonic. The poet, Shelley said, could not begin to create at a moment's notice as an act of pure will; instead, he awaited the frenzied burst of activity that resulted from a divine visitation. Juan Ramón recognized the power of inspiration and praised it as proof of the fact that an individual could *sobrepasarse,*[27] but he distinguished himself in relation to Shelley's platonism by exhibiting a greater concern for the role of conscious control in the creative process. "Creo en la inspiración, pero me fío poco de ella," reads one of his aphorisms.[28] It is in the notes to the *Tercera antolojía* that Juan Ramón's position becomes most clear. Here he proposes that inspiration (spontaneity) be submitted at some point to the control of intellect ("lo consciente"): "Que una poesía sea espontánea, no quiere decir que, después de haber surjido ella por sí misma, no haya sido sometida a espurgo por la consciencia. Es el sólo arte: lo espontáneo sometido a lo consciente" (TA, p. 627).[29]

Gregorio Martínez Sierra's *Renacimiento* carried in 1907 a Spanish version of Edgar Allan Poe's "The Philosophy of Composition," the celebrated description of the gestation of "The Raven."[30] It was a false notion, said Poe, that "fine

---

[20]*El modernismo: Notas de un curso* (1953), ed. Ricardo Gullón and Eugenio Fernández Méndez (Mexico: Aguilar, 1962), p. 155.

[21]Kenner, p. 183.

[22]*Cuadernos,* ed. F. Garfias (Madrid: Taurus, 1971), p. 234.

[23]*Estudios sobre poesía española contemporánea* (Madrid: Guadarrama, 1970), p. 103.

[24]Quoted in Videla, p. 103. *El trabajo gustoso,* ed. F. Garfias (Mexico: Aguilar, 1961), p. 232. In his Puerto Rico lectures, he said, "*Horizon carré,* bello libro de Vicente Huidobro, nada revolucionario . . ." (*El modernismo,* pp. 154–155).

[25]"The Philosophy of Composition," *Selected Writings* (Baltimore: Penguin, 1971), p. 481.

[26]*The Surrealist Mode in Spanish Literature* (Ann Arbor: Univ. of Michigan Press, 1968), p. 179–185. Arturo del Villar subscribes to Ilie's position and also suggests that Juan Ramón's neurosis demanded as compensation a well-ordered, logical and exact world. Juan Ramón Jiménez, *Crítica paralela* (Madrid: Narcea, 1975), p. 72.

[27]*Libros de prosa, 1* (Madrid: Aguilar, 1969), p. 764.

[28]Ibid., p. 735.

[29]See my *The Line in the Margin: Juan Ramón Jiménez and His Readings in Blake, Shelley and Yeats* (Madison: Univ. of Wisconsin Press, 1980), pp. 56–59.

[30]"Filosofia de la composición," *Renacimiento* (dic. 1907), no. 10, 695–710. The translation may have been made by María Martínez Sierra, who shared Juan Ramón's interest in Anglo-American letters. *Renacimiento* succeeded *Helios,* the *modernista* review that Juan Ramón had helped to found in 1904.

frenzy" and "ecstatic intuition" were alone responsible for poetry, and he went on to insist that ". . . no one point in its ["The Raven"] composition is referrible either to accident or intuition—that the work proceeded, step by step, to its completion with the precision and rigid consequence of a mathematical problem."[31] The reader of Poe's essay is left with a strong impression of intellectual control. Each segment of "The Raven"—diction, symbolism, verse pattern, rhyme—was contemplated and analyzed for ramifications much in the same way a chess player ponders his moves.

Juan Ramon's readings in Yeats took him to "The Symbolism of Poetry" where Yeats is at pains to distinguish two classes of symbols: emotional and intellectual. The colors white and purple written in isolation evoke many kinds of emotions. On the other hand, a cross summons up the concept of christianity. The first are examples of emotional symbols, the second is an intellectual symbol. The two kinds of symbols may mingle, and thus a "white cross" suggests purity and sacrifice within the idea of christianity. In elaboration of this distinction, Yeats offers the example of the individual who merely exclaims at the beauty of a pool of water; he compares this reaction with that of an observer who, while reacting emotionally to the pale beauty of the moon, also recalls the mythology associated with the lunar body and thereby enters into an intellectual realm. "It is the intellect," wrote Yeats in lines that would not have escaped Juan Ramón, "that decides where the reader shall ponder over the procession of the symbols and if the symbols are merely emotional, he gazes from amid the accidents and destinies of the world; but if the symbols are intellectual too, he becomes a part of pure intellect, and he is himself mingled with the procession."[32] Between the opening and closing pleas to intelligence that frame our poem, Juan Ramón also implores his poetic word to mingle with the procession of passing objects.

It is fitting that this discussion of some of the elements that bear with centrifugal force upon Juan Ramón's metapoem should give the last word to Yeats. Of all the Anglo-American poets whom Jiménez read and knew, Yeats was the one he admired most. The author of "Sailing to Byzantium" understood the fire that forged art and, as his trafficking with mediums attests, was notably susceptible to inspirations from without the poet.

That Juan Ramón recognized the involvement of the poetic process with both rigor and inspiration is evident in the thematic shuttle of "¡Inteligencia, dame" from control to fusion and back again. The last lines, however, reveal how difficult the task will be and prevent us from settling down in the comfort of clarity. There are apparently three *nombres exactos:* that of intelligence, that of the objects themselves, and the poet's. Intelligence, therefore, is not permitted to assume any absolute position. Control will help in the fusion of subject and object, in the maturing of the prowess of the verb, but intellect itself must bow to limitations, for, in the last analysis, it is not a simple matter of attaching one precise name onto one single object. To do so would close off forever any other meanings *la palabra* might have, and Juan Ramón the continual creator can never forget how difficult it is to hold words down and to delimit meanings. The touch of paradox and Orteguian *perspectivismo* with which the poem concludes give it depth and attraction, and make it eminently worth pondering in connection with the art of literary expression.

In another context Juan Ramón wrote that beneath the cold, calm layer of intelligence, a deeply-rooted and passionate instinct begged for release.[33] To turn this struggle into the poetic process and to realize that one struggle begets another in the open-ended creative act is the central import of Juan Ramón's *arte poética.*

2.   OBRA: Mariano José de Larra, «El castellano viejo»
   ARTICULO: Vicente Cabrera, «El arte satírico
   de Larra,» *Hispanófila* 59 (1977), 9–17

El artículo de Vicente Cabrera sigue un patrón formalista para examinar la estructura del texto (el modo de presentación de las ideas) y los recursos retóricos empleados por Larra. Según Cabrera, es un error clasificar a Larra como costumbrista; el autor de «El castellano viejo» no pinta de manera objetiva la realidad social, sino que la distorsiona, produciendo una creación máxima del arte satírico.

---

[31]Ibid., p. 482.

[32]*Essays* (New York: Macmillan, 1924), pp. 197–200. Juan Ramón owned a copy of this essay. See *The Line in the Margin*, pp. 49. 154–155.

[33]Quoted in Antonio Sánchez Romeralo, "Los libros de *Poesía y Belleza. La realidad invisible,*" *Peña Labra* (Verano 1976), no. 20, p. 20. In their recent history of Spanish literature, consulted after the completion of this paper, Carlos Blanco Aguinaga, Julio Rodríguez Puértolas and Iris M. Zavala point out that Juan Ramón's call to clarity encounters a difficult obstacle: his growing attraction to pantheism. The rationalism implied in the concept of clarity is adversarial to quasi-religious experiences. *Historia social de la literatura española (en lengua castellana)* (Madrid: Castalia, 1979), II, 270–271.

El arte satírico de Larra

Vicente Cabrera

La crítica sobre Mariano José de Larra, uno de los escritores más importantes en la sátira española, se ha preocupado casi exclusivamente del estudio de su personalidad, de sus ideas y de sus fuentes más que de su técnica.[1] Si bien aquel enfoque es interesante para conocer al Larra como hombre, es ciertamente incompleto para la comprensión del Larra como artista satírico que lo es. La sátira como género literario produce sus efectos no necesariamente por la novedad de las ideas que contiene sino sobre todo por la técnica con la cual son presentadas aquéllas; aún más, al artista satírico poco le importa la originalidad de las mismas. Su éxito, él lo sabe muy bien, radica en la forma precisa y efectiva que ha de manipular para, vitalizando dichas ideas, ganar la paciencia, la simpatía y el respaldo del lector.[2]

Algunos estudiosos de Larra, olvidándose tal vez de la naturaleza satírica de su arte, en medio de muchas alabanzas, le han acusado de exagerado en su visión crítica. Azorín, uno de los primeros defensores modernos de Larra, precipitadamente dice hablando de «El castellano viejo»: «acaso su hostilidad en la pintura, la pintura objetiva, le lleva a extremos inaceptables. ¿Por qué el castellano viejo, *el* castellano viejo y no *un* castellano viejo, ha de ser como Larra lo pinta, desabridamente, y no como nosotros lo pintaríamos, como nosotros lo hemos pintado?»[3] En respuesta se diría que porque Larra —sobre todo en esta escena— es un autor satírico y como tal tiene que exagerar de tal modo que su ataque tenga el deseado impacto.[4] Larra, en «El castellano viejo», no trata de presentar una «pintura objetiva» —como quisiera Azorín— sino muy por el contrario una caricatura, una realidad distorsionada, estilizada por su prisma satírico. Para intentar la iluminación del arte satírico de Larra, que es el propósito de este estudio, vale usar precisamente «El castellano viejo».[5]

Este mal llamado «artículo de costumbres» puede dividirse para su estudio en cinco partes:[6] *la introducción*, que avanza hasta la palmada de Braulio sobre el hombro de Fígaro, exclusive; *la invitación*, que está contenida entre tal palmada y el torniscón de despedida del primero al segundo; *la primera meditación*, que va desde el párrafo inmediato a esta agresión hasta aquél que habla de la preparación de Fígaro para irse a la casa de Braulio; *la cena*, que va desde este párrafo hasta cuando sale el protagonista de ella; y por último *la segunda meditación* de Fígaro, que comienza al salir éste de la casa de su amigo, camino a su habitación. Estas partes revelan de por sí una sólida organización y específicamente una organización de trascendencia dramática que la distancian definitivamente de la laxa estructura del decimonono cuadro de costumbres en España. Se ven primero dos escenas dramáticas, la de la invitación y la de la cena y, luego, dos formas especiales de reflexión, a manera de soliloquios, sobre dichas escenas. A estas partes precede la introductoria que opera como comentario que le pone al lector en perspectiva y, a la vez, irónicamente, en suspenso: se sabe y no se sabe de lo que va a tratar la obra en desarrollo.

En la introducción aparece Fígaro caminando por las calles de Madrid en busca de material para sus artículos (pág. 195). Al fin lo encuentra en él mismo. Al hacerse él objeto de su propia creación literaria, sucede un fenómeno técnico curioso; y es que en ese instante deja de ser Fígaro, narrador, para convertirse en personaje de ficción. Es decir que ahora Fígaro va a contemplar a su yo-personaje desde la distancia del yo-autor. Y Larra aún se distancia más del mundo inventado al valerse de la persona de Fígaro. Con este artificio del punto de vista se refuerza la ilusión de realidad de lo

[1] Matías Montes Huidobro, «La actitud diferencial en Larra: superficie y fondo de la angustia», *Hispanófila*, Núm. 39 (Mayo 1970), págs. 29–41; Manuel Lloris, «Larra o la dignidad», *Hispanic Review*, Vol. 38, No. 2 (April 1970), págs. 183–197; Alan S. Trueblood, «*El castellano viejo* y la *Sátira III* de Boileau», *Nueva Revista de Filología Hispánica*, Año XV, Núms. 3–4 (Julio–Diciembre 1961,) págs. 529–538; Francisco Caravaca, «Notas sobre las fuentes literarias del costumbrismo de Larra», *Revista Hispánica Moderna*, Año XXIX, Núm. 1 (Enero 1963), págs. 1–22.

Agradezco a Sumner Greenfield por sus sugerencias consideradas en este estudio.

[2] Leonard Feinberg, *Introduction to Satire* (Ames, Iowa: The Iowa State University Press, 1967), págs. 87–88. Este libro se completa con el otro, *The Satirist: His Temperament, Motivation, and Influence* (Ames, Iowa: The Iowa State University Press, 1963).

[3] Azorín dice lo transcrito en su introducción a Larra, *Artículos de costumbres*, antología dispuesta por Azorín (Buenos Aires: Espasa-Calpe Argentina, S.A., 1942), pág. 12. Azorín da otros ejemplos de los excesos críticos de Larra en su libro, *Rivas y Larra: Razón social del romanticismo en España* (Buenos Aires: Espasa-Calpe Argentina, S.A., 1947). Véase en especial pág. 85.

[4] Feinberg, *Introduction to Satire*, págs. 85 y 13. La visión de Larra frente al tipo social de Braulio es amargamente satírica, de ataque, mientras que la de Azorín frente al mismo es, si se quiere, sentimental, de identificación.

[5] Toda referencia a «El castellano viejo» es de Mariano José de Larra, *Artículos completos*, Recopilación, prólogo y notas de Melchor de Almagro San Martín (Madrid: Aguilar, 1951). No se excluye la posibilidad de hacer el mismo estudio con otras escenas de Larra.

[6] Las razones que se aducen para no llamar «artículo de costumbres» a esta obra aparecen en la conclusión de este estudio.

narrado, al mismo tiempo que adquiere la sátira una base más sólida en que descansar: la experiencia del mismo narrador.[7]

Pasando a las otras partes, es posible encontrar un paralelo entre la invitación y la cena y otro, entre las dos meditaciones que las siguen. En las partes del primer paralelo el protagonista experimenta amargamente un dinámico malestar anímico total. En el segundo paralelo aquél discurre y analiza para sí y para el lector las situaciones desagradables que precedieron. En el primer paralelo participa únicamente el yo-personaje de Fígaro y en el otro, Fígaro como autor y como personaje al mismo tiempo.

La invitación se inicia y termina con una agresión «amistosa»: el manotazo sobre el hombro de Fígaro (pág. 195 y el «torniscón por despedida» de Braulio a su amigo (pág. 197); así han quedado establecidos el carácter agresivo y rudo del uno y el carácter delicado y pasivo del otro, a la vez que la torpe insistencia del que invita y la fina resignación del invitado. Braulio, sin dejar hablar a su interlocutor le dice, o mejor le ordena, que habrá de estar éste en su casa a las dos para la cena (pág. 197). Es preciso indicar que Larra, desde aquí, con su estilo especial le convence al lector de la diferencia que existe entre el refinamiento de Fígaro y la agresividad de su amigo. Aquí ya asoma asimismo la básica incongruencia de la ironía, una de las armas que forman parte del arsenal propio del satírico. Braulio aparece como amigo de Fígaro. Sus acciones, aunque vengan envueltas de muy buena intención (lo cual es esencial para que el efecto satírico se produzca), no coinciden con lo que él cree ser; el artista ya ha convencido al lector de que Braulio y sus maneras son reprochables. La víctima de la sátira (Braulio), sin saberlo, queda ridiculizado a los ojos del lector, quien, en compañía del satírico, desde su posición superior privilegiada, le contempla. Desde un plano dramático se ve cómo, en esta parte de la invitación, entra y sale Braulio de escena con el *golpe* y *torniscón* respectivos ejecutados contra Fígaro. Dicha agresividad de Braulio, sucintamente introducida en esta parte, va a ser desarrollada o intensificada hasta su culminación en la de la cena, que por tal razón se convierte en su «close up» perfecto. El distanciamiento tanto del autor como del lector respecto al mundo satirizado es de la esencia de la sátira. Ronald Paulson dice: «A determining factor in the effect of the satiric symbol is the distance maintained between the reader (and the author) and the satiric fiction that is being presented. At one extreme is an ironic, oblique presentation, about which the reader, as a member of an elite, feels rather superior. If in some sense he is the ordinary, lethargic backslider, he is distinct from the evil tendencies the satirist presents. The satirist's irony, which goes over the head of the guilty party, is understood by the intelligent and morally-aware reader. The other satiric approach, in effect, rubs the reader's nose in the dirt of which it is trying to make him aware».[8] ¿Cómo se lleva a cabo el distanciamiento de Larra? Este se distancia primero a través de Fígaro y luego más aún al desdoblarle a Fígaro en Fígaro-narrador y Fígaro-personaje. Larra queda fuera completamente del marco de ficción, junto con su lector.

En la obra hay dos hilos estructuradores que se inician conjuntamente en esta parte y terminan en la de la cena: el tiempo y la música, o amenización de la fiesta. Braulio dice al protagonista: «te espero a las dos: en casa se come a la española: temprano. Tengo mucha gente; tendremos al famoso X°°°, que nos improvisará de lo lindo; T°°° nos cantará de sobremesa una rondeña con su gracia natural, y por la noche J°°° cantará y tocará alguna cosilla». «Esto me consoló [dice Fígaro] algún tanto, y fue preciso ceder....» (págs. 196–197). La cena debe comenzar, según lo ha dicho Braulio, a las dos. El protagonista procura «quemar tiempo» para no tener que estar en la casa del anfitrión por mucho tiempo y así tener que sufrir menos. «Quema tiempo» Fígaro, por ejemplo, empleando media hora para vestirse (págs. 198–199); al llegar a la casa, sin embargo, la cena, para su desgracia, no está lista. Esta empieza, con tres horas de retraso, a las cinco. Fígaro-personaje aceptó la invitación a la cena consolado de que en ella habría música. Pero resulta que aquellos que iban a amenizarla no habían venido: «Desgraciadamente para mí, el señor de X°°°, que debía divertirnos tanto, gran conocedor de esta clase de convites, había tenido la habilidad de ponerse malo aquella mañana; el famoso T°°° se hallaba oportunamente comprometido para otro convite; y la señorita que tan bien había de cantar y tocar estaba ronca, en tal disposición que se asombraba ella misma de que se la entendiese una sola palabra, y tenía un panadizo en un dedo. ¡Cuántas esperanzas desvanecidas!» (pág. 199). En ausencia de los presuntos amenizadores que no han venido, es a Fígaro-personaje a quien le obligan sus amigos a sustituirlos; él sin tener que hacer se ve en el caso de amenizar vomitando versos y disparates (pág. 205). Como se ve, estos dos elementos muy bien elaborados, a más de servir de hilos estructuradores, son fuerzas negativas que intensifican el malestar de Fígaro.

Dentro de la iniciada interpretación dramática de la obra,[9] y tomando en cuenta sobre todo las partes de la

---

[7] Se explicará mejor el distanciamiento del autor cuando se hable del distanciamiento del lector.

[8] Ronald Paulson, *The Fictions of Satire* (Baltimore: The Johns Hopkins Press, 1967), págs. 14–15.

[9] El uso de las palabras «escena» y «teatro» en la obra sugiere la deliberada dramatización de la misma (págs. 196 y 204).

invitación y de la cena, se aprecia que los personajes actúan por sí mismos a través de un diálogo acertadamente lacónico y de una narración satírica que se tipifica por un absurdo amontonamiento de acciones, movimientos y gestos de personajes y aun de cosas animadas. La mencionada confusión estilizada, si se quiere exagerada hasta lo grotesco, coincide perfectamente con la confusión interna del protagonista. Ambas se manifiestan dinámicamente en la casa de Braulio y en el mundo interno, sensible, de Fígaro. A medida que aumenta más y más la confusión exterior, aumenta más y más la tensión psicológica del personaje, y ésta llega a un grado tal de desesperación que Fígaro-personaje prácticamente está muy próximo a estallar. Ventajosamente, logra escaparse del infierno, que es la casa de Braulio: «Y digo versos por fin, y vomito disparates, y los celebran, y crece la bulla y el humo y el infierno. A Dios gracias, logro escaparme de aquel nuevo pandemonium. Por fin, ya respiro el aire fresco y desembarazado de la calle; ya no hay necios, ya no hay castellanos viejos a mi alrededor» (pág. 205). De la cita se deduce que cuando el protagonista está en la calle siente un reconfortante alivio; es como que antes en la casa se sofocaba, se asfixiaba y ahora en la vía, por fin respira a sus anchas. El dinamismo, considerando la misma cita, se manifiesta hasta en el estilo por el uso repetido de la *y*, seis veces. Además, la dramatización, tomando en cuenta nuevamente la cita anterior, se refuerza con el acertado uso frecuente —aunque no exclusivo— del presente. Gracias a este mismo auxiliar técnico, las sucesivas catástrofes en la parte de la cena adquieren una perspectiva plástica-visual. El lector, a medida que la lee, la va viendo en su mente.

Es sin duda esta dramática y dinámica elaboración la que en parte hace de esta obra una auténtica escena estilizada de la vida, y esta elaboración es la que en definitiva da vitalidad y energía a la obra, que de otra manera habría quedado anquilosada con el resto de los mediocres cuadros costumbristas de la época. Aunque ya no tuviera mucha razón de ser por las ideas, como dice Azorín cuando comenta sobre la parte de la crítica española de Larra —y esta escena lo es—, por la técnica *El castellano viejo* seguirá siendo una fresca obra literaria. El artista satírico, de acuerdo con lo dicho, corre el grave peligro de que su obra, al cambiar de alguna manera las circunstancias criticadas en una época y al entrar en una nueva, sea inoportuna. Sin embargo le queda a éste un recurso esencial: su arte. Este cuadro estilizado seguirá teniendo lectores no por lo que dice sino por la forma como está elaborado.

Las dos meditaciones —como se dijo antes— sirven para analizar las situaciones que las preceden. En la invitación y en la cena la emoción prima; es decir, los personajes actúan más que por un razonamiento sereno, por el impulso de los acontecimientos, que afectan sobre todo en el mundo interior de Fígaro-personaje. Las meditaciones, por el contrario, se identifican por el razonamiento: son los momentos en los que el protagonista, asumiendo la «perspicacia» del lector, somete a un análisis las emociones que precedieron. Es posible ver en estas partes una cierta progresión. En la primera meditación, si bien ya hay alivio en el ánimo de Fígaro, al haberse ido Braulio, tal alivio que será total en la segunda meditación, todavía no es susceptible de gozo pleno, supuesto que coexiste con la amargura de pensar que al siguiente día se llevará a cabo la cena.

Las dos meditaciones no están elaboradas grave y solemnemente como se podría esperar de una reflexión. Si bien éstas son serias, se caracterizan por el tono frívolo y satírico (como el resto de la obra) que emana de las comparaciones que ridiculizan lo comparado. Hablando del exclusivismo español de Braulio dice Fígaro: Este «es un hombre, en fin, que vive de exclusivas, a quien le sucede poco más o menos lo que a una parienta mía, que se muere por las jorobas sólo porque tuvo un querido que llevaba una excrecencia bastante visible sobre entrambos omóplatos» (pág. 198). Si Larra hubiera elaborado las partes de las meditaciones o soliloquios en una forma llana, meramente intelectual, sin artificio satírico, la unidad de tono de la obra se habría quebrantado y su efecto total disminuido.

Esta escena no es objetiva ni realista. Es esencialmente una caricatura absurda de la realidad. Lo es debido a la acertada exageración en el manejo de los varios elementos que participan en la acción. Todo está fuera de lo normal. «The satirist pretends to be giving objective, factual information but actually he is exaggerating and distorting facts». Tiene que exagerar, y así ser injusto, «in order to attract attention, for he is usually expressing an unpopular point of view—unpopular not because it is original but because it reaffirms inconvenient principles which society pays lip service to but does not practice».[10] El hecho de que Fígaro-narrador sea exagerado y, por tanto, injusto, no es entonces una deficiencia censurable de su personalidad sino por el contrario una necesidad técnica que le impone su arte satírico.

Hay varios medios retóricos de los cuales se vale Larra para estilizar su obra.[11] Entre ellos se cuenta con los siguientes:

---

[10]Feinberg, *Introduction to Satire*, págs. 4 y 90.

[11]Ya Helmut Hatzfeld encontró hace mucho tiempo estos mismos y muchos otros medios retóricos usados por Cervantes con fines irónico-satíricos en el *Quijote*. Véase Hatzfeld, *El «Quijote» como obra de arte del lenguaje*, 2.ª ed. (Madrid: Consejo Superior de Investigaciones Científicas, 1966).

1) *Animación absurda de cosas.* Los codos de los convidados en la mesa entablan «íntimas relaciones entre sí con la más fraternal inteligencia del mundo» (pág. 200).

2) *Estilizaciones de los personajes.* El protagonista fue colocado en la mesa entre un niño y uno de esos hombres que «ocupan en el mundo el espacio y sitio de tres». La corpulencia de éste, se dice, «por todos lados se salía de madre de la única silla en que se hallaba sentado, digámoslo así, como en la punta de una aguja» (págs. 200–201). Hablando de la palmada de Braulio, dice Fígaro (recordando a Cervantes, *Quijote*, I, vii, y Quevedo en «A un hombre de gran nariz»), «En semejante situación de espíritu, ¿qué sensación no debería producirme una horrible palmada que una gran mano pegada (a lo que por entonces entendí) a un grandísimo brazo vino a descargar sobre uno de mis hombros, que, por desgracia, no tienen punto alguno de semejanza con los de Atlante?» (pág. 195).

3) *Juegos maliciosos de palabras y expresiones* que rarificando la situación no coinciden con los objetos a que se refieren. «El convidado de enfrente, que se preciaba de trinchador, se había encargado de hacer la autopsia de un capón, o sea gallo, que esto nunca se supo: fuese por la edad avanzada de la víctima, fuese por los ningunos conocimientos anatómicos del victimario, jamás parecieron las coyunturas. ‹Este capón no tiene coyunturas›, exclamaba el infeliz sudando y forcejeando, más como quien cava que como quien trincha» (pág. 203). Hay cinco palabras claves en la cita: autopsia, víctima, anatómicos, victimario y cava. Con éstas la situación se vuelve repugnante ya que al acto de comer se asocia la idea del cadáver que, antes de ser enterrado, es sometido a una autopsia.

4) *Precisa ubicación de palabras sugestivas.* Al final precisamente de la *cena* Fígaro «vomita» versos y disparates. El último párrafo de la obra contiene, asimismo, una «acción de gracias» por haberse escapado Fígaro del *infierno*, del pandemonium de Braulio. Las palabras mismas, su ordenación sintáctica y el ritmo evocan una auténtica «acción de gracias» ubicada con acierto al final de la obra, después de que el personaje ha salido del «infierno».[12]

5) *Comparaciones de valor plástico-visual.* «Los días en que mi amigo no tiene convidados se contenta con una mesa baja, poco más que banqueta de zapatero, porque él y su mujer, como dice, ¿para qué quieren más? Desde la tal mesita, y como se sube el agua del pozo, hace subir la comida hasta la boca, adonde llega goteando después de una larga travesía» (pág. 200). La dilatación de la frase coincide con el largo viaje de la comida desde el plato hasta la boca.

6) *Expresiones latinas* cuyo efecto irónico proviene de su presencia contrastante en un contexto frívolo y de su connotación ridiculizante por su significado real. En el párrafo tercero (omitido en la edición preparada por Lombra y Pedraja para Clásicos Castellanos), hablando del enérgico modo de anunciarse Braulio a su amigo, se dice: «semejantes maneras de anunciarse, en sí algo exageradas, suelen ser las inocentes muestras de afecto o franqueza de este país de *exabruptos*». Otras palabras del mismo tipo son *adlátere* para referirse al inquieto niño que se sentó junto a Fígaro (pág. 200) y *pandemonium* para hacer mención a la casa de Braulio (pág. 205).

7) *El silencio.* El lector «perspicaz» (pág. 197) tiene que llenar el vacío satírico que el narrador sugiere con los puntos suspensivos. Fígaro dice, hablando de la forma como Braulio se anunció: «Echóme las manos a los ojos, y sujetándome por detrás: ‹¿Quién soy?› ‹Un animal›, iba a responderle; pero me acordé de repente de quién podría ser, y sustituyendo cantidades iguales: ‹Braulio eres›, le dije. Al oírme suelta sus manos, ríe, se aprieta los ijares, alborota la calle y pónenos a entrambos en escena. ‹¡Bien, mi amigo! ¿Pues en qué me has conocido?› ‹¿Quién pudiera ser sino tú?›» (pág. 196). La respuesta está sugerida en la respuesta mental que da Fígaro a su amigo: un animal.

8) *El amontonamiento narrativo.* Se nota en la cena, la parte principal de la obra, una confusa abundancia y proliferación deliberadamente exagerada de personajes, cosas, acciones y reacciones. Dicha cena llega a ser así una pesadilla, una auténtica pintura satírica elaborada de acuerdo a una perspectiva absurda y sonámbula. ¿Cuál es su efecto? Hacer que el lector simpatice con la víctima no de la sátira, sino de la situación, que sienta el peso destructor de la brutalidad sofocante de Braulio y lo que él representa y simpatice así con Fígaro, el idealista que quiere cambiar las

---

[12]Otro ejemplo muy bueno de este mismo fenómeno estilístico se encuentra en el segundo párrafo de la obra, cuando camina Fígaro *tropezando* por el mal empedrado de Madrid y al fin es víctima del *tropezón* mayor: su encuentro con Braulio. Con este *tropezón* entra Fígaro en escena.

normas de esa masa satirizada, pero que al final tiene que salir derrotado. La explicación que Alvin P. Kernan hace de un cuadro de Bosch es pertinente a la técnica satírica estudiada aquí. Es pertinente porque explica la naturaleza de la escena y la situación del personaje satírico. «In Bosch's surrealistic pictures such as *The Temptation of Saint Anthony* where human nastiness is given fantastic form, the typical density of the satiric scene finds expression in a vast multitude of small, grotesque monsters who work madly and aimlessly around the praying saint.»[13]

Todos estos elementos técnicos tienen, en general, dos funciones: estilizar la escena —como se dijo antes—, es decir, forjar la distorsión satírica de la obra, y captar la atención y el interés del lector que tiene que escuchar la voz de un hombre criticando a toda una colectividad.

Si Larra trabaja en la literatura dando importancia capital a la técnica, a la elaboración estética, para hacer efectiva su visión crítica, es imposible, por lógica, incluirlo, sin muchas reservas mayores y definidas, dentro del costumbrismo español, en el que lo artístico no es nunca, como sugiere Montesinos, lo que importa.[14] Larra se escapa del costumbrismo por ejemplo de Mesonero Romanos que, según el mismo crítico, «desgraciadamente» triunfó en la época.[15] La visión artística y crítica de Larra no coincide con el «estudio bastante chato de usos populares» que es el costumbrismo de «El curioso parlante»[16] y del resto de costumbristas de la época.[17] Se necesita, pues, mucha atención y cuidado cuando se hable del llamado «costumbrismo» del autor aquí estudiado. «El castellano viejo» no es un mero «cuadro de costumbres» o un «artículo de costumbres» que pinta objetivamente los usos sociales; esta obra es una caricatura, una consciente distorsión estilizada de la realidad, en la que lo artístico prima sobre las ideas.

3. OBRA: Miguel de Unamuno, *San Manuel Bueno, mártir* ARTICULO: Douglas M. Carey and Phillip G. Williams, "Religious Confession as Perspective and Mediation in Unamuno's *San Manuel Bueno, mártir*," MLN, 91 (1976), 292–310

Los dos críticos enfatizan el elemento de la confesión como parte del proceso de la revelación del carácter del personaje, para llegar a la «significación interna» de la novela. Se introducen algunos métodos y términos de la crítica estructuralista y de otras aproximaciones recientes para examinar la interiorización del drama de Angela (y de Unamuno). Según Carey y Williams, el libro sirve de base para una estructuración conceptual del «libro» de la vida, en última instancia, la del autor mismo.

4. OBRA: Miguel de Cervantes, *El viejo celoso* ARTICULO: Patricia Kenworthy, "The Character of Lorenza and the Moral of Cervantes' *El viejo celoso*," *Bulletin of the Comediantes*, 31 (1979), 103–108

El artículo de Patricia Kenworthy presenta un análisis de la manifestación específica de la infidelidad matrimonial—tema predilecto de Cervantes—en el entremés de El viejo celoso. *El punto de enfoque del ensayo es la caracterización de Lorenza, figura clave para una interpretación de la obra. Kenworthy pone énfasis en el desarrollo del personaje y en el aspecto comparado (la relación entre Lorenza y otras protagonistas cervantinas) al buscar los motivos literarios y conceptuales de Cervantes.*

5. OBRA: Juan Rulfo, «No oyes ladrar los perros» ARTICULO: Donald K. Gordon, «No oyes ladrar los

---

[13]Alvin P. Kernan, «A Theory of Satire» en *Satire: Modern Essays in Criticism*, editado por Ronald Paulson (Englewood Cliffs, New Jersey: Prentice-Hall, Inc., 1971), pág. 254.

[14]José F. Montesinos, *Costumbrismo y novela: Ensayo sobre el redescubrimiento de la realidad española* (Editorial Castalia, 1960), pág. 48.

[15]Montesinos, pág. 51.

[16]Montesinos, pág. 51.

[17]Francisco Umbral, sin acentuar bases firmes de arte pero con gran intuición, dice: «Mesonero, que ha quedado con Larra como máximo costumbrista madrileño, se diferencia de *Fígaro* en eso, en el costumbrismo, que no es tal por lo que se refiere al autor estudiado en este libro». Francisco Umbral, *Larra. Anatomía de un dandy* (Madrid: Ediciones Alfaguara, 1965), pág. 75. Dice en otra parte que Larra no se queda «en la paletada colorista y local» de los costumbristas (pág. 77).

perros,» de *Los cuentos de Juan Rulfo* (Madrid: Playor, 1976), pp. 123–128

El crítico utiliza el diálogo de «No oyes ladrar los perros» como punto de enfoque para el análisis del cuento. Por su forma, el diálogo presenta cierta separación entre los dos personajes, la cual Gordon relaciona con el uso general de contrastes en el cuento. El énfasis en la forma dialogada lleva al crítico a una interpretación del desenlace del cuento.

Apéndice 2: Clasificación de los versos según el número de sílabas

De 2 sílabas (bisílabos):

```
 1    2
No-che
tris-te
vis-te
ya,
ai-re
cie-lo
sue-lo
mar.
```
           (Gertrudis Gómez de Avellaneda, «La noche de insomnio y el alba»)

De 3 sílabas (trisílabo):

```
 1    2    3
De-rra-man
los sue-ños
be-le-ños
de paz.
```
           (Gertrudis Gómez de Avellaneda, «La noche de insomnio y el alba»)

De 4 sílabas (tetrasílabo):

```
 1    2    3    4
Los ma-de-ros
de San Juan
pi-den que-so
pi-den pan.
```
           (José Asunción Silva, «Los maderos de San Juan»)

De 5 sílabas (pentasílabo):

```
 1   2  3  4  5
La se-ño-ri-ta
del a-ba-ni-co
va por el puen-te
del fres-co rí-o.
```
           (Federico García Lorca, «Canción china en Europa»)

De 6 sílabas (hexasílabo):

```
1  2 3 4   5 6
Los o-li-vos gri-ses,
los ca-mi-nos blan-cos.
El sol ha sor-bi-do
la co-lor del cam-po;
y has-ta tu re-cuer-do
me lo va se-can-do
es-ta al-ma de pol-vo
de los dí-as ma-los.
```

(Antonio Machado, *Nuevas canciones*)

De 7 sílabas (heptasílabo):

```
1   2  3  4 5 6 7
Llé-va-me so-li-ta-ria,
llé-va-me en-tre los sue-ños,
llé-va-me ma-dre mí-a,
des-piér-ta-me del to-do.
haz-me so-ñar tu sue-ño.
```

(Octavio Paz, *A la orilla del mundo*)

De 8 sílabas (octosílabo):

```
1  2  3   4    5  6 7 8
Yo soy un hom-bre sin-ce-ro
de don-de cre-ce la pal-ma
y an-tes de mo-rir-me quie-ro
e-char mis ver-sos del al-ma.
```

(José Martí, *Versos sencillos*)

De 9 sílabas (eneasílabo):

```
1  2   3  4 5 6 7 8 9
Ju-ven-tud di-vi-no te-so-ro,
¡ya te vas pa-ra no vol-ver!
Cuan-do quie-ro llo-rar, no llo-ro...
y a ve-ces llo-ro sin que-rer...
```

(Rubén Darío, «Canción de otoño en primavera»)

De 10 sílabas (decasílabo):

```
1   2   3   4 5 6 7  8   9 10
Del sa-lón en el án-gu-lo os-cu-ro,
de su due-ño tal vez ol-vi-da-da
si-len-cio-sa y cu-bier-ta de pol-vo
veíase el arpa.
```

(Gustavo Adolfo Bécquer, «Rima VII»)

De 11 sílabas (endecasílabo):

```
1  2   3   4  5  6    7  8 9 10 11
Cor-ta las flo-res, mien-tras ha-ya flo-res.
per-do-na las es-pi-nas a las ro-sas...
¡Tam-bién se van y vuel-ven los do-lo-res
co-mo tur-bas de ne-gras ma-ri-po-sas!
```

(Manuel Gutiérrez Nájera, «Pax animae»)

De 12 sílabas (dodecasílabo):

```
1   2   3    4   5 6 7 8 9  10  11 12
Cru-ce-mos nues-tra ca-lle de la a-mar-gu-ra,
le-van-ta-das las fren-tes, jun-tas las ma-nos...
```

¡Ven tú con-mi-go, rei-na de la her-mo-su-ra;
he-tai-ras y po-e-tas so-mos her-ma-nos!

(Manuel Machado, «Antífona»)

De 13 sílabas (trecisílabo):

   1 2 3 4 5 6 7 8 9 10 11 12 13
Yo pal-pi-to, tu glo-ria mi-ran-do su-bli-me,
¡No-ble Au-tor de los vi-vos y va-rios co-lo-res!
¡Te sa-lu-do si pu-ro ma-ti-zas las flo-res,
te sa-lu-do si es-mal-tas ful-gen-te la mar!

(Gertrudis Gómez de Avellaneda «La noche de insomnio y el alba»)

De 14 sílabas (alejandrino):

   1   2   3 4 5 6 7 8 9 10 11 12 13 14
Pue-do es-cri-bir los ver-sos más tris-tes es-ta no-che.
Yo la qui-se, y a ve-ces e-lla tam-bién me qui-so.

En las no-ches co-mo és-ta la tu-ve en-tre mis bra-zos.
La be-sé tan-tas ve-ces ba-jo el cie-lo in-fi-ni-to.

(Pablo Neruda, «Poema 20»)

Apéndice 3: Términos literarios y paraliterarios relacionados con el texto

ACTANTES (*actants*): Personajes o cosas que desarrollan una función en un proceso determinado.

ACTORES (*actors*): Personajes en los cuales converge un papel actancial y al menos una significación temática.

AFORISMO (*aphorism*): Sentencia o frase breve y concisa que expresa una doctrina o verdad general. Especie de máxima (*maxim*).

ALEGORIA (*allegory*): Es una metáfora continuada a lo largo de una composición o de una parte de ella.

ALEJANDRINO (*Alexandrine*): Verso de catorce sílabas, generalmente dividido en dos hemistiquios. El alejandrino francés consta de doce sílabas solamente.

ALITERACION (*alliteration*): Repetición del mismo sonido o grupo de sonidos.

ANAFORA (*anaphora*): Repetición de una palabra o frase al principio de dos o más versos u oraciones.

ANALOGIA (*analogy*): Relación de semejanza entre dos cosas distintas.

ANTITESIS (*antithesis*): Expresión de ideas contrarias en frases semejantes.

APARTE (*aside*): Técnica teatral que sirve para comunicar al público ciertas cosas que los otros personajes no deben saber.

ARGUMENTO o HISTORIA (*story/story line*): En una obra narrativa el término se refiere a la narración de los acontecimientos según el orden en el que ocurren. El argumento (*argument*) de un ensayo es el razonamiento que se emplea para demostrar una proposición o un teorema.

ARQUETIPO (*archetype*): Literalmente, «modelo original», o símbolo universal. Según la psicología (Carl J. Jung), el arquetipo viene a representar el inconsciente colectivo de los seres humanos, es decir, las ideas que el individuo comparte con sus antepasados.

ARTE MAYOR: Los versos de más de ocho sílabas.

ARTE MENOR: Los versos de ocho sílabas o menos.

ARTICULO DE COSTUMBRES (*article of manners or customs*): Composición anecdótica, descriptiva e interpretativa de tono humorístico, a veces satírico, en torno a algún aspecto de la vida española decimonónica (del siglo XIX).

ASINDETON (*asyndeton*): Supresión de conjunciones.

AXIOMA (*axiom*): Una verdad aceptada universalmente y, de ahí, que no necesite ser demostrada.

BARROCO (*baroque*): Movimiento cultural que en España abarca más de un siglo (1580–1700). Conceptualmente, está asociado con la inquietud espiritual y el pesimismo ocasionados por la Contrarreforma y el subsecuente período de celo religioso. Esta actitud se refleja en las obras literarias de carácter metafísico, moralizador o satírico. Estilísticamente, el barroco— del portugués que significa «perla tosca» (*rough pearl*)—se caracteriza por su complejidad y por su extravagante ornamentación, rasgos destinados a crear asombro e introspección. En la literatura el *culteranismo* y el *conceptismo* son las dos grandes expresiones del arte barroco hispánico.

CARACTERISTICA REFERENCIAL (*referential characteristic*): Rasgo mediante el cual se puede observar de qué modo cierta forma literaria se dirige al lector.

CARICATURA (*caricature*): Retrato o esbozo satírico de una persona.

CATARSIS (*catharsis*): Purificación que opera la tragedia por medio de las emociones de compasión y miedo.

CESURA (*caesura*): Pausa que se hace en el interior de un verso.

CLIMAX (*climax*): Intensificación. En una composición literaria es el punto culminante de la acción. En el lenguaje literario equivale a la *gradación*.

COMEDIA (*comedy, play*): Obra dramática de ambiente divertido con un final feliz; también una obra dramática en general.

COMODIN (PERSONAJE): En el teatro es el personaje que hace diversos papeles en una misma obra.

CONCEPTISMO (*conceptism*): Tendencia literaria asociada especialmente con los escritores barrocos Gracián y Quevedo (siglo XVII). Empleado particularmente en la prosa, el conceptismo consiste en emplear conceptos rebuscados (*unnatural*), de extravagante originalidad. Aunque el culteranismo y el conceptismo se parecen en virtud de sus metáforas atrevidas, los retruécanos incomprensibles y el hipérbaton exagerado, el conceptismo se diferencia por ser no tanto un preciosismo (*preciosity*) lingüístico, como un preciosismo de ideas.

COPLA: Estrofa de cuatro versos de arte mayor o de arte menor. Hay ciertas variantes de coplas.

COSMOVISION (*worldview*): Actitud de un autor ante la vida, según se puede determinar mediante la lectura de sus obras; a menudo se utiliza la palabra alemana «*Weltanschauung*».

COSTUMBRISMO: Tendencia literaria española cimentada en el siglo XIX que consiste en retratar e interpretar, por lo general con cariño y nostalgia, las costumbres del país.

CRIOLLISMO: Corriente o tendencia regionalista de Hispanoamérica que afecta principalmente a la novela y al cuento. Sus características fundamentales son la crítica de las condiciones sociales, políticas y económicas en los respectivos países. El autor criollista muestra una actitud pesimista y militante que se refleja en la descripción casi científica de la lucha desigual del ser humano contra las fuerzas hostiles de la naturaleza y contra la injusticia social.

CUADRO DE COSTUMBRES (*portrait of manners or customs*): En la literatura española de los siglos XVIII y XIX, boceto (*sketch*) colorido de una escena o de un lugar característicos de la vida española contemporánea.

CULTERANISMO (*euphuism*): Tendencia literaria introducida por el poeta barroco Góngora (siglo XVII). Se caracteriza por la falta de naturalidad en el estilo, por la abundancia de latinismos y otros vocablos raros, y particularmente por las construcciones sintácticas rebuscadas y obscuras.

CULTISMO (*learned word*): Palabra culta o erudita que ha entrado en el idioma no como continuadora directa de otra voz latina, sino que se ha introducido más tarde, sin ninguna transformación, por razones culturales. Sinónimo: *latinismo*.

DIERESIS (*diaeresis*): Licencia poética que consiste en separar dos vocales que forman diptongo.

DRAMA (*drama*): Una presentación en la cual unos personajes imitan un hecho de la vida ante unos espectadores.

EFECTO V (*alienation effect*): En el teatro épico,

distanciación o alejamiento que se crea entre la acción y el espectador.

ELIPSIS (*ellipsis*): Omisión de elementos de una oración.

ENCABALGAMIENTO (*enjambement or enjambment*): En poesía cuando, para completar el significado, el final de un verso tiene que unirse al verso siguiente.

ENSAYISTICA (*essay writing*): El arte que se refiere al ensayo. Términos correspondientes a otras formas: la novelística, la cuentística, la dramaturgia, la poética.

ENSAYO (*essay*): Composición literaria generalmente breve y en prosa que versa sobre un determinado tópico o tema y es por la mayor parte de carácter analítico, especulativo o interpretativo.

EPITETO (*epithet*): Adición de adjetivos con un fin estético solamente, ya que su presencia no es necesaria.

ESBOZO (*sketch*): Ensayo corto y descriptivo que gira en torno a un solo personaje, una sola escena, o un solo acontecimiento. Sinónimo: *boceto*.

ESTRIBILLO (*refrain*): Una línea o más que se repite a intervalos a lo largo de un poema y muy frecuentemente al final de una estrofa.

ESTROFA (*stanza*): Secuencia de versos sometidos a un orden para formar la unidad estructural del poema.

ESTRUCTURA (*structure*): La armazón (*framework*) de una composición literaria planificada de una manera particular. Dícese que la estructura de un drama se basa en sus divisiones en actos y escenas; la de un ensayo depende de una serie de tópicos en el orden de su presentación; la estructura de un *soneto* es determinada por el número de cuartetos (dos) y tercetos (dos), la utilización del verso endecasílabo, la rima consonante, etc.

EUFEMISMO (*euphemism*): Es una perífrasis que se usa para evitar el empleo de palabras malsonantes, groseras, o que no se quieren mencionar por considerarse tabú.

EXPOSICION (*exposition*): Parte de la trama de una obra narrativa en la que se le informa al lector acerca de los personajes y su circunstancia particular. En el ensayo, la exposición es la forma del discurso que explica, define e interpreta, en contraste a las otras formas—la descripción, la narración y la argumentación.

EXTRANJERISMO (*foreignism*): Palabra o giro que proviene de algún idioma extranjero (*anglicismo:* del inglés; *germanismo:* del alemán; *galicismo:* del francés, etc.)

FABULA (*plot, fable*): El asunto de una obra literaria. También una historia en verso o en prosa, que encierra una enseñanza o lección moral.

FIGURAS RETORICAS (*rhetorical figures*): Convenciones lingüísticas—procedentes de la tradición retórica (el arte de la persuasión)—que tienen como fin la creación de imágenes bellas y conmovedoras.

FLUIR DE LA CONCIENCIA (CORRIENTE DE CONCIENCIA) (*stream of consciousness*): Técnica que describe la actividad mental de un individuo desde la experiencia consciente a la inconsciente.

FONDO (*content*): Lo que dice una obra. El fondo es el asunto, el tema, el contenido, las ideas, los pensamientos y los sentimientos dentro de una composición; uno de los dos elementos principales del estilo. El otro es la *forma*.

FONEMA (*phoneme*): Es la más pequeña unidad fonológica de una lengua.

FORMA (*form*): Modo o estilo de arreglar y coordinar las varias y distintas partes de una composición. La forma corresponde a la estructura externa de una obra y sirve como el «vestido» del mensaje o *fondo*. Los elementos formales son: el léxico—las palabras—las frases, las figuras estilísticas, las imágenes y los tropos, y la concepción misma de la obra.

GENERACION DEL 98 (*Generation of 98*): Período de renovación de las letras españolas iniciado por un grupo de escritores preocupados por la atmósfera de desaliento—la llamada «abulia»—que resultó de la derrota nacional tras la Guerra Hispanoamericana (1898). La literatura de dicho período renueva el amor por la patria y su tradición, particularmente la espiritual y artística.

GRADACION O CLIMAX (*climax*): Cuando varias palabras aparecen en escala ascendente o descendente.

HAMARTIA (*tragic flaw*): Punto débil del héroe trágico que lo conduce a la catástrofe.

HEMISTIQUIO (*hemistich*): La mitad de un verso separada de la otra mitad por la cesura.

HIATO (*hiatus*): Pronunciación separada de dos vocales que deberían pronunciarse juntas por sinalefa. Si las vocales forman diptongo se llama *diéresis*.

HIPERBATON (*hyperbaton*): Alteración del orden acostumbrado de las palabras en la oración.

HIPERBOLE (*hyperbole*): Exageración. Aumentar o disminuir desproporcionadamente acciones, cualidades, etc.

HUMANISMO (*humanism*): Corriente que en la época del Renacimiento emprendió y difundió en Europa el estudio de las culturas clásicas de Grecia y Roma, y que anteponía a toda otra consideración los intereses, los valores y la dignidad personal de cada individuo.

ILUSTRACION (*Enlightenment*): Movimiento del siglo XVIII que se distingue por su confianza en el poder ilimitado de la razón humana y en la bondad natural del hombre. Por lo tanto, algunos filósofos de la Ilustración como Rousseau, Voltaire, Paine, propusieron que se utilizara al máximo las facultades racionales para llevar a cabo innovaciones en todos los campos—política, religión, educación—con el fin de mejorar las condiciones humanas.

IMAGEN (*image*): La representación—literal o figurada—de un objeto o de una experiencia sensorial. La relación poética establecida entre elementos reales e irreales. La impresión mental—de un objeto o de una sensación—evocada por una palabra o una frase.

IN MEDIAS RES: Frase latina que significa «en medio de las cosas». El término se refiere al recurso literario mediante el cual se comienza una obra narrativa «a medio camino» en la sucesión de eventos de su historia, en vez de empezarla desde el principio.

INDIANISMO: Tendencia relacionada fundamentalmente con la novela hispanoamericana realista. En contraste con la idealización del nativo del Nuevo Mundo típica del indigenismo, el indianismo se caracteriza por el retrato vivo y verosímil del nativo y por la fuerte protesta social que el autor hace en favor del indígena.

INDIGENISMO: Tendencia asociada con ciertas obras del romanticismo hispanoamericano. En los escritos indigenistas el nativo de América es idealizado al estilo del típico héroe romántico europeo, perdiendo como resultado su verdadera identidad.

IRONIA CIRCUNSTANCIAL (*situational irony*): Situación en la que el lector (o espectador) se entera de la ironía sólo en el momento culminante de la obra, así que su experiencia se parece a la del personaje.

IRONIA DRAMATICA o TRAGICA (*dramatic or tragic irony*): Situación en la que el lector (o espectador) sabe lo que va a pasar en la obra antes de que lo sepa el personaje; la posición del lector es la llamada distanciación irónica (*ironic distance*).

LATINISMO (*Latinism*): Palabra o giro sacados directamente del latín.

LEITMOTIVO (*leitmotif* o «*leading-motif*»): La repetición, en una obra literaria, de una palabra, de una frase, de una situación o de una idea, con el fin de dar un sentido de unidad al conjunto.

LETRILLA: Poema estrófico de versos cortos, que con frecuencia tiene un estribillo.

LIRA: Estrofa de cinco versos heptasílabos y endecasílabos cuyo esquema es: *aBabB*.

LOGICA FORMAL (*formal logic*): Lógica del pensamiento que se sirve de procedimientos parecidos a los que se utilizan en las matemáticas para apelar a la *razón* o a las facultades mentales del ser humano. Sinónimo: *lógica simbólica* o *discursiva* (*symbolic or discursive logic*).

LOGICA INFORMAL (*informal logic*): Lógica de la sensibilidad que apela a las facultades intuitivas del hombre y cuyo fin es *emocionar*. Sinónimo: *lógica no-discursiva* (*nondiscursive logic*).

MARXISMO (*Marxism*): Doctrina socialista basada principalmente en las ideas del filósofo y economista alemán Karl Marx (1818–1883). De acuerdo con el marxismo, las masas han sido tradicionalmente explotadas por el Estado. Por lo tanto, los marxistas abogan por la lucha de clases y la revolución con el fin de acabar con el capitalismo y crear en su lugar un nuevo orden social: una sociedad sin clases. Estas ideas se reflejan en cierto tipo de arte comprometido.

METAFORA (*metaphor*): Es una traslación de sentido; es decir, que el significado de una palabra se emplea en un sentido que no le corresponde lógicamente.

METATEATRO (*metatheater*): El teatro dentro del teatro (*play within a play*).

METONIMIA (*metonymy*): Cuando una palabra se sustituye por otra con la cual guarda una relación de causa u origen.

METRICA (*metrics*): El estudio de la versificación.

METRO (*meter*): Medida aplicada a cierto número de palabras para formar un verso.

MIMESIS (*mimesis*): Imitación.

MITO (*myth*): Historias universales inventadas por los hombres de todas las épocas para expresar, o simbolizar, ciertos aspectos profundos de la existencia humana.

MODERNISMO (*modernism*): Tendencia literaria hispánica con raíces en América. Representa un esfuerzo colectivo de renovación de todos los géneros literarios. Sus elementos constitutivos provienen de tres corrientes francesas de la época: (1) el *Parnasianismo*, exquisito cuidado por la forma—el arte por el arte—devoción por las culturas clásicas, exotismo, imágenes plásticas, impersonales, frías; (2) *Simbolismo*, efectos musicales, amor por el color, la vaguedad, el ritmo; y (3) el *Romanticismo*, intimidad, sentimiento. En el desenvolvimiento histórico del modernismo se destacan tres fases: la *esteticista*, la *metafísica y humana*, y la *declinación modernista*.

NATURALISMO (*naturalism*): Diametralmente opuesto a la idealización de la realidad, el naturalismo—tendencia o corriente literaria de la segunda mitad del siglo XIX—retrata al ser humano y su circunstancia con una fidelidad científica. Por eso, y creyendo que la vida del hombre es determinada por su herencia y su medio ambiente, el escritor naturalista (ejemplificado por el francés Emile Zola) exagera los aspectos feos, bestiales del ser humano que lucha inútilmente por sobrevivir.

NEOCLASICISMO (*Neoclassicism*): Movimiento artístico asociado con el siglo XVIII. En la literatura, sus representantes abogan por la imitación de los clásicos y el predominio de la razón, la serenidad y la moderación como reacción contra los excesos de violencia y desequilibrio del barroco. Por consiguiente, el neoclasicismo favorece un arte sencillo, verosímil, universal, de buen gusto y con un fin docente que sostenga los ideales éticos, morales y estéticos de la antigüedad grecorromana.

NEOLOGISMO (*neologism*): Palabra o frase nueva.

NIHILISMO (*nihilism*): Término derivado del latín *nihil* (español «nada»), se refiere filosóficamente a una forma extrema de escepticismo (*skepticism*). En la literatura se encuentra el nihilismo dentro de aquellas obras existencialistas de tipo ateo (*atheistic*).

OCTAVA (*octave*): Estrofa de ocho versos.

ONOMATOPEYA (*onomatopoeia*): Uso de las palabras imitando sonidos reales.

ORATORIA (*oratory*): El arte de hablar con elocuencia; de deleitar, persuadir y conmover por medio de la palabra.

OXIMORON (*oxymoron*): Unión sintáctica de conceptos que se contradicen.

PANTEISMO (*pantheism*): Doctrina filosófica que identifica a Dios con el universo. Los panteístas creen que la presencia o el cuerpo de Dios se manifiesta a través de la naturaleza o los fenómenos naturales.

PARABOLA (*parable*): Cuando todos los elementos de una acción narrada se refieren, al mismo tiempo, a otra situación. Es una especie de comparación y siempre tiene intención didáctica.

PARADOJA (*paradox*): Frase que parece contradecir las leyes de la lógica, pero que posee una verdad interna; la unión de dos ideas en apariencia irreconciliables.

PARAFRASIS (*paraphrase*): Interpretación o traducción libre de un texto literario.

PAREADO (*couplet*): Estrofa de dos versos. (No debe traducirse la palabra inglesa *couplet* por la palabra española *copla*—estrofa de cuatro versos—sino por la palabra **pareado**.)

PARNASIANISMO (*Parnassianism*): Escuela de poetas franceses (siglo XIX) que practicaban el arte por el arte y construían sus poemas con gran cuidado por la forma. La poesía parnasiana se caracteriza por su objetividad e impersonalidad. Sus temas favoritos son las culturas clásicas y los paisajes y objetos exóticos que los parnasianos representan a través de imágenes plásticas, frías (estatuas de mármol, cisnes, marfil, etc.). Dado que la intención del poeta es exclusivamente estética, dicha tendencia suele llamarse *esteticismo*.

PATETICO (*pathetic*): Lo que evoca sentimientos de piedad y ternura.

PERIFRASIS (*periphrasis*): Sirve para expresar una idea por medio de un rodeo de palabras.

PERIPECIA (*peripeteia or peripety*): El momento decisivo en la obra dramática, o sea, un cambio de situación repentino.

PERSONIFICACION (*personification*): Atribución de cualidades o actos propios de los seres humanos a otros seres.

POLISINDETON (*polysyndeton*): La repetición de conjunciones.

PREFIGURACION (*foreshadowing*): Representación anticipada o indicio de lo que va a ocurrir más tarde.

PREGUNTA RETORICA (*rhetorical question*): Pregunta hecha solamente para producir un efecto y no para ser contestada, ya que su respuesta es obvia.

PROPOSICION (*proposition*): Enunciación de una verdad demostrada o que se trata de demostrar.

PROSA DISCURSIVA (*discursive prose*): Forma de expresarse que emplea un lenguaje directo, denotativo, lógico, asociado comúnmente con el habla diaria y con los escritos de tipo analítico o docente.

PROSA NO-DISCURSIVA (*nondiscursive prose*): Forma de expresarse que utiliza un lenguaje indirecto, connotativo, figurado, o literario.

PROSOPOPEYA (*prosopopoeia*): Personificación.

REALISMO (*realism*): Teoría o actitud literaria según la cual los aspectos ordinarios de la vida son retratados con la mayor fidelidad. Corriente literaria difundida en Europa y en América a partir de la segunda mitad del siglo XIX. Afectó en particular la novela y se distingue por su énfasis en la descripción detallada de la vida diaria, particularmente la de las clases media y baja.

REALISMO MAGICO (*magical realism*): Término atribuido al crítico alemán Franz Roh quien lo usó para definir cierto tipo de arte plástico. Aplicado a la literatura por el escritor venezolano Arturo Uslar Pietri, el nombre se refiere modernamente a aquellos escritos en los que la realidad objetiva se confunde con la fantasía, creando un ambiente vago, extraño, algo parecido a los sueños.

REDONDILLA: Estrofa de cuatro versos de arte menor cuyo esquema es *abba*.

RENACIMIENTO (*Renaissance*): Período histórico que sucede a la Edad Media (*Middle Ages*) y precede al Barroco (*Baroque*). En España el Renacimiento comprende el siglo XVI. La cosmovisión renacentista concibe el mundo no como un «valle de lágrimas» que se debe apenas aguantar rumbo a la vida eterna (ideología medieval), sino como algo valioso que Dios ha dado al hombre para que éste disfrute de él al máximo, desarrollándose en todas sus capacidades—físicas, intelectuales, artísticas, etc.—y adquiriendo la fama destinada a inmortalizarle. En la literatura el Renacimiento se caracteriza por las corrientes *profana* o secular, y la *mística*, de temática exclusivamente religiosa.

RETORICA (*rhetoric*): Teoría y principios tocantes a los varios y distintos modos de comunicarse eficazmente (*effectively*). Hoy día el término se aplica al arte o a la ciencia relacionados con la utilización del lenguaje en el discurso literario.

RETRUECANO (*pun*): Juego de palabras producido por la semejanza de los sonidos y la disparidad de los significados.

RIMA (*rhyme*): Semejanza o igualdad entre los sonidos finales del verso a partir de la última vocal tónica.

RIMA ASONANTE (*assonance, vocalic rhyme*): Rima entre dos palabras cuyas vocales son iguales a contar desde la última vocal tónica.

RIMA CONSONANTE (*consonance*): Rima entre dos palabras cuyos últimos sonidos, tanto vocales como consonantes, son iguales a contar desde la última vocal tónica.

RITMO (*rhythm*): La cadencia de un verso determinada por la distribución de los acentos principales.

ROMANCE (*Spanish ballad*): Composición poética formada por versos octosílabos, en número indeterminado, con rima asonante en los versos pares, quedando sueltos los impares.

ROMANTICISMO (*romanticism*): Doctrina adoptada en Europa al principio del siglo XIX. El romanticismo se caracteriza sobre todo por el predominio de la sensibilidad y la imaginación sobre la razón. Asimismo, se distingue por la visión eminentemente individualista y, de ahí, subjetiva de la realidad. Los románticos padecieron del llamado «mal du siècle» [mal del siglo] o desaliento resultante del choque entre su extremado idealismo—anhelo de completa libertad, búsqueda de la inmortalidad, la perfección, el amor puro—y la realidad cotidiana.

SATIRA (*satire*): Composición escrita cuyo objeto es censurar o poner en ridículo.

SERVENTESIO (*quatrain*): Estrofa de cuatro versos de arte mayor cuya rima es *ABAB*.

SIGNIFICADO (*signified*): Lo señalado—el concepto, la idea—por un signo lingüístico; el signo mismo se llama *significante* (*signifier*).

SIGNIFICANTE (*signifier*): Signo lingüístico utilizado para nombrar algo; lo señalado se llama *significado* (*signified*).

SILOGISMO (*syllogism*): Fórmula empleada para presentar lógicamente un argumento. En el silogismo el argumento se compone de tres proposiciones, la última de las cuales se deduce de las otras dos.

SILVA: Poema no estrófico formado por versos heptasílabos y endecasílabos combinados libremente.

SIMBOLISMO (*symbolism*): Tendencia poética francesa de fines del siglo XIX. Sus principales representantes—Verlaine, Rimbaud y Mallarmé—cultivaron una poesía que se caracteriza por su vaguedad, el verso libre y, de modo particular, los efectos musicales.

SIMBOLO (*symbol*): Es la relación entre dos elementos, uno concreto y otro abstracto, de tal manera que lo concreto explique lo abstracto.

SIMIL (*simile*): Comparación de una cosa con otra para dar una idea más viva de una de ellas.

SINALEFA (*synalepha*): Elemento de cómputo silábico que une dos vocales: cuando una palabra termina con vocal y la siguiente empieza también con una vocal se unen y se cuenta como una sola sílaba.

SINECDOQUE (*synecdoche*): Dar a una cosa el nombre de otra porque hay una relación de coexistencia. La más usada es la que designa el todo por la parte.

SINERESIS (*synaeresis*): En poesía, cuando se unen dos vocales adyacentes que generalmente se pronuncian separadas.

SINESTESIA (*synaesthesia*): Descripción de una sensación en términos de otra.

SONETO (*sonnet*): Composición poética de catorce versos de arte mayor distribuidos en dos cuartetos y dos tercetos.

SUPERREALISMO (*surrealism*): Corriente artística que surgió en Francia a principios de la segunda década del siglo XX. Influenciados por las teorías de Freud y horrorizados por el caótico espectáculo de la Primera Guerra Mundial, los superrealistas propusieron un arte que «superara» la realidad objetiva y exteriorizara los aspectos subconscientes, irracionales de la existencia humana. El resultado, en la pintura y en la literatura, son composiciones que destacan imágenes imprevistas, desordenadas y aparentemente incongruentes, al estilo de la casual sucesión de hechos y memorias propia de los sueños.

TEMA (*theme*): La significación de lo que pasa (asunto) en una obra literaria: la idea central o el mensaje del texto.

TEOREMA (*theorem*): Proposición que afirma una verdad demostrable.

TERCETO (*tercet*): Estrofa de tres versos.

TONO (*tone*): La actitud que muestra un autor ante la materia tratada en el texto.

TRAGEDIA (*tragedy*): Imitación de una acción grave que provoca terror y compasión.

TROPO (*trope*): Empleo de las palabras con un sentido distinto al que les corresponde, llamado sentido figurado.

VANGUARDISMO (*avant-garde*): Término que quiere decir literalmente «vanguardia» o el punto más avanzado de una fuerza armada. Se aplica a la doctrina estética que aboga por experimentar con nuevos temas y nuevas técnicas a fin de innovar la expresión literaria, generalmente valiéndose de procedimientos poco ortodoxos.

VERSIFICACION (*versification*): Estudio de los principios estructurales del verso.

VERSO (*verse*): La unidad de la versificación. Palabra o conjunto de palabras sometidas a cierta medida y ritmo. Cada una de las líneas de un poema.

VERSO BLANCO O SUELTO (*blank verse*): El que no tiene rima.

VERSO LIBRE (*free verse*): El que no tiene ni rima ni medida.

VULGARISMO (*vulgarism*): Palabra o frase empleada por el vulgo o las masas populares.

WELTANSCHAUUNG: Ver **COSMOVISION**

ZEITGEIST (*zeitgeist*): El espíritu del tiempo, o sea, la actitud general—intelectual, moral, social, etc.—característica de una época.

About the Authors

Carmelo Virgillo is Professor of Romance Languages at Arizona State University, where he serves as coordinator of undergraduate Hispanic literature courses. He is also co-director of the Arizona State University Summer Program in Florence, Italy. He has taught Italian, Portuguese, and Spanish at Indiana University and the University of Notre Dame. His publications include *Correspondência de Machado de Assis com Magalhães de Azeredo* (1969) and articles on nineteenth- and twentieth-century Spanish, Spanish American, and Brazilian prose and poetry. A native of Italy, he holds a Ph.D. from Indiana University.

Edward H. Friedman is Associate Professor of Spanish at Arizona State University. A member of the editorial boards of the *Rocky Mountain Review, Chasqui,* and the *Bulletin of the Comediantes,* he has served as delegate to the Cervantes Society of America and the MLA Division on Sixteenth- and Seventeenth-Century Spanish Drama. He is the author of *The Unifying Concept: Approaches to the Structure of Cervantes' Comedias* (1981), and has published critical studies on Golden Age literature and contemporary narrative and drama. He received his Ph.D. from Johns Hopkins University.

L. Teresa Valdivieso is Associate Professor of Spanish at Arizona State University. She has been Coordinator of Spanish at the intermediate level since 1972. She is also in charge of the ASU Student Exchange Program with Mexico and Bolivia, and serves on the editorial boards of *Dieciocho* and *Letras Femeninas.* She is the author of *España: Bibliografía de un teatro silenciado* (1979) and of critical essays on contemporary Hispanic literature and Catalán studies. A native of Spain, she received her Ph.D. from Arizona State University and has held academic posts in Latin America. In 1980 she was the recipient of the Dean's Quality Teaching Award.